行政协议法律制度的理论与实践

Theory and Practice of
Administrative Agreement Legal System

杨科雄　郭　雪　◎著

中国法制出版社
CHINA LEGAL PUBLISHING HOUSE

图书在版编目 (CIP) 数据

行政协议法律制度的理论与实践 / 杨科雄，郭雪著 .—北京：中国法制出版社，2021.1

ISBN 978-7-5216-1569-2

Ⅰ. ①行… Ⅱ. ①杨… ②郭… Ⅲ. ①行政法—司法制度—研究—中国 Ⅳ. ① D922.104

中国版本图书馆 CIP 数据核字（2020）第 269807 号

策划编辑：周琼妮（zqn-zqn@126.com）

责任编辑：周琼妮 秦智贤　　封面设计：李 宁

行政协议法律制度的理论与实践

XINGZHENG XIEYI FALÜ ZHIDU DE LILUN YU SHIJIAN

著者 / 杨科雄 郭 雪

经销 / 新华书店

印刷 / 三河市紫恒印装有限公司

开本 / 710 毫米 ×1000 毫米 16 开　　印张 / 25 字数 / 373 千

版次 / 2021 年 1 月第 1 版　　2021 年 1 月第 1 次印刷

中国法制出版社出版

书号 ISBN 978-7-5216-1569-2　　定价：88.00 元

北京西单横二条 2 号 邮政编码 100031　　传真：010-66031119

网址：http://www.zgfzs.com　　**编辑部电话：010-66010406**

市场营销部电话：010-66033393　　**邮购部电话：010-66033288**

（如有印装质量问题，请与本社印务部联系调换。电话：010-66032926）

序　言

我们国家一直在提国家治理体系和治理能力的现代化。国家治理，最初可以更多或者更偏重于用强制力甚至暴力去实现其制度目标，但当国家治理到一定阶段时，不仅公共服务占据了最主要的地位（甚至最初的警察职能也可以视为国家提供公共服务的一种），而且完全依靠暴力统治，无法有效地进行国家治理。因此行政合同、行政指导等这些柔性的治理手段慢慢地开始出现，因为其越来越尊重行政相对人的意愿和利益，且治理成本具有相对优势，国家往往愿意用柔性方式来实施统治、管理、治理、服务，这是一种多元化的社会治理方式。其中协议是必然的选项之一，而且一直为大多数人所推崇。

从发展阶段角度上看，我国行政法及行政诉讼法的理论与实践还处在一个相对初级的阶段，那么，作为新型行政管理和公共服务方式的行政协议的理论与实践更是如此。我国行政法理论一般将行政行为分为单方行为和双方行为这两种。但在理论上，这种分法非常别扭。因为单方行为中行政机关占据主导和优势地位，其单方作出的职权行为是当之无愧的“行政行为”，而行政协议作为双方行为是以协商为前提，是行政机关和相对人意思表示一致的结果。也就是说，行政协议作为双方共同作出的行政法上的行为，与所谓的单方行政行为多有不同，行政法理论将其归入行政行为范畴确实有说不太清楚之处。在这种情况下，有一些学者提出行政相关行为的概念，以此来涵盖行政协议，又区别于传统的行政行为。因此，行政协议在理论上虽然一致认为兼具行政性和协议性，但是，何者为第一性，仁者见仁，智者见智，理论上的阐释不清，在实践中更是困惑，导致许多问题争论不休。

我们认为，行政协议很多问题模糊不清，主要是因为没有理解其理论基础与制度逻辑。而理论基础与制度逻辑和其之后的实践选择是有密切关联的。从更广阔的视野来看，行政协议理论、制度与实践，至少包括三个方面，且对于行政协议相关思考也必须围绕这三个方面展开。

第一个方面是，行政协议的理论基础。从基础理论层面看，必须考虑行政协议为什么会出现？它和其他行政职权行为有何不同？它的存在必须具备哪些条件？行政协议具有研究价值的同时在实践中也起到重要作用的根本原因在于尊重当事人，当事人自愿履行，执法成本就会减少。但这其中也有一个问题：行政协议作为一个双方行为，其和单方行为是什么关系？什么情况下可以用行政协议或者行政合同的方式进行管理或者提供公共服务？选择了行政合同管理的，是否又可以采用单方行为予以取代？这些问题在实践中和理论上没有很好的阐释。并且，协议有公法协议和私法协议，作为行政机关可以用行政协议这种公法协议，也可以用民商法中的私法协议进行服务和管理，在这种情况下有没有法律依据上的要求？有没有相应的特殊标准进行区分？现在许多关于公行政受到私法规范的文章都在探讨如何区分政府或者行政机关的公法契约和私法契约，在什么条件下可以并存或者只能选择其中一个，以及如何区分公法协议与私法协议，目前都没有很好地阐释其中的原理和实践要求，而在理论上和制度治理上这些问题又必须首先回答。

第二个方面是，行政协议的实体及程序制度。它至少包括，什么是行政协议，行政协议有哪些种类，行政协议的缔约权限、程序及形式，行政协议的效力（成立与否，有效无效、可撤销、可变更、可解除、可执行），甚至是其违约责任和赔偿、补偿标准，以及它们之间的关系等行政协议的实体及程序制度。

第三个方面是，行政协议的司法审查或者行政诉讼。行政协议的司法审查或者行政诉讼，是从司法机关的角度去思考行政协议案件的审查和行政协议争议的解决。这些内容实际上是关于行政协议的相对独立和具体的司法制度。主要有以下考虑：针对这种特殊的行为，司法审查或者行政诉讼会不会有一定的特殊性？行政协议诉讼具有哪些特有的与一般行政诉讼不同的审理原则与审理方式，受理与起诉，举证责任与法律适用（尤其是民商法律和行政法律如何协调适用），判决与裁定等。

2014 年修正的《行政诉讼法》将行政协议明确纳入行政诉讼的受案范围，开启了行政协议诉讼的新时代。《最高人民法院关于适用〈中华人民共和国行政诉讼法〉若干问题的解释》及《最高人民法院关于审理行政协议案件若干问题的规定》从行政诉讼角度对行政协议进行了专门的规定，极大地丰富了行政协议的实体和诉讼法律制度。本书依托《行政诉讼法》及相关司法解释、其他国家和地区的行政合同理论和制度，着力对上述三个方面（这三个方面恰好分别是从宏观、中观、微观三个层次）进行初步探讨。本书虽力求准确和科学，但因水平所限，不当之处，欢迎批评，欢迎斧正。

杨科雄　郭雪

2021 年春

目 录

CONTENTS

第一编　行政协议的理论基础

第二编　行政协议的法律制度

第三编 行政协议的司法审查

第一编

行政协议的理论基础

公共服务是当代行政法的基础，亦成为公共利益的当代新形态，必须对其从主观与客观之间、行政与法律之间、行政任务和行政手段之间进行全新的阐释。行政法的特殊性是公权力主体为实现公益而行使公权力或提供公务。故行政法的调整对象是公权力和公务。在这个意义上说，行政法是公法，当属无疑。公共服务取代公共权力意味着行政任务和行政手段在一定程度上的分离，公共服务作为当代的行政任务是可以以私法的形式实施的，而不仅仅是公法手段（行政行为），这一现象的出现，对公私法的研究、现代行政的发展和行政法学的重构具有特别重要的意义。“以私法方式来实现公共行政”的典型代表行政协议，对传统行政法的观念构成了前所未有的挑战。这一切都促使我们不得不对行政法的法律性质重新定位。行政法不仅属于公法，也可以适用私法，化解了对行政法的法律性质由于采用私法方式而产生的困惑，必将有助于应对因公共行政的日益复杂而带来的行政手段多样化和因公法私法的渗透融合而带来的行政法律性质不明等问题，从而为传统行政法学向现代行政法学的转化提供了难得的机遇。

第一章

公共服务：行政法的基础

行政与法律的关系是行政法研究的基础问题，对这个问题的回答不但会直接影响到行政法体系的建构，甚至可能触及整个行政法的根基。行政法调整的范围（公行政）从公共权力转变为包括公权力的公共服务，不仅意味着行政法调整范围的扩大，也意味着行政任务和行政手段在一定程度上的分离，公共服务作为当代的行政任务是可以以私法形式实施的。由此，公共服务成为行政法的基础，亦成为公共利益的新形态，从而不得不启发我们从新的综合的认识论和本体论认识公共服务，从而重新构建行政与法律的关系。

一、公行政的历史嬗变

“国家的本质特征，是和人民大众分离的公共权力。”它是“从社会中产生但又自居于社会之上并且日益同社会脱离的力量”，是“表面上驾于社会之上的力量”。[①] 国家的产生是同处理公共事务和阶级矛盾密切联系的，因而也是和社会分工密切联系的。恩格斯在《反杜林论》中认为，“当社会总劳动所提供的产品除了满足社会全体成员最起码的生活需要以外只有少量剩余，因而劳动还占去社会大多数成员的全部或几乎全部时间的时候，这个社会就必然划分为阶级。在这个完全委身于劳动的大多数人之旁，形成了一个

① 《马克思恩格斯选集》(第 4 卷)，人民出版社 1995 年版，第 114 页。所谓国家权力是一种公共权力，第一，是说它不是一种私人权力；第二，是说它是表面上驾于社会各阶级之上的“第三种力量”；第三，是说它是以管理社会公共事务为己任，或为基本特征的。见武步云著：《政府法制论纲》，陕西人民出版社 1995 年版，第 58 页。

脱离直接生产劳动的阶级，它从事于社会的公共事务：劳动管理、政务、司法、科学、艺术等”。[①]这里讲的“社会的公共事务”，就是国家的一些职能，而且多数属于现在所讲的行政职能。国家从其开始产生的那天起，就是以管理社会公共事务为其基本特征和职能的。而且说明，这种公共权力机关，为了保证居民对它的“尊敬”，必须使用法律的手段。换句话说，行政权、行政职能，从一开始就是国家存在的基本象征。行政法产生的事实基础就是随着国家的产生、国家行政管理活动而形成的事实行政关系。[②]

在自由资本主义时代，人们崇尚“管得最少的政府就是最好的政府”的格言，政府的职能被严格限制在较小的范围之内。这时候的行政法是控权法。19 世纪末，人类社会已步入工业化时代，基于自由法治国家的理念，并且参酌当时行政机关及行政行为的实例经验，行政法学的理论与概念体系，已告完成。这种形态的法治国家里，规范可以侵犯人民财产及自由关系的法律，是形成宪法的重心所在，在集自由主义行政法之大成的学者奥托·迈耶等人的努力下，受到法律约束侵犯人民财产与自由的“行政处分”，也成为行政法的重心。[③]

但是，到了 19 世纪末 20 世纪初，资本主义进入垄断阶段后，没有强大的行政权的主动作为和积极行动，已经无法保持经济的健康发展、维系社会的秩序和国家的安定，社会迫切要求行政权积极介入经济和社会领域。[④]由此，法治国由自由法治国进入社会法治国，甚至是行政的社会法治国（又叫行政国）。彼德·巴杜拉认为，行政法学能够十分顺利地由自由主义法治国

① ［德］恩格斯著：《反社林论》，吴黎平译，人民出版社 1961 年版，第 278 页。

② 武步云著：《政府法制论纲》，陕西人民出版社 1995 年版，第 55—58 页。

③ 陈新民：《行政法之任务——彼德·巴杜拉的“自由主义法治国与社会法治国中的行政法”》，载陈新民著：《公法学札记》，中国政法大学出版社 2001 年版，第 95 页。本书中所言“行政处分”不同于我国法律中关于行政处分是国家行政机关在机关内部对公务员实施的一种惩戒性措施的定义，而是指德国和我国台湾地区关于“行政行为”的表述。例如，在德国，行政处分是指行政当局为处理公法领域的具体事务，作出发生直接外部法律效力的命令、决定或者其他高权措施。在我国台湾地区，行政处分是指行政机关就公法上具体事务所为之决定或其他公权力措施而对外直接发生法律效力之单方行政行为。

④ 江必新著：《行政法制的基本类型》，北京大学出版社 2005 年版，第 198—199 页。

家时代所孕育而成之理念体系，转用在社会法治国时，则必须将行政任务朝向危险防止、征税、服务及引导四个方向发展。在社会法治国中，虽然法律实证主义已在形成法律之前探究了行政的任务，但行政法并不等于这个法律形式的实证主义。行政行为并非仅仅是国家实践法律与权力目的之手段，而是应作为国家福利目的之工具，来满足社会之需求。在这种行政行为体系之中，传统上作为行政行为中心之行政处分制度，已丧失其绝对的重要性。在社会法治国时代，国家应负担各式各样之任务，传统自由主义法治国家时代受限于国家目的之单纯性而产生行政行为“单样化”——即只依靠行政处分，已不符合时代的需要。因此，行政行为之法律模式已退居为次要之角色，可由行政所欲追求之任务而来决定所使用之法律方式。①

所以，在社会法治国中，行政任务和行政手段一定程度的分离，导致了两方面的变化。一方面，社会法治国的行政，为了满足其提供指导与服务任务的需求，产生了新的法律形式。其中有些提供指导性计划及提供服务的行政，可以以私法的形式实施。另一方面，就外观而言，即使社会法治国家，行政处分还是最常使用的法律形式。不过作为新式行政工具而言，行政处分已经改变了其内涵，不再只是注重其外在的法律形式。至于在行政处分的概念方面，就整个行政法的理念而言，却仍未产生一个完整的行政处分之概念。②总之，在社会法治国下，行政任务的急剧膨胀，导致国家职能的转变和行政活动的扩张，同时也引发了行政方式的重大变革。除传统意义上的干涉行政外，为人民提供给付、服务或其他利益的给付行政为适应国家职能的转变而大量出现，过去的行政偏重于侵害行为，但现在要实现宪法上的民生主义，也就是要加强给付行政。行政法不能只限于在干预行政的领域发展，而要朝向福利行政、给付行政的方向努力。③

① 陈新民：《行政法之任务——彼德·巴杜拉的“自由主义法治国与社会法治国中的行政法”》，载陈新民著：《公法学札记》，中国政法大学出版社2001年版，第105—106页。

② 陈新民：《行政法之任务——彼德·巴杜拉的“自由主义法治国与社会法治国中的行政法”》，载陈新民著：《公法学札记》，中国政法大学出版社2001年版，第94—95页。

③ 翁岳生：《法治行政之时代意义》，载翁岳生著：《法治国家之行政法与司法》，月旦出版公司1994年版，第223页。

二、公共服务的提出

法国学者狄骥基于其提出的社会连带学说，反对把法律和社会事实割裂，企图替法律建立一个客观基础。他认为，由执政者制定的法称为实证法。实证法只是客观法的阐明或执行，它的效力不是来自统治者的意志，而是由于它符合客观法的规范，符合组成该社会集团的人们的社会连带意识和正义意识。个人主义学说和形而上学观点、主权和大多数人的意志都无法证明统治者其统治权的正当性，那么，统治者的意志在何种条件下，以及在什么范围内可以强加给被统治者呢？狄骥认为，政府之所以有特殊的权利并不是那些实施行为的行政人员的特征，也不是他所造成的结果，而是决定其行为的目的。如果一项行政行为产生了某些特殊的影响，那么这并不是因为它出自某种带有特殊权力的特殊意志。事实上，它出自某种并不比任何其他意志更为强大的意志；不过，它所预期的目标却使它的价值得到了提升。这一目标必须是带有公共性的。因此，统治阶级并不享有任何主观性的主权权利。它只拥有一种为了满足组织公共服务的需要而必须行使的权力。除非是为了实现这一目的，它的行为没有任何效力或法律价值。可见，在狄骥看来，统治者其统治权的正当性来源于其提供公共服务的目的，更准确地说，来源于统治者提供公共服务的义务。①

社会法学一直在寻求确定政府提供公共服务的义务据以产生的事实。如上所说，法的规范产生于社会协作关系这个客观事实，完全独立于统治者。根据法的规范本身的性质，它拘束社会中的一切成员，包括统治者和被统治者在内，所以，统治者的行为必须受法的规范的拘束，法的规范还为统治者规定两个基本义务："一、他们不能做任何事情妨碍个人活动的自由发展，因为个人活动的自由发展是促进社会分工所必要。这样，统治者就必须尊重个

① 狄骥也认为，统治者借助于强制惩罚措施所行使的权力是正当的吗？是否应当服从呢？如果它是正当的，理由又是什么呢？……永远不能证明一个人怎样能根据其自身地位，合法地拥有利用暴力将其意志强加于其他人的权力。这种权力的合法化既不能依据行使者的身份，也不能依据其起源，而只能依据该权力所指挥内容的性质。[法]莱昂·狄骥著：《宪法学教程》，王文利等译，辽海出版社、春风文艺出版社1999年版，第15页。

人的基本自由；二、他们必须进行干预保障一切个人有自由发展其行动的手段。因此，统治者必须保障一切人享有某种程度的教育，保障公民的工作权利，享受社会生活安全的权利等。统治者为促进社会协作关系而进行干预的各种活动，狄骥称之为公务，它是统治者行使权力的基础，也是全部公法体系的基础。”[①] 法治原则不仅要求统治者承担消极义务，也要求其承担积极义务。这样，政府提供公共服务的义务由此产生。

为什么统治者的统治权的正当性来源于统治者提供公共服务的义务？社会连带学说的提出，为法治原则确定了来源及范围，这一原则既为统治者的职责与权力建立了基础，也因此而限制了他们的行为以及向他们施加的义务。狄骥认为，法律实际上是人类意识的创造物。法律首先是人们的精神产物，它是由人们在物质、智力，以及道德等各方面的需要所决定的。人类各方面的需要，成为法律义务之所以加诸政府之上的根本原因。社会法学一直在寻求确定这些义务据以产生的事实，它的真正基础是社会的连带关系。社会的连带关系承载了人们在物质、智力，以及道德等各方面的需要，构成了对政府义务的要求。“如果政府权力确实具有多种多样的产生原因，如物质的、经济的、道德的，以及宗教的原因，那么有一点就是同样明确的，即无论以任何持久的方式，它都只能通过其臣民对于统治者履行他们所负职责的确信来维持自身的存在。”“法律和法律的规则产生于群众对于这样一个事实的深刻确信之中，即一项特定的法律规则是具有强制性的，一项确定的职责是必须要被实现的。”[②] 因此，政府对权力的掌握和履行某些职责的义务之间便出现了一种密切的联系。人们非常明确地意识到了这种联系，并且也要求这种联系自身能够为政府的法律义务提供充分的依据。从这方面来说，政府的权力本身就是政府的义务或职责。狄骥准确地指出，“统治者负有立足于社会相互关联性基础上的法律义务。他们像所有个人一样必须将其自身才干

---

① 王名扬著：《法国行政法》，中国政法大学出版社 1988 年版，第 764—765 页。

② 统治者与其臣民的区别是自然形成的。前者的权力施加在后者身上的程度，是随着后者对它的信奉程度，以及它本身的效用程度不同而有所差异的。[法] 莱昂·狄骥著：《公法的变迁·法律与国家》，郑戈、冷静译，辽海出版社、春风文艺出版社 1999 年版，第 48—50 页。

服务于社会相互依存性。统治者必须拥有所处社会中的最大权力；法律规则要求他们借助于该权利来使社会相互关联性得到贯彻”。[①] 所以，统治者要享有权力就必须承担相应的义务，权力的行使必须与义务的履行相辅相成。[②]

狄骥认为，在任何一个特定的国家中都存在着一个能够向他人施加物质性强制的个人或者个人群体，他们就是统治者，即那些手中实际掌握着强制权的人。至于他们掌权的事实是因国而异，它们往往是历史、经济、社会等各方面力量的产物。但是，统治者的强制权力不是一种权利，而纯粹是一种行为能力。当我们相信权利来自某种神圣的授权，或者来自一个集合性人格的代表，并且同样具有某种高于个人意志的意志时，那么权利是能够被假定存在的。但是在今天，这些带有宗教性质的、形而上学的信条已经逐渐衰落了。政府控制的权力如今不再是一项权利，而纯粹是一项采取行动的权力。每一个时代的群众都认识到，掌权者不能合法地要求服从，除非他们以履行某些职责作为回报，并且只能在他们履行这些职责的范围内要求人们服从。“这种职责与那些由法律来保障其正常进行的公共服务相关。”[③] 而且能不能保证正常的公共服务已经成为统治者能否继续进行统治的基本条件。所以，“公法目前建立在一项强迫政府履行某些在公共服务中所蕴含的义务的行为规则的基础之上”。[④]

由于习惯，所有的公共事业就成为居民的一种日常需要，成为公民生活的一个组成部分，最大的灾难莫过于公共事业的停顿或中止，这涉及公共服

---

① [法] 莱昂·狄骥著:《宪法学教程》，王文利等译，辽海出版社、春风文艺出版社 1999 年版，第 29 页。

② 当然，这种政府权力本身就是政府的义务或职责的观点，来源于狄骥社会法学中独特的权利和义务学说。社会法学说是指立足点从社会到个人、从客观法到主观权利、从社会规则到个人权利的所有学说；它确认存在一条规则约束社会中的个人，个人的主观权利产生于其社会义务；它肯定人是社会中的人，由此人应服从于社会规则，社会规则要求个人对其他人负有义务，个人的权利只是其义务的产物，只是其必须自由和充分地履行社会义务的权力。参见 [法] 莱昂·狄骥著:《宪法学教程》，王文利等译，辽海出版社、春风文艺出版社 1999 年版，第 7 页。

③ [法] 莱昂·狄骥著:《公法的变迁·法律与国家》，郑戈、冷静译，辽海出版社、春风文艺出版社 1999 年版，第 67 页。

④ [法] 莱昂·狄骥著:《公法的变迁·法律与国家》，郑戈、冷静译，辽海出版社、春风文艺出版社 1999 年版，第 64 页。

务的必要的连续性问题。为了保障公共事业的连续性，公民同意给予行政部门一些公共权力的特权。这种情况下，行政机构像封建社会一样，仍然保留着它的特殊性；但是，这种特殊性已经不再是来源于一种假想的不受限制的主权。行政行为的性质不是来源于它的起源，而是来源于它的目的。行政行为仍然是一种出于公共的目的而实施的个人行为。“行政行为过去由于来源于行政机构的公务人员而被披上主权的外衣；而现在它已经开始被视为一种个人行为，它的公权性质仅来自它所为之服务的目的。”“那些事实上掌握着权力的人并不享有行使公共权力的某种主观权利；而恰恰相反，他们负有使用其手中的权力来组织公共服务，并保障和支配公共服务进行的义务。除非他们致力于实现上述目的，否则他们的任何行为都不具有拘束力，或者具有政治上的价值。”①

这时，公法再也不是那些适用于不同类型的权利主体——即一方主体处于支配性地位，而另一方却处于从属性地位；一方拥有发布命令的权利，而另一方却只享有服从的权利——的规则所组成的集合。宪法所调整的对象也不再是上级与下级之间，或者是发布命令的权威与服从命令的臣民之间的关系。所有的意志都是个人意志；所有的意志都具有同等的效力；并不存在一种意志之间的等级关系。衡量各种意志之间差异的标准只有它们所服务的目的。一位行政人员的意志本身并不具有什么特殊的效力；它的效力来自它与公共服务之间的关系。而且，这是一种允许有等级差异的权力。正是因为公共服务地位的提升，公共服务的概念正在取代主权的概念。国家不再是一种发布命令的主权权力。它是由一群个人组成的机构，这些个人必须使用他们所拥有的力量来服务于公众需要。公共服务的概念已经成为现代国家的基础，尤其是公法制度的基础。

在法国，传统的行政法学理论是“公共权力”理论。这种理论把国家行政行为区分为“权力行为”和“管理行为”。前者是国家行政机关在立法授

---

① ［法］莱昂·狄骥著：《公法的变迁·法律与国家》，郑戈、冷静译，辽海出版社、春风文艺出版社 1999 年版，第 122 页、第 446 页。

权下执行国家意志的一种行为，受行政法的约束并接受行政审判权的监督。后者则是国家行政机关作为社会生活的参与者和组织者而为的一种行为，属于私法的范畴，接受民事审判权的监督。公共权力理论成为行政法学的基础和核心概念，是界定行政法调整范围的基本标准。与之不同的是，狄骥认为，国家行政的基础不是公共权力，而是为社会提供的“公共服务”。因而，行政法的主要作用不是去确定“公共行政”的限度，而是使得行政行为忠实于公共服务的目的。应该说，“公共权力”学说和“公共服务”学说的侧重点并不相同。在法国，由于公共权力学说和公务学说在说明行政法的基本观念时，具有较大的力量，奥里乌企图把它们统一起来，认为公务是行政法的目的，公共权力是行政法的手段。由此，他提出了一种“制度理论”。他认为，从行政行为所带有的“公共权力”属性与它为社会提供“公共服务”的目的并不矛盾。行政法恰恰提供了这样一种制度框架，是行政机关在其明确的权限范围内发挥其“公共服务”的作用。或者说，行政法在确定行政机关的权力限度时，本身便应当考虑它所提供的“公共服务”的范围和性质。[①]“行政职能的目标在于实施一些管理行为和行政操作，即通过一些法律的、技术的行为和程序，满足公众的需要，实现对公共事业的管理。”[②] 要完成这种满足公众需要的职能，就必须拥有实行的公共权力，而且，这种行政权是一种强制权，是有执行力的。另外，它还是直接行动程序，因为它总是自动付诸行动，不需要法官介入的。可见，奥里乌的“制度理论”实际上说明行政活动的正当性在实质意义上来源于公共服务这一目的。

三、公共服务与公共利益

既然公共服务或者公务是行政法的基础，那么，什么是公共服务或者公务？在法国，权限争议法庭 1873 年 2 月 8 日在布朗戈案件的判决中，提出

---

① ［法］莫里斯·奥里乌著：《行政法与公法精要》（上），龚觅等译，辽海出版社、春风文艺出版社 1999 年版，第 2—3 页。

② ［法］莫里斯·奥里乌著：《行政法与公法精要》（上），龚觅等译，辽海出版社、春风文艺出版社 1999 年版，第 13 页。

公务观念作为在国家行政机关中适用行政法的标准。19 世纪末期和 20 世纪初期，行政法院在一系列的判决中扩张公务标准，适用于国家和地方的全部行政活动中。狄骥在行政法院判例的基础上，建立公务学说，说明行政法的基础。

公务一词在法文中有形式或机构的意义和实质或功能的意义这两种，而狄骥的公务学说中，所谓公务主要是从实质意义着眼的。狄骥认为，“公共服务就是指那些政府有义务实施的行为”。“任何因其与社会团结的实现与促进不可分割，而必须由政府来加以规范和控制的活动，就是一项公共服务，只要它具有除非通过政府干预，否则便不能得到保障的特征。”① 在第二次世界大战前，国家的主要公务是行政公务，受行政法的支配，不适用行政法的公务不多。第二次世界大战后，行政职务大量扩张，这种理论不能维持。由于国家对于经济生活的干预，出现大量的工商业公务。这种公务在很多情况下，不是适用行政法而是适用私法。此外，还增加了一些社会公务和职业公务，在很多情况下也不受行政法的支配。所以，当代公务的法律制度非常复杂，不存在一致的公务法律制度，不同类型的公务适用不同的法律制度。究竟有多少类型的公务存在，没有一致的意见，在判例上和学说中，一般承认行政公务和工商业公务两种类型。也有人认为，还有社会公务和职业公务存在。在这里，存在着传统上的行政警察和公务活动的关系问题。行政警察就其一般意义而言，是指行政机关为了保证公共秩序而对个人自由所加的限制。个人自由受到的限制不仅来自行政警察，首先由法律加以规定和限制，这类法律称为警察法律，个人自由不能超过警察法律所规定的范围。行政机关一方面有权执行警察法的规定，如根据法律规定拒绝批准私人的某种集会。另一方面有权在其管辖地域以内，在不违反法律规定的范围内，制定补充的警察规则，限制个人的自由，这两个方面的活动构成警察活动。行政警察的一般目的是保证公共秩序。所谓公共秩序包含公共安宁、公共安全和公

① [法] 莱昂·狄骥著：《公法的变迁·法律与国家》，郑戈、冷静译，辽海出版社、春风文艺出版社 1999 年版，第 50 页、第 53 页。

共卫生此三项主要内容。公共安宁是就防止发生混乱和破坏正常生活秩序而言；公共安全是就防止意外事件的发生而言，包括人为的事件如叛乱骚动，和自然的事件如火灾、水灾等在内；公共卫生是就防止损害健康的各种危险在内，如防止公害和出售有害食品等。行政警察和公务活动的区别，只是就其活动方式而言。警察活动的方式是限制自由，公务活动的方式是提供服务。就其活动目的而言，警察活动和公务活动没有区别。二者都以满足公共利益为目的。因为警察活动在本质上虽然起着一种镇压作用，但维持公共秩序，从政治和法律观点而言，也是一种公共利益，警察活动以满足公共秩序方面的公共利益为目的，公务活动以满足其他方面的公共利益为目的，这两种形态的公共利益，都是为了巩固政权而存在，本质上没有区别。就这个观点而言，警察活动也是一种公务活动，称为警察公务。警察活动就其目的而言，虽然也是一种公务，但由于警察公务和其他公务在活动方式上不同，法律制度不一样，所以对这两种活动方式应分别说明。然而必须指出，警察活动和公务活动的区别，只有相对性质。行政警察除限制个人自由外，有时也向当事人提供服务。例如，警察人员对于遭受灾祸的车辆或人员提供紧急援助，完全不是限制个人自由的活动。此外，警察活动方式和公务活动方式的不同，不应理解为互相排斥，在某些情况下，行政机关进行某项工作时，可以在警察活动和公务活动两种方式中进行选择。例如，为了清除人行道上的积雪，行政机关可以规定居民各自打扫门前积雪，也可由行政机关自身进行清扫工作。但是这种选择的范围有限，因为警察机构在没有法律规定时，不能规定居民必须提供积极服务。[①] 综上可知，此处所说的“公务”有以下三个方面的特点。

1. 和公众的需要有关，属于公共利益。一个国家中的公众需要可归结为两个大的概念，即“治安”和“公益”。治安就是社会和平所不可缺少的秩序；对于秩序的需要引起对保安的需要。公益的目标是进行社会治理，既是为了给个人提供便利，也是为了维持治安。这些便利是否同时提供给所有的

---

① 王名扬著：《法国行政法》，中国政法大学出版社 1988 年版，第 488 页、第 460—461 页。

个人，关系到社会和平……由于治安和社会治理只有通过各种事业的不断行动才能建立或维持，所以公众的需要直接导致公共事业的组织。公共事业是一种为满足公众需要，由国家组织的，固定、持续地向公众提供的服务。[①]可见，公务是为了满足公众需要，是一种广义上的“公益”，包括“治安”和给个人提供便利的“公共服务”，而且这种“公益”对公众的生存和发展是必不可少的。

2. 不能或不宜由私人提供。国家认为某种公共的利益私人活动不能满足时，或不宜由私人进行时，把它建立作为一种公务，由国家保证实施。公务是行政机关的一种活动，这种活动的特点是满足公共的需要。在社会生活中，为了满足公共的需要，有时要求复杂的技术力量和巨额的投资，超出私人能力之外，或者不能成为有利可图的私人企业，有时出于政治的考虑不能由私人担任，在这些情况下，必须由行政机关承担责任，满足公众的需要。行政机关的这种活动就是公务。

3. 直接以满足公共利益为目的。虽然公共利益是公务观念的核心，但公共利益因素并非公务活动所独有的。许多私人所从事的公益活动，也以公共利益为目的。所以，必须把公共利益和行政主体创设某种公务的目的联系起来。这时，公务是指行政主体直接以满足公共利益为目的的一切活动。根据这个标准，行政机关直接以满足公共利益为目的的活动是公务活动，适用行政法。行政机关的财产管理活动属于非公务活动，适用私法。当然，行政机关在进行公务活动时，可以依法自行采用私法上的手段，如订立民法上的合同，但仍受行政法的支配。

从公务的上述三个特征看，公共利益是核心。那么，什么是公共利益？公共利益作为法学中最重要的概念之一，会因语境不同或条件不同而有不同的含义。正如布赖斯认为，“基本的法律概念也许根本无法定义而只能够描述”。[②]而以“利益内容”的不确定性和“受益对象”的不确定性著称的“公

---

① [法]莫里斯·奥里乌著：《行政法与公法精要》(上)，龚觅等译，辽海出版社、春风文艺出版社1999年版，第17页。

② [英]H. L. A. 哈特著：《法理学与哲学论文集》，支振锋译，法律出版社2005年版，第53页。

共利益”作为一个典型的不确定法律概念就更不可能定义而只可描述，而且由于公益的变易性导致的边际情况和描述公益的语言限度，对公益的描述也往往是不充分的。“但不能规范性地定义并不代表公共利益不能被认知。”①“公共利益确实应该是可以判断的，这种判断在结合某一情景时应当有其内在的正当性、合理性，否则就会导致权力的滥用。”②

所以，我们综合各种关于公共利益的理论和制度，以公益的受益者数量和利益品质为基本要素，绘图来加以说明。

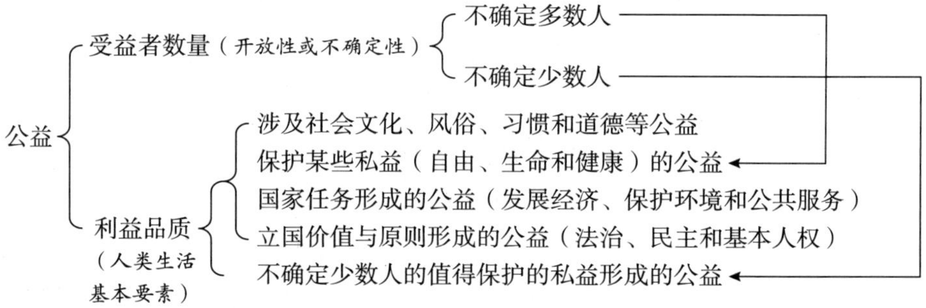

图1　什么是公益

公益受益者数量的多少是公共利益“公共性”的形式特征。那么，多少人受益才可以称得上是公益呢？德国学者洛厚德在《公共利益与行政法的公共诉讼》一文中提出，以“地域基础”作为界定受益者的人数标准。也就是说，公益是一定的空间内大多数人的利益。虽然限制空间导致一部分公益被排除出公益的范畴，但是，“大多数人”标准却与传统的民主理念契合。“大多数人”标准在形成公益过程中具有巨大作用，也指出了潜在受益者。可是，实际上的受益者不一定是多数人，因此，纽曼在其后的《在公私法中关于税捐制度、公益征收之公益的区别》一文中提出，作为公益形式特征的“公共性”，“也就是开放性，任何人可以接近之谓，不封闭也不专为某些人所保

① 王景斌：《公共利益之界定：一个法理学视角》，载《修宪之后的中国行政法——中国法学会行政法研究会2004年年会论文集》，中国政法大学出版社2005年版，第509页。

② 刘莘、陶攀：《论公共利益的意义初探》，载《修宪之后的中国行政法——中国法学会行政法研究会2004年年会论文集》，中国政法大学出版社2005年版，第473页。

留”。[①] 这时，“多数人”标准就变为“不确定多数人”标准。为了论证“不确定多数人”标准，德国一些学者还提出“某圈子之人”作为公众的相对概念，反推判断公共的标准。所谓“某圈子之人”系指由一范围狭窄的团体如家庭、家庭团体和成员固定之组织，或某特定机关之雇员等，加以确定地隔离；或是以地方、职业、地位、宗教信仰等要素作为界限，而且成员数目是少许的。由上述定义可以看出“某圈子之人”有两个特征：一是，该圈子非对任何人皆开放，具有隔离性；二是，该圈内成员在数量上是少许者。从其反面推论，对于公共的判断至少具备两个标准：一是非隔离性；二是数量上须达一定程度的多数。[②]

莱斯纳在充分肯定“不特定多数人”的公益的同时认为，“可以透过民主之原则，对于某些居于少数的特别数量的私益，使之形成公益”。[③] 即“不确定少数人的利益”。沃尔夫在《行政法》中也把公益分为“一般的公共利益”和“特殊的公共利益”，而“特殊的公共利益”就包含“不确定少数人的利益”。[④] “‘不特定多数人的利益’才是公共利益的传统观念和制度运作，随着宪政国家的发展有所变化，在现代，少数不确定的人的利益也可能是公共利益。”[⑤]“直接给予社会一般大众利益的行为当然属于行政，但有些行为虽直接给予特定对象利益，但若其最终目的仍在为社会一般福祉，则仍属于行政。例如，救济贫困者固然直接给予贫困者食住，但最终目的则在于维护社会安宁；给予工厂防污设备贷款，固然给予工厂利益，但最终目的是在于维护环境，保障人体健康。”[⑥] 国内学者甚至进一步认为，“并非所有不确定多数人的利益都是公共利益。这已为现代宪政国家所证明。有时单纯的多数人利益会导致多数人的暴政，与社会进步、人类发展是相违背的，而不特定少数

---

① 陈新民著：《德国公法学基础理论》，山东人民出版社 2001 年版，第 185 页。
② 详见城仲模主编：《行政法之一般法律原则》（二），三民书局 1994 年版，第 158 页。
③ 陈新民著：《德国公法学基础理论》，山东人民出版社 2001 年版，第 200 页。
④ ［德］汉斯 · J. 沃尔夫等著：《行政法》，高家伟译，商务印书馆 2002 年版，第 326—329 页。
⑤ 陈新民著：《宪法基本权利之基本理论》，三民书局 1991 年版，第 177 页。
⑥ 黄异著：《行政法总论》，三民书局 1992 年版，第 11 页。

人的利益符合社会发展的要求也可能是公共利益”。[1] 由此可见，公共利益的受益者，多数人还是少数人并不重要，重要的是受益者是否具有开放性或不确定性。

公共利益“公共性”的形式特征是开放性或不确定性，而不是受益者的多寡，这取决于公共利益“公共性”的实质特征：公益的品质。纽曼在上面所提到的论文当中，认为公共利益分为“主观的公益”和“客观的公益”。“主观的公益”就是前面所提到的“不确定多数人”的利益，而“客观的公益”是由国家和社会居于国家任务和目的而应用公权力达成的公益。这样，对公共利益的讨论就从公共利益的受益者数量转向公共利益的品质。[2] “由于公益系追求公益受益者的福利，这个福利则要以人类的生存关系为其最重要的判断标准。”[3] 所以，一种利益之所以成为公益，是因为它与人类的生存有密切关系，与人类生活基本要素相关，但不是与人类生存有关的都是公益。居于以上标准，我们认为，公益从品质上看，包括以下五个方面：（1）涉及社会文化、风俗、习惯和道德等公益；（2）保护某些私益（自由、生命和健康）的公益；（3）国家任务形成的公益（发展经济、保护环境和公共服务）；（4）立国价值与原则形成的公益（法治、民主和基本人权）；（5）不确定少数人值得保护的私益形成的公益。值得注意的是，从形式特征上看，除第五个方面是符合不确定少数人特征外，其他都是不确定多数人受益的。

---

① 朱维究、吴小龙：《论公共利益的公法保护》，载《修宪之后的中国行政法——中国法学会行政法研究会2004年年会论文集》，中国政法大学出版社2005年版，第481页。

② 详见陈新民著：《德国公法学基础理论》，山东人民出版社2001年版，第185—187页。

③ 陈新民著：《德国公法学基础理论》，山东人民出版社2001年版，第202页。

第二章

公共服务的法哲学基础

公共服务，又称公务或公行政或公共任务，[①]是法治行政的核心，也是行政法学的基础。但是，以什么标准来认定某种公共利益已经创设成为公共服务（又称公务或者公行政），一直是争论不休的问题。我们认为，必须寻找一个更为合理的哲学基础，亦即综合论，重新审视公共服务的创设标准，为行政法的调整范围和行政法学的研究范围划定一个更为科学的界限。人类认识世界有三个必不可少的基本要素：本体论、认识论和方法论。人类认识公共服务法律制度也有本体论、认识论和方法论三个必不可少的基本要素，从而构成了公共服务法律制度的哲学基础。

一、法学的本体论

人类对世界的认识过程，大致经历了三个阶段。第一个阶段是“本体关注”或“本体论”阶段。人类最为关注的是寻找世界的本源在哪里，试图回答世界是什么，世界的本质是什么；第二阶段是“主体关注”或“认识论”阶段，人们开始关注主体，开始关注世界如何才能被认识；第三阶段是“方法关注”或“方法论”，人们开始把注意力转向对方法的讨论，这种讨论对

① 我们认为，公共服务，又称公务或公行政或公共任务，不是狭义的。它不仅包括政府所提供的公共服务（如行政给付、公共设施等），还应该包括政府对经济、社会和文化等领域的管理和管制（如行政处罚和行政许可等）。这两种活动都应视为政府对民众提供的服务。这集中反映了行政机关和行政相对人关系的最深刻变化，亦即行政机关和相对人是一种服务和被服务的关系。这也是公共服务是行政法基础的根本意义所在。

方法论的重视甚至超过了对真理的热爱。科学研究主流也从单纯的主体或客体世界转向了解事实如何发展的这一方法论问题。①

本体论，是哲学与实践结合得最为紧密的部分，是追求和探索客观真理的哲学领域。“本体论”一词译自英文 ontology（德文 Ontologie、法文 ontologie）。词头 ont- 相当于 to be、being，可译为“是”、“有”或“存在”。-ology 后缀表示一门科学。本体论一词，最早由德国的沃尔夫在 18 世纪时加以界定，他把本体论定义为“论述各种关于‘有’的抽象的、完全普遍的哲学范畴”。② 现在，一般认为，本体论是“关于存在及其本质和规律的学说”。③ 那么，何谓“存在”与“本质”呢？“哲学所理解的‘存在’首先是指世界总体（本质）的存在。因此，本体论也常被理解为世界观。世界观的研究对象是存在与思维（物质与意识、自然与精神）何者是本原的问题。”④ 所以，“世界从本体论角度进行分析，可以区分为物质和意识两大部分，世界整体就是由这两大部分组成的”。⑤

存在与思维（物质与意识、自然与精神）的关系，在一定的条件下可以转变为休谟所说的“事实”和“价值”问题。罗素指出，在全部哲学史中，哲学一直是由两个部分构成的：一部分是关于世界的本性（是什么）的学说，另一部分是关于最佳的生活方式（应如何）的伦理学说和政治学说（价值学

① 详见李其瑞著：《法学研究与方法论》，山东人民出版社 2005 年版，第 8 页。

② 龚榆著：《本体论：在探索真理的道路上》，上海三联书店 2005 年版，第 441 页。本体论有时与“形而上学”混用。“形而上学”在欧洲通常的用法是指，“研究事物本质的知识领域”。最新出版的《大不列颠百科全书》写道：“本体论是研究存在本身，即一切实在的基本性质的理论。……与亚里士多德定义的形而上学或‘第一哲学’是同义的。”在哲学史上，本体论有时等于柏拉图的客观唯心主义。

③ 《中国大百科全书》哲学卷，中国大百科全书出版社 1987 年版。

④ 龚榆著：《本体论：在探索真理的道路上》，上海三联书店 2005 年版，第 30 页。“世界观中的思维是指作为认知对象的客观存在的思维，实际上与上述本体论定义是不矛盾的。”龚榆著：《本体论：在探索真理的道路上》，上海三联书店 2005 年版，第 30 页。也存在不同的观点。详见俞宣孟著：《本体论研究》，上海人民出版社 2005 年版，第 30—32 页。本体论作为一门科学（不是一个学派或一个观点）所研究的存在不是一般意义的存在，而是“一切实在的基本性质”的存在，是“较自然哲学和心理学更为基本”的知识的存在。见龚榆著：《本体论：在探索真理的道路上》，上海三联书店 2005 年版，第 442 页。

⑤ 龚榆著：《本体论：在探索真理的道路上》，上海三联书店 2005 年版，第 31 页。

说），这就是哲学上的应然性与实然性问题。受到休谟问题的影响，西方哲学界普遍认为，应然不能从实然中推出来，实然也同样不能从应然中推出来，应然性与实然性是完全不同的问题，就好像两条平行线，永远不可能相交。而我们认为，应然性与实然性在一定的条件下是相统一的，至少在法律领域中是如此。理由在于，法律是一种社会事实，虽然它与自然事实同为客观事实，但是，由于它承载着某一时代的社会思潮和道德价值，使得它不可能成为纯粹的自然事实，而往往有"应当"的一面。

人的实践活动可以沟通"事实"和"价值"，而且，这些实践活动往往是由一些调整人与自然或人与人之间的"规则"来规范的。这些规则中有一部分是由国家制定或认可的，那么，在本体论上它们属于什么呢？在分析法学家看来，这就是他们所要研究的实在法，即"法律是什么"。应该说，这些规则是具有本体论意义的。"法律是什么"属于一种特殊的本体论问题，有别于自然界和人的实际行为，是一种特殊的存在。而相反，"法律应该是什么"则是哲学意义上的"价值"问题。总之，分析法学家在"法律是什么"这个实然性命题中建构它们自己的法学本体论。

那么，分析法学家们所说的本体论意义上的法律的本质是什么？他们从"应当"和"是"，或者"应然"和"实然"两个角度来分析，他们认为，法律是一种特殊的存在。它的特殊之处就在于，一方面，它如同其他物质世界一样是客观存在的；另一方面，它的存在又是以"应然"或"应当"的方式存在的，它要求人民应当如何做。当然，这不是自然法学中"法律应如何"的"应然"或"应当"，即哲学意义上的"价值"问题，而是"是"或"实然"之中的"应当"或"应然"，而法律的这种"应当"或"应然"由其法律效力这一存在方式来表现。在这种情况下，又形成了另一对应然与实然的关系：实在法的客观存在和其应然效力。

边沁、奥斯丁承认法理学的对象是"实际存在的由人制定的法"，并认为它是一种特殊的事实，一种实然的东西。那么，它到底是什么？边沁和奥斯丁一致认为，法律就是主权者的命令。奥斯丁认为所谓的"命令"是指，如果你表达或宣布一个要求（wish），意思是我应该做什么，或者不得做什么，而且，当我没有服从你的要求的时候，你会用对我不利的后果来处罚我，那么，你所表达或宣布的要求，就是一个“命令”。一个命令区别于其他种类的要求的特征，不在于表达要求的方式，而在于命令一方在自己的要求没有被服从的情形下，可以对另外一方施加不利的后果或者痛苦，并且具有施加的力量以及目的。① 我们在这里无意去关注法律中的制裁问题（当然它也是很重要的因素），我们想指出的是，法律，也就是命令，是与“应当”相关的，而这个“应当”，既不是上帝法上的“应当”，也不是道德上的“应当”，而是法律或命令的“应当”。但是，这个“应当”是什么？边沁、奥斯丁没有论述这个问题，只能留给凯尔森来回答。

凯尔森站在自然法学和社会法学之间建立他的法学理论，尤其他的法学本体论。他认为，法律或命令的“应当”就是“法律效力”。因此，法律或命令本身是“实然”中之“应然”，是“实然”和“应然”的结合。相对于自然法来说，实在法就仿佛是某种人为的，即某种由经验的、人的意志行为所作出的事物，这种行为是发生在“是”（being）的领域中的，即发生在实际事件领域中。这样一来，实在法就仿佛是面对着作为价值的自然法的一种现实。实在法的好坏只有用一个其效力被认为理所当然的自然法的尺度来加以衡量，一个特定的实在性，一定历史共同体的法律，才仿佛有善恶、“正义”或“非正义”之分。另外，相对于社会法学来说，实在法，作为一个规范，从其本身的内在角度说，是一种“应当”，因而是一种价值，在这种外观下，面对着社会法学研究的对象即人的实际行为的现实，实在法评定这种行为是合法的或非法的行为。我们发现，凯尔森的实在法（规范）相对于自然法而言，具有实然性；相对于社会法学而言，却具有应然性。实在法（规范）同时体现了“应当”和“是”，是一个实然性和应然性的结合体。②“法律始终是实在法，而它的实在性在于这样的事实，它是为人的行为所创造和

① ［英］约翰·奥斯丁著：《法理学的范围》，刘星译，中国法制出版社 2002 年版，第 18 页。

② 在逻辑上，这两个范畴是相互排斥的。详见［奥］凯尔森著：《法与国家的一般理论》，沈宗灵译，中国大百科全书出版 1996 年版，第 429 页。

废除的，因而是不以道德和类似的规范体系为转移的。”[①] 这一点就构成了实在法和自然法之间的区别。另外，它由于具有规范性，即应然性，它和自然科学和其他社会科学所指的自然事实又有所不同。为了统一用语，我们把“法律”或“实在法”这种事实称为“规范性事实”。

凯尔森关于“实在法（规范）是一个实然性和应然性的结合体”的观点，得到了制度法学的创始人魏因贝格尔的认同。他从哲学的对立统一辩证关系出发认为，“对基本问题进行讨论使我们能够根据对不同意见的含义，分析了解不同的立场和了解这种或那种基本态度的证明。要解决专门学科中的问题和个别问题上的不同意见都在很大程度上有赖于对立概念的哲学基础”。[②] 在这一哲学思想的指导下，他思考的是规范的本质，或者更具体地说，规范的本体论状态：作为一种思维结构的理想上的存在和作为一种社会现象的实际上的存在。就是说，规范的本体论反映出它既有理想的一面又有现实的一面。一方面，规范作为理想实体的规范，魏因贝格尔认为，一个规范不是一个物质实体，不是借助于观察设备就能直接或间接地观察到的某种东西。然而，种种规范显然与人们的举止息息相关，它们对人类的行为起着作用。人类的行为和不作为是规范判断的客体。以“应当是这样”为内容的规范之存在，作为我们思想意识的一种，影响着人们的举止。[③] 因而，规范或制度（包括制度事实）是一种带有客观意义和“应当是这样”的思想事实。另一方面，规范作为现实的规范，其意在说明“实际是这样”。魏因贝格尔认为，制度事实或制度是一种客观存在，而规范作为最重要的制度事实或制度，它的客观存在也是不容置疑的。“在很多规范性领域里，也许最明显的是在法律领域里，规范的实际存在是与诸如政府机关、法院、立法机构等社会制度的存在紧密相连的，这些制度的功能要经受社会学的调查研究的检验。国家机器

① ［奥］汉斯·凯尔森著：《法与国家的一般理论》，沈宗灵译，中国大百科全书出版社 1996 年版，第 129 页。

② ［英］尼尔·麦考密克、［奥］奥塔·魏因贝格尔著：《制度法论》，周叶谦译，中国政法大学出版社 1994 年版，第 41 页。

③ ［英］尼尔·麦考密克、［奥］奥塔·魏因贝格尔著：《制度法论》，周叶谦译，中国政法大学出版社 1994 年版，第 42—43 页。

也包含可以察觉的进程，这个机器的可以直接观察到的功能和活动对于认识法律的实际存在来说肯定是必需的。”①

凯尔森仅仅指出实在法的应然性和实然性，并没有探讨它们之间的关系。制度法学对此作了以下两个方面的讨论：一是制度法学主张“应当是这样”居于首要地位。为了界定“实际是这样”，我们不得不诉诸“应当是这样”。二是“实际是这样”和“应当是这样”之间存在相对性。“在法律实践中，被认为是‘合理的’行为乃是‘一个事实问题’，我们同样知道，从道德哲学的观点来看，关于我们如何才是‘合理地’为人处世的问题，是我们的举止应当如何的问题的一部分。也许我们未能从这些细小的形态各异的真理中得出和概括出明显的含义，即‘实际是这样’和‘应当是这样’之间的界限随背景而变的相对化。”②

实在法（规范）是一个实然性和应然性的结合体，如上所述，我们可以称之为“规范性事实”。那么，这个事实在哲学上应该如何认识和定位它呢？制度法学创始人提出“制度事实”一词来概括上述事实，并作了精辟的论述。魏因贝格尔和麦考密克引用塞尔关于“原始事实”和“制度事实”、“自然事实”和“制度事实”的区分说明制度法学的本体论问题。有些事实只与物质世界的有形存在有关，即是说，与组成物质世界的物质客体的存在有关。这个世界是我们的感官知觉能够达到的，而且其中的物体有某种空间上的位置和时间上的延续。正如人们恰当地说的，这些事实是“原始的事实”，丝毫不取决于人类的意志、人类的传统或人类的努力。它们实际上是给我们的传统和努力规定条件，而不是从传统和努力中产生的结果。但是，还有其他一些实体，虽然不是物质客体，但我们通常也说它们是存在的。这些东西包括国内法领域中的合同和婚姻，国际法领域中的条约和国际机构（如罗马条约、欧洲经济共同体委员会），社会和体育生活领域中的比赛和竞赛（如

① ［英］尼尔·麦考密克、［奥］奥塔·魏因贝格尔著：《制度法论》，周叶谦译，中国政法大学出版社 1994 年版，第 51—52 页。

② ［英］尼尔·麦考密克、［奥］奥塔·魏因贝格尔著：《制度法论》，周叶谦译，中国政法大学出版社 1994 年版，第 125—126 页。

目前的世界杯赛)。在这些情况下，存在必须包括时间上的延续，这种延续不受特定的空间位置或特定的物理性质的影响。① 他们将这些称之为“制度事实”。②

正如罗素所认为的，事实与价值是由两个不可调和地混杂在一起的部分构成的,“这两部分未能充分划分清楚，自来是大量混乱想法的一个根源”。③ 事实和价值问题之所以在以往的哲学家那里得不到科学的解释，其原因在于事实与价值的两分论者总是在理论思辨和抽象逻辑的范围内兜圈子，把一个本来是实践范围的问题放在了逻辑的范围内。马克思指出，“凡是把理论引向神秘主义的神秘东西，都能在人的实践中以及对这个实践的理解中得到合理的解决”。④ 所以有学者认为，“事实判断与价值判断的关系问题首先是一个实践问题。马克思主义经典作家从实践入手，在承认事实与价值区别的前

---

① [英]尼尔·麦考密克、[奥]奥塔·魏因贝格尔著:《制度法论》，周叶谦译，中国政法大学出版社1994年版，第14页。

② 对世界的事实作“原始事实”和“制度事实”的两分法，对传统哲学来说，是不可想象的。因为传统哲学(尤其是马克思主义哲学)认为，客观事实是不以人的意志为转移的，在特定的空间和时间上运动。按照这个标准，制度事实似乎很难称为“事实”。可是，魏因贝格尔却提出了与此不同的判断标准和结论。“在不同的现实领域中，我们了解事物的根据和事物存在的标准将是不同的。”魏因贝格尔认为，不能把“存在”只定义为物质客体，与“是有实体的”等同起来，这样理解存在的概念(和实体的概念),就可以容许赋予理想的实体以存在,只要这些实体被认为具有时间的性质，而且只要它们与物质实体处于有效的关系中。可见，作为理想的“存在”的制度事实有两个标准判断：一是时间性质，不一定有空间形态(最起码是有形的空间);二是与物质实体处于有效的关系中。这两个标准是互为作用、互为证明的。但是，强调“存在”的时间性而抛弃空间性，魏因贝格尔也意识到可能被人指责为一种唯心主义的概念，或者至少有这种倾向，因为它走得这样远以致赋予理想实体以现实的存在。他为自己辩解说，这里提出的一些本体论的论点远远不是柏拉图主义的纯精神的唯心论。在辩称“存在”可能是一个既是制度事实又是原始事实的问题时，我们的确主张精神实体或思想——客体(区别于物质事物)的实际存在。但我们并不把物质世界的存在看作来自或附属于一个精神世界的存在。我们仍然能够而且直截了当地拒绝纯精神的唯心论，它不是唯心主义的。作为出发点的概念结构使我们能够更牢固地掌握物质实体和理想实体之间的各种关系和联系。赋予理想的实体以现实的存在是以它们与物质的和可以观察到的过程之间的联系为条件的，这一事实使我们能够一方面把理想的实体理解为不可否认的“既成事实”，另一方面把它们理解为实际事物而绝不会被诱导去以柏拉图主义的方式把它们概念化。魏因贝格尔把他的本体论甚至提高到超越唯心主义和唯物主义的高度来看，如果我们想要理解人类的、社会的和社会制度的本质，我们就绝对需要承认理想的实体是人类的和人类社会的现实世界的因素。

③ [英]伯特兰·罗素著:《西方哲学史》，何兆武、李约瑟译，商务印书馆1981年版，第395页。

④ 《马克思恩格斯选集》(第1卷)，人民出版社1995年版，第56页。

提下，把人的价值判断置于具体的实践活动这一事实之中，使实践成为价值判断和价值评价的现实基础”。[①]

那么，实践和实践理性是什么呢？在古代，实践指的是一种道德行为。当代西方哲学，一般把实践当作一种观念活动，其主要特点是一种自由意志的有目的的活动。不是人的所有行为都是实践，只有具有价值和道德意义的行为才属于实践。实践理性范畴则源于康德，他从道德和善的角度提出实践问题，把理性分为理论理性和实践理性。理论理性由感性到知性再到理性，其相对的一方是感性经验，从这个角度说，认识不能脱离经验。而实践理性刚好相反，它由原理（道德律令）到善恶概念再到感性情感，它必须脱离经验。实践理性是指离开自然界的必然性而指导人的道德行为的主观思维能力，其最后目标是德行与幸福的统一，即至善。这样来看，实践理性是人所具有的能发现和坚持道德原则的能力，也可以看成意志行为准则的形式，但由于它缺乏构成法规的质料，所以只能是意志行为准则的形式。[②]

为什么通过人的实践就可以融通事实与价值呢？马克思在《1884年经济学手稿》中指出，人的活动与动物的本能活动的不同之处就在于，动物只能按照它所属的那个种的尺度活动，它无意识地适应于自然的状态；而人的活动则具有两个尺度，一个是受到自然规律的限制，另一个是人自身的主体尺度。人在实践活动中所体现出来的合规律性与合目的性的统一，便使事实与价值得到了沟通。这样，“马克思主义从实践的角度对事实与价值的关系进行回答，认为一切实践活动都是具体的、历史的，把事实判断和价值判断放在实践中考察，这是沟通事实与价值的关节点”。[③]

应该指出，这里的“事实”主要指的是“自然事实”，所以，事实和价值的关系实际上是自然事实和价值的关系，是一种纯粹的应然和实然的关系。如此，实践既可以沟通自然事实与价值，也一样可以沟通应然与实然，

---

① 李其瑞著:《法学研究与方法论》，山东人民出版社2005年版，第134页。

② 梁晓俭著:《凯尔森法律效力论研究（基于法学方法论的视角）》，山东人民出版社2005年版，第172—173页。

③ 李其瑞著:《法学研究与方法论》，山东人民出版社2005年版，第148页。

应然和实然凭借实践及实践理性得到了有机统一。可是，沟通自然事实和价值的实践活动是什么？我们认为，实践活动是一种社会事实，它既包括个人的实践活动，也包括集体的实践活动。一是人的实践活动可以沟通自然事实和价值，它往往由一些调整人与自然之间或人与人之间的"规则"来规范，而这些规则中有相当部分是由国家制定或认可的，这即"规范"。规范调整人的实践活动，人的实践活动执行或违背规范，二者密不可分。二是魏因贝格尔把实践定义为一种理性的行为，即有目的、可控制的活动，但实践并不因此而失去理性，实践的理性不是自然科学意义上获得真理、与物质客体相符合的理性，而是一种合理性，而"合理"是行为的性质。所以，实践理性是关于规范的、价值的、评价的、目的的和选择的理性。[①] 在实践中，每一个合理性的实践证明都要求有某些表明评价态度的论据，而价值从本质上说是和态度相同的。所以，人的实践活动这一"社会事实"和价值不存在根本的二分。魏因贝格尔就认为，法律制度是实践理性的产物，应该符合"合理性"，是事实和价值的统一体。三是在近现代，人们把实践理解为人类的"生活世界"、"生活形式"和"日常生活"，几乎成为主流。因此，实践哲学认为人类的全部行为和人类意志活动的产物（包括法律制度）的意义和"合理性"只有放在整个历史过程和其生活形式中才能得到理解和解释。在这种情况下，实践哲学强调，不能在产生思想、价值的社会形式和历史背景之外理解这些思想和价值及其客体形式即制度事实。所以作为制度事实的规则，其成立在本质上与价值不可分。"正如实践理性告诉我们（制度）事实和价值不可绝对二分一样，实践理性又告诉我们规则和价值也是不可分。"[②]

由此可见，制度法学通过实践理性将法律的应然性与实然性相沟通，从而完成了构建分析法学综合本体论的最后的实质的一步。实践理性最大的意义是，为分析法律提供了坚实的理论和实践基础，使得法律的应然性和实然

---

① 梁晓俭著:《凯尔森法律效力论研究（基于法学方法论的视角）》，山东人民出版社2005年版，第175页。

② 梁晓俭著:《凯尔森法律效力论研究（基于法学方法论的视角）》，山东人民出版社2005年版，第177页。

性能够有机地统一到法律上来。实践理性除此以外，也为分析法学的综合认识论和综合研究方法提供了哲学上的依据，“它引申出了制度法学的非常有特点的具有综合性的分析的、实证的和解释学的法学方法论，同时对理解法律的存在作为一个制度事实的理论也是不可或缺的”。[①] 换句话来说，实践理性不仅具有本体论意义，而且还具有认识论和方法论上的意义。

从总体上来说，“法律是应然性和实然性的统一”，我们倾向于“法律是‘应然性’和‘实然性’的统一”。日本学者铃木义男指出，“各法律所有‘法’的意义，不完全为一‘当为’；然‘法’同时存在于实在存在之领域中，亦不得否认之。法学家考究之任务，非仅限于述明何者对于人依法而为规范的要求；规范在实在中就有如何之作用，亦有阐明之必要”。[②] 有学者进一步指出，“就法的概念及作用而言，法是一种实践取向之权威性规范秩序。因此，法既非纯粹应然（伦理）命题，亦非纯粹的实然（经验）命题，而系统合二者自应然过渡到实然之实践命题或其（实然过渡到应然）反命题，其必须同时考虑规范和事实、理性与经验两种不同认识或认知对象，又须建立起两者间之合理论证”。[③] 这种认识不仅指出对法律的研究既要重视“应然性”又要重视“实然性”，而且“应然性”和“实然性”存在一个相互转化的问题。

在当代，法律本体论这一认识，引起了法学研究中本体论、认识论和方法论三个方面。这三个方面表现出“综合”倾向：第一，综合本体论。在坚持划分“实际上的法”和“应当上的法”的基础上，认为法理学研究对象主要局限于实在法，在一定程度上也承认“应当上的法”的存在，认为实在法要受到“应当上的法”的影响和批判。在例外情况下，还要受到“应当上的法”的支配。综合本体论的另外一个表现是，在坚持规范因素的前提下，通过形式不同的各种概念（主权者的命令、基础规范、承认规则和制度事实

---

① 梁晓俭著：《凯尔森法律效力论研究（基于法学方法论的视角）》，山东人民出版社2005年版，第179页。

② ［日］铃木义男等著：《行政法学方法论之变迁》，陈汝德等译，中国政法大学出版社2004年版，第49—50页。

③ 赖恒盈著：《行政法律关系论之研究——行政法学方法论评析》，元照出版公司2003年版，第19页。

等），不同程度地承认了道德或价值和事实因素对法律的影响。第二，综合认识论。既承认共识论，又承认主客观相结合的符合论。第三，综合方法论。在坚持对规范进行逻辑分析和语义分析的前提下，也承认自然法学关于对道德或价值的解释学方法和社会法学关于对事实的社会实证分析方法。这种在坚持实证主义法学基本立场的同时，又表现出综合倾向的方法论，统称为“综合分析方法论”。[①] 这里所讲“综合分析方法论”的“综合”，主要指研究方法和研究对象这两方面的“综合”，也就是说，研究方法和研究对象的多元化，而“综合分析法学”中的“分析”，更多指的是分析法学中的分析方法（逻辑和语义方法），主张在众多的研究方法中，分析方法仍然是最重要的，要通过这种方法获致对公共服务法律制度的规律性认识，并且使其体系化、统一化。

二、公共服务的认定：主观与客观之间

公共服务，又称公务或公行政或公共任务，它是法治原则的核心，也是行政法的基础。它的核心是公共利益。但是，根据什么标准能够认为某种公共利益已经创设成为公务？在法国存在“主观公务说”和“客观公务说”这两种学说。这两种学说有不同的认识论基础，它们分别是以培根和休谟为代表的经验主义和以笛卡儿为代表的理性主义。

（一）主观公务说与共识论

主观公务说认为，公共利益是否已经创设成为公务，关键在于统治者的意志。“因为从法律的观点来看，什么是公共利益的需要，国家是唯一的决

① 这种“综合分析方法论”是我们基于分析法学的综合发展倾向概括出来的方法论。分析法学在方法论上表现出的综合发展倾向，我们简称为“综合分析法学”。应该说，在法理学上并不存在综合分析法学这个学派。我们用“综合分析法学”一词，仅仅说明分析法学在坚持原有立场的基础上，在本体论、认识论和方法论上的综合倾向，即“分析”中的“综合”。有一种观点认为，在论理上，与“分析的”对立的概念是“综合的”。见林文雄著：《法实证主义》，元照出版公司2003年版，第52—53页。其实，这是一种误解。“综合的”对立的概念是“单一的”，它们的区别既包括研究方法的多寡，也包括研究方法所针对的研究对象的多寡。

定者。国家自由地决定在某一时候、某一地点，满足哪种公共利益的需要应当创设成为公务，并由行政机关保证实施。所谓国家实际上就是统治者，也就是说，只有根据统治者的意志才能决定创设某种公务。”[①] 在现代民主国家，统治者的意志实质上就是大众的意志，一般情况是指大多数人的共同意志。从认识论上说，大多数人的共同意志创设某种公务，是共识论在创设公务过程中的表现。共识论的理论基础是以培根和休谟为代表的经验主义。

针对先验主义，培根提出了经验主义的方法。他认为，一切知识来源于感觉经验，人们要获得正确的知识，就必须从事实出发，通过实验来搜集材料，然后归纳出结论。于是，培根提出把归纳法作为认识的最可靠的“新工具”。休谟也认为，感觉印象是事实知识的唯一源泉，他还把知识分为关于存在的事物状态即“事实”的经验知识和有关概念之间的关系即“观念的关系”的纯理性的非经验的知识。他认为只有后者可以具备绝对的确定性，但它不提供任何存在的事物的信息；对前一种知识的可靠性和确定性，他陷入了怀疑论。在休谟看来，“除了数学这种与经验毫无关系的知识具有必然性以外，一切有关经验事实的科学知识都只是或然性的推论，没有什么放之四海而皆准的客观真理”。[②] 休谟把自己的哲学始终局限于经验的范围，故而被后人称为“经验主义者”，又由于他对世界持不可知的态度，又被称为“不可知论者”。经验主义最大的一个特点是，认为大多数知识是不可靠的，而这一特点为真理共识论奠定了基础。共识论告诉我们，在知识不可靠的情况下，通过认识主体相互之间的共同体认来形成共识。所以，经验主义往往是与共识论相连的，甚至可以这样说，共识论就是以经验主义为基础的。

真理共识论，强调命题之间的一致性和贯融性，认为知识是不可靠的、不确定的，随着时代的变化，知识是不断发展的。卡尔纳普和纽拉特认为：“认识的证实检验标准不是命题与‘实在’和‘直接经验’的比较，而是命题与同一体系内的有关命题的比较。如果它们之间的比较结果是一致的，那

① 王名扬著：《法国行政法》，中国政法大学出版社 1988 年版，第 480—481 页。

② 梁晓俭著：《凯尔森法律效力论研究（基于法学方法论的视角）》，山东人民出版社 2005 年版，第 78—79 页。

就是真的，否则就是伪的。”① 并且，“陈述的真理性或确定性不能由瞬时经验来保证，因为科学陈述本质上都是主体间的经验，从而其有效性不能由主观经验来确定，只能依赖于主体间的基础而确立”。② 从而，我们可以发现，真理共识论通过命题之间的关系来达到主体之间的协商、妥协和共识。这种共识论在政治哲学和法学中得到广泛的使用。

凯尔森认为，民主国家中，共同体的意志始终是通过多数和少数之间的不断讨论，通过对某一事项规则的正反双方自由辩论而创造的。这种讨论不仅在议会中，而且还在，并且主要在，政治集会中，在报刊、书籍与其他舆论工具中进行。民主而无舆论在用语上就是一个矛盾。③ 多数和少数之间的自由讨论之所以对民主是必不可少的，就因为这是创造有利于多数和少数之间妥协气氛的一个途径；而妥协则是民主本性的组成部分。妥协的意思就是用这样一个规范来解决冲突，它既不完全符合一方的利益但也并不完全违背另一方的利益。就民主国家中，法律秩序内容并不是专由多数利益决定而是两个集团间妥协的结果这一范围而论，所有人对法律秩序的自愿服从要比其他任何政治组织比较容易实现。正是由于这种妥协倾向，民主才是对完全自决这一理想的近似。④ 所以，这种民主的哲学基础是共识论的真理观或者叫作合理性的可接受性的真理观。这种真理观持一种融贯论的立场，即理论的真理性不在于与客观存在相符合，而在于其体系的协调性、统一性和无矛盾性。在社会政治理论上，真理与正义直接相关，其真理观表现为共识论或合意的理论。凯尔森在乎的不是社会真理或正义的意义和客观标准，而是其内容或标准是否可被接受。⑤

---

① 洪谦著:《论逻辑经验主义》，商务印书馆 2005 年版，第 104 页。

② 洪谦著:《论逻辑经验主义》，商务印书馆 2005 年版，第 130 页。

③ [奥] 汉斯・凯尔森著:《法与国家的一般理论》，沈宗灵译，中国大百科全书出版社 1996 年版，第 318 页。

④ [奥] 汉斯・凯尔森著:《法与国家的一般理论》，沈宗灵译，中国大百科全书出版社 1996 年版，第 319—320 页。

⑤ 梁晓俭著:《凯尔森法律效力论研究（基于法学方法论的视角）》，山东人民出版社 2005 年版，第 63 页。

但是，为什么民主的哲学基础是共识论即相对论呢？这就不得不谈到凯尔森的价值相对论的问题。凯尔森认为，正义是什么？精神财富或物质财富，自由或平等，能否代表最高价值？人类哪些需要是值得加以满足的呢？特别是，什么是它们适当的排列顺序呢？这些问题不能用理性认识的方法来加以回答。对这些问题的决定是一种取决于情感因素的价值判断（judgement of value），因而在性质上是主观的，它只对判断人有效，从而只是相对的。不言而喻，这种价值判断是大量的，彼此不同，且互不相容。但是，事实上，很多人的价值判断是一致的。一个实在的价值体系并不是孤立的个人的一种任意创造，而始终是在一个特定集团中，在家庭、部族、阶级、等级、职业中，是各个人相互影响的结果。每一价值体系，特别是道德体系及其核心的正义观念，是一个社会现象，是社会的产物，因而按照其所产生的社会的性质而有所不同。这说明价值既有一定的相对性，又有一定的趋同性。正因如此，人们之间的共识就存在着可能性和现实性。所以，在某一社会里有着某些为大众所接受的价值这个事实，与这些价值判断的主观的、相对的特征并不是矛盾的。

这种共识的真理观在法学研究中，尤其在公务形成的研究中，有非常重要的作用。主观公务说的优点是给我们提供了一个简单明了的标准来判断公务是否被创设，这个标准就是公众是否达成了共识，达成了共同的意志，这种共识往往以法律的形式出现。但是，它存在一些问题，如共同意志创设的公务不一定是真正的公务等。凯尔森清醒地认识到，许多人对他们的价值判断意见一致，并不能证明这些判断是正确的。正如许多人过去常常相信太阳绕着地球运转这个事实，无论现在或过去，都不能证明这种观念是真理。[①] 另外，主观公务说过于依赖统治者的意志，客观上形成了统治者可以凭空制造公务的印象，它没有看到统治者在决定公务的时候，要受到客观条件的限制。“究竟哪些公共利益需要建立成为公务，根据不同的时间、地点和不同

① ［奥］汉斯·凯尔森著：《法与国家的一般理论》，沈宗灵译，中国大百科全书出版社 1996 年版，第 7—8 页。

的统治阶级而不同，没有固定的规则。公务的建立一方面有一定的社会经济客观基础，另一方面也有一定的阶级因素存在。”[①] 狄骥也曾依据社会连带关系学说[②] 指出，如果要使行为符合法律，那么就要使行为与那些具有社会性的事物相一致。法治原则是这么要求的：去做那些本身具有社会性的事情；而不要去做这些或者那些本身具有反社会性的事情。一项法律义务并不是一项要求人们去做某件本身是好的事情的义务，而是一项去做具有社会价值的事情的义务，也就是说，不要去做那些具有反社会性的事情。关于这一点，可以在这样一个事实中得到证明——那就是整个世界都一致同意地承认，法治原则的标准就是由某个违反这一原则的行为所引起的社会反应；而这种反应能够在全社会范围之内被组织起来。因此，我们还是不要认为法治原则不能建立在某种事实的基础之上，因为它仅仅是一种与保持事实一致的规范罢了。而事实就是法治原则的真正基础，只要这种事实是一种社会性的、不能简化的、关键的事实；于是整个问题就与确定社会的相互依赖是否属于上述这样一种事实融为一体。在我们看来，这一结论几乎是无可争辩的。就我个人而言，我对之思考得越是深入，我就越是对之坚信不疑。光是这一事实本身，就足以能够为法律提供一个既确定又坚实的基础。[③]

狄骥这段话的意思是，建立在社会连带关系基础之上的法治原则要求，每一个人的行为不得违反社会连带关系，他应当根据他的能力和地位来维持和促进社会连带关系。而社会连带关系是一种事实关系，它对统治者提出

---

① 王名扬著：《法国行政法》，中国政法大学出版社 1988 年版，第 26 页。

② 狄骥认为，无论过去和将来，社会的构成形式如何多种多样，无论由于时间、地域的不同，联系同一个社会群体成员的相互关联性如何变化无常、种类繁多，社会相互关联性都可以归结为以下两个基本要素，同一个社会群体中的人们之所以是相互关联的，其原因为：（1）他们有共同的需要，这种需要通过共同集体生活才能得到满足；（2）他们有不同的需要和不同的才干，那么可以通过彼此交换服务，通过发挥及应用其不同的才干，从而满足大家的不同需要。第一类的相互关联性是建立在“相似性”上的相互关联性；第二类则是建立在“劳动分工”上的相互关联性。这里所说的“社会相互关联性”，狄骥又称之为“社会连带性”。这就是所谓的“社会连带关系说”。参见［法］莱昂·狄骥著：《宪法学教程》，王文利等译，辽海出版社、春风文艺出版社 1999 年版，第 9—10 页。

③ ［法］莱昂·狄骥著：《公法的变迁·法律与国家》，郑戈、冷静译，辽海出版社、春风文艺出版社 1999 年版，第 441—442 页。

的要求和义务构成了公益的内容，在客观上，要求统治者以此为内容创设公务，在这种情况下，统治者对公务的创设并没有太大的选择权，统治者的意志大多数情况下只不过是对客观公务的确认而已。①

（二）客观公务学说与符合论

客观公务学说认为，“决定公务的标准不是统治者的意志，而是行政活动的客观性质。某些活动的性质，客观上决定它属于公务。某些活动的性质客观上决定它不属于公务”。② 客观公务说主张，在创设公务时，完全是由公务本身决定，不受统治者意志的作用，相反，客观存在的公务要求统治者在创设公务之时，应该完全按照公务本身来确定。从认识论上说，这是典型的真理符合论。符合论的理论基础是以笛卡尔为代表的理性主义。

笛卡尔不认同培根和休谟的经验主义，“既然感觉有时欺骗我们，我就宁愿任何东西都不是感官让我们想象的那个样子”。③ 所以，感觉所得到的只是个别的、片面的知识，只有理性才能获得普遍的、必然的知识。由此，笛卡尔提出认识论上的理性主义。笛卡尔认为，“人性在于理性，理性、人性是与演绎法相融合的。只有像数学那样明白无误地推论出来的才是可靠的，而一切由感觉获得的知识是不可靠的。理性才能获得普遍的、真实的认识的基础。所以，必须在哲学原理的指导下对感觉进行仔细分析，从而获得对世界的理性的、整体的把握”。④ 为了证明这种观点，笛卡尔提出所谓的“我思故我在”的第一哲学原理，其意在通过“思维着的我”来把握“存在着的我”，

---

① 当然，狄骥从社会连带关系这一事实推出以公务和公益为内容的法治原则，在学术方面受到其他人的批评：社会协作关系是一种事实关系，不是一个行为规则。前者属于“是”的范畴，后者属于“应当”范畴，不能把两者等同起来。这种批评在“是”和“应当”之间划出一条不能逾越的鸿沟，是受康德学派的影响。但是他们没有看到应当问题是一个价值判断，是人们思想意识的一种内容。人们的思想意识不是先天存在的，是从经验中产生的。人们的社会存在决定人们的思想意识，不可能设想完全脱离事实的价值规范。王名扬著：《法国行政法》，中国政法大学出版社 1988 年版，第 767 页。

② 王名扬著：《法国行政法》，中国政法大学出版社 1988 年版，第 482 页。

③ ［法］勒内·笛卡尔著：《谈谈方法》，王太庆译，商务印书馆 2000 年版，第 26 页。

④ 李其瑞著：《法学研究与方法论》，山东人民出版社 2005 年版，第 79 页。

进而把握作为无限的上帝。但是，这并不是笛卡尔的最后目的，他还要再通过上帝来证明一切的存在。而要做到这一点，他必须在我思的过程中遵循一个基本原则：观念必须清楚明白。“清楚明白”首先要求逻辑上分明的观念和思维，还要求观念不能包括矛盾。[①]换句话来说，笛卡尔是通过逻辑的力量来保证知识的可靠性。肯定知识的可靠性就是承认人的认识要符合客观事实，这恰恰是真理符合论的基本内涵。所以理性主义一般情况下是与真理符合论相呼应的。理性主义与真理符合论是一致的，它强调的是命题和实在的一致性或符合性，这种真理观往往认为知识和知识基础是可靠的、确定的，因此，这种真理观注重的是命题和实在的一致性。

人的认识要符合客观事实，命题与实在要有一致性，不允许认识主体有独立于事实之外的意志，是真理符合论的基本特征。但是，否认独立于事实之外的主体意志在法律研究中有一些不妥当之处。凯尔森认为，虽然规范法学是“从外面”来研究法律的，并且它试图得出一个关于法律的“完全客观的”观点。但是，它并不像社会学法学那样相信可以只用同自然法则一样性质的规则“从一个外部的观点”来描述法律。因为“法学理论致力于掌握法律共同体机关所创造和适用的那些法律规则的含义，掌握这些针对个人调整个人行为的规则的意义。这种意义就是通过‘应当’来表示的”。[②]所以，这里就存在从内部对规范观察的问题。规范内部指的是“伴随着他们的外部行为的观念和感觉”。“观念是内容可加分辨的精神行为。这些观察如果不论及其内容就不能加以说明。生活在国家中的人在他们的心中有关于法律的观念，而这一观念事实上就是关于一批有效力规范的观念，关于一个规范体系的观念。他们的某些行动的特征就是这些行动是由一些观念所引起或伴随着的，而这些观念的内容，即作为规范体系的法律。”[③]

---

① 详见俞宣孟著:《本体论研究》，上海人民出版社 2005 年版，第 374—382 页。

② ［奥］汉斯·凯尔森著:《法与国家的一般理论》，沈宗灵译，中国大百科全书出版社 1996 年版，第 187 页。

③ ［奥］汉斯·凯尔森著:《法与国家的一般理论》，沈宗灵译，中国大百科全书出版社 1996 年版，第 198—199 页。

凯尔森非常赞同马克斯·韦伯所说的法律社会学，他认为，只有将作为其对象的人的行为，涉及在人们的心中作为他们观念内容而存在着的法律，才是可能的。在人们的心中，法律事实上就作为一批有效力的规范、作为规范体系而存在着。只有将人的行为涉及作为有效力规范体系的法律、涉及规范法学所界说的法律，法律社会学才有能力将它的特定对象与一般社会学的对象划分开来。[①]可以说，凯尔森从规范法学和社会法学中提炼出“对行为内在的观念内容作内部观察，而对外部行为作外部观察”的内外观察相结合的理论，而这一理论在以后为哈特所继承和发展，发展出所谓的“内外在陈述”理论，并与法律效力紧密联系起来。

哈特认为，在一个成熟的法律制度中，就规则来说，如果作为一个本人并不接受这些规则的观察者所对规则作出的陈述，称为“外在观点”。哈特的外在观点涉及法律制度一般或大体是有实效的事实陈述，也就是承认规则在实践中被接受的事实陈述。但是，这个外部观察者的观点并非唯一可能的观点。“处在规范法律之下的生活不可能用这些术语加以说明。因为法律包括‘一般规则、标准和原则’以及规则等，不可能用外部的、行为主义的解释来说明。”[②]没有内在陈述，对规则只能作自然事实或原始事实的因果性规律认识，这是不符合规则的特殊存在。如果这一观察者真的严格保持这种极端的外在观点，而对接受这种规则的群体成员看待他们自己惯常行为的方式不加任何考虑，那么，他对他们生活的描述，就根本不能用规则的措辞，所以也就不能用依赖于规则的（rule-dependent）义务或责任的观念。相反，它将用可观察到的行为规律性、预测、可能性和征兆之类措辞。这种作为接受这些规则并以此作为指导的一个群体成员所作的陈述，可称为“内在观点”。哈特说，在未掌握内在陈述的重要性之前，我们不可能正确理解存在于规则

① ［奥］汉斯·凯尔森著：《法与国家的一般理论》，沈宗灵译，中国大百科全书出版社 1996 年版，第 199 页。

② ［英］尼尔·麦考密克、［奥］奥塔·魏因贝格尔著：《制度法论》，周叶谦译，中国政法大学出版社 1994 年版，第 157—158 页。

状态中，并构成社会的规范结构的人类思想、言论和行为的整个特殊方式。[①]此外，哈特的内在陈述还与价值有关。“一旦我们从一个关于一项特定立法是有效的陈述，转入另一个陈述——该制度的承认规则是一个极好的规则，建立在其上的制度是值得支持的制度，我们就从法律效力的陈述转入价值的陈述。”[②]如果再把这个问题进一步延伸的话，我们会发现哈特的内外在陈述理论包含了共识论，与共识论有密切的关联。内在陈述强调的是，法官和官员等作为法律职业共同体对规则这个事实的“理解”，而这个“理解”是共同的理解，其实质就是共识论。凯尔森和哈特的内在观察或内在陈述让我们认识到，法律作为一种规则事实，它背后隐藏着立法者的价值倾向和意识形态。狄骥认为行政法是关于公务的组织和活动的法律，因此，创设公务本身就相当于制定行政法律，必须要考虑到统治者的意志。

客观公务学说虽然指出了公务的客观性，但是，它认为公务的存在是客观决定的，和统治者的意志无关。王名扬教授指出，这种理论不符合实际情况，什么活动构成公务是随时变动的。当掌握权力的统治者变动时，公务的范围也随之变动。某些原来不是公务的行为，可以创设成为公务，某些原来已经设定成为公务的活动可以废除。在不同的国家，公务的范围也不一致，不可能认为某种活动在性质上固定地属于公务。[③]虽然，王名扬教授的观点有“认为公务随时代的变化而变化就不具有客观性”之嫌，但他的确指出了，公务除由公益决定外，统治者的意志和意识也很重要。在1921年以后，狄骥在社会成员的社会协作关系的感觉以外，又加上一个正义的感觉作为形成法的规范的推动力，一个经济规范或者一个道德规范要成为法的规范不仅根据该社会集团绝大部分人们的社会协作感觉，认为应由社会进行有组织的制裁来加以保障，而且还必须根据他们的正义感觉认为进行有组织的制裁是正当时，才成为法的规范。为了不违背实证主义，

① ［英］H.L.A. 哈特著:《法律的概念》，张文显译，中国大百科全书出版社1996年版，第90页。

② ［英］H.L.A. 哈特著:《法律的概念》，张文显译，中国大百科全书出版社1996年版，第108页。

③ 王名扬著:《法国行政法》，中国政法大学出版社1988年版，第482页。

狄骥声称，他所说的正义感觉不是一个形而上学的原则，而是一个可以证实的社会事实，随时代和环境不同而变迁的社会事实。[①] 王名扬教授非常准确地指出，以社会成员的正义感作为形成客观法的一个渊源。尽管在狄骥看来，正义感是可以观察的事实。实际上正义感和各个人、各阶级的利益联系在一起，不可能没有个人的和阶级的主观主义存在。[②] 在这里，狄骥实际上修正了他以前认为“社会连带关系是一个基本的社会事实”的观点，认为社会连带关系也带有一定的主观性，自然，以此为基础的公益和公务也要包含统治者的意志。

（三）主客观公务说与综合认识论

综上，主观公务说和客观公务说在为创设公务提供标准上，由于认识论的偏差，存在不同程度的错误。传统上的“主观公务说”和“客观公务说”，是分别在“共识论”和“符合论”影响下形成的，存在许多不可克服的矛盾和问题。我们认为，必须寻找一个更为合理的认识论基础，亦即综合认识论，重新审视公共服务的创设标准，为行政法的调整范围和行政法学的研究范围划定一个更为科学的界限。“理性主义和经验主义都是试图去解决由本体论造成的那个哲学上的鸿沟，结果反而使这道鸿沟以理性和经验之间对立的形式更加凸显出来。在此以后的康德哲学的杰出之处，在于他能够综合起理性主义和经验主义，提出自己的‘先验论’的哲学。”[③] “经验论和唯理论在保证科学所要求的客观性内容和普遍必然的有效性质方面都没有足够的能力，康德需要把二者最深刻的见解结合起来，而不能完全同意任何一方。”[④] 为此，康德认为，在认识事物之前，必须先确定我们认识事物的能力本身，主要是“先天综合判断”能力。因为“真正称得上具有普遍必然性的那些知

---

① 王名扬著：《法国行政法》，中国政法大学出版社 1988 年版，第 763 页。

② 王名扬著：《法国行政法》，中国政法大学出版社 1988 年版，第 770 页。

③ 俞宣孟著：《本体论研究》，上海人民出版社 2005 年版，第 370—399 页。

④ 梁晓俭著：《凯尔森法律效力论研究（基于法学方法论的视角）》，山东人民出版社 2005 年版，第 79 页。

识，都是由先天综合判断构成的。”[①]“我们的经验是经过理性的人都有的先天的任职条件或形式过滤或加工过的，是知识能力与‘物自体’作用、配合的结果，而知识又不可能先于经验，所以知识的可能是主观认知条件所保证的。经验绝非传统意义上的‘客观’经验，而是经过主观过滤的‘现象’意义上的经验。”这说明，既要承认知识来源于经验，又要说明它具有普遍的必然性。“知识只涉及现象，至于存在于一切现实的或可能的经验之外的物自体，我们永远不可能对它有任何知识。”[②]这样，康德认为，除了在经验之外的物自体不可认识，其他的物自体都是可认识的，这种认识既有可靠的一面，又有不可靠的一面。就是说，在康德看来，认识一个事物，在能够完全认识的情况下，坚持的是真理符合论，而在没有完全把握的情况下则适用真理共识论。至此，经验主义和理性主义、符合论和共识论在康德的哲学中得到了统一。这种认识论，我们称之为“综合认识论”。

另外，认识论往往和绝对或相对价值的区分有很大的关系，所有的认识论根据价值是绝对还是相对的不同，分为符合论的认识论和共识论的认识论。前者强调的是在绝对价值主义的指导下认为，人类的认识必须要符合代表绝对价值主义的客观事实，而后者则在相对价值主义的指导下认为，人类的认识是不可能和客观事实相符合的，它仅仅是人类之间的合意或共识。这种价值观一般认为，每一种价值都是有条件的，也就是说，所有的价值都有赖于具体的时间、地点和情势。但是，正如马克思主义所认为的那样，相对真理向绝对真理无限靠近，相对价值也是向绝对价值无限靠近。因此，共识论也是向符合论无限靠近的，单纯强调共识论或符合论都是不科学的。

所以，在什么标准能够认为某种公共利益已经创设成为公务这个问题上，我们原则上坚持主客观相一致的真理符合论，在例外的情况下，也有共识论的适用余地。也就是说，统治者所认定的公务，原则上是客观存在的或客观要求的，而客观存在或客观要求的公务，应该得到统治者的承认。但

---

① 俞宣孟著：《本体论研究》，上海人民出版社 2005 年版，第 412 页。

② 梁晓俭著：《凯尔森法律效力论研究（基于法学方法论的视角）》，山东人民出版社 2005 年版，第 79—80 页。

是，在个别情况下，这两者之间未必能够完全一致。不属于客观存在或客观要求的公务，也有可能被统治者通过立法这种共识方式加以认可，在这种情况下，只要不完全违背社会连带关系对统治者的基本要求，该公务仍然应该得到承认。相反，认为某种活动具有充分的公共利益性质，按照主客观要相一致的真理符合论的要求，本应当认定为公务的事项，如果并没有得到统治者的立法承认，统治者也可以其他非立法的共识方式（明示的或暗示的）进行承认，不能当然地把它排除出公务范畴。总而言之，公共服务不仅由客观的公共利益来决定，而且还受到统治者意志的左右。也就是说，从实质来说，客观的公共利益以及其承载的人类普世价值和统治者的主观认识与意识形态，是创设公共服务的真正来源和实质标准。

三、关系思维在行政协议中的运用

在判断某种公共利益已经创设成为公务这个问题上，我们虽然原则上坚持主客观相一致的真理符合论，在例外的情况下，也有共识论的适用余地。但是，认识是一个从相对真理（主体间的共识）向绝对真理（主客观相一致的真理符合）升华的过程。如果到达绝对真理是一个终点的话，那么，相对真理才成为我们认识世界的常态，而如何达致相对真理，也就是，主体间达成共识，才是不得不经常面对的问题，由此在认识论上，产生了关系思维。关系是定义事物本质的范畴，不同的关系体现着事物的不同属性。正是在与其他事物的联系之中，事物才能得以存在和发展，它的本质方能清晰地显露出来。由于事物同周围环境联系方式的复杂性，人的实践和认识方式的多样性，因此可以通过各种定义来把握事物不同的“本质属性”。[①]

法的正确定义方式必然是“关系的”，因为法律概念的意义是以其所碰到的关系来决定的。凯尔森在《法与国家的一般理论》的序言中就说道，他要“探讨的理论是实在法（Positive Law）的一般理论。法的一般理论的主题就是法律规范（Legal Norm）及其要素和相互关系、作为一个整体的法律

① 参见罗嘉昌:《从物质实体到关系实在》，中国人民大学出版社 2012 年版，第 3 页。

秩序及其结构、不同法律秩序之间的关系，以及最后法在多数实在法律秩序中的统一。也就是说，旨在从结构上去分析实在法，而不是从心理上或经济上去解释它的条件，或从道德上或政治上对它的目的进行评价。”① 德国当代法学家考夫曼指出：“法不是如同树木和房屋一般的‘客体’，相反，它是一种关系的结构，人们在这种关系中相互依存并与物发生联系。代替实体本体论，应确立关联本体论。”②“只有在规范与生活事实，应然与实然，彼此互相对应时，才产生实际的法律：法律是应然与实然的对应。法律是一项对应关系，法律不具有实体的性质，而是关系的性质，因此，法律的全部，并非条文的整体，亦非规范的全体，而是关系的全体。”③ 在法学领域，关系思维是指从人与人，法与人，法与法，法与经济、政治、文化等现象的相互联系之中，观察和分析各种法律现象，并揭示其属性及发展规律的，与实体思维相对应的一种思维方式。法的运行是一个从法的制定到实现的过程，法的生命在于运行，法的价值在其运行中得以体现和实现。法的运行的各个阶段都是以事物之间的关系展开的。以关系思维来观察法律现象时，作为关系思维具体化之法律关系，也具有明显的融贯性、整体性。以法律关系为中心，构造法学体系，将会使人们更注意从整体性、系统性上观察和把握法律现象。④

（一）关系思维在行政协议实体法中的运用

行政的法律形式和国家的任务或目的有极其密切的关系。自由主义时代所盛行的法律实证主义，使得国家的任务能和法律合而为一，而且国家的任务也可当成法律政策来予以了解。⑤ 为了适应当时的国家任务和依法行政的要求，行政法学认识与评价的对象向来集中于行政的外部活动及其所发生的

---

① ［奥］汉斯·凯尔森著：《法与国家的一般理论》，沈宗灵译，中国大百科全书出版社 1996 年版，作者序第 1 页、第 2 页。

② ［德］阿图尔·考夫曼、［德］温弗里德·哈斯默尔主编：《当代法析学和法律理论导论》，郑永流译，法律出版社 2002 年版，第 19 页。

③ ［德］阿图尔·考夫曼：《法律哲学》，刘幸义等译，法律出版社 2004 年版，第 221 页

④ 刘风景：《关系思维的法学意义》，载《法商研究》2019 年第 5 期（总第 193 期），第 131 页。

⑤ 陈新民：《行政法之任务——彼德·巴杜拉的“自由主义法治国与社会法治国中的行政法”》，载陈新民著：《公法学札记》，中国政法大学出版社 2001 年版，第 93 页、第 94 页。

问题，即如何对行政活动从法的角度予以控制，以此来划定相对人可以自由活动的范围。这种传统行政法学理论所设计的控制机制，就是将行政活动中的各种行为进行形式化、类型化、抽象化，从而划定这些行为的适用范围。[①]这种现象被称为“行政行为形式化”。

由于传统公权理论无法充分因应多样化、多元化利益冲突之时代，以及行政行为形式理论面对行政任务和行政行为形式之日趋复杂、多样化，亦不得不尝试进行各种修正，而导致当代行政法理论之修正与重构。其中，试图以法律关系作为主题，以谋求解决途径之方法，亦逐渐为各方所重视。行政法律关系论，系由德国学者所提起，其产生背景在于上述现代行政下各种利益之复杂化与多元化，以及大量而复杂的未形式化行政行为之出现等。此一行政法律关系理论之形成背景依据学者之研究整理，大致包括以下几个方面：（1）战后法治国家思想高涨，强调国家与市民间关系之权利义务关系性质与对等性质。（2）行政法院法明定一般给付诉讼与确认诉讼及其发展。（3）行政处分以外之行为形式，亦即行政契约、计划，甚至未形式化行政作用之增加，导致行政活动之多样化。[②]（4）随着给付行政之发展，无法以行政处分等行政作用一次、局部处理之继续性法律关系之增加。（5）涉及第三利害关系人之行政作用之增加，导致多面或多角度行政法律关系之涌现。[③]

① 赖恒盈著：《行政法律关系论之研究——行政法学方法论评析》，元照出版公司2003年版，第20页。

② 法律关系在法秩序中占有重要意义，并广受行政法之承认其实始于行政处分在现代行政中所占之无上重要性丧失之时。自行政法学发展时起，行政处分一直在行政法的学理论述上占据着中心的地位，但是时至今日，这种理解已经无法再像从前一样获得其正当化的支持。行政处分虽然仍为高权行为的一种古典类型的法制度，但是在社会国家中虽非行政处分但却占有极大数量的单纯高权行政行为却屡被行政使用。许多行政活动，例如年金的支给，均已经不适宜再以行政处分作为行为的制度。同时也没有必要基于诉讼上的理由强将这种行政行为解释为行政处分。原因在于，行政诉讼中除对行政处分的撤销诉讼以及因行政机关拒绝或不作为而请求其作成行政处分的课以义务之诉外，在给付之诉中尚蕴含有请求作成非行政处分的行政行为的诉讼类型；而在确认之诉内尚有请求确认法律关系存否的广泛的诉讼形态，不能因为非行政处分就削弱对人民权利的保护。程明修著：《德国行政法学上“法律关系论”之发展》，载《行政法之行为与法律关系理论》，新学林出版股份有限公司2005年版，第373—374页。

③ 赖恒盈著：《行政法律关系论之研究——行政法学方法论评析》，元照出版公司2003年版，第89页、第122—123页。

"法律关系的基本思想，在于对具体相关生活事实从事法的整体观察。也因此在这个理论之下，权利义务不再彼此隔离，而是涵盖在法主体相互间的影响关系之中，强调其关联性、相互影响性与顾及性。"[①] 行政法学之真正课题应在于正视行政与私人间之法律关系，并非离开事实经验，而汲汲于如划定行政法与民事法之界限此种高度抽象理论。即使如德国和我国台湾地区"行政行为形式化"的典型代表，行政处分就仅仅系造成行政主体与私人间法律关系变动之行为形式一种。也就是说，行政处分不过系发展中关系之一个快照，亦即以行政处分形成、变更或消灭法律关系；然自实体法观点言，此一法律关系较诸行政处分更为重要。盖其（行政处分）最终排除以行政处分以外的方法所形成、变更或消灭之众多法律关系。就此而言，法律关系较诸行政处分，明显系一种更为包容的制度。如果说确有一个概念、一个制度，值得占有行政法之核心地位的话，这就是法律关系。[②]

行政法律关系是指依行政法而成立之法律关系，以行政法上的权利义务为内容，其核心在于判断公权力或者公共服务存在与否。具体言之，行政协议法律的创制是以行政机关和行政相对人之间的法律关系为线索而安排权利义务的，而行政协议作为双方行政行为是引起行政法律关系产生、变化和消灭的原因，因此，从权利义务看，行政协议是在行政机关与行政相对人之间在法律范围内通过双方友好协商形成的具有行政法上的权利义务的行政法律关系，此涉及行政协议的定义问题（相关论述详见第二编第五章第一节"行政协议的定义"中关于行政协议法律关系部分）。而从行为关系角度看，行政协议法律关系中确实存在着行政行为，并且不止一个行政行为，还有很多其他法律行为，构成了有别于上述"权利义务关系群"的所谓的"行为关系群"（相关论述详见第二编第六章第一节"行政协议的有效"中关于行政协议效力过程部分）。行政协议的"权利义务关系群"和"行为关系群"共同构成了行政协议的法律关系内容，且两者是相互影响的关系，行政协议各种

---

① 张锟盛:《行政法学另一种典范之期待：法律关系理论》，载《月旦法学杂志》2005年第6期。

② 赖恒盈著:《行政法律关系论之研究——行政法学方法论评析》，元照出版公司2003年版，第157页注151和第124页注78。

不同的行为是行政协议权利义务关系发生、变更、消灭的原因，而不同的权利义务关系是相应行政协议行为的内容。

以行政法律关系为基础建立行政法体系之努力，固然值得肯定。唯各个行政领域之法律关系，其性质及内容各有不同。除在租税法、社会法及经济法中，有关租税债务、社会给付及补助给付之法律关系，涉及财产之权利义务，较易与法律关系之构造配合，已实际以法律关系作为讨论基础外，在其他个别行政法领域，则尚难以从事法律关系之讨论。至于在一般行政法内，目前亦仅能讨论有关行政法律关系主体之权利能力、行为能力以及行政法律关系之成立、变更及消灭等基础事项，并无法达成以行政法律关系建立行政法体系之理想。故而，德国关于行政法律关系之讨论，虽多数学者肯定其所提示之各种问题或观察问题之方式，然事实上主张自行政法律关系观点检讨现代行政法学理论之学者，仍多止于抽象的、各论式或问题（发现）式的论述，且其内容往往流于空泛，而欠缺实际操作可能性。因此，德国多数学者可谓仍维持以传统行政行为形式论为行政法学核心内容，仅于认识方法论上，采纳法律关系论之态度或观察问题之方法，认为可经由强化对未形式化行政行为之分析检讨，以修正或补充传统行政法学之不足，因此就德国行政法律关系理论之学说发展而言，应如何定位行政法律关系理论，必须视该理论具有何种功能而定，尤其取决于其是否已提供足以取代传统行政行为形式理论之独自法教义学基础。对于此点，目前有关行政法律关系理论之发展，其重要性似乎仍主要在于扩充、深化行政法学认识对象之此一方法论功能之上，而未能于行政法学上，取得可与传统行政行为形式理论相提并论之地位。① 如上所述，行政协议法律关系既涉及公权利义务的关系，又涉及行为之间的关系（其中行政机关基于行政优益权的单方变更、解除协议行为还占有举足轻重的地位），行政协议是“行政行为形式化”和“行政法律关系论”并存的典型代表，暗合了当下“行政行为形式化”和“行政法律关系论”行

---

① 赖恒盈著：《行政法律关系论之研究——行政法学方法论评析》，元照出版公司2003年版，第4页注3（陈敏著：《行政法总论（二版）》，自刊1999年版，第214页），第130—131页及注89、注90。

政法学方法论的新方向，此也正是行政协议既是一种双方行政行为又是行政法律关系，行政协议诉讼既有客观之诉的行政性又有主观之诉的协商性，既有关系之诉的新特点又有行为之诉的旧传统的根本所在。

（二）关系思维在行政协议司法审查中的运用

关系思维，在裁判过程中往往转化为以法律关系为基础的思维，对法官具体运用裁判方法、作出司法决策具有重要影响。法律关系是一种特殊的社会关系，是以记载着国家意志的法律规范为基础形成的，它的内容为法律上的权利义务和由国家强制力保障的人与人之间的具体社会联系。可以说，法律关系是法官解决纠纷的一种重要的视角与方法。法律关系可使人们之间复杂的社会关系与诉讼相对隔离，对当事人原本扮演的社会角色视而不见，将纠纷简化为单一的诉讼关系。法官沿着当事人之间是否存在法律关系，存在何种法律关系作出准确的判断，进而把握法律关系主体、客体的具体状况，以最终确定各法律关系主体的权利、义务或责任，实现定分止争的目的。关系思维转化为法律关系后，对案件受理、法律发现、事实认定、裁判文书制作等具体的裁判活动，都产生重要的影响。[①]

《德国行政诉讼法》和我国台湾地区“行政诉讼法”均规定，公法上争议，除法律另有规定外，得依本法提起行政诉讼，使得公法关系所生争议，原则上归属行政法院审查，且其有关诉讼类型之规定，亦仿民事诉讼，以“法律关系”为基础，于相关条文明示区分为“撤销诉讼、确认诉讼及给付诉讼”。因此，所谓“公法上争议”或“公法上法律关系”，显已构成行政诉讼制度之核心概念，具有实践上意义。按给付诉讼与法律关系具有密切关联，此较无问题。而确认诉讼，行政诉讼法明文规定“确认公法上法律关系成立或不成立”，故其显与法律关系概念有密切关系。至于“撤销诉讼”是否以行政法律关系为基础，解释上仍存有疑问，唯将之理解为“形成诉讼”

① 刘风景：《关系思维的法学意义》，载《法商研究》2019 年第 5 期（总第 193 期），第 133—134 页。

（指以请求法院以判决方式形成、变更或废弃一定法律关系为目的之诉讼）之一种时，则其核心概念仍在于某一“法律关系”之变动。综上，法律关系在法秩序之重要意义，在于现代行政中，行政处分已开始丧失其杰出重要性此一行政法上认识。行政处分虽为官宪活动中古典的法制度，然于社会国家中占有广泛地位之单纯高权行政，往往无须行政处分即可活动。例如，支给年金等大量活动，行政处分即非适切之活动制度。此时，对此类行为，亦无须以行政诉讼上之理由，将其解释为行政处分。盖行政诉讼法除了对行政处分之撤销诉讼，以及请求发给被拒绝或不作为之行政处分之课以义务诉讼之外，于给付诉讼之中，亦设计有请求发给行政处分以外之行政活动之诉讼形式，且于确认诉讼内，亦有可以要求确认法律关系存否之广泛诉讼形式。因此，市民权利之保护，并不因欠缺行政处分而受到削减。亦即其认为现代行政法学中，向来行政处分所占有之核心地位受到侵蚀之重要因素，在于非权力行政活动之增大，以及作为其（非权力活动）诉讼上容器（机制）之一般给付诉讼与确认诉讼之发展。[①]

进一步而言，即使公法上争议之判断标准也是围绕着行政法律关系展开的。一个法律上争讼是属于公法上性质或私法上性质之争讼，在法律未有明定救济途径的情形，应如何判断，不无疑义，就此德国学说判例概认为应依据导出诉讼上请求权之法律关系的法律性质来加以决定，亦即必须斟酌其事件之事实关系，客观上是由那些法规加以定性规律以及对于原告诉之声明之判断，那些法规可被适用等因素，而非以原告诉讼请求权所援引之法规为准。换言之，公法争议与私法争议之区别，应以导出诉讼请求权之“法律关系的真正性质”为准[②]，而不以原告本身所主张之请求权之法律上定性为准[③]。

① 赖恒盈著：《行政法律关系论之研究——行政法学方法论评析》，元照出版公司 2003 年版，第 5 页及注 6 和第 124—125 页及注 79。

② GmSOBG NJW 74，S. 2087；BGH v. 30.3.1978，BGHZ 71，180；BSG v.2.2.1984，DÖV 1985，S. 490.

③ Kopp，Verwaltungsgerichtsordnung，7. Aufl.，1986，§ 40 Anm. 6；Eyermann/ Fröhler，Verwaltungsgerichtsordnung，9. Aufl.，1988，§ 40Rn. 1；BVerwG v. 25.10.1972，BVerwGE 41，127；BVerwG v. 5.11.1981，DVBl. 1982，S. 636.

故倘若就原告之事实上陈述，依正确之法律上判断有公法上关系存在时，则即使原告主张之请求权，外观上系以私法上之形式（如所有权、占有、不当得利或损害赔偿诉讼）表现之，仍不得循民事诉讼请求救济，而仍属行政诉讼之救济范围①，此原则之适用，反之亦然。如该争执之请求权，依其事件之事实关系，必须依据公法规定加以判断时，则属于公法上争议。亦即应依据原告诉之声明以及其基础的事实关系，据以衡量其基础法律关系的性质②。反之，如原告诉之声明系由应依私法规定加以判断之事实关系之结果所构成者，即存在有私法上争议。在此，上述事件之事实关系，其认定标准有二说③ :（1）原告之事实陈述说（Schlüssigkeitstheorie）。此说认为应以当事人陈述主张之事实关系（不论是否正确）作为判断基准，亦即在原告所选择的救济途径中，对于系争请求权之构成要件存在与否，必须进行裁判，在此必须以原告之事实陈述主张为准。（2）证明理论（Beweiserhebungstheorie）。此说认为有关公法上争议存在与否，应以真实的事实关系为准，如果调查证据结果发现基础的实际的事实关系，与原告陈述的事实不同，实际上应循另一法律途径解决时，则仍应以最后调查结果之实际的事实关系为准。此说立足于公法上争议涉及诉讼合法要件之存否，依职权调查主义，法院应依据职权调查事实关系，不受当事人主张之拘束。如就诉讼事件之审理过程而论，在诉讼审理第一阶段，可先采取事实陈述说，到调查事实结果后，发现实际上之事实关系所产生之法律上争议，属于必须以另一诉讼途径解决时，则可采证明理论。盖诉讼合法要件是否具备，应以最后裁判时为准，而非以起诉时为准。

在我国大陆地区，在理论上要区分行政法上的行政行为和诉讼法上的行政行为，但可以不用太考虑行政诉讼法上的行政行为表述，因为行政行

---

① Eyermann/Fröhler, aaO., § 40 Rn. 2; BGH v. 12.5.1976, NJW 1976, S. 2305.

② BGH v. 22.6.1978, BGHZ72, 56;“最高法院”1986 年度台上字第 1858 号判决亦认为依关税法规定出具之“具结书”请求给付货价，系属公法上争议，不能向普通法院起诉，参见《民事裁判发回更审要旨选辑》，1987 年版，第 430 页以下。

③ Kopp/Schenke, VwGO, 18. Aufl., 2012, § 6.

为这个概念在行政诉讼法的范围大到所有可诉的行政行为（行政活动或许更为恰当）。以我国大陆地区为例，在不同时期（甚至同一时期），不同学者基于不同目的和对行政法的不同认识，对行政行为的认识也千差万别。第一种观点认为，行政行为是指一切与国家行政管理有关的行为，包括行政主体的行为，也包括行政相对人的行为，还包括行政诉讼中的行为等，其可能意在与民事行为相对应。第二种观点认为，行政行为是指行政机关所作的一切行为，意在从机关角度来界定行政行为不同于其他国家机关的行为。第三种观点认为，行政行为是指行政机关进行行政管理活动的总称，排除了行政机关非行政方面的行为，但实际上包括行政机关进行行政管理的各种活动。第四种观点认为，行政行为是指行政机关在行政管理活动中所作的具有法律意义的行为。也就是说，无论行政机关制定和发布普遍性的规范性文件，还是针对某一具体事件或特定人所作的处理决定，凡是具有法律后果的行政管理行为，都属于行政行为。第五种观点认为，行政行为是指行政机关针对特定人或事件所采取的具体行政措施的行为，即实际上的具体行政行为。[①] 总之，行政行为可以说是行政法学中争议最大的一个概念。2014 年修正的《行政诉讼法》将“具体行政行为”修改为“行政行为，使其适用范围具有更大的包容性，既包括行为也包括不作为，还包括事实行为”。[②] 结合司法解释的相关表述，可诉的行政行为可以表述为“行政主体在行使职权过程中作出的实际影响当事人合法权益的行为，法律司法解释另有规定的除外”。这一表述已经非常接近德国的公法争议或者公法关系，在我国可以称为行政争议或者行政法律关系。这样在行政诉讼受案范围内讨论行政行为意义不太大。

行政协议是实现公共服务的一种方式，其纳入行政协议诉讼后，如何进

---

① 见罗豪才主编：《行政法学》，北京大学出版社 1996 年版，第 106 页注 1。虽然这个概括是 1996 年之前关于行政行为概念的学术研究状态，不过时至今日，关于行政行为概念的研究仍然没有超出这一范畴。只是最近，大多数学者更乐意将行政行为的讨论集中到广义的行政行为（包括行政法律行为、准行政法律行为和行政事实行为）和狭义的行政行为（亦即具体行政行为）之争。

② 袁杰主编，全国人大常委会法制工作委员会行政法室编著：《中华人民共和国行政诉讼法解读》，中国法制出版社 2014 年版，第 7—8 页。

行审理也体现了关系思维和行政法律关系的转向。第一，行政协议诉讼案件的受理。是否属于法律关系的范畴，是衡量某一纠纷能否进入司法之门的关键，是否属于行政协议诉讼范围，主要在于原告一方当事人起诉的原因，是否是基于行政协议法律关系。第二，协议法律渊源的寻找。沿着行政协议法律关系的进路，可以对准双方的争点，从行政协议的行政性和协议性中快速地找到解决手头待决案件的有用的行政协议法律规范。第三，法律主体的定性。只有将某一主体置于法律关系之中才能对其性质作出正确的认定，准确界定其诉讼权利义务。行政协议诉讼的主体只能是行政主体和行政相对人，且原、被告是恒定的，行政主体只能是被告，行政相对人只能是原告，作为被告的行政主体不能反诉。第四，案件事实的建构。司法活动中的事实认定不是对案件事实的客观呈现，无法按照逻辑演绎借助科学证明手段即可准确、全面地予以认定，而是通过法律论辩于事后建构的。行政协议诉讼的事实认定基于行政协议的行政性和协议性并存，不得不在行政法律关系和类民事法律关系中，实行“被告对合法性负举证责任”和“谁主张、谁举证”并存的制度。第五，判决主文的内容。案件判决书并非抽象、普遍、一般的法律规范，它只对特定的多数人产生约束力，因此具有明显的关系性。判决主文就是最后的判决内容，是裁判文书的核心、灵魂，是法院针对当事人的具体诉讼请求作出的裁断。行政判决解决有关行政协议方面的争议，在案件审理完结后，法官必须依据案件事实和法律规定，制作判决书，在对其中的合法性、有效性以及履约性作出判断的同时，对于具体案件当事人作出权利义务内容明确、具体的裁判。

值得注意的是，在裁判过程中，关系也是解决纠纷的一把钥匙。法官须在事实与规范之间不断地循环对照。事实认定是法官根据诉讼中所获取的有限信息，对已成为历史的案件事实进行重构并予以法律评价。随着案件事实认定进程的深入而使原本预定的法规范不再适用时，就应当另行寻找其他的可适用的法规范。在对新寻找的法规范与所认定案件事实予以检视的基础上，如果新规范可以适用，那么以此为准据继续推进案件事实认定的进程。法规范为裁判者的事实认定活动本身提供了制度上的支撑，同时也构成事实认定活动的规范界限。裁判过程中的事实与规范之间是一个相互影响、互为阐释的关系。并且，法官就判决结果所做的论证活动，也具有明显的关系性。这种论证过程，不是法官的单向活动，而是在知己知彼的基础上，根据说理的对象进行有针对性的对话、沟通。[①]

① 刘风景:《关系思维的法学意义》，载《法商研究》2019年第5期（总第193期），第133页。

第三章

公行政是如何走向私法的

以“以私法方式来实现公共行政”著称的行政私法现象，在实现方式、法律适用和诉讼途径三个方面对“行政法是公法”这一传统行政法的观念构成了前所未有的挑战。承认行政法包括行政公法和行政私法，这不仅是化解这一困境的良方，而且对公私法的研究、现代行政的发展和行政法学的重构具有特别重要的意义。

一、公行政与实现方式

如上所说，自由主义时代所盛行的法律实证主义，将国家的任务和法律合而为一，传统行政法学理论对行政活动中的各种行为进行形式化、类型化、抽象化，形成了被称为“行政行为形式化”这一现象。对“行政行为形式化”贡献最大的是德国的行政法学之父奥托·迈耶。他对行政法学所作的重要学术贡献，在于把公共行政的法律形式予以系统化及概念化。[①]所谓公共行政的法律形式，指的是当时达到高峰的“行政法实证主义”里的实证法。这些实证制度并不是天生的制度，而是在一大堆混杂的经验里，被人基于某种标准熔铸出来的特殊产物。但是，这些实证法大量出现，客观上要求行政法学，如同民事法学一样，提供可用以统合各种终极价值、法原理原则、基本法律命题、法律制度、法律概念，乃至一般法律秩序之

① 陈新民:《行政法之任务——彼德·巴杜拉的“自由主义法治国与社会法治国中的行政法”》，载陈新民著:《公法学札记》，中国政法大学出版社 2001 年版，第 98 页。

判定规准。[①] 也就是要求行政法学对这些行政法律运用法学概念加以系统地探讨。在这种情况下，奥托·迈耶将私法学中的方法应用在行政法学领域当中，以各个行政法规为研究对象，比较其异同，探讨其基本原理，终于建立了独创的行政法总论。[②] 其中，影响最大的是“行政行为形式化”理论。奥托·迈耶从自由主义法治国家的理念出发，在所有行政行为中，以具有“公权性”和“单方性”的“干预行政”为标准，选择几个最重要的行政行为形式加以归纳，并且以这些行政行为形式来界定行政法学的研究范围。

行政行为（在德国、我国台湾地区等又称为行政处分）一词是在法国大革命后，行政法学者为说明行政机关依法处理具体事件所为的类似法院判决的决定而逐渐形成的概念。19世纪后半叶，在英国以边沁和奥斯丁为代表的传统分析法学和德国概念法学的影响下，德国行政法学之父奥托·迈耶基于“限制国家权力以保障人权”的法治国理念，对这个概念加以承袭并建构成型，并且将行政处分定义为“行政机关在个别案件的决定中，对何者为法，所作具有公权力之宣示”。

在德国，行政处分是指行政当局为处理公法领域的具体事务，作出发生直接外部法律效力的命令、决定或者其他高权措施。[③] 在我国台湾地区，所谓行政处分，系指行政机关就公法上具体事件所为之决定或其他公权力措施而对外直接发生法律效果之单方行政行为。[④] 我国台湾地区的“诉愿法”第2条第1项规定：“本法所称行政处分，谓中央或地方机关基于职权，就特定之具体事件所为发生公法上效果之单方行政行为。”《最高人民法院关于贯彻执行〈中华人民共和国行政诉讼法〉若干问题的意见（试行）》（已失效）第1条规定：“‘具体行政行为’是指国家行政机关和行政机关工作人员、法律法规授权的组织、行政机关委托的组织或者个人在行政管理活动中行使行政

① 赖恒盈著：《行政法律关系论之研究——行政法学方法论评析》，元照出版公司2003年版，第49—50页。

② ［日］铃木义男等著：《行政法学方法论之变迁》，陈汝德等译，中国政法大学出版社2004年版，第60页。

③ 见《德国行政程序法》第35条。

④ 我国台湾地区“行政程序法”第92条第2项。

职权，针对特定的公民、法人或者其他组织，就特定的具体事项，作出的有关该公民、法人或者其他组织权利义务的单方行为。”在以上定义中，行政行为构成要件有七个：（1）须为行政机关之行为；（2）须为行使公权力之行为；（3）须就具体事件所为之行为；（4）须对外直接发生法律效果之行为；（5）须为单方行为；（6）须为公法行为；（7）须为外部行为。[①] 在德国和我国台湾地区，根据行政处分的规制内容，把行政处分区分为命令性、形成性和确认性三种。一是命令性行政处分。命令性行政处分是19世纪初，警察为了维护社会秩序，对违反秩序行为加以惩罚而由此发展出来的形态。命令性行政处分的内容，在于限制人民的自由权利，课以行政法上的义务，它以人民的某种行为为其规制对象。命令性行政处分的特色是具有行政执法的重要功能，即遇到相对人不履行义务时，行政机关自身可赋予该处分执行名义，据此强制执行。二是形成性行政处分。该行政处分一旦生效，即依其内容形成法律状态，无须强制执行。三是确认性行政处分。它仅仅是对行为、关系和事实的状态作一确认，也无须强制执行。[②] 此定义虽然指出了行政处分的主要特点，但仍有许多不明确之处。正是由于定义的不明确，各国行政法学者，甚至同一个国家不同的行政法学者对行政行为的界定都存在巨大差异。

行政行为必须是行政机关的单方行为，这一特征使得行政行为与行政协议相区隔。之所以称单方行为，主要是强调其行为的高权性与官方性，即行政机关作出行政行为时，不受相对人意思的约束，可以依职权自作决定。虽然有些行政行为属于所谓须相对人参与的行政行为类型，也就是或须相对人事先申请，或事后同意（或受领），或既须事先申请，又须事后同意，始为适法的行政行为，但仍不因该相对人的参与行为而影响其单方性，因法律有相对人参与的设计，目的并不在于使相对人得以与行为机关共同决定行为的内容，充其量只是在保护相对人，使其免于被迫接受为其所不欲的行政行

---

① 详见许宗力著：《行政处分》，载翁岳生编：《行政法》，翰芦图书出版公司2000年版，第632页。廖义男著：《行政处分之概念》，载台湾行政法学会主编：《行政争议问题研究》，五南图书出版公司2000年版，第337页。

② 详见林锡尧著：《行政法要义》，三民书局1999年版，第185—196页。

为。而且，即使基于程序正义观点，行政机关作出行为前，应给相对人表示意见的机会，或甚至举办听证，因而使相对人可以对处分的内容发挥一定的影响力，但行政行为的单方性仍不因此而受影响，因经此程序参与，相对人充其量只是参与影响，或者说参与协力，尚不是参与决定的地位。[①]

这种在单方性主导下的行政行为理论，致使传统上以行政行为为代表的单方行为，一直是行政实务操作上的典型行为方式，并且也是行政法学的关注焦点所在。至于以行政契约为代表的双方行政行为，较少受到重视，甚至在早期，其是否存在也受到质疑。时至今日，由于行政机关向相对人提供大量的服务，而这种服务是以相对人的需要为前提的，行政机关必须了解相对人的需求，那么通过协商、谈判是一种适宜的方式，这样，行政协议就受到了行政法学界的重视，并且认为它是行政机关和相对人意思表示一致或合意的产物，一些国家的行政程序法还对它进行了法制化。但是，仍有大量的双方行政行为未得到重视，如非正式双方行为。

所谓非正式双方行为是“指未经法律规范，但习见于行政实务上的行政与人民之间的各种沟通、互动行为。它可能是正式行政程序开始前双方就已进行的非正式沟通、协商所达成非正式协议，也有可能是正式行政程序进行过程中才进行的非正式沟通、协商与所达成非正式协议”。这类行为非常普遍，只因未经法律规范，实务界才行之却不以为意，学界也不把它当一回事，充其量把它挤到事实行为的角落，简单几句话就打发掉了。正是由于对非正式双方行为的忽视，许多人才会误认为以单方性为基本特征的行政行为不存在合意。其实这种认识是非常错误的。因为今天行政行为所处的外在环境已远不同于以往，社会事实关系的快速变迁与日趋复杂，价值观的日趋多元与浮动，利益冲突的日趋深化与多角化，还有科技发展对人类生活关系带来种种新的冲突与危机等因素，往往使得个案事实越来越难把握，也使法律对于人类生活关系的操控性越来越低，行政决定在人民心目中的可接受度也越来越低。在此趋势下，其实不难发现，以命令性单方行政行为作为主干的

① 详见翁岳生编:《行政法》，翰芦图书出版公司2000年版，第556页。

传统行政行为方式已逐渐不敷时代需要，而不得不求助于协商、合作与寻求共识等具双方性的行政行为来尝试解决问题。[①] 而寻求共识的方式中运用最广泛、最重要的，并不是行政契约，而恰恰是非正式双方行为。在不同的单方行政行为中，这种合意的表现形式是有所不同的。它们可能是行政机关和相对人达成的合意，也有可能是两个以上的相对人达成合意后，由行政机关依此作出行为，还可能是两个以上行政机关“合意”共同作出行为等。这些行为在形式上都是行政机关的单方行政行为，但实质的意思内容，是双方乃至于多方主体“合意”的结果。

应该说，非正式双方行为有很多优点：(1) 提升法安定性，避免争议。(2) 提升行政效率。事前的沟通与协商不仅可以使私人事先了解行政在法律与事实上之见解，而且可以避免事后无谓的法律争讼，进而避免时间与金钱的浪费，也因私人可以提供行政机关无法接触的资讯与专业知识，而可以使行政节省因调查事实所需的人力与物力的花费。此外，碰到案情复杂的个案，一方面掌握案件的法律与事实状况需要花费不少时间，另一方面法律规定行政机关处理事务的期限又显得短促，故从主管机关立场来说，倘能进行事先的沟通与协商，在较明了相关事实与法律状态后，再开始正式的行政程序，其实是相当受欢迎甚至是有必要的。(3) 有利于弹性处理行政事务。(4) 符合当代行政的新形象。但是，也会带来一些问题：(1) 使法规范相对化，易变质为违法；(2) 容易侵害第三人权益；(3) 可能影响行政效率与监督的有效性。因此，大多数国家采取与我国台湾地区“行政程序法”一样的做法，也就是，对非正式双方行为进行部分的“捕捉”。其“捕捉”方式为，一方面对部分被认为“有益的”非正式双方行为予以积极正面的“法制化”，另一方面则对部分“有害的”非正式双方行为予以明文的禁止。主要表现在：(1) 对部分非正式双方行为（如行政指导）进行法制化；(2) 明文禁止程序中的非正式协商，主要表现在禁止公务员在行政程序中与当事人或其利益

① 许宗力：《双方行政行为——以非正式协商、协定与行政契约为中心》，载廖义男教授祝寿论文集编辑委员会主编：《新世纪经济法制之建构与挑战》，元照出版公司 2002 年版，第 255 页、第 257—258 页。

代表者为行政程序外之接触。[①]

在这样的背景下，行政行为的单方性具有了不同的意义。我国台湾地区学者许宗力认为，即使我们再怎么样强调行政处分的单方性，行政处分之建制在今日确实已经历一层深刻的内容结构变化，也就是说，在日渐讲究程序正义与行政在人民心中的“可接受度”的今天，行政处分对外作成之前，通常都经历行政与人民间频繁度不等的对话，透过此一双方互动的行政程序，目的在于尽可能求得双赢甚至三赢、四赢的结局，而行政处分正是这一系列寻求共识、谅解之程序末端的“成品”。所以说，今天讲行政处分具有单方性，基本上只是从形式面观察，倘进一步作实质面的观察，往往可以发现浓厚的双方性色彩。而为何保留单方性不放，坚持单方性作为行政处分不可或缺的特征之一？正如学者所言，主要的目的当系借此单方性表达行政机关最终仍应对该处分负起责任的事实，并借行政处分的存续力，以确保法律关系的稳定性而已。[②]行政行为是一种公法上的意思表示，从行政行为的“意思”和“表示”两个方面来说，“意思”的形成已经不再强调其单方性，至于“表示”，为了责任原则和法安定性原则，仍然保持其单方性。所以，即使是所谓的单方行政行为，在“意思”形成这个层面上也容许有合意的存在。

二、行政私法现象的诞生

公共服务，又称公务或公行政或公共任务，公行政有两种形态，第一种形态是行政管理，这是一种公行政的管理形态；第二种是公共服务，代表了公行政的一种新形态。传统上，公共任务基本上是行政主体采用以强制性为特征公法方式来达成的。在干涉越少越好的自由主义理念支配下，当时的行政法学者把“行政处分”归于“干预行政”或“强制公权力”之列。奥托·迈耶认为，“分析行政权与人民的关系，已经指明人民是受苦的一方。易言之，

① 许宗力：《双方行政行为——以非正式协商、协定与行政契约为中心》，载廖义男教授祝寿论文集编辑委员会主编：《新世纪经济法制之建构与挑战》，元照出版公司2002年版，第263—264页、第268—271页。

② 翁岳生主编：《行政法》，翰芦图书出版公司2000年版，第556页。

行政权皆是干涉行政，行政权之必须依据法律便是禁止其逾权，以免侵犯人民权利”。[①] 英国学者戴雪在《英宪精义》中认为的行政权也不外乎是警察权、税捐及军队权等这些对人民限制的权力。[②] 总之，在奥托·迈耶等人看来，行政行为的形式仅有一种，那便是行使强制力的形式；这同时也符合自由主义法治国家对国家任务的认知。这种形态公法的特征，无异是表现行政的高高在上，人民是屈服于行政之下的。[③] 彼德·巴杜拉认为，行政法学能够十分顺利地由自由主义法治国家时代所孕育而成之理念体系，转用在社会法治国时，则必须将行政任务朝向危险防止、征税、服务及引导四个方向发展。在社会法治国中，虽然法律实证主义已在形成法律之前探究了行政的任务，但行政法并不等于这个法律形式之实证主义。行政行为并非仅仅是国家实践法律与权力目的之手段，而是应作为国家福利目的之工具，来满足社会之需求。在这种行政行为体系之中，传统上当成行政行为中心之行政处分制度，已丧失其绝对的重要性。在社会法治国时代，国家应负担各式各样之任务，传统自由主义法治国家时代受限于国家目的之单纯性而产生的行政行为“单样化”——只依靠行政处分，已不符合时代的需要。因此，行政行为之法律模式已退居为次要之角色，可由行政所欲追求之任务而来决定所使用之法律方式。[④]

传统的行政法学认为，公共行政机关所适用的只是公法，其中主要是行政法。行政机关作为公共权力的行使者为了维护公共秩序只能依照公法进行管理，采用私法进行管理是不可思议的。20 世纪以来，随着科学技术的发展、福利国家的发展和公民权利意识的加强，社会经济的发展越来越具有动态性、开放性和复杂性，同时也越来越具有不稳定性和风险性，尤其是给付行政的出现，公共行政大大地扩张。这既是时代的要求，又带来了不少问

---

① 陈新民著:《德国公法学基础理论》，山东人民出版 2001 年版，第 78 页。

② 陈新民著:《德国公法学基础理论》，山东人民出版 2001 年版，第 85 页。

③ 陈新民:《行政法之任务——彼德·巴杜拉的“自由主义法治国与社会法治国中的行政法”》，载陈新民著:《公法学札记》，中国政法大学出版社 2001 年版，第 97—98 页。

④ 陈新民:《行政法之任务——彼德·巴杜拉的“自由主义法治国与社会法治国中的行政法”》，载陈新民著:《公法学札记》，中国政法大学出版社 2001 年版，第 105—106 页。

题。[①] 原来以强制性为特征的传统管理方式已无法适应时代的发展。于是，公共任务以私法方式来完成在大陆法系开始出现和发展起来。在法国，早在19世纪末，法国著名法学家奥里乌就认识到“用私法方式来实现公共行政”这个问题，“法律可以强制行政部门使用普通法范围内的手段，也可以将行政步骤改造为普通法范围内的手段”。“另一种程度上的例外是评估的问题：在采取某些行动时，行政部门被授予行动自主权，由它自行决定是采取专门的行政手段还是采取民事商务手段。”[②] 可惜的是，法国并没有把以私法方式实现公行政这一现象进行系统化和理论化。在20世纪60年代，德国学者沃尔夫提出行政私法这个概念来概括以私法方式完成公行政这种现象后，经过德国学者的努力，此概念已大致为德国学说所认可，并在审判实务上得到承认和完善。[③] 沃尔夫认为，行政私法是指“公行政为追求公法上任务规定所赋予之公行政目的（给付目的或引导目的）而成立私法上法律关系，其于形式或内容上，并非以往之‘国库活动’，故适用特别之行政私法理论。此一领域之特色，为行政主体于其所从事之法律行为并非完全享受私法自治，而受若干公法上之限制或拘束”。[④] 从上述定义，行政私法应该包含以下几个含义。

其一，行政私法是一种以实现公务为目的的新私经济行政。在德国，行政有“公权力行政”及“私经济行政”之区别。公权力行政又称为高权行政，系国家或自治团体居于统治权主体之地位，以公法规定为基础所从事之行政行为。而私经济行政，又称为国库行政，系国家立于私人之地位，适用私法规定所为之行为，可分为：（1）以私法方式辅助行政之行为，乃行政机关以

① 王维达：《通过私法完成公共任务及其在中国的发展》，载《同济大学学报（社会科学版）》2003年第2期。

② ［法］莫里斯·奥里乌著：《行政法与公法精要》，龚觅译，辽海出版社、春风文艺出版社1999年版，第118—119页

③ ［德］汉斯·J.沃尔夫、奥托·巴霍夫、罗尔夫·施托贝尔著：《行政法》（第1卷），商务印书馆2002年版，第198页。

④ 转引自我国台湾地区行政法学会主编：《行政法争议问题研究（上）》，五南图书出版公司2000年版，第230页。

私法方式获致日常行政活动所需之物资或人力，并非直接达成行政目的，而系以间接方式辅助行政目的之完成，典型如行政机关购买办公用品、发包建设办公大楼等。（2）行政营利行为，系指国家以私法方式参与社会上之经济活动，其主要目的在于增进国库收入，有时肩负执行国家政策之任务。在我国大陆，行政营利行为可分为两种情况：一种情况由国家或行政主体以其内部不具有独立法律主体资格的机构或部门从事的企业营利行为，如烟酒专卖局进行的烟酒销售行为等。另一种情况由国家依据特别法或者公司法的规定，投资设立具有独立法律主体资格的公司从事的企业营利行为，如国有银行、国有钢铁公司等。（3）以私法方式达成行政任务之行为，其主要、直接之目的系完成行政任务，但以私法方式予以完成。[①] 值得注意的是，原先的私经济行政或国库行政并没有行政私法这一部分，只因其以私人地位和方式直接实现公务才被归入私经济行政或国库行政。但是，与传统的私经济行政或国库行政有所不同的是，行政私法是以实现公务为目的的，是一种新的私经济行政或国库行政。

其二，行政私法是一种可以产生私法关系（但不一定产生）的非权力公行政。日本学者田中二郎将行政上的关系分为权力关系和非权力关系。根据这种观点，权力关系是国家作为统治权的主体站在优越的立场上对国民发布命令实行强制的法律关系，规范这种法律关系的法就是公法（原来意义上的公法）。而非权力关系是国家站在与国民对等的立场上施行行政作用上的法律关系，其分为公法上的管理关系与私法关系。公法上的管理关系如同公企业的经营及公物管理一样，出于公益上的需要，是特别法律规范涉及行政作用的应用状态的情形，称为公法（传统意义上的公法）。公法上的私法关系是指国家与私人之间签订买卖、借贷租赁等契约关系。[②] 行政私法因为以私法方式达成公务，当属公法目的之公法或者私法关系，也就是非权力行政。

---

① 参见我国台湾地区行政法学会主编：《行政法争议问题研究（上）》，五南图书出版公司 2000 版，第 231—232 页；翁岳生编：《行政法》，翰芦图书出版公司 2000 年版，第 19—22 页。

② ［日］室井力主编：《日本现代行政法》，吴微译，中国政法大学出版社 1995 年版，第 29 页。

其三，行政私法在公共行政活动过程中可以适用私法。德国行政法鼻祖奥托·迈耶指出：民法同样还适用于国家和臣民之间的关系，但这只是例外，因为公法才是特别为适用于这种关系而设定的。[①]但是，行政私法一反常态，将私法适用于公共行政。当然，行政私法由于以实现公务为目的，在适用私法时也受公法的拘束。

其四，行政私法的行为主体既包括公法主体又包括私法主体。除行政机关在执行行政管理任务时所适用的私法外，“行政私法也适用于被授权人和其他私法人之间的法律关系，公共行政主体可以借助这种法律关系执行行政任务”。[②]甚至在德国，经济扶植、社会保障、公共服务和文教科技发展合作等领域把部分公共行政机关转变成私法形式的主体，或者一开始就以私法形式设立主体，或者让私法主体进入传统的公共行政领域，从而按私法来完成公共任务。[③]行政私法行为主体的多元化和跨法域化是一大特色。

简言之，所谓的“行政私法”，是指除了行政辅助行为及营利性行为以外，行政主体或私法主体以直接实现公务为目的，采用受私法和公法拘束的私法方式进行活动所形成的法律关系。行政私法在当代获得了巨大的发展，“就种类而言，由于各国（地区）治理结构并不相同，所以呈现出多样的色彩。以中国大陆为例，虽然并未形成定型化的种类，但自20世纪80年代以来，多个领域已经开始有了适用行政私法的情况，学者总结有租赁承包合同、国有企业股份制改造、保安公司、民办学校、民办诊所、BOT、社保基金、排污许可交易制度等。就适用领域而言，从国家对经济的扶植到社会保障，从公共服务到发展文教科技事业等均有涉及。供给人民水、电、煤气或提供邮政、电信等”。“现代类型则因国家的不同有所区别，常见的做法主要有，在一定领域内把部分的公共行政机关转为私法形式的主体，如美国将政府管理

① ［德］奥托·迈耶著：《德国行政法》，商务印书馆2002年版，第121页。

② ［德］汉斯·J.沃尔夫、奥托·巴霍夫、罗尔夫·施托贝尔著：《行政法》（第1卷），商务印书馆2002年版，第233页。

③ 王维达：《通过私法完成公共任务及其在中国的发展》，载《同济大学学报（社会科学版）》2003年第2期。

的监狱直接转为私法形式来经营。或者一开始就以私法形式设立主体，而目前则更进一步实行民营化的策略，以尽量减少国家干预，公用事业的民营化趋势即为此例。或者让私法主体进入传统的公共行政领域，从而按私法方式来完成公共任务，如城市交由民营企业经营即为此例，目前在中国相关领域还有高等学校、保安公司等。”

传统上，公共任务基本上是行政主体采用以强制性为特征的公法方式来达成的。行政私法最大的特征是一反常态，采用私法方式完成公务，而总体上看私法方式有私法组织和私法活动这两种形式。**（1）采取私法组织以完成公共任务**。在德国，“联邦和州越来越多地利用官办的私法组织去完成经济行政管理任务，其所追求的目标是结构政策、繁荣政策、竞争政策、发展政策、指导经济和获取利润”。“依据私法组织起来的行政管理的法律组织形式，与私法上的公司法中规定的组建办法一样，是多种多样的。例如，联邦各州的经济促进组织；国家银行研究所；商品检验基金会；德国联邦环保基金会；服务于德国农业有限公司中心销售公司的销售基金；邮政；空运公司等。”①在我国台湾地区也有很多这样的组织，如公营企业、中央各部会所捐资金并由民间业者担负一部分资金而共同设立之民法上财团法人、台湾经济研究所等智库型之机构。综观各国和地区的做法，完成行政任务的私法组织大致有以下几种情况：其一，由法律或行政法规直接授予私法组织管理某种公务。在法国的很多社会公务，由社会安全保险法律或法规直接授权私人机构进行管理。其二，行政主体根据法律设立私法上的国营公司或公私合营公司代替它管理某种公务，一般发生在经济领域。其三，行政主体根据法律通过特许、租赁（承包）和合同等方式赋予已存的私法组织管理公务。**（2）采用私法活动以完成公共任务**。20世纪初，法国学者奥里乌就意识到，行政部门将财物征收为公用的手续很大一部分是通过司法部门来办理的，间接税的征收采取司法手段，发货人与国家铁路行政部门的关系由商法来解决。如今，这种情

① ［德］罗尔夫·斯特博著：《德国经济行政法》，苏颖霞译，中国政法大学出版社1999年版，第286页。

况就更加明显了。为达成行政任务，行政机关尽可能采用合同方式而不是行政行为，尽可能采用私法服务报酬方式而不采用收费方式，尽可能采用购买方式而不采用征收，甚至给民间企业提供低利贷款或补助等。总而言之，与一般私法活动一样，行政私法活动的主要方式是合同（是公法合同还是私法合同另议）。在个别情况下，还有一些单方的法律行为表示，如清偿、解约等。这些活动的特点是，要求行政机关尊重相对人的意志，甚至以与相对人的意志达成一致为目标。当然，行政私法采用的这两种私法方式，有时会同时采用即行政部门设立私法组织，该组织又以私法手段完成公共任务，也有可能行政部门直接采用私法手段完成公共任务。

三、引进行政私法的意义

与传统的行政法相比，行政私法最根本的特征是以私法方式达成公共任务，即具有目的的行政性和手段的私法性。这对强调公共任务由行政主体采用以公权力或提供公物为特征的公法方式来完成的传统行政法构成了前所未有的挑战。以“私法方式实现公共任务”为特征的行政私法，使得许多行政活动走下统治权的宝座，成为和国民立于平等地位而进行的活动。由此，也给我们带来了一个不得不回答的问题：适用于公行政的私法规定是否可以成为行政法研究的范围？

传统行政法学认为，行政法是公法。“行政的目的多种多样，在实现其目的的过程中，和私人立于同等立场从事私经济活动的情况也不少。在这种情况下，即使是国家或者地方公共团体等行政主体成为其当事人，除有特殊固有的规定外，依然应该服从和私人相同的私法规范。从这种角度来看，应服从私法规范者并不少，但这些私法规范不包含于此处所说的行政法。”[①] 如今，这种见解面临着巨大的挑战。成田赖明认为，公法和行政私法都应该成为行政法学的研究对象。也就是说，行政法学仅限于将行政固有的特殊法即

① ［日］田中二郎著：《新版行政法（上）》，弘文堂 1974 年版，第 24 页、第 25 页，转引杨建顺：《日本行政法通论》，中国法制出版社 1998 年版，第 381 页。

公法作为研究对象，是不够充分的。“在现代行政的扩大带来了非权力性各种活动形式的增加，不仅私法形式，而且被从前的学说作为法外的事实行为而忽略了的行政指导、计划等活动形式，作为重要的行政手段出现了。在这种状况下，对于广泛以关于行政的法现象为研究对象的行政法学来说，将这些在其体系中赋予适当的位置，予以理论构成，被认为是不可或缺的。”[①] 况且“在当今世界，随着行政手段的复杂多样化，权力行政与非权力行政复杂地相互交织，二者的领域已经难以截然区分开来。在这种状况下，将行政领域分为不同性质的公法原理和私法原理支配的权力行政和非权力行政两个法领域来论述的制度基础已经丧失殆尽”。[②] 可见，将行政法局限于公法似有不妥。故不问是公法还是私法，关于行政作用以及行政组织的行政特有的法现象，都应该纳入行政法学的研究对象之中。今村成和更是直接指出，凡属行政活动，不论其形式是公法还是私法，皆为行政法学考察的对象。行政法与公法私法区别理论无关，在界定行政法的意义或范围时，也没有必要先行考虑制度上的公法和私法的区别。[③] 可见，行政法就是指行政上特有的一切法现象，其包括行政公法和行政私法。将行政私法纳入行政法的视野下，具有特别重要的意义。

首先，有利于应对公私法融合带来的新问题，以重新审视涉及公行政的公私法传统观念。公法、私法是古代罗马法的划分，关于国家事务的为公法，如宪法、刑法、行政法；有关个人利益的为私法，如民法。大陆法系国家继承了古罗马法也将法律一分为二，分为公法和私法两个领域。但是现代行政管理活动具有多元性、多样性和复杂性的特点，行政机关不仅采用传统权力手段实现行政目的，还频繁借用私法手段来实现传统权力手段无法实现的行政目的。这样使得传统的公、私法二元划分已无法再泾渭分明，公法与

---

① ［日］成田赖明著:《行政私法》，载成田赖明编:《行政法的争点》，有斐阁 1980 年版，第 34—35 页，转引自杨建顺:《日本行政法通论》，中国法制出版社 1998 年版，第 125 页。

② 杨建顺著:《日本行政法通论》，中国法制出版社 1998 年版，第 173 页。

③ ［日］今村成和著:《现代的行政和行政法的理论》，有斐阁 1972 年版，第 126 页，转引自杨建顺:《日本行政法通论》，中国法制出版社 1998 年版，第 124 页。

私法出现了相互接近乃至相互融合的趋势。行政私法现象正是这种融合趋势的集中表现。[①] 行政私法纳入行政法学对公私法研究有特别重要的意义。

其一，行政私法的出现，推进并丰富了公私法的相互融合，产生了有别于“私法公法化”的另一种公私法融合的趋势：“公法私法化。”在公司制条件下，财产所有者的“所有权”转化为“股权”形态，原来基于“自由意志”行使的权利变成必须依据“公司法”“公司章程”才能得以行使；而他物权如用益物权则转化为公司产权、企业产权或称法人财产权。这种变化，被称为“私法公法化”。但是，“公法私法化”极少有人提及，以“私法方式实现公共任务”为特征的行政私法就是其典型代表，它代表了私法进入和影响公行政的另一种公私法融合的趋势。

其二，它意味着规范公行政的法律再也不仅仅是公法，而呈现出复杂化的倾向：在保持公法属性的前提下，走向了私法。我们再也不能通过以往的抽象、演绎的公法私法二分论或行政公法论看待规范公行政的法律问题，也无法事前对这些法律想当然地划定其公法性质或私法性质，以后区分公私法，只能事后在实定法中探究其个别而具体的法律性质。从方法论上说，这是彻底的实证主义，它与先验性的公私法二元论是截然不同的。

其三，将行政私法归于行政法的统制之下，为其在行政法学体系中找到合适的地位，可以使行政私法中的民商法规定和传统的行政法规定相结合，进而在制定和实施规范公行政的法规范之时尽可能兼顾公法和私法的精神和价值取向，使行政公法和私法这两种法律调整方法不再相互分离，而是相互配合，从而最大限度地发挥两者的全部潜能。

其次，有利于回应现代公行政职能的日益复杂，以促进行政活动的多元化发展。在社会法治国方面，凯尔森的直接行政理论与间接行政理论适应了由于在社会法治国中国家任务急剧膨胀而要求行政手段多样化的客观需要。行政部门的这些并不具有制裁性质的强制行为，事实上就代表了一种显然不同于司法职能的行政职能。它们的特点在于通过使国家行政机关而不使

① 顾祺：《行政私法行为及其法律控制》，载《华东经济管理》2004年第3期。

个人负有义务，来实现所希望的行为。这一类行政可称之为直接行政，与间接行政相对照。以下例子可以用来说明直接行政和间接行政之间的一般区别。当一个行政制定法使某一地区的公民负有义务修建并保养一条公路，行政机关被授权处罚不履行这一义务的公民时，这就是间接行政。但在公路必须由国家机关加以修建并保养时，也就是说，从公共行政的角度来说，所希望的行为是国家的义务时，就是直接行政。间接行政的职能具有与司法职能一样的性质，而直接行政却是不同性质的职能。这两类行政的区别只在于负有义务者的法律属性。[①] 在这里，凯尔森的直接行政理论几乎和服务行政或给付行政相一致，是社会法治国在法理学中的抽象和升华。在自由主义盛行的时代，国家任务仅是单纯的"干涉行政"——也就是借助警察权力和课税处分，来对人民的自由予以限制。因此，行政法学也成为一种只专注法律形式，内容却空洞的"高权行政"。但在社会法治时代，不似自由主义法治国专注个人财产（关系），而是以"个人劳动"（工作关系）为着眼的社会。行政法使行政与个人或团体产生了一种"指导与服务性"的法律关系，来保障个人的福祉。依社会法治国的理念，行政必须提供满足个人生活所需的"引导"及"服务"行为。[②] 这种直接、服务及给付的公行政的出现和发展，不仅使依法行政的"法"不再局限于议会的法律，而且使行政机构在尊重法律的情况下开始考虑其提供公共服务的目的，哪怕在没有议会制定法的情况下。

正是由于现代行政职能日益复杂，实现公行政的方式不得不多元化。日本学者成田赖明指出，现代行政已经不限于权力性行政活动，非权力性行政活动正在逐渐增加，若依然将法技术意义上的公法手段及形式作为行政法学的研究对象，便难免导致放弃对行政活动的重要部分予以研究的结果。[③] 行

---

① ［奥］汉斯·凯尔森著：《法与国家的一般理论》，沈宗灵译，中国大百科全书出版社 1996 年版，第 310 页。

② 陈新民：《行政法之任务——彼德·巴杜拉的"自由主义法治国与社会法治国中的行政法"》，载陈新民著：《公法学札记》，中国政法大学出版社 2001 年版，第 93 页。

③ ［日］成田赖明著：《非权力行政的法律问题》，载《公法研究》第 28 号，第 145 页以下，转引自杨建顺著：《日本行政法通论》，中国法制出版社 1998 年版，第 181 页。

政私法是非权力性行政活动的一种，加强其研究，有利于行政活动的多元化研究，从而更好地实现公行政追求的目的。由此，形成了行政机关公法协议与私法协议之形式选择自由。行政机关为完成行政任务，在法律没有明文禁止的情况下具有选择行为方式的自由。不仅可以在单方行为还可以在双方行为中进行选择，也可以在公法协议与私法协议中进行选择。以私法方式完成公共任务在大陆法系开始出现和发展起来的同时，人们也发现公共任务不仅可以采用行政协议这种公私法结合的方式，还可以采用完全民商合同这种私法上的方式实现。

具体到我国，有学者在论及现代行政职能的时候指出，“传统体制存在的问题，在于政府管了许多本来不该管而应该由民间自由交易来管的事，过多地参与和干预了‘私人产品’的生产与交换，而对自己该管的事，即安排好‘公共物品’的供给则没有管好。所谓政府职能的转变，不是一个简单的削弱政府权力的问题，而是政府从过去直接管理私人物品生产活动的职能中退出，加强对公共产品的组织和供给，削弱政府在‘私人产品’生产中的作用，加强他在‘公共产品’组织和供给方面的作用。因此，是一个此消彼长的过程。”[①]在对“私人物品”和“公共产品”尚无法准确界定的情况下，政府应该退出哪些领域和进入哪些领域是难以确定的，即使可以确定，政府如何从直接管理私人物品生产活动中退出，又如何加强对公共产品的组织和供给，仍然是政府面临的最棘手的问题。行政私法的出现，为破解这一个难题提供了机会。一方面，“公共产品”内涵和外延的扩大，现代行政的任务已经变成以实现社会福祉为其目的，公行政必须提供满足个人生活所需的“公共产品”，而规范这部分“公共产品”并不一定非采用行政法传统方式不可，也可以选择私法的法律形式，这就是我们所说的“行政私法”。另一方面，政府要从直接管理私人物品生产活动中退出，在无法判定其是否属于“私人物品”的时候，完全可以用行政私法来进行试错，即使在已经判定其是“私人物品”的时候，由于其长期在政府的直接管理之下，马上将之推向社会和

① 张树义著:《中国社会结构变迁的法学透视》，中国政法大学出版社2002年版，第208页。

个人，不仅社会和个人无法适应，而且也会使这些领域出现没有必要的混乱，倒不如先采用行政私法进行管理，在条件成熟之时，再交给社会和个人。行政私法的引入实属必需。

最后，有利于重新认识行政法概念，以构建现代行政法学的学科体系。行政法的概念，学者们皆从“行政”和“法”着力，认为行政法为有关公行政的国内公法。行政私法是为了适应现代行政日益复杂的需要而出现的，它使适用于公行政的法律性质出现私法化的趋势，如将之纳入行政法的视野下，将使行政法不得不重新界定传统的行政法概念：行政法是有关公行政的公法和私法，也就是说，行政法包括行政公法和行政私法。这一变革性的行政法概念，有利于在行政法学研究中，立足所有法律领域，全面地研究关于公共行政的法律，从而夯实行政法学的理论基础，寻找一切与公行政有关的统一法原理。但是，这一变革性的行政法概念，也要求行政法学的学科体系内容进行相应的调整。

行政法学论及的范围，主要在于基本原则、组织、活动、程序、责任和救济六大范畴。（1）行政法的基本原则方面，由于行政私法被纳入行政法概念，除公法原则如依法行政原则、信赖保护原则等外，如前所述，私法原则包括意思自由、诚实信用原则也进入了行政法的视野。（2）组织方面，行政私法在实现公务采取的私法方式中包括私法组织，这种以实现公务为目的的私法组织一举打破公法组织在公行政领域一统天下的局面，也迫使我们不得不考虑以下问题：以什么方式来保证这些私法组织始终如一地以公务为目标和这些私法组织与传统的公法组织在管理方面有何不同。（3）活动方面，传统行政法对行政活动的研究，主要集中在行政行为，行政行为是行政法学的核心概念。虽然，行政指导和行政计划等非权力行为出现的这种状况有所改变，但仍未动摇其主导地位。由于行政私法的出现，公行政任务可以由私法方式来达成，这些私法方式自然也成为行政活动，由行政法学研究。值得一提的是，这种私法方式与经承诺的行政行为有何区别？这种私法方式的存在，包括私法协议，也包括行政协议，有了私法协议引入行政法，行政协议还有必要存在？即使有必要存在，它们有何区别？这些私法方式应该受到什么限制，这些限制与对行政行为和非权力行为的限制有什么不同，这些都是不得不回答的问题。（4）程序方面，行政程序的设置针对的是行政行为和一些非权力行为如行政指导，行政私法活动虽然属于行政活动之一，可它是否适用行政程序法？即使不适用，行政程序法的原则也恐怕值得借鉴。（5）责任和救济方面，行政私法对传统行政法的挑战之一，就是救济途径可能的二元化即民事和行政救济，自然，其责任也是公法责任和私法责任相统一。这些问题的科学回答，无疑是现代行政法学背负的神圣使命。

第四章

行政协议的制度逻辑

行政协议作为一种新型的行政管理和公共服务方式，以“以私法方式来实现公共行政”著称，把行政和契约两个传统行政法认为水火不容的行为方式结合在一起，成为行政法新的发展方向，也造成了很大困惑。之所以行政协议中很多问题模糊不清，让人困惑，是因为没有理解其背后的制度逻辑。行政协议的制度逻辑也就是行政协议的共同性质与基础问题、理论基础与基本原理。行政协议好像是一把锁，要找到一把正确的钥匙才能把它打开，去看门那边美丽的风景。法学研究或哲学研究甚至所有的科学，都像是在找一把钥匙去打开知识之门、智慧之门。这是行政法律人一直梦寐以求、孜孜以求的。行政协议可以从以下三个角度去探讨它的制度逻辑：（1）统一于公行政目的和私法手段之间的行政协议；（2）平衡于公行政变迁与协议稳定性之间的行政协议；（3）游离于公法与私法之间的行政协议。借此三个角度探讨和解构行政协议，从理论上进行延伸，挖掘其制度逻辑，希望在此基础上能找到合适的方法解决当下行政协议理论、制度和实践中存在的问题。

一、统一于公行政目的和私法手段之间的行政协议

在自由法治国时期，国家仅仅是“守夜人”，它的职权限于国防、外交、治安和财税等消极领域。19 世纪末 20 世纪初，这种情况有了翻天覆地的变化，行政权扩展到国民的日常生活。随着行政权的扩张，行政的作用范围显著扩大，甚至扩张到民事领域，行为方式除了干预行政以外，服务行政也大量涌现。

在自由资本主义阶段，由于国家充当“守夜人”的角色，只重视对人们的自由、生命、财产的保障，导致社会上出现严重的不平等的问题。因此，迫切需要国家力量介入社会以纠正社会的非正义，从而产生了社会法治国家的思想。[①]“社会法治国家产生的主要动因来自解决自19世纪以来，因人口增长、工业化、无产阶级产生及都市化所肇致的社会现实问题。”[②]社会法治国最根本的特点是国家任务的变化，“追求人类最基本的符合人性、尊严的生存条件，成为当代国家的任务”。[③]当代的国家再也不是自由主义时代的国家了，而是以保障人们生存和追求社会正义为目的的国家，也就是“社会国”。社会国这个概念较为新颖，它是一种朝向国家政策方针，表明国家要利用立法方式来达成的国家生存目的的立国原则，因此社会国有别于资本主义国家或是社会主义国家，属于一种较温和、中庸的国家形式。[④]社会国的典型范畴包括社会形成、社会安全与社会正义三种。社会形成要求国家更积极主动地进入社会和经济领域，通过持续性的经济干预和对弱势群体的扶助，来达成社会塑造的作用；社会安全要求国家通过提供人民生存的必要条件，减轻人民在面临疾病、年老、事故和失业等的经济困境，并实现国家对人民的生存照顾；社会正义是指国家必须努力调和因各种因素造成的人民之间的差异，积极谋求社会平等。[⑤]正是国家任务的这种改变，在德国，法治国意味着国家致力于每个人尊严的生存保障，并依据正义原则分配经济资源，也就是说，国家对社会正义、公共福祉与社会安全，通过制定规范、法院判决、收取捐税和提供补助等方式，对人民的请求负有广泛的责任。[⑥]

行政的法律形式和国家的任务或目的有极其密切的关系。自由主义时代所盛行的法律实证主义，使得国家的任务能和法律合而为一，而且国家的任务也可当成法律政策来了解。但是，在国家任务已经变成以社会福祉为其

① 江必新著:《行政法制的基本类型》，北京大学出版社2005年版，第183页。
② 江必新著:《行政法制的基本类型》，北京大学出版社2005年版，第183页。
③ 江必新著:《行政法制的基本类型》，北京大学出版社2005年版，第183页。
④ 陈新民著:《德国公法学基础理论》，山东人民出版社2001年版，第192页。
⑤ 详见赵宏著:《法治国下的行政行为存续力》，法律出版社2007年版，第104页。
⑥ 许育典:《社会国》，载《月旦法学教室》2003年刊，第87页。

目的，而不再仅是单纯地限制人们的自由的"警察任务"之后，这种新形式的国家任务或目的逐渐和法律形式相分离，成为行政法学必须单独考虑的因素。因为以前的行政法学理念源自高高在上的国家理念，一旦国家任务或目的有所改变，自然就会导致行政法学理论与方法的转变。这种改变并不仅仅是增加新的法律内容于旧有的行政法学之内的问题，也是整个行政法在由自由主义法治国递嬗至社会法治国之际，所发生实质上的改变。[①]可见，行政任务的扩展，是人们在物质、智力以及道德等各方面的需要所决定的，是一定历史阶段的客观要求，也是行政任务脱离单纯形式的法律支配，拥有自己的行政目的的开始。也正因为如此，行政活动方式以及行政权与其他国家权力的关系，才有改变的可能。在代表法治自由主义的奥托·迈耶时代，将行政权理解为立法权的执行权。在社会法治国时代，人们对此有不同理解。彼德·巴杜拉认为，社会法治国是在"行政国家"中方得以实现。"行政国家"区别于"立法国家"和"司法国家"的最大地方是国家任务承担者由立法、司法转移到行政。但是，行政国仍然是以法治为基础的，既要遵循法治国家之原则，又要依照依法行政原则。只不过，行政权并不是屈于立法及司法权之下的，而是执行国家法律，并且促进公益、造福人民的一种"独立的国家权力"。行政权虽然受到立法权之拘束，但乃是别立于立法权外的"第二权"，而非居于立法权之下的"第二级权力"。[②]这说明，行政权在社会法治国中具有相对的独立性，行政意志并不当然屈从于立法意志和司法意志。行政意志的地位如何，关键看宪政的安排以及与宪政价值和精神是否相符。

如上所说，公行政有两种形态，第一种形态是行政管理，这是一种公行政的管理形态，在法国称为"行政警察"或"警察公务"，在德国称为"警察任务"；第二种形态是公共服务，代表了公行政的一种新形态。奥托·迈耶在其《德国行政法》中认为，只要选择行政处分，一定属于行政法调整的

① 陈新民：《行政法之任务——彼德·巴杜拉的"自由主义法治国与社会法治国中的行政法"》，载陈新民著：《公法学札记》，中国政法大学出版社2001年版，第93页、第94页。

② 陈新民：《"行政国家"理念的澄清——谈汉斯·彼德斯"为行政国家的奋斗论"》，载陈新民著：《公法学札记》，中国政法大学出版社2001年版，第25页。

范围。奥托·迈耶是行政法学界分析法学派的典型代表，他将法理学中分析法学派的方法和理论运用到行政法学上，并选取了行政处分作为分析的模型。所谓行政处分，在我们的语境中更接近于具体行政行为。他认为只要选取了行政处分，不需要考虑其目的，也即认可其属于公法和行政法调整的范围。因此，用单方的具体行政行为实现公共服务和行政管理一般在法域属性上没有任何问题。但是，随着公共服务的出现和加强，其不仅将之前的行政管理内容纳入其中，还发展出新内容、新形式的公行政，新公行政必然要求实现方式和手段的多元化，其中包括以“采用私法方式实现公行政”而著称的行政协议。行政协议与一般的行政行为一样，它存在的目的都是实现公行政。行政协议是统一于公行政目的与私法手段之间的公法协议。这里所讲的“私法手段”，其意形成“公”和“私”的强烈对比，并不意味着协议方式就是属于私法或者民商法的，而仅仅认为“私法手段”主要是指合意、协商一致之意。

为了行政管理和公共服务（此处为狭义的公共服务）目标，行政机关不运用行政行为这一方式和手段，而是与行政相对人进行协商，达成协议去实现公行政目的时，就会产生该协议的公法与私法属性争议。有人认为，行政协议自身具有协商性。如果进行协商，那么意味着双方是平等主体，那它具有民商性。如果按这种方式来理解行政协议，那行政协议就等同于民商协议，只不过其目的是实现行政管理和公共服务而已。我们认为，目的和手段是分析行政协议的最重要视角之一，甚至是最主要、最基本的视角。研究行政协议的性质，既应当区分行政协议的公行政目的性和私法手段性，也应当协调两者之间的关系。行政协议和其他行政行为的差别在于实现公共行政目的时，它运用的是协商的方式，那协商的方式会不会因为是公行政的目的，使得协商的手段也属于公法的手段？对此的理解也不尽相同，如德国除了行政协议、行政合同这些概念，还有另外一个概念叫作行政私法。这个行政私法在很大程度上也是为了行政管理和公共服务，那么这个行政私法到底和行政协议之间的关系是什么，也是很难说清楚的。

关于行政协议的范围问题，有人认为，公行政和协议之间的关系是不同的，只有基于紧密的直接的本质上的关联而签订的协议才是行政协议，而松散关系的一概认定为民事合同。此种观点对于这个问题的解释方法运用的就是目的和手段分析法。[①]此也是为什么对于PPP协议争议这么大的原因。民商法学界普遍认为，政府和社会投资人签订PPP协议主要是为了提供公共设施和公共服务，而公共设施和公共服务与行政管理之间的关系是比较疏远的，因此PPP协议不属于行政协议。[②]PPP协议和目前正在制定的关于公私合作的条例的主导思想是民商原则，行政机关丧失了优势地位和行政优益权。有人参照法国行政合同制度认为还是应增加行政机关的优益权。只要在其中加入行政优益权，公行政目的和私法手段关系将变得更紧密，认定它作为行政协议的立论就成立了，至少从法国行政合同制度来看是如此。

与上述观点不同，我们认为，只要公行政的目的存在，那么作出的任何手段和行为原则上都应由公法调整。德国在讲公权力遁入私法时，非常恐惧公权力从公法的牢笼中逃脱出来。其原因在于遁入私法的一个必然结果就是要求当事人在地位上的形式平等，但政府和行政相对人在现实中是无法实现真正平等的。在国外法治相对发达的国家容易接近平等，但基于我国的公权力仍拥有无限大的优势地位的现状，此不平等不得不更加引起高度重视。目前老百姓提起各种政府信息公开行政诉讼的目的，无非就是利用各种途径和行政机关缠斗，这多数是他们面对超级强大的公权力时为维护自己合法权益的一种无可奈何的选择。目前我国存在对行政机关约束较少的现实情况，根本不存在公权力和相对人接近或本身平等的内外部条件，若再将其从公行政放入私法领域，那就是放任公权力对行政相对人的肆意侵犯。所以，从这一角度看，只要是为了公行政，行政机关与相对人签订的协议原则上就属于公法的范围，似乎更为适宜。2015年《最高人民法院关于适用〈中华人民共和国行政诉讼法〉若干问题的解释》第11条规定，为了公共利益和行政管理

---

① 典型观点如崔建远老师借鉴“近因理论”或者采“直接执行公务说”来界分行政合同与民商合同。详见崔建远:《行政合同族的边界及其确定根据》，载《环球法律评论》2017年第4期。

② 此观点明显没有注意到公共服务在当代已经成为公行政的另一新形态，仍然停留在公行政是行政管理这一传统观念中。

目标，行政机关在法定职责范围内与行政相对人所签订的具有行政法上权利和义务关系的协议为行政协议。这个定义除“必须在法定的职权范围内”明显把行政协议的识别标准和协议的合法要件混为一谈外，专门提到了“行政法上的权利和义务”。行政法上的权利和义务如何判断？首先看其目的是否是为公行政，其次看是否行使行政职权和履行行政职责。如果行政机关为了实现行政管理或者公共服务目标，在行使行政职权和履行行政职责过程中，不管是不是在法定范围之内，与相对人达成的协议内容，都是行政法上的权利义务，所涉协议均为行政协议。如果出于公行政的目的，在行使行政职权和履行行政职责过程中，与相对人达成的协议，不一定属于行政协议，还要加一个“行政法上的权利和义务”这一要件，这等于增加了一个条件。这意味着，为了公行政目的且行使行政职权和履行行政职责，达成的还可能是民商合同。如在司法实践中，在征收集体土地时，地方政府未经国务院或者省级政府征地批复，逐个与相关农民达成征收协议，完成集体土地征收，或者在征收国有土地上房屋时未经法定征收程序与房屋所有人逐一签订协议。这些协议到底属于行政协议还是民事协议，有人认为属于民事合同，因为相关行为没有集体土地征收批文和没有国有土地上房屋征收决定，在这些程序都没有启动的情况下，不具有行政法上的权利和义务，不属于行政协议。为了旧城改造和公共项目的，其目的是公行政目的没有任何问题，也在政府的职权和职责范围之内，如果还要求签订协议具有行政法上的权利和义务，否则就界定为民商合同，那将导致集体土地和国有土地上房屋的征收制度全部虚化，与征补行政协议作为征收补偿行为的替代协议的初衷背道而驰。

所以别小看一个概念对一个制度的引导意义。行政协议的本质是“以私法方式来实现公共行政”，只有充分认识到这一点才能从根本上找到认识和解构行政协议的路径。在这同时对以下问题进行说明：**一是这里所讲的“私法手段”或者“私法方式”，指的是合意或者协商一致，而不是所谓的民事性**。行政协议是没有民事性的，从目的角度来看，其是为了公行政。所以，行政协议不存在民事性，它只是协商性或者合意性，表示行政机关和行政相对人就某一公行政内容意思表示一致。**二是合意和协商一致并不意味着行政**

机关和相对人的地位平等。有人认为，行政协议既然协商一致，采用私法手段达成公行政目的，证明行政机关和行政相对人的关系具有“平等性”。这个说法也是不正确的。举个不恰当的例子，父母与未成年子女之间可以对某件事达成意思一致，但并不是说父母与未成年子女之间有平等性，因为父母基于强势地位可以随时反悔。如果把这个比喻放到行政机关和行政相对人也是这样，达成意思表示一致并不一定要地位平等（也许可能是对等或者合作关系），地位平等只是说让这个意思表示的内容可能会向着更为公平公正、权利义务更加一致的角度去发展。因此，要正确理解所谓行政协议中的意思表示一致，行政协议中行政机关和行政相对人具有像民事合同主体的平等地位是不恰当的，达成协议本身并不是地位平等的必然结果。**三是公行政的目的和协商一致的手段也说明了行政协议内容的另一个很重要的特点：同时具有主客观内容**。公行政的目的说明行政协议具有客观内容，因为它必须是为了行政管理和公共服务目标。但由于其采取的手段是协商的手段，其比一般的行政行为也具有更多的主观内容。行政协议有主观内容也有客观内容，主观内容和客观内容并存，是行政协议区别于一般行政行为的重要因素，这也是为什么行政协议在研究和司法实务中难以掌握的重要原因。

二、平衡于公行政变迁与协议稳定性之间的行政协议

从目的和手段考察行政协议是从静态上讲的，这是一个方面。另一个方面，则是从动态的角度分析行政协议，即行政协议是平衡公行政变迁与协议（承诺）稳定的协议。亦即公行政是处在不断变迁当中的，但协议作为一种承诺，具有稳定性，这就形成了二者的紧张关系，行政协议的制度受制于这两个因素，这是第二个角度。

建立持续而稳定的秩序，一直都是法的内在理念和价值。人类在面对不规则和不可预知的未来时，本能上都会怀有无限的恐惧，所以建立秩序与要求秩序安定，就成为人类的根本需求。从人治到法治，当人类的生活秩序主要由法律所构筑的秩序组成时，人们对于秩序安定的需要，便演变为对法律安定性的要求。法的安定性要求法律除使人民的现实生活获得保障外，更

通过提供对未来预见的可能性，避免新的事物关系突然冲击所造成的不利后果。[①]一般来说，法的安定性大致上包括法的明确性、法的确定性和法的存续性。当法律构成要件和法律效果具有明确性，法律关系具备稳定持续性，此时在法律秩序下的每一个人，对于自我生活的计划，就会获得“可预见性”“可估计性”和“可期待性”，亦即确知其行为根据现行法将受何等评价、将产生何种法律效果，并据此来决定自己以后的行为，进而达成法律秩序整体的安定。法的安定性同时也是对法规范本身可信赖性的要求。只有法规范保持一定的稳定性与持续性，不会被朝令夕改，人们才会对它产生信赖。因此，法可信赖的基础正是法规范本身的持续稳定，法律的权利义务关系不会随意变更和修改，人们可据此作出行为。从这个意义上来说，信赖保护正是基于法的安定性而产生，公民必须能够信赖，与其法律状态密切相关的法律规则是具有存续性的。[②]因此，信赖保护原则并不是法治国原理中的独立构成要素，而是法的安定性原则对公民的反射作用，换言之，信赖保护是法安定性原则的作用结果而并非起因。[③]以良法为治作为追求目标的行政协议制度必须处理好行政灵活性和法安定性之间的关系。

我国台湾地区学者许宗力认为，法律多如牛毛、术语不够亲民、不确定法律概念与概括条款大量充斥、学说与实务对同一法律问题的意见分歧与众说纷纭以及社会生活关系的发展使个案事实也趋于复杂等，都是导致法安定性与行政决定公信低落的“罪魁祸首”。[④]正是由于法律和事实上的这种不确定性，给行政机关留存了极大的自我判断和裁量空间。在这些裁量空间中，行政机关可根据公共利益及个案具体情况，在合乎宪法基本原则和法律精神的范畴内，作出各种灵活的、合目的的判断。行政权具有前瞻性，是一种以解决目前及以后问题为导向的积极权力，与拘泥于“过去观念及事实”而有

---

① 赵宏著:《法治国下的行政行为存续力》，法律出版社 2007 年版，第 114—115 页。

② 赵宏著:《法治国下的行政行为存续力》，法律出版社 2007 年版，第 117 页、第 121—122 页。

③ 赵宏著:《法治国下的行政行为存续力》，法律出版社 2007 年版，第 131 页。

④ 许宗力:《双方行政行为——以非正式协商、协定与行政契约为中心》，载廖义男教授祝寿论文集编辑委员会主编:《新世纪经济法制之建构与挑战》，元照出版公司 2002 年版，第 255 页。

所作为的司法及立法权力完全不同，必须具有相当的灵活性，以适应未来的各种变化，这种灵活性由行政的特征和功能所决定。行政权以公共利益为目标，必须积极主动地渗透到社会生活中的各个领域，并根据各种变化适时作出调整，以达成其社会形成作用。所以，在现代法治国家，行政被赋予了大量的创设权，行政的作用在于形成社会生活、实现国家目的，特别是在社会国家中，行政必须积极地介入社会、经济、教育、交通等各个领域，成为一只处处都看得见的手。这种积极的形成作用要求行政必须具备应对社会变化的灵活性，但这种灵活性与行政协议作为一种承诺具有稳定性又存在内在矛盾。与民事合同主体签订合同是为了自身利益不同，行政机关签订行政协议是为实现行政管理或者公共服务目标。不仅签订行政协议本身是实现公共利益或者行政管理目标的方式，而且在履行协议过程中，行政机关可以根据实现行政管理或者公共利益目标的需要单方变更、解除协议，甚至可以依法单方作出行政强制、行政处罚。当然，行政机关只有在协议订立后出现了由于实现行政管理或者公共服务目标的需要或者法律政策的重大调整，必须变更或者解除时，才能行使单方变更、解除权，由此造成公民、法人或者其他组织合法权益损失的，亦应依法予以补偿，也就是行政协议的“行政优益权制度”。

在我国大陆地区，“行政优益权制度”似乎成为行政协议处处受到质疑和不受待见的“万恶之源”。有人认为，行政协议制度要控制公权力，让公权力在依法行政和当事人协商内容的轨道上运行，否则在行政协议中行政机关的优势地位和优益权就为行政机关规避法律约束提供了机会，行政机关即将成为脱开缰绳的马，肆意践踏行政相对人的权益。这其实反映了不少人的内心关切。这可能触及了行政协议制度在我国是否有生命力的问题，不消除这些顾虑，行政协议制度恐怕无法达到预期的效果，也难以有长足的发展。因为行政协议是行政机关实现公行政的手段，但是其有很多理由变更、解除行政协议，其中一个重要的理由就是公行政发生变化，原协议无法继续履行，协议承诺的内容不能得到充分执行，实践中采用行政协议的可能性就会大大降低，其制度效果难以实现。行政协议司法解释起草初期，受案范围曾有一项规定为“行政机关行使优益权作出的行为是可诉的行为”，当时就有很多人反对，他们认为行政机关不能再有优益权了，现在已经够乱够任意了，还给行政机关优益权？这个顾虑不是没有道理的，在司法实践中，也确实存在有些行政机关为了行使行政优益权而去“创造”公共利益，甚至虚拟出公共利益的行政协议案件。

《德国行政程序法》和我国台湾地区“行政程序法”规定行政机关为了公共利益的需要可以对行政协议进行变更和解除，并且我国台湾地区进一步规定，为了预防公共利益的损害也可以对行政协议进行变更和解除。履行行政协议会危害到公共利益，在这种情况下行政机关变更或解除行政协议是有正当性的，但是行政机关为了不当目的行使优益权而人为“创造”公共利益，甚至有些时候就是为了改变某些已签订的行政协议去“创造”的，是绝对不允许的。行政机关行使行政优益权应当予以拘束和控制，确保其公共行政的变迁具有正当性。为此，必须强调行政协议的稳定性来拘束行政机关。同时，也应当认识到，行政机关可以因法律规定的行政优益权去变更和解除行政协议，但这种法定行政优益权以后最好逐渐由行政协议约定相关内容。从发达国家来看，由于其依法行政和国家治理体系与方式已经十分成熟，所以行政优益权的行使问题已经可以由行政协议先行规定。但是，在我国目前这个阶段，行政机关签订协议的水平有限，行政优益权可以要求以协议约定或法律规定为前提，但如果有充分的证据证明行政机关确实要行使优益权以维护公共利益，即使法律没有规定和协议没有约定，也不能妨碍其行使，因为重大的公共利益永远具有不可取代的地位。

公共行政的变迁和行政协议的稳定之间的紧张关系是非常复杂的。行政诉讼法在受案范围规定中明确了四个类型行政协议争议是可诉的，它们分别是：不依法履约、不依约履约、单方解除及变更行政协议。但是，不依法履约、不依约履约、单方解除和变更行政协议，在实践中是非常复杂的。有以下三个方面想特别强调：

一是不依法履约、不依约履约、单方解除和变更在不同的语境下运用，且最后的法律责任是完全不同的。第一种是行政机关本来应该履约的不履约，动用单方解除和变更协议。这属于履约意义上的变更和解除。它实际上是一种违约行为。第二种是公共利益变迁后，依据原来的行政协议履行已经不合适，行政机关行使行政优益权对协议的变更和解除，在这种情况下就是行使行政优益权的变更和解除协议。第三种是在行政相对人不履约时，行政机关变更或者解除行政协议以示惩罚。实践中，有很多人不明白这到底有什么差别，实际上这都是在不同语境、不同条件下出现的单方变更和解除协议行为，一定要分清楚哪个是履约意义上的，哪个是公行政变迁带来的行使优益权的解除和变更，哪一个是作为惩罚性质的。当然，也许有可能根本分不清楚。

二是同样行使优益权，行使变更和解除协议是要有选择的，应当符合比例原则。法国关于行政合同的规定及实践做法中，为了稳定性，行使行政优益权时不能直接解除，能变更的先变更，尽最大的可能保持协议的稳定性，否则很多权利义务就得重新洗牌。所以在比例原则要求下，应当是能变更的先变更，变更不能解决问题的情况下再解除协议。一定要注意这个问题，这是非常重要的一点。为什么要求建设法治国家呢？因为法治国家在国家治理模式中是相对稳定的，民众对于行政机关的行政行为是可预期的。否则，动不动就变更和解除协议，社会关系处在不稳定的状态，老百姓是承受不了的。比如说公共建设工程，作为投资的一方已经开始履行合同，投入了大量的人力物力，政府最后要求解除合同。在政府要求改变合同有正当理由的情况下，最好的办法是能变更的先变更，无法变更的再解除。这里面有个合比例的考量。法的安定性、稳定性和协议的安定性、稳定性，是极其重要的。在司法实践中，很多征收决定都存在瑕疵。比如，为了建设火车站，政府作出国有土地上房屋的征收决定，借机扩大征收范围，进行商业开发，这很难说属于法律上规定的严格的公共利益。但是，一般情况下，很少去改变这些决定，因为周围的整个环境也改造了，城市也提升了，对被征收人也予以较好安置补偿，这些也算公共利益，最好不要撤销违法的决定。往往考虑到社会稳定而确认行政行为违法但保持其效力，行政协议是协商一致签订的，有保护双方信赖利益的问题，其处理更应如此。因此，与民事合同的处理一样，一定要维护行政协议的稳定性，而且变更和解除两个选项同时存在时，应选择相对稳定的方式，除非协议继续履行无法提供正常的公共服务或者达到行政管理目的，如相对人完全没有提供公共服务的资格和能力等。

三是如果变更和解除是违法的应该如何处理。保守的做法是确认违法，不撤销变更和解除，确认违法但在对行政相对人进行经济补偿的情况下，让行政机关的违法继续存在下去，这是一种选择；另外一种选择是撤销变更和解除，撤销之后同时还要求行政机关继续履约，且承担相应的违约责任。这两种处理方法最大的差别和理念上的争议在于，是否将协议的稳定性和承诺的稳定性置于优先地位：确认违法但不撤销变更和解除，仅对行政相对人进行经济补偿的，原则上注重公行政的现实，不想改变已经改变的公行政，只能牺牲协议的稳定性；而将变更和解除予以撤销并且要求继续履约和承担违约责任，注重协议的稳定性，或者说认为承诺的稳定性是首要的。

综上，公共行政的变迁和协议的稳定性之间的关系作为研究和探讨行政协议的另一个角度，有大量的实践和理论问题可以从这里延伸和提供研究方法。不过，从某种角度讲这实际上还是目的和手段的关系。只是公行政目的发生变化，手段也可能跟着变化，形成了一种更为复杂的关系。可以说，“统一于公行政目的与私法手段之间”是从静态角度阐释行政协议的目的性与手段性的关系，而“平衡于公行政变迁与协议稳定之间”是从动态角度阐释行政协议的目的性与手段性之间的关系。

三、游离于公法与私法之间的行政协议

上述两个角度是从公行政的目的和协商手段进行解读的，形态各不相同，第三个角度将从法律的角度进行解读。但是，这并不意味着，法律角度与公行政的目的和私法手段无关，恰恰相反，正是公行政目的决定了公法在行政协议中的运用，而协商手段决定了私法在行政协议的适用余地。

在大陆法系国家，法律大致可以分为公法和私法两类，其分类的基本意义在于便于法律的适用，实益在于确定法律关系的性质，应适用何种法律规定、应采用何种救济方法或者制裁手段，以及案件应由何种性质的法院或者

审判庭受理和审判。新中国成立后相当长时期内，学术界认为社会主义国家的法律都是维护人民大众根本利益的，不存在公、私法划分的问题，或者干脆说都是公法，因而公、私法的分类研究长期以来是法学界无人敢涉足的禁区。行政法是公法当然更无人提及。进入 20 世纪 90 年代，特别是随着社会主义市场经济体制的逐步确立，在构建市场经济法律体系过程中，公、私法的分类问题逐渐受到重视，学界对新中国成立以来公、私法分类问题的主流认识进行了一定程度的反思，越来越多的学者将宪法、行政法、刑法、诉讼法、国际公法等法律归入公法领域。

但是，一直以来在行政法学界似乎对此并没有清醒的认识。以行政法概念为例，有学者曾归纳为四类：第一，认为行政法是关于公行政的法；第二，认为行政法是调整行政关系的法律规范的总称，或是有关行政权的设定、行使作用的法律规范的总称；第三，认为行政法是控制行政权的法；第四，行政法是调整行政关系以及在此基础上产生的监督行政关系的法律规范和原则的总称。[①] 这四类概念无一明确指出，行政法是公法这一命题。不过，仔细分析我们会发现，这些概念所揭示的内容完全吻合理论定义的公法概念和特征。虽然没有明确行政法是公法这一命题，但并不能说不认同这一命题。其最明显的表现莫过于我国专门制定了《行政诉讼法》，并在普通法院专门设立行政庭受理和审理行政案件。

在国外（尤其是大陆法系国家），行政法是公法，为学界所公认。王名扬在《法国行政法》中指出，在法国，“行政法是调整行政活动的国内公法”，并进一步解释说，“行政法和私法的不同，表现在两个方面：一方面，行政活动可以采取私人所不能采用的手段，例如行政机关可以单方面规定当事人的权利义务，可以采取强制执行手段。另一方面，行政活动有时受到比私人活动更多的限制，例如行政机关雇用人员缔结合同处理财产没有私人所享有的自由，行政机关活动的目的受到法律规定，不能由自己决定”。[②] 我国台湾地

① 罗豪才主编:《行政法学》，北京大学出版社 1996 年版，第 7 页。
② 王名扬著:《法国行政法》，中国政法大学出版社 1988 年版，第 13—15 页。

区学者陈新民也指出:“行政法是强调国家基于达成国家行政目的，自为公的意志，而本于国家之优越公权力(相对人民而言)所使然。”[①] 故行政法应属于国内公法。

但是，以“以私法方式来实现公共行政”而著称的行政协议的出现改变了这一切。行政协议采用协商一致的私法方式完成公务，这一根本特征决定了它不可能单纯地适用公法或私法，只能公私法共同适用，并构成复合的法律关系。也就是说，行政协议在法律关系上是公私法混合的法律关系，体现为公法与私法的结合，达到这种结合需要经过对公法与私法体系之间关系的适当处理。这是其在法律性质上最大的特征。这也有别于行政法是公法这一传统认识。行政协议的出现，有力地推进并丰富了公私法的相互融合，将行政协议归于行政法的统制之下，为其在行政法学体系中找到合适的地位，可以使行政协议中的民商法规定和传统的行政法规定相结合，与时俱进地认识公法手段和私法手段的价值共性和差异，突破公法与私法二元分野模式的束缚，高度关注公私法的融合发展趋势，进而在制定和实施规范公行政的法规范之时尽可能兼顾公法和私法的精神和价值取向，使行政公法和私法这两种法律调整方法不再相互分离，而是相互配合，不断统一和优化行政协议的法律适用标准，从而最大限度地发挥两者的全部潜能。

日本学者美浓部达吉认为，从法律关系的性质上来看，对于某单一的法律关系，并没有理由限定国家若非站于优越的意思主体的地位对付对方，即为站于私人对等的意思主体的地位而对付对方。在其为对等的意思主体而对付对方的限度内是私法，但在其发动优越的意思力的限度内却是公法，单一的法律关系之并含此两种要素，在法律上为可能。[②] 这意味着，一个法律事实可能同时含有公私法要素而接受公私法的共同拘束，由此构成复合的法律关系。行政协议采用私法方式完成公务，这一根本特征决定了它不可能单纯地适用公法或私法，只能公私法共同适用，并构成复合的法律关系。换句话

① 陈新民著:《行政法总论》，三民书局 1990 年版，第 50 页。

② [日]美浓部达吉著:《公法与私法》，黄桂明译，中国政法大学出版社 2003 年版，第 153—154 页。

说，行政协议从法律关系上说是公私法混合的法律关系，这是其在法律性质上最大的特征。这也有别于行政法是公法这一传统认识。现在，真正的困难在于如何协调公私法在行政协议中适用。行政协议是游离于公法和私法之间的一种协议行为，在公法和私法之间反复摇摆。现在有很多行政协议案件无法解决，根本原因在于其同时具备公行政的目的和协商手段，而存在行政法与民商法同时适用的可能（甚至在冲突中适用），这也决定了它必然游离于公法和私法之间。

为什么要用“游离”于公私法的行政协议呢？“游离”就是像时钟一样摆来摆去，因为行政协议的目的为公行政，但是实现手段用的是类似于私法的协商性手段。之所以“摆”的根本原因在于依法行政与意思自治之间的紧张关系。众所周知，依法行政就是依据法律行使行政权力。但是，多数法律都有可解释的空间，即行政机关要么有行政裁量权，要么存在不确定的法律概念，总之有一定的自由裁量余地。比如《工伤保险条例》第15条关于在工作岗位突发疾病48小时之内送医的规定中的“48小时”，具体从什么时候起算就有好几种解释，连数字都有解释的空间，何况其他？因为法律有可解释的空间，也必须有可解释的空间，这就为协商和意思自治留下了空间。虽然这个空间不如民事的那么大，但是必然有。包括国有土地集体土地征收过程中，没有征地批文和征收决定而签订的征收补偿协议，我们认为，并不一定违反法律规定，因为法律行政法规并未明确予以禁止，有些发达国家有关征收的规定，也是逐个谈判的。有可解释的空间，才有意思自治的存在，但是意思自治必须在依法行政的范围内进行，依法行政必须由行政法进行规制，意思自治也可以有私法的规范。

当行政协议一出现，公法和私法就碰撞在了一起，而且有一个非常重要的问题是由于上述公私法区分不明确。这种情况更加剧了行政协议在公法和私法之间的游离。现代行政管理活动具有多元性、多样性和复杂性，行政机关不仅采用传统权力手段，还频繁借用私法领域中的合同手段来实现传统权力手段无法实现的行政目的。行政协议正是其中最重要的代表。但是，不可避免的是，行政协议在公私法的适用中变得更复杂了。这些问题主要体现在两者之间的实体法和诉讼法上的内容如何在具体的行政协议案件中正确适用，实现个案的正义。此内容将在本书的相关部分进行详细分析，以下主要介绍一元救济途径和两个阶段理论。此也是行政协议游离于公法与私法之间的最为重要的体现之一。

我国台湾地区著名行政法学者翁岳生指出，公权力行政与私经济行政二者的区分，其最显著的实益在于争讼程序的差异。申言之，公权力行政既以公法方式为行为特征，故相对人对之如有争执，自应循公法救济途径谋求解决。反之，私经济行政系由国家立于私人地位，以私法形态所从事的行政活动，如发生争议，应由民事法院管辖。其理由在于，当代行政机关的活动在很多情况下也会受私法支配，这一部分法律不是严格意义上的行政法，不受行政法院或者行政诉讼管辖。行政私法虽然以私法方式实现公共任务，但根本上还是属于公行政的范畴，且行政私法在采用私法方式之时也受公法拘束，怎么就认定其为私法关系并应循私法救济途径呢？再说，如果行政机关在实现公共任务之时，可以选择公法或私法方式来进行，而一旦选择私法方式并由此发生纠纷，就由民事法院管辖，那意味着行政机关可以通过选择行为方式而选择法律救济途径，同时也可借此规避法律，这和法治主义原则是相违背的。

从德国和我国台湾地区的经验来看，对达成公共任务的手段属于公法还是私法，纳入行政审判还是民事审判的问题，首先遵照法律规定，其次视个案内容及所依据之法令而定。

1. 国家为达成行政上之任务，可以选择以公法上行为或私法上行为作为实施之手段。其因各该行为所生争执之审理，属于公法性质者归行政法院，私法性质者归普通法院。立法机关也可以依职权衡酌事件之性质、既有诉讼制度之功能及公益之考虑，就审判权归属或解决纷争程序另为适当之设计。此种情形一经定为法律，即有拘束全国机关及人民之效力，各级审判机关自亦有遵循之义务（我国台湾地区释字第 540 号解释）。以 BOT 特许合约等投资契约之争议为例，依据我国台湾地区“促进民间参与公共建设法”第 11 条第 1 项规定：“主办机关与民间机构之权利义务，除本法另有规定外，依投资契约之约定；契约无约定者，适用民事法相关之规定”，将投资契约定性为私法上的契约，如有争议，得依仲裁或民事诉讼途径解决。有关上述契约属性之定性，立法者以法律加以规定，司法机关基于依法审判原则，亦应受其拘束。但如其契约的重要事项，涉及规范委托行使公权力事项，亦即约定有关公法上权利义务事项时，则应属于公法契约。例如，在办理“民间参与高速公路电子收费系统建置及营运”（ETC 案）之投资契约，我国台湾地区台北高等行政法院 2005 年度停字第 122 号裁定认为本件高速公路电子收费系统建置及营运契约，涉及公权力委托行使，应系行政契约。

2. 行政任务之达成，是选择公法上的行为手段或私法上的行为手段，得在行政法规中加以明定。如法律已经明文规定实行行政契约方式为之者，则行政法院亦应受其拘束。如法规并未规定，则行政机关应当裁量选择采取公法形式或私法形式。例如，公物之提供使用，得选择采取下列法律形式：（1）许可使用之行政处分（收取使用规费，并订定规费收取基准）；（2）同意提供使用之行政契约（收取使用费）；（3）同意提供使用之民事法上租借契约（收取租金）。例如，道路特许使用情形，我国台湾地区“最高行政法院”2002 年 7 月庭长法官联席会议决议：“本件应属公法争议事件，受诉法院应为实体判决。按市有道路属于公有土地，甲公司使用该道路埋设管线，与公众依一般方式使用该市有道路（例如道路通行）之情形不同，而应属‘特许使用’，唯公物使用关系之性质，纵有收取费用之情事，亦非必然属私经济关系；凡地方政府机关核准公营事业使用公有土地，其核准行为究系基于公权力作用所为之行政行为，抑系本于双方意思合致所为之私经济行为，应视个案内容及所依据之法令而定。”又如，我国台湾地区高雄市政府依据“高雄市市有财产管理规则”及其相关规定，核准甲公司挖掘公路埋设管线之许可行为，并通知征收管线之土地使用费，均为单方之意思决定，而未容许相对人任何意思之参与，自属就本件具体事实为另一对外发生法律效果之行政行为，性质上即为“诉愿法”第 3 条第 1 项之行政处分（我国台湾地区“最高行政法院”2002 年裁 334 参照）。此外，公物利用关系与营造物利用关系间，有颇多相似之处，参酌属营造物之公有市场，有关机关原以租赁方式，出租与民众使用，我国台湾地区改制前，行政法院1966年判字第10号判例即认其利用关系纯属私法上之权利义务关系，嗣有关机关于1980年间将营造物利用规则即市场管理规则，予以修改以核准使用代替承租，以核准许可书代替租约，不收租金而征收年费，采撤销使用许可，而非解除契约作为终止利用关系，则公有市场与利用人间之法律关系即变更为公法关系。

上述是关于以私法方式达成公共任务的行政协议纳入行政审判还是民事审判的问题一元救济途径的理论和实践，对此也有不同观点，其中比较引起关注的是“两个阶段理论”。1951年德国学者Ipsen教授在分析有关政府拒绝提供债务保证案例中提出“两个阶段理论”，此理论大致上将一部分行政给付分为两个阶段：第一个阶段为公法上的准许或不准许给付，第二个阶段为实施这一准许，另行缔结借贷合同债务保证合同等私法行为。这个理论继而被运用到行政协议等这些行政私法活动中，正如我国台湾地区学者刘宗德所言，此一理论之意图，系因上述事项向来置于私法上加以处理，即适用私法自治或契约自由原则，有关之权利救济由普通法院解决，行政法院却以之系私人行为为由拒绝审查，产生“行政遁入私法”的现象。因此，对私法契约前附加具有公法要素之行政处分存在，使其由行政法院管辖，并受公法上原理和原则的拘束。至于私法契约仍由普通法院管辖。客观地说，“两个阶段理论”充分地兼顾了行政协议“采用私法方式完成公务”目的的行政性和手段的私法性，并通过区分这两个特征，导出其救济途径之双重性，从而指出了二元救济途径的问题，具有积极意义，也得到了德国实务界的支持。但该理论因其固有的缺陷，也招致不少批评。其中，最致命的缺陷莫过于，该理论将统一的事实现象分割成公法及私法两个领域，显然陷入了“法学上之虚构”，误解了行政协议“采用私法方式完成公务”的根本特征即运用私法方式实现公共任务，其仍属某一个法诉讼领域。

从以上分析，可以得出两个结论：第一，以“采用私法方式完成公务”为根本特征的行政协议这一法律现象是统一事实，不能因为其存在两个对立的特征（目的的行政性和手段的私法性）就将其强行一分为二，使得统一的事实被人为分割，并在此基础之上，对统一的一个事实分别提起民事诉讼和行政诉讼；第二，由于行政协议存在两个对立的特征，不能只强调其手段的私法性，从而将之统统纳入民事诉讼，也不能过于强调其目的的行政性，得出将之一律纳入行政诉讼的结论。我们认为，应在坚持行政协议是统一法律事实的前提下，具体考察行政协议目的的行政性和手段的私法性之间关系如何。如果其目的的行政性占据主导地位，应该将由此引起的纠纷纳入行政诉讼，反之，虽然原则上应当纳入行政诉讼，但考虑到诉讼传统、利益衡量及法律规定等也可以允许提起民事诉讼。

以上就是从三个方面对行政协议进行的归纳和介绍，虽然还有些问题没有涉及，但这是研究探讨行政协议制度比较重要的三个切入点，在此基础上将能找到合适的方法解决当下行政协议理论、制度和实践存在的问题。

第二编

行政协议的法律制度

从国家治理体系和方式来看，强制行政与合作行政是治理国家的两种不同基本形式和方向。强制行政向合作行政的转变体现了现代公共行政尤其是服务行政和给付行政的发展趋势。在社会广泛关注的征收拆迁行政领域，开始从之前的强拆强征向协议征收拆迁或者模拟征收拆迁转变，其中的理由在于，政府若运用暴力方式，则民众难以接受且不符合现代国家的要求，而采用更为柔和手段（如协议），将相对人作为平等的一员（甚至作为主人对待）进行协商，更容易形成权利义务的对等和平衡。这样虽然前期程序复杂一些，但是民众多数会自愿履行协议，从而避免进入行政复议或者行政诉讼，省去许多麻烦，无须无谓浪费社会资源。行政协议作为一种新型的行政管理和公共服务方式有着天然的优势而为实践大量运用，故此，现在及未来会有大量的行政协议进入行政诉讼渠道。

目前我国缺乏完整的体系化的行政协议实体规范，导致理论上和实践上存在一定的混乱。为此，正如当年《行政诉讼法》的出台与实施倒推《行政处罚法》《行政许可法》《行政强制法》等法律的出台、发展和完善一样，有必要通过对行政协议裁判规则的建立和完善，进一步推动行政协议实体法的发展和完善。《最高人民法院关于适用〈中华人民共和国行政诉讼法〉若干问题的解释》（以下简称《若干解释》）、《最高人民法院关于审理行政协议案件若干问题的规定》（以下简称行政协议司法解释）和中央及地方有关部门出台有关文件努力填补行政协议实体制度的缺失，从行政诉讼的角度对行政协议的概念、种类、有瑕疵行政协议的法律效果、行政机关在行政协议中的强制订立、单方变更、解除、协议等行为的行使、行政协议的确定力与执行以及行政协议赔偿、补偿等方面进行比较全面的规定，不仅可以消弭实务界及学术界对行政协议的误解，而且也可以为行政协议法律制度的未来发展进行探索，据此作为将来行政协议法制化更加细致和完整发展的出发点。

第五章
行政协议的定义与分类

第一节　行政协议的定义

2014 年修正的《行政诉讼法》将行政协议（合同）纳入行政诉讼受案范围，2015 年 5 月 1 日起施行。同时生效的《若干解释》对行政协议的概念也作出了界定，2019 年出台的行政协议司法解释对行政协议的概念又进行了进一步完善。正如法德两国和我国台湾地区行政合同诉讼初期主要关注的是行政协议和民事合同的区别，我国大陆地区行政协议诉讼首先面临的难题也是如何识别和定义行政协议。这一问题不仅涉及行政机关签订协议的司法管辖权和审理规则，还涉及行政机关的优益权和强制执行权等重大问题。

一、行政协议的识别困境

行政协议，一般又称行政合同、行政契约。《行政诉讼法》虽然将行政协议纳入受案范围，但没有对行政协议作出界定，也没有对行政协议的范围作出比较全面的列举。在国内一些地方作出过大同小异的规定。如《江苏省行政程序规定》第 77 条规定，本规定所称行政合同，是指行政机关为了维护公共利益，实现行政管理目的，与公民、法人和其他组织之间，经双方意思表示一致达成的协议。《山东省行政程序规定》第 100 条规定，本规定所称行政合同，是指行政机关为了维护公共利益，实现行政管理目的，与公民、法人和其他组织之间，经双方意思表示一致达成的协议。《湖南省行政程序规定》第 93 条规定，本规定所称行政合同，是指行政机关为了实现行政管理目的，与公民、法人或者其他组织之间，经双方意思表示一致所达成的协议。为了界定行政协议，正确适用《行政诉讼法》,《若干解释》第11条第1款规定，行政机关为实现公共利益或者行政管理目标，在法定职责范围内，与公民、法人或者其他组织协商订立的具有行政法上权利义务内容的协议，属于《行政诉讼法》第12条第1款第11项规定的行政协议。这是在中央层级上第一次界定行政协议的内涵。依据上述规定，与民事合同相比，行政协议主要包括以下五个方面的要素:（1）目的要素。行政协议与民事合同最大的不同首先就在于目的的不同。行政协议的目的是实现公共利益或者行政管理目标，是实现公法上的目的。（2）主体要素。合同法等民事法律规范规定民事合同的主体是平等的自然人、法人或者其他组织。行政协议的主体则是行政主体和行政相对人，其中具有优势地位的行政主体是不可缺少的主体。（3）职责要素。职责要素是指，行政机关签订行政协议必须是“在法定职责范围内”，法定职责范围之外签订的行政协议无效。（4）意思要素。意思要素是指行政主体与行政相对人签订行政协议必须经过协商，意思表示一致。（5）内容要素。内容要素是指，行政主体与行政相对人之间签订合同的内容是行政法上的权利义务。这也是与民事合同的重要区别。

在司法实践中，这一定义发挥了极大的作用，为行政协议法律制度和司法救济的发展奠定了坚实的基础。但是，这五要素也存在以下三个方面的问题：**一是关系不明**。这五要素需要同时具备或者只需具备其中任何之一即构成行政协议，存在争议。如要同时具备这五要素，如此苛刻的要素要求下，行政协议还能剩下多少？可能会将一些本来属于行政协议的案件不当排除出受案范围；如只需具备其中任何之一则有行政协议泛化之嫌，将一些民事协议划入行政诉讼。**二是概念不准**。“法定职责”要素要求行政机关必须依法定职责签订行政协议，这实际上混淆了行政协议的合法性要件和成立性要件，如一些街道乡镇为招商引资签订具有用地、财税等内容条款的合同是违法的，它是否属于行政协议就会存有争议；“行政机关”或者“行政主体”要素无法说明政府出资设立的国资公司以自己名义与有关企业签订购买关闭污染企业补偿协议的性质。**三是内容不清**。其中任一要素的判断在实践中均可能产生识别上的困难，公共利益或行政管理目标、行政法上的权利义务，均属于不确定的法律概念，如果说出于产业升级或环保需要签订协议尚可以属于上述情形，那么有的乡镇街道为维稳需要，在特殊时期与信访人签订息诉罢访协议是否符合上述要素，则不无争议。

二、行政协议识别标准的境外借鉴

近现代行政机关运用合同技术，可以追溯到法国大革命之前。大革命后，德国行政法学之父奥托·迈耶在以行政处分为主轴建构行政法学体系之时虽已注意到合同在行政领域的运用，不过没有进行重点研究，但这并不妨碍行政合同理念在欧洲甚至全世界的广泛传播。德国在行政程序法中对行政合同进行了专门规定，英美国家也提出了行政机关所涉合同关系是公法还是私法的问题。

（一）法国行政合同的识别标准

由于法国行政机关既可以依据公法也可以依据私法签订合同，因此行政机关的合同关系具有二元属性。合同属性的界定之所以重要，是因为涉及以下两个问题：（1）案件争议是否属于行政法院管辖；（2）法官裁判是否适用行政合同的特殊制度。如是否承认行政机关的单方变更权或解除权，以及行政合同第三人的诉权等这些行政合同制度有别于民事合同的特殊制度。

在法国，行政合同的识别问题是通过法院判例、立法规范两种途径解决的。在行政合同的识别问题，法国最高行政法院归纳了三个基本标准，原则上彼此可以替换，只要满足其中之一便可认定为行政合同。

1.“公共服务之目的”标准。1873 年权限裁判法庭作出的“布朗戈”案，提出将公共服务作为划定行政诉讼受案范围的标准，突破了“高权行为”的界限，大大扩展行政诉讼的范围。但是，该标准无法凸显各个具体合同与公共服务之间关系的紧密程度差异，如果将所有以公共服务为目的的合同，即使其仅与公共服务之间存在非常间接的关系，一概视为行政合同，则容易导致该制度的滥用。因此，必须要结合其他标准进行识别。

2. “超越于普通法之条款”标准。为避免公共服务标准的滥用，法国最高行政法院在1912年的“孚日山花岗岩公司”案中发展出了新的识别标准，要求确定合同性质不仅依据合同公共服务目的，还要审查涉案合同条款是否有区别于传统民事合同所约定的条款。此类特殊条款是为了保证公共服务之良好运作而载入合同的，体现了公权力，揭示了行政机关不希望置于普通私人地位的意图。

3. “所处的外部规范环境”标准。按照“超越于普通法之条款”标准，特殊条款的存在取决于合同相对人是否愿意在合同中忍受行政机关的特权，若行政机关与合同相对人未达成此类合意，最终导致没有将特殊条款载入合同，那么公共服务之良好运作也就无法获得保障。对此，法国最高行政法院在1973年的“德尚河电力开发公司”判例中发展出了“超越于普通法制度”标准，提出若存在一套外部规范规定了合同双方强制缔约义务及无法达成合意时由行政机关裁决的制度，甚至，外部规范可以明确规定行政机关、合同相对人在此类合同中什么可为、什么不可为的，那么可以据此确定该合同为行政合同。由此可见，虽然法国最高行政法院归纳的上述三个基本标准原则上彼此可以替换，只要满足其中之一便可认定为行政合同，但它们之间的关系实际上是行政目的和手段的关系，体现的是行政合同的内容，也是为了公共服务行使公权力形成的行政法上权利义务。第一个基本标准强调的是行政合同必须是为了公共服务的目的，而第二个、第三个基本标准则要求合同约定或者外部规范的规定行政机关有别于民事合同的特殊手段，主要体现行政机关的公权力内容，也就是行政合同的标的。简单来说，行政机关签订的合同必须为了公共服务，并且以公权力保证公共服务之良好运作，该合同才属于行政合同。

（二）德国行政合同的区分标准

虽然《德国行政程序法》将第四章统称为“公法合同”，但是实际上是“行政合同”，排除了私法合同和宪法、国际法规定的公法合同。《德国行政程序法》第54条第1款规定，只要法律没有相反规定，公法领域的法律关系可以通过合同确立、变更或者撤销公法合同。该条确定了行政合同的合法地位，除法律作出其他特别规定的情况下，行政机关可以将行政合同作为一种可供选择的行政管理方式，以替代行政机关单方面作出的行政行为。

在德国，判定行政合同主要看合同标的，这是区分行政合同与私法合同的核心标准，其合同标的必须是公法上的权利义务，也即根据公法规范调整而产生的、对行政机关赋予权利或者设定义务的法律关系。德国学者毛雷尔认为，行政合同是指以行政法律关系为客体，设立、变更或消灭行政法权利义务的合同。可见在德国，判定行政合同主要看合同标的，也就是行政法上的权利义务。需要强调的是，只要合同内容中含有公法因素，即使存在一些私法内容，也将合同整体上归入行政合同范畴，目的是确保所有紧密联系的合同组成部分能够按照统一的法律来调整。所以在德国没有"公私混合合同"一说。但是，有些合同仅仅靠合同标的并不能很好地界定合同性质。如行政机关与私人签订合同，约定由后者拿出私有土地用于修路。该合同未对行政机关设定义务，仅从私人处拿出私有土地这一合同标的无从判断合同性质，为此必须结合合同目的，比如用于修路属于公法目的，那么，该合同关系受公法规范的调整，故属于行政合同，反之则属于私法合同。因此，在德国，判定行政合同主要看合同标的，即行政法上的权利义务，必要时要结合合同目的。这一标准可以简单归纳为"合同标的＋合同目的"标准。

（三）我国台湾地区的行政契约定性

我国台湾地区行政契约基本上承继德国行政合同理论和制度，其区别标准为"合同标的＋合同目的"。比如，犬猫绝育特约动物医院契约。我国台湾地区"最高行政法院"2007年度裁字第1785号判决："动物保护法系为尊重动物生命及保护动物之目的所制定，另宠物登记管理办法，更是该法为达上述立法目的，所为关于宠物登记及绝育奖励等之细节性及执行性规范；则依动物保护法之立法目的，并综观上述宠物登记管理办法之规范内容，足认台北市犬猫绝育特约动物医院契约所欲达成之'有效控制犬（猫）只数量的管理’之契约目的，暨协助办理犬（猫）芯片注记及绝育手术补助之契约标的，乃是为达成具公法性质之动物保护法立法本旨之目的及手段。再观上述契约内容，除其一方为行政机关即相对人外，其契约内容即关于芯片注记及绝育手术补助，本即属行政机关依上述宠物登记管理办法应为之高权行政行为，或涉及人民公法上权利义务关系之事项，并其契约内容中复有偏袒行政机关之续约、解除契约及终止契约条款；故将此契约标的、目的及内容综合以观，应认台北市犬猫绝育特约动物医院契约系属行政契约，而非私法契约。”不过我国台湾地区也对上述标准进行了一些具体化，颇具特色。“按关于行政契约与私法契约应如何区别，首先须契约之一造为代表行政主体之机关，其次凡行政主体与私人缔约，其约定内容亦即所谓契约标的，有下列四者之一时，即认定其为行政契约：1. 作为实施公法法规之手段者，质言之，因执行公法法规，行政机关本应作成行政处分而以契约代替；2. 约定之内容系行政机关负有作成行政处分或其他公权力措施之义务者；3. 约定内容涉及人民公法上权益或义务者；4. 约定事项中列有显然偏袒行政机关一方或使其取得较人民一方优势之地位者。是契约之当事人有一方为行政机关，且其契约目的具备上述四项情形之一者，始属行政契约。”[①]

我们认为，德国和我国台湾地区的这一标准强调的是合同目的和标的相结合，它实际上和法国最高行政法院归纳的三个基本标准并无不同。在合同目的上，法国强调的是公共服务而德国强调的是公法目的，其实际上均为行政目的；在合同内容上，法国强调的是公权力而德国强调的是合同标的，其本质均为行政法上的权利义务。这两个国家在行政合同的识别标准上还是比较一致的。由此，大多数学者认为行政合同是行政机关为了实现一定的行政

① 参见我国台湾地区司法院释字第 533 号解释吴庚大法官之协同意见书、我国台湾地区“最高行政法院”2016 年裁字第 719 裁定、2012 年度判字第 716 号判决意旨。类似的还有我国台湾地区“最高行政法院”2011 年度裁字第 1121 号裁定：“行政主体与私人缔约，其约定内容若系作为实施公法法规之手段者，即行政机关因执行公法法规，本应作成行政处分，而以契约代替、约定之内容系行政机关负有作成行政处分或其他公权力措施之义务、约定内容涉及人民公法上权益或义务者及约定事项中列有显然偏袒行政机关一方或使其取得较人民一方优势之地位者，即可认定其为行政契约。”

目的，而和相对人达成行政法上权利义务的合意。

与德、法两国和我国台湾地区不同，美国没有所谓的行政合同、行政契约或者行政协议，但他们有一种政府合同。一般情况下，美国政府、州或当地政府、政府机构签订的任何合同都被视为具有约束力的协议，此类合同和涉及此类合同争议所适用的法律与两个私方当事人之间的合同所适用的法律原则相同。除了涉及程序的某些例外情形，美国的政府主体没有资格享有“主权豁免”；换句话说，当政府签订货物或服务合同时，它和私人当事方一样，必须遵守合同条款或支付因合同不履行而产生的损害赔偿。几乎不存在“行政合同”的概念。与政府签订合同的公司享有其与私人当事方签订合同时相同的权利。和私人纠纷一样，涉及政府合同的争议一般在法院解决，而不是经过行政途径。如果合同被违反，关于非违约方如何得到补偿的规则与私人合同条款相同。

美国政府合同通常包含与私人合同相同的基本条款。但它一般还包含一些政府终止合同以及合同的纠纷在何处解决、由谁解决等有关特殊规定。根据美国法律，如果由于“不可抗力”而无法履行合同，例如飓风等不可预见的事件，在政府和私人合同的情况下，法院通常都会宽容这种违约行为。这种可能发生的情况，以及更多合同中止情形，通常会在合同中约定。尤其是政府合同常会规定其他允许政府单方取消合同的理由，但与此同时合同也需要约定如果合同实际上被取消，应如何赔偿的问题。绝大多数美国联邦政府合同适用联邦采购条例（FAR）的规则。这些规则在很大程度上不同于私营部门合同规则，它反映了联邦政府的特殊合同需求，并且通常为联邦政府提供比在其他情况下更多的终止合同的权利。几乎所有类型的联邦政府合同都要求包含一个条款，允许“为了政府的便利性”或“为了政府的最大利益”而终止合同。例如，如果政府已订约购买软件，但在购买完成前，更好的软件被开发出来，如果这符合政府的最佳利益，政府就可以决定取消原来的合约。然而，承包人没有单方面终止合约的类似权利，政府甚至可要求承包人继续工作。当联邦政府终止合同时，无论是为了便利还是违约，承包人一般只能收回支出成本。承包人不得获得间接损害或预期利润。但是，如果合同终止的标准没有在合同本身中规定，或者不符合FAR规则，政府就没有权利径直取消合同。在争议解决条款方面，除了根据FAR程序终止合同，当发生合同争议时，它通常在美国州或联邦法院裁决，尽管这种争议解决常常会先经过行政听证。和私人合同一样，政府合同也可以规定通过适用相关仲裁规则来解决争议。

三、我国行政协议的识别标准

行政协议作为一种新型的行政管理和公共服务方式，把行政和契约两个传统行政法认为水火不容的行为方式，奇迹般地结合在一起。现在多数人认为行政协议既有行政性，又有协议性。从行政性和协议性去分析行政协议的性质显然是有其合理之处。但现在的问题是如何处理好行政性和协议性的关系，“从行政合同与行政职责的关系来看，前者是后者作用下的一种特殊形式，行政职权是行政合同的‘动力源’、合同是行政法律关系的一种具体实现形式”。[①] 这种看法显然是把行政性当作行政协议的首要的属性，而把协议性作为实现行政活动的一种方式，是处于第二位的。强调行政性是必要的，只有这样，才能解释为什么行政协议需要在行政程序法中进行规定，并且应获得行政复议、行政诉讼救济，也能解释在行政协议中行政机关为什么享有行政优益权。但在强调行政协议的行政性时，也不应忽视行政协议和其他行政行为的区别，不是其行政性，而恰恰是其协议性即民主合意性。因而，行政性和契约性应同等对待，不过在行政诉讼的不同阶段中各有侧重。比如在受理阶段，主要看协议是否具有行政性，具有行政性的属于行政诉讼受案范围，没有行政性的属于民事诉讼受案范围；在审理阶段，行政协议进入实体审查后要注意行政协议的协议性，采用与传统单方行政行为的行政诉讼不同的审理规则。因此，行政协议的识别标准应当是全面的，既要区分行政协议和民事合同，又要区分行政协议和一般的行

① 杨小君著：《我国行政诉讼受案范围理论研究》，西安交通大学出版社1998年版，第209—212页。

政行为。不过，目前我国行政协议诉讼首先面临的难题还是如何区分行政协议和民事合同，这要求必须重视行政协议的行政性。而要回答这个问题就不得不提到公法与私法的区别。

从古罗马著名学者乌尔比安提出公法与私法概念开始，算起来有近两千年漫长的历史。不过，令人遗憾的是，学者们把大多数的时间花在私法研究上，公法一直少有人问津。所幸的是，在最近二三百年，随着市场经济发展和完善，体现法治、人权和分权理念以宪法和行政法为代表的公法蓬勃发展。但是，对什么是公法，学者们仍众说纷纭。不过，在学者们讨论何为公法的过程中，有一个值得注意的规律：无一例外地从公法与私法的区别标准中去寻找公法概念。

据我国台湾学者蔡志芳统计，区别公私法的学说，包括利益说、目的说、主体说、权力说、意思说、社会说、应用说、统治关系说、法律关系说、生活关系说、性质说、效力说、统治主体说、归属说、行为说、三分说（法源区分说、立法目标区分说及责效方法区分说）、资格说、国家社会关系说、资格关系说，共19种。[①] 日本学者美浓部达吉指出，公法与私法的区别，不是根据单纯的理论的区别，而是现实的国法上的区别，现实的国法系由种种错杂的思想之结果所结集而成的，所以把任何单一的标准去区别两者，都不能与现实的国法相适应，那区别标准之所以会发生种种不同的学说，其理由即在于此。若只以某单一的标准而企图区别两者，无论其所用的是何种标准，结果都是必归失败。[②] 因此，有必要对上述学说进行梳理、归纳和综合，使其成为一个能涵盖各种学说之合理成分的统一学说。我们认为，欲建构这样一个统一学说应该寻找一个基础，这个基础不仅是各个学说所共有的，而且其构成要素的内容又能涵盖各个学说的合理成分。

---

① 见蔡志芳：《公法与私法之区别——理论上之探讨》，载蔡志芳著：《行政救济与行政法学（二）》，三民书局1993年版，第4页。当然，也有列举十七种或十二种不同的学说。其中的原因是，有一些是因为名称不同而内容一致造成重复统计的，另一些则是同一种学说被人为地肢解为几种学说或者一种学说被修正后形成新的学说，这些都有可能造成统计结果的不同。

② ［日］美浓部达吉著：《公法与私法》，黄桂明译，中国政法大学出版社2003年版，第32—33页。

依以上的标准，为法律所调整的社会关系即法律关系这个概念应为最适合之选择。其理由在于：（1）“一切法都是社会的规律，是跟着社会而存在的，所以因法所规律的社会之差异，便当然生出法的类型。”那么，公私法的差异就在于所规范的社会关系的不同，而公私法所规范的社会关系就是法律关系，故而“法律关系”实为最优选择。（2）某一法规之属性（公法或私法）如何认定（法规范之“定性问题”），得以各种判断标准（隶属说、权力说、利益说或主体说等）解决，技术上并无太大困难；反之，某一事件（法律上具有重要意义之生活类型）究竟应适用何种性质之法律（即公法关系或者私法关系）之判断（属法律事件之“归属问题”），欲解决此一问题，则须另就该“具体事件之属性”进行观察，此时以“法律关系”作为切入点，当为重要方法。[①]（3）“法律关系”可以克服以上学说“各自为政”的状况。法律关系是法律在调整人们行为的过程中形成的权利义务关系，由主体、客体和内容三要素构成。仔细分析以上学说，从主体要素而言，主体说、权力说、意思说、社会说、统治关系说、统治主体说等均为主体要素的范畴；从客体要素而言，法律关系说、生活关系说、行为说等是对客体要素在不同角度的说明；从内容要素而言，利益说、目的说完全是对公法的权利（力）义务关系的解说。总而言之，以上学说均是对法律关系三要素中的一个或一个以上的要素进行的说明，或者对其中一个要素在不同角度或不同层面的诠释，完全可以统率在“法律关系”的旗帜下，并将它们的合理成分吸纳入“法律关系”。因此，“法律关系”拥有巨大的涵盖性，它通过吸纳各个学说的合理成分，形成区分公私法的统一学说，从而解决了长久以来因为区分公私法标准不统一而带来的种种困惑。

公法所规范的社会关系即公法关系，和私法关系共同构成国内法的法律关系。正如毛泽东在《矛盾论》中所指出的：“科学研究的区分，就是根据科学对象所具有的特殊的矛盾性。因此，对于某一现象领域所特有的某一种矛

---

① 赖恒盈著：《行政法律关系论之研究——行政法学方法论评析》，元照出版公司2003年版，第8—9页。

盾的研究，就构成某一门科学的对象。”公法关系区别于私法关系之处在于其主体、客体和内容的差别。公法关系的主体要素是公权力或者公共服务提供的主体和公权力所作用或者接受公共服务的主体；客体要素是公权力或者提供公共服务行为，既包括单方的也包括双方的；而内容要素则是以公共管理目标或者公共服务为目的的公权利（力）义务。行政协议制度是行政法律制度。行政法律关系作为公法关系的重要组成部分，行政协议关系又属于行政法律关系。故而，行政协议法律关系也在主体、客体和内容方面与民事合同存在差别。主体要素上，是拥有行政权或者公共服务提供的主体和行政权所作用或者接受公共服务的相对人；客体要素上，作为行使行政权方式的双方行为即协议；内容要素上，是指以行政管理目标或者公共服务为目的的行政法上的权利（力）义务。①

在行政法学上，德国学者毛雷尔认为，行政合同是指以行政法律关系为客体，设立、变更或消灭行政法权利义务的合同。日本通说认为，行政合同是指以公法上的效果发生为目的，由复数的对等当事人之间相反方向意思的一致而成立的公法行为。王名扬先生在《法国行政法》一书中指出，“行政机关可以依双方当事人意思一致而在行政机关和当事人之间，创设、变更或消灭某种权利义务，这种行为方式即合同行为”。可见，大多数学者都认为是行政机关为了实现一定的行政目的，而和相对人达成的合意。也就是说，行政合同起码有以下三个特征：（1）至少有一方是行政主体；（2）为了某一个行政目的，且行政机关存在着某种特权或优益权；（3）行政主体和相对人必须达成合意。

综合各国法律、实践及研究成果，我们认为，具有公共行政职权职责的机关和组织及其工作人员为实现行政管理目标或者公共服务，在行使行政职

① 美浓部达吉在对公私法进行比较分析后认为，公法具有以下特征：（1）公法的权利义务具有相对性；（2）公法的国家行为具有公定力；（3）公法的国家公权力具有强制力；（4）公法对公民权利的保护与私法不同；（5）公法规范与私法规范不同。除了（2）（3），随着时代的发展，尚有进一步探讨之处，其他特征仍不失为真理之言。详见［日］美浓部达吉著：《公法与私法》，黄桂明译，中国政法大学出版社 2003 年版，第 104—148 页。

权、履行行政职责过程中，与公民、法人或者其他组织协商订立的协议，属于《行政诉讼法》第12条第1款第11项规定的行政协议。从该定义看，除协商一致这一客体标准与民事合同（此为标的标准）一致外，区分行政协议和民事合同的识别标准主要有以下两个方面：

一方面，形式标准。形式标准也就是主体标准。行政协议的主体至少有一方是具有公共行政职权职责的机关和组织及其工作人员，但又不仅包括这一主体。也就是它发生在具有公共行政职权职责的机关和组织及其工作人员与公共行政职权职责所作用的公民、法人或者其他组织之间。这一标准至少排除了以下两种协议：（1）行政机关与其所属机构、人员之间签订的内部管理协议；（2）行政机关之间就公权力的行使、行政事务的处理而签订的协议。这些协议和行政协议最大的区别在于主体不同，前者的主体是行政机关与行政机关或者行政机关与内部机构、人员，而后者则不是。这涉及与行政协定之区别。所谓行政协议，系指由多数之当事人，为达成共同目的，各为同方向之意思表示，从而平行结合成立之公法上行为，与以反方向之意思表示结合成之行政契约有别。因此，作成行政法上协议之当事人间，就协议之标的，除同方向之利害关系外，如亦有反方向之利害关系，并就基于该协议对他方为主张时，此一协议应属行政契约，而非行政协定。①

另一方面，实质标准。实质标准也就是内容标准。行政协议的主要内容是行政法上的权利（力）义务。这一标准排除了行政机关基于自身民事权利义务而签订的协议。行政法上的权利（力）义务可以从以下三个方面进行判断：一是是否行使行政职权、履行行政职责；二是是否为实现行政管理或者公共服务目标；三是在协议里或者法律上是否规定了行政机关具有行政优益权。其中，行使行政职权、履行行政职责和行政机关具有优益权构成行政协议的内容，而是否属于行使行政职权、履行行政职责或者行政机关是否具有行政优益权不好判断时，还可以结合“实现行政管理或者公共服务目标”这一公法目的判断是否为行政协议。这一点和法、德两国上述行政合同识别标

① 见我国台湾地区“最高行政法院”2015年判字第778号判决。

准并无二致。从所起的作用这个角度看，这三个方面，是否行使行政职权、履行行政职责是本质要素，只要符合这一本质要素，所涉协议即为行政协议，而实现行政管理或者公共服务目标和行政机关具有行政优益权这两个要素仅仅是判断是否行使行政职权的辅助要素。但是，这两个辅助要素对行政协议的科学分类具有重要作用。

行政协议定义的目的，在于厘清行政协议与民事合同的不同，也是行政协议案件的首要问题，有助于明确行政协议诉讼的受理范围。《行政诉讼法》第 12 条第 1 款第 11 项规定，人民法院受理公民、法人或者其他组织提起的认为行政机关不依法履行、未按照约定履行或者违法变更、解除政府特许经营协议、土地房屋征收补偿协议等协议的诉讼，并对行政协议的具体类型作了列举规定。2015 年《若干解释》第 11 条中明确规定了行政协议的定义。在总结上述规定的基础上，行政协议司法解释第 1 条规定，行政机关为了实现行政管理或者公共服务目标，与公民、法人或者其他组织协商订立的具有行政法上权利义务内容的协议，属于《行政诉讼法》第 12 条第 1 款第 11 项规定的行政协议。依据上述规定，行政协议应该包括四个要素：一是主体要素。即必须一方当事人为行政机关，另一方为行政相对人。二是目的要素。即必须是为了实现行政管理或者公共服务目标，也即行政协议是以实现广义上的公共服务、公务、公行政或公共任务为目的。三是内容要素，协议内容必须具有行政法上的权利义务内容。四是意思要素，即协议双方当事人必须协商一致。只有满足这四种要素，才能构成行政协议。与《若干解释》相比，删除了“在法定职责范围内”这一职责要素。主要考虑的是，《若干解释》中“法定职责范围内”的要素只是对“合法”行政协议的界定，并非行政协议的界定。行政协议是否超越职责范围，是法院进一步审理的实体内容。同时，行政协议司法解释也进一步明确了因行政机关订立的下列协议提起诉讼的，不属于行政诉讼的受案范围，也不属于行政诉讼意义上的行政协议：（1）行政机关之间因公务协助等事由而订立的协议；（2）行政机关与其工作人员订立的劳动人事协议。

第二节　行政协议的分类

行政协议的分类问题，属于行政协议实体法的重要内容，为因应行政协议在行政管理和审判实践的急迫需要，结合各国理论和实践对此问题进行探讨。在国外，广义上的行政合同也因签约主体的不同，可以分为两大类：一是行政机关与行政机关之间签订的行政合同；二是行政机关与私人之间签订的行政合同。不过，不同的国家在分类上有所侧重，有些国家多从公共服务领域出发归纳出了政府采购、特许及租用等合同，而有些国家和地区对行政合同的分类更多地从对行政合同的法律拘束、防止行政合同的滥用角度出发，在区分行政机关和相对人是否属于隶属关系的前提下，归纳出和解合同[①]和双务合同的合法要件和有效要件。而我国行政协议的分类似乎是行政协议定义的延续，其意在于区别民事合同，划分公私法界限，构建我国的法律体系。

一、法、德两国的行政合同分类

（一）法国行政合同的分类

在法国，行政合同因签约主体的不同，可以分为两大类：一是行政机关与行政机关之间签订的行政合同；二是行政机关与私人之间签订的行政合同。但这一分类为基础分类，在此基础之上又进行了更为细化的分类。

1. 行政机关和私人之间的合同分类。此类主体间的行政合同大致分为以下几种：（1）政府采购合同，是指行政机关为提供公共服务，向私人购买某种产品、工程或者服务。2003 年立法直接将基于公私合作达成的 PPP 合同划定为行政合同，2015 年后亦被归入政府采购合同领域。（2）公共服务特许

---

① 在《德国行政程序法》中，和解合同是指行政机关对于行政行为所依据的事实或者法律关系，经依职权调查仍不能确定的，为有效达成行政目的并解决争议，可与当事人和解，以代替行政行为而订立的行政合同。

经营合同，是指行政机关将公共服务之内容外包给私人企业来开发经营。近20年来，此类模式在法国发生了巨大的发展变化。至于公共服务特许经营合同与政府采购合同的区别之处，主要体现在风险分担问题上。在特许经营模式下，特许企业的收入主要来源于其开发经营的公共服务项目，一般而言来自购买公共服务的使用者付费，比如自来水供应、污水处理等领域。在政府采购合同中，则是行政机关向行政合同相对人直接支付价款即可。两者相比，特许企业需将其收入与项目经营挂钩，其风险更为突出。（3）服务租用合同是指，行政机关向个人或者社会租用服务满足机关日常工作所需。此处需明确的是，行政机关的工作人员原则上属于公务员，其与行政机关之间的法律关系是由行政规范和法律规定直接确定的，而非行政合同约定的，不属于服务租用范畴。此外，出于公共管理的弹性需要，还有部分工作人员是以合同方式确立的法律关系，由于受劳动法调整，属于私法领域。

2. 行政机关之间的合同分类。此类主体间的行政合同，可分为“真”合同和“假”合同两类，二者均受到新公共管理理论的影响。（1）关于“真”合同，比较典型的是国家与地区政府之间、政府与大学之间的行政合同。合同双方之间虽属于垂直关系，但各自具有一定独立性。采用行政合同调整彼此之间的权利义务关系，体现了财政支出主体对合同相对人一种较为柔和的管理控制。比如法国某大学希望和中国高校进行合作交流，法国教育部可以提供专项资金就此约定法国某大学未来几年内需要完成的合作目标。（2）关于“假”合同，此类合同主要发生在行政机关的内部机构之间。由于合同主体之间缺乏相对的独立性，称为“假”合同。类似的合同甚至可以运用到大学内部管理中，比如某大学拨付专项资金给该校的研究中心，并约定未来几年的工作目标，后期由大学对目标的实现情况进行专门评估。从这一实例可以看出法国对行政合同之迷恋，即使在大学内部也仍然求助于合同技术、合同关系进行行政管理。

（二）德国行政合同的分类

在德国，行政合同也因签约主体的不同，可以分为两大类：一是行政机关与行政机关之间签订的行政合同；二是行政机关与私人之间签订的行政合同。不过法、德两国在分类上有所侧重，法国多从公共服务领域出发归纳出政府采购、特许及租用等合同，而德国行政合同的分类更多地从对行政合同的法律拘束、防止行政合同的滥用角度出发，在区分行政机关和相对人是否属于隶属关系的前提下，归纳出和解合同和双务合同的合法要件和有效要件。

根据《德国行政程序法》的规定，行政合同主要包括两大类：一是平等行政主体之间签订的对等行政合同，比如两个乡镇（政府）之间签订的共同开发河域合同。二是行政机关与行政相对人之间签订的从属行政合同。《德国行政程序法》第 54 条第 2 句规定，对行政相对人本应作出行政行为的，行政机关亦可与之签订公法合同以替代行政行为的作出。实际上，该条也包含所有私人、企业与行政机关之间签订的行政合同，包括不能作出行政行为时，行政机关通过签订行政合同方式予以替代的情形。对于从属行政合同，《德国行政程序法》又特别规定了和解合同和双务合同两种，并作出不同于民法合同的制度安排。具体如下。

1. 关于和解合同。和解合同是指行政机关对于行政行为所依据的事实或者法律关系，经依职权调查仍不能确定的，为有效达成行政目的并解决争议，可与当事人和解，以代替行政行为而订立的行政合同。《德国行政程序法》第 55 条规定，当事实内容和法律状态存在不确定性时，行政机关经理性考量，认为可以通过互相让步（和解）消除的，可以与行政相对人签订和解合同。前提条件是，行政机关依据义务性裁量认为，达成和解符合解决不确定事宜的目的。值得注意的是，此种合同的签订必须以“存在事实内容和法律状态的不确定性”为前提，且行政机关要有相应的裁量权。立法作出如此规定，主要是为了避免行政机关与行政相对人滥用和解合同来规避法律。在德国，和解合同主要用于诉讼领域，用以替代判决解决争议。

2. 关于双务合同。而双务合同是指行政主体和行政相对人双方当事人互付义务的行政合同，有的称之为交换合同①。根据《德国行政程序法》第 56

① ［德］G. 平特纳著：《德国普通行政法》，朱林译，中国政法大学出版社 1999 年版，第 241 页。

条的规定，合同相对人对行政机关所负的给付义务在合同中为特定目的已经达成合意，且有利于行政机关履行义务的，可以签订行政合同。与民法规定的双方都负有给付义务的双务合同不同，此处行政机关不必然负有给付义务，只要私人愿意负担给付义务，以获得行政机关将来可能提供对待给付的希望，就可以签订。为防止公权力“寻租”，立法对此作了详细的限制，要求合同的签订必须满足：（1）合同中明确约定私人给付的目的；（2）私人给付是为了服务于行政机关，完成公共义务；（3）私人给付按照整体情况判断须为适当；（4）私人给付要与行政机关的给付存在实际关联性，即禁止不当联结，防止行政机关为了自身获利作出不当行为。在德国，此类合同多用于城市规划领域。

3. 关于其他行政合同。除上述合同外，还包括仅对行政机关设置单方给付义务的补助合同，以及运用于公私合作领域的 PPP 合同，等等。

德国立法例也为有些国家和地区采用，如我国台湾地区行政协议一般分为从属性的行政合同和对等性的行政合同，在此基础上，又将前者分为和解合同和双务合同两类。

二、我国行政协议的分类

（一）学理分类

从学理上看，正如有关行政协议定义所述，行使行政职权和履行行政职责是行政协议的本质要素，而实现行政管理或者公共服务目标和行政机关具有行政优益权这两个要素虽然是判断是否属于行政协议的辅助要素。但是，这两个辅助要素对行政协议的科学分类具有重要作用。行政协议一般分为从属性的行政协议和合作性的行政协议。

一是从属性的行政协议。从属性的行政协议是指行政主体基于优势地位和行政相对人签订的行政协议，并规定协议履行期间行政主体具有一定的行政优益权。这类行政合同在德国和我国台湾地区又主要分为和解合同和双务合同两类。在我国大陆地区，主要包括替代行政行为的行政协议，它是指行政机关为了实现行政管理和公共服务的目标，在不违反法律禁止性规定的情况下订立的替代行政处罚、行政许可等行政行为的协议。主要有以下几种：（1）国家征收征用私人财产形成的行政协议，包括土地、房屋征收征用补偿协议等；（2）政府特许经营协议；（3）国有土地出让合同等国有自然资源使用权出让协议；（4）行政和解协议。

二是合作性的行政协议。所谓的合作性的行政协议指的是行政主体为了实现行政管理或者公共服务目标以优势地位不那么明显的合作者身份而非管理者的身份与个人或者组织签订的协议。（1）国有财产出让、出租给个人或组织签订的行政协议。这里的国有财产，涵盖国有资产（公共设施）和国有自然资源两个面向，具体包括国有资产承包经营、出售或者出租协议等。（2）公私合作协议（PPP协议），具体包括由消费者付费的公共工程、公共设施建设运营协议等。（3）政府采购协议。按照《政府采购法》规定，政府采购对象包括货物、工程和服务。如购买的是货物，主要是指购买办公用品等物品的协议。这种采购协议本身与民事合同的区别不大。但由于涉及公共财政的使用，其缔约的程序、缔约方的选择等与民事合同有所不同；如购买的是服务，具体包括行政机关委托科研、咨询协议、教育委托培养协议等；如购买的是工程，包括由政府出资购买的公共工程、公共设施建设运营协议等。

此外，行政协议是否包括行政机关之间的合同呢？一部分学者认为，行政协议应该包括行政机关之间的合同，而有学者则认为狭义行政协议不应包括行政机关间的合同，但可以成为广泛意义上的行政协议的一部分，并且把行政机关之间的合同称为行政协定，该学者还对行政协议和行政协定进行比较：（1）主体的差别；（2）有无行政优益权的差别；（3）内容差别；（4）效力差别，是否涉及第三人或需要第三人的同意。[①]我们认为这种探讨是极有益的，它实际上是对以前行政合同研究的一次纠正，因为以前对行政合同并没有深入地讨论它们的区别，如果将来的程序法中仅仅对行政机关和相对人的

① 杨临宏：《行政协定刍议》，载《行政法学研究》1998年第1期。

行政合同进行规定，或只是笼统或不加区分地规定，就会出现法律适用的空白地带。所以，行政程序法中最好对行政协议和行政协定分别规定。行政协定和行政协议最大的区别除主体外，是否具有行政优益权是最显著的区别。在行政协议当中，行政主体的行政优益权是普遍存在的，有些国家对这种特权进行规定并且给予救济权利。但在行政协定里，除却具有隶属关系的行政协定外，非隶属关系的行政主体的协定不可能存在这种特权，否则必然会违背职能分离原则，而使得行政权高度集中或行政职权不清，这是现代民主国家所不能容忍的。即使是具有隶属关系的行政协定某一方主体具有特权或双方主体均具有特权，也不能违背中央和地方的各自法定职权，尤其是不得将上级的权力通过协定授予下级，或者下级的权力通过协定交给上级，法律另有规定的除外。因而，签订行政协定必须遵循行政职能法定和分离原则。值得注意的是，强调行政职能法定和分离原则并不是否认行政职权的合作，由于行政权是统一的、不可分割的，但为了防止行政权的过度集中和更好地适应越来越细的社会分工，而把行政权分解成许多行政职权，可是，行政权毕竟是统一的，有许多社会问题不是仅靠某一项行政职权就能解决，行政职权的合作也是不可或缺的。因此，行政协定研究，既要考虑到职能分离原则，又要顾及职能合作原则。具体内容如下：（1）行政协定不得违背职能法定原则；（2）隶属性行政协定中，上级行政主体享有行政优益权，而非隶属性行政协定，任何一方行政主体均不享有行政优益权；（3）对行政协定有争议的，允许提起机关之诉；（4）对某项公共事务，法律没有作出明确规定，具有相关职权的行政主体可以通过协定确定彼此的权限。

（二）法律分类

2014 年修正的《行政诉讼法》既没有对行政协议作出界定，也没有对行政协议的范围作出比较全面的列举。它仅仅明示“政府特许经营协议、土地房屋征收补偿协议等协议”。《若干解释》第 11 条第 2 款规定，“公民、法人或者其他组织就下列行政协议提起行政诉讼的，人民法院应当依法受理：（一）政府特许经营协议；（二）土地、房屋等征收征用补偿协议；（三）其他行政协议。”该司法解释也重申了政府特许经营协议和土地、房屋等征收征用补偿协议为行政协议。不同的有以下两点：一是《行政诉讼法》规定“土地房屋征收补偿协议”，而该司法解释一方面扩大到“土地、房屋等”，这意味着除土地、房屋外，其他财产也属于该条保护的范围，另一方面扩大为“征收征用”而不仅仅是“征收”。二是该司法解释明确《行政诉讼法》规定的“政府特许经营协议、土地房屋征收补偿协议等协议”的“等”为等外规定，《行政诉讼法》规定的“行政协议”除政府特许经营协议和土地、房屋等征收征用补偿协议外，还有其他行政协议。但是到底包括哪些没有规定。

在我国，行政协议的种类，在一些地方作了规定。《山东省行政程序规定》第 100 条第 2 款规定：“行政合同主要适用于下列事项：（一）政府特许经营；（二）国有自然资源使用权出让；（三）国有资产承包经营、出售或者租赁；（四）公用征收、征用补偿；（五）政府购买公共服务；（六）政策信贷；（七）行政机关委托的科研、咨询；（八）计划生育管理；（九）法律、法规、规章规定可以订立行政合同的其他事项。”《江苏省行政程序规定》第 77 条第 2 款规定：“行政合同主要适用于下列事项：（一）政府特许经营；（二）国有自然资源使用权出让；（三）国有资产承包经营、出售或者租赁；（四）征收、征用补偿；（五）政府采购；（六）政策信贷；（七）行政机关委托的科研、咨询；（八）法律、法规、规章规定可以订立行政合同的其他事项。”《湖南省行政程序规定》第 93 条第 2 款规定：“行政合同主要适用于下列事项：（一）政府特许经营；（二）国有土地使用权出让；（三）国有资产承包经营、出售或者出租；（四）政府采购；（五）政策信贷；（六）行政机关委托的科研、咨询；（七）法律、法规、规章规定可以订立行政合同的其他事项。”

因此，政府特许经营协议，土地、房屋等征收征用补偿协议是《行政诉讼法》明确规定的行政协议类型。但是，前述两项列举属于不完全列举，除了这两项行政协议类型之外，还包括其他类型。《若干解释》第 11 条第 2 款也作了“其他行政协议”的兜底规定。在此基础上，行政协议司法解释第 2 条又对具体的行政协议类型进一步作了列举。行政协议类型还包括：（1）矿业权出让协议等国有自然资源使用权出让协议。（2）政府投资的保障性住房的租赁、买卖等协议。（3）政府与社会资本合作协议。与此同时，需要指出的是，行政协议的类型不仅包括这些。凡是法律法规规定的和符合行政协议司法解释规定的行政协议定义的均为行政协议，包括招商引资协议、行政和解协议、委托科研咨询协议等。对于当前实践中尚不成熟或者案件数量不大的上述行政协议类型，没有在行政协议司法解释中予以列举，待实践成熟之后再作规定，成为有名行政协议。我们认为，《行政诉讼法》和相关司法解释对行政协议的列举是在行政协议实体法律缺失情况下的无奈之举，在未来的行政程序法典化过程中，应把行政协议的含义和种类作明确的规定，以致对行政协议的含义和种类有正确认识和准确把握。

（三）国有自然资源使用权出让领域的行政协议

国有土地使用权、矿业权出让协议等国有自然资源使用权出让协议。这类协议是指，行政机关代表国家将国有自然资源的使用权在一定期限内出让给行政相对人，行政相对人支付出让金并按协议的规定开发利用国有自然资源而签订的协议。目前，在行政管理领域，国有自然资源大量采用协议或者合同的方式出让，《物权法》《城市房地产管理法》《城镇国有土地使用权出让和转让暂行条例》等均有类似规定。此类协议具有明显的公益性质，应当优先适用公法规则，纳入行政诉讼范围。此类协议包括国有土地使用权出让合同、矿业权出让协议、旅游资源开发协议等。下面以争议较大的国有土地使用权出让合同为例，讨论此类国有自然资源使用权出让协议是否属于行政协议。

国有土地使用权出让合同，究竟是民事合同还是行政协议，在理论上一直存在争议。一种观点认为，从所有权的角度出发，认为“国家以国有资产为基础参与各种民事关系时，其身份自然是民事主体”。国有土地使用权出让合同是政府机关代表国家作为卖方，国有土地使用者作为买方，双方按平等自愿的原则确立的一种作为民事法律行为的民事合同，并按民事合同的理论去解释并运用到国有土地使用权出让合同行为中去。另一种观点认为，界定国有土地使用权出让合同的性质不能仅仅从所有权的角度出发，而要看所有权为谁享有以及以何种方式处分来界定。国有土地使用权出让是由政府机关通过行政权来实现的，是国家作为国有土地所有者和法律授权行政机关作为管理者处置国有土地的一种方式。其在法律上的表现，是政府机关对使用国有土地的审查和许可。国有土地管理部门与使用者之间的基本关系是管理与被管理的关系，因此，国有土地使用权出让实际上只是国家配置和管理国有土地的一种方式，自然是一种行政协议。

而在司法实践中，依据最高人民法院《民事案件案由规定（试行）》（该规定将土地使用权出让合同纠纷规定为第五个民事案由，属于房地产开发经营合同纠纷，现行《民事案件案由规定》已修改）和《关于审理涉及国有土地使用权合同纠纷案件适用法律问题的解释》（该解释将国有土地使用权出让合同列为民事合同），许多国有土地使用权出让合同被作为民事案件受理，适用私法规则，但是，也有一些地方将国有土地使用权出让合同纳入行政诉讼受案范围，适用公法规制。正因为当前在我国学术界以及实务界对国有土地使用权出让合同认识不一，导致了一些混乱和问题：行政协议与民事合同适用规则混淆；有些国有土地使用权出让合同行政命令色彩的过于浓厚、受让方权益的不受尊重；有些出让方的职权没有得到充分而适当的行使；国有资产大量流失；有些地方政府大面积恶意、随意毁约极大地影响了政府形象；等等。所有这些问题在理论上引发了不少误解，又与实践的发展极不协调。随着 2014 年修正的《行政诉讼法》将行政协议案件纳入行政诉讼受案范围，这些问题又进一步凸显出来。

我们认为，国有土地使用权出让合同由行政法律调整，纳入行政诉讼受案范围比较适宜。理由如下。

一是从历史发展看，此类协议主体的法律地位一直在变化，其中行政机关的优势地位虽然有所削弱但总体仍然保留下来。改革开放初期，因为我国长期实行计划经济，行政机关担负着全部的经济职责，尤其是在国有资产和国有土地上，此类协议中行政机关实际上具有双重身份，一方面它是这些资产和土地的行政管理者，因为它承担着发展经济的职责；另一方面由于我国是社会主义国家，实行公有制，这些资产和土地归国家所有，而这种国家所有是以行政机关代表国家行使所有权来实现的，因而，行政机关实际上又是一个准所有者。正因为这种复杂的双重身份，行政机关有时为了实现所有者的利益不惜动用管理手段，有时为了实现行政管理的目的，又行使所有者的权利，这不可避免地会使行政法律关系和民事法律关系交织在一起。此类协议就是这种交织关系下的产物，这也是中国在改革开放之初经济法学会繁荣起来的原因，因为这种状况暗合了经济法学的“纵横统一论”。但是，这不太符合市场经济发展趋势，市场主体在行政机关作为所有者和管理者双重身份的支配之下，其主体资格就荡然无存，市场经济在没有真正市场主体的参加下怎么能建立起来呢？为了解决这种状况，我国要实行政企分开和政府职能转变，也就是行政机关只能作为管理者和公共服务提供者存在，而不能作为所有者。但是我国毕竟是社会主义国家，按照公有制原则，各级政府代表国家行使国有资源的准所有权者权利的同时，还承担作为管理者和公共服务提供者的角色，仍然难以避免，且经过改革实践，我们认识到，让市场在资源配置中起决定性作用，绝不能不克服市场的盲目性，也不能回到计划经济的老路上去。国有自然资源的依法、科学、合理、高效地使用，在坚持市场在资源配置中起决定性作用的同时，也要克服市场的盲目性，行政机关在其中的必要优势地位不容忽视，因此，国有土地使用权出让合同在我国难以完全按照自由市场经济逻辑运行。

二是从属性上看，此类协议主要具有行政性，属于行政管理方式的一种。在 20 世纪 80 年代以前，我国国有土地实行的是行政划拨供地制度。之后，政府供应土地方式由原来无偿划拨向有偿协议出让转变。但这一转变并没有改变政府供地的行政性。第一，属性由来上，按照《土地管理法》《房地产管理法》《划拨土地使用权管理暂行办法》《城镇国有土地使用权出让和转让暂行条例》相关规定，国有土地使用权出让较之划拨，除是否缴纳出让金、使用权限和期限不同外，其目的仍为实现土地资源使用管理，高效配置有限土地资源，具有强烈的行政管理色彩。第二，行为性质上，根据《行政许可法》第 12 条第 2 项的规定，对作为有限自然资源开发利用的国有土地使用权出让行为属于行政许可；国有土地使用权出让合同，是从协商民主和便于履行出发，采取了协议的方式，实际上属于行政许可的转换形式。第三，法律规范上，除上述法律行政法规外，湖南等省的行政程序规定，也将国有土地使用权出让合同列为行政协议，如《湖南省行政程序规定》第 93 条规定，行政合同主要适用于国有土地使用权出让等事项;《行政诉讼法》在列举两类行政协议的同时，附加了“等外等”的规定，意图也是通过法院内部调整的方式将上述合同明确为行政协议。第四，同类情况下，同为国有自然资源的矿藏的探矿权、采矿权协议就属于行政协议。如《国土资源部关于进一步规范矿产资源勘查审批登记管理的通知》明确规定，探矿权出让合同属于行政合同，探矿权可以采取协议方式代替许可证取得。因此，国有土地使用权出让以协议的形式进行并没有改变政府机关行使土地行政管理职权的性质，不能仅仅从所有权的角度否定此类协议的行政性，而要根据该所有权为谁享有以及该所有权以何种方式处分来界定。

三是从特征上看，此类协议具有较强的行政色彩，是典型的行政协议。从现行法律法规以及原国土资源部和原国家工商行政管理总局 2008 年发布的《国有建设用地使用权出让合同（示范文本）》（以下简称 2008 年《合同范本》）看，第一，目的上，政府机关代表国家签订的国有土地使用权出让合同是为了实现土地资源使用管理，高效配置有限土地资源，不能像民事主体一样追求利润最大化。第二，主体上，现行法律规定都将合同当事人（国土资源行政主管部门）作为行政主体进行表述，如 2008 年《合同范本》在使用说明中明确“本合同中的出让人为有权出让国有建设用地使用权的市、县人民政府国土资源行政主管部门”。第三，程序上，行政机关依据《行政许可法》第 53 条规定通过招标、拍卖等竞争性方式确定中标人、买受人后，应当作出准予行政许可的决定或者订立协议。行政机关违反上述规定，损害申请人合法权益的，申请人可以依法向有关行政监督部门投诉、申请行政复议或者提起行政诉讼。这一程序体现公开、公平、公正原则，具有浓厚的行政法色彩。《民法典》第 347 条第 2 款虽然规定应当采取公私法共用的招标、拍卖等公开竞价的方式出让土地，但这并不能否定国有土地使用权出让合同的行政法属性。第四，内容上，国有土地使用权出让协议对建筑容积率、建筑密度、企业行政办公及生活服务设施的占地面积占受让宗地面积的比例、套型建筑面积 90 平方米以下住房套数及面积比例、商品住宅项目中配建经济适用住房和廉租住房、非经营性用地改变为经营性用地等有强制性规定，具有强烈的行政管理色彩。第五，履行上，为了保证政府机关有效监督合同的履行，规定了其可以通过单方变更、解除合同无偿收回国有土地使用权和对违约行为进行征收土地闲置费、罚款等内容。如《城市房地产管理法》第 26 条、《城镇国有土地使用权出让和转让暂行条例》第 17 条第 2 款以及 2008 年《合同范本》有关规定。

四是从理论上看，此类协议属于公法私法化的典型代表，在保持行政性的同时融合了公法和私法各自的优点。现代行政管理活动具有多元性、多样性和复杂性，行政机关不仅采用传统权力手段，还频繁借用私法领域中的合同手段来实现传统权力手段无法实现的行政目的。行政协议正是其中的最重要代表。它的出现产生了有别于“私法公法化”的另一种公私法融合的趋势：“公法私法化”。它意味着规范公共行政的法律在保持公法属性的前提下，也可以适用一些与公共行政不相悖的私法规则，最大限度地发挥两者的潜能，共同解决存在的问题。将国有土地使用权出让合同明确为行政协议，不仅可以解决长期以来单纯适用私法规则无法防止政府机关及其工作人员在国有土地出让领域滥权和腐败的问题，也可以最大限度地发挥私法规则的功能作用，更好地体现出让方和相关利害关系人的主体地位，确实保护其合法权益。

五是从效果上看，此类协议纳入行政诉讼受案范围较之民事诉讼具有比较优势。全国法院审理此类行政协议案件已有多年，尤其是浙江省已将所有的国有土地使用权出让合同划归行政庭，运行良好。第一，防止了政府因缺乏公法规制，不守约、不诚信，大面积恶意随意毁约的情况，维护了政府诚实守信的良好形象；第二，改变了过去对协议背后的违法行政行为无法通过民事审判予以有效监督的状况，有力地维护了国家利益和人民群众的合法权益，确实防止了少数人侵占、非法处置国有土地，外部资本侵吞、非法控制国有资源、国家资产；第三，结束了原本密切联系的国有土地使用权出让决定阶段和实施阶段分别为行政和民事而各管一块的混乱局面，有利于彻底化解作为整体的国有土地使用权出让合同纠纷。

综上，国有土地使用权出让合同是管理和特许使用国有土地使用权行为的方式，是政府机关履行国有土地行政职能，实现国有土地合理高效使用的有效途径，是依据行政管理法规，在协商的基础上订立的明确政府和使用者之间权利、义务关系的协议，既体现了政府管理国有土地有效的方式，以及增进社会公共利益的目的，又彰显了现代行政管理民主、法治的精神。故而，根据《行政诉讼法》规定，应当明确将国有土地使用权出让合同作为行政协议，在不减损当事人适用民事规则时已获得的权利义务的前提下，将政府这只“有形的手”关进公法规则这个制度的笼子里。

（四）公共服务领域的行政协议

狄骥认为，国家行政的基础不是公共权力，而是为社会提供的“公共服务”。因而，行政法的主要作用不是确定“公共行政”的限度，而是使行政行为忠实于公共服务的目的。福斯多夫提出的“生存照顾”理论认为，行政应该按照社会法治国原则直接提供照顾国民生存所需的服务。“生存照顾”所重视者并非行政的法律方式，而是其任务。故提供“生存照顾”之行政行为具有何种特征，端视其所追求之任务而定，而非依其法律形式。[①]因此，为了实现公共服务，提供生存照顾，当下各国运用行政协议保证公共服务有效持续提供对民众的生存照顾，从而形成了各式各样的公共服务行政协议。

1. 政府投资的保障性住房的租赁、买卖等协议。这类协议是指行政机关为了推行和实现福利政策，与行政相对人签订的由政府投资建设的保障性住房的租赁、买卖等协议。无论是公有租赁住房还是新类型的保障房，都是国

① 陈新民：《行政法之任务——彼德·巴杜拉的“自由主义法治国与社会法治国中的行政法”》，载陈新民著：《公法学札记》，中国政法大学出版社 2001 年版，第 104 页。

家通过财政、土地等支付或者补助，再由国家所有或者开发商所有、物业企业运营的房屋，其目的都在于保障部分人群的住房权利，属于国家福利行政的范围，具有强烈的公共服务性质，其相关协议属于行政协议的范畴。

2. 医疗保障管理服务协议。《社会保险法》第 31 条规定，社会保险经办机构根据管理服务的需要，可以与医疗机构、药品经营单位签订服务协议，规范医疗服务行为。一直以来，医保经办机构按照上述规定，与医疗机构、药品经营单位签订管理服务协议，履行行政管理服务职能，但行政协议司法解释并未将该协议统一纳入行政协议范畴。我们认为，医保管理服务协议是医疗保障部门为了实现医保行政管理职能和公共服务目标，与相关医药机构协商一致订立的具有行政法上权利义务内容的协议，属于《行政诉讼法》第 12 条第 1 款第 12 项规定的行政协议。在主体上，是医疗保障部门与相关医药机构协商一致订立的；在目的上，它区别于民事合同中民事主体为了其自身利益而签订的协议；在内容上，医保经办机构拥有稽核、监督、单方解除等行政优益权，在医保经办机构与相关医药机构之间形成了具有行政法上的权利义务关系。因此，医保管理服务协议从签约主体、签约目的及双方权利义务上看，完全符合《行政诉讼法》第 12 条第 1 款第 11 项规定和行政协议司法解释定义的行政协议。从司法实践上看，医保管理服务协议产生纠纷向法院提起诉讼的，一般纳入行政诉讼受案范围。

在我国台湾地区，此类协议称为“全民健保之特约医事服务机构合约”，依该地区“司法院”大法官释字第 533 号解释，全民健康保险为强制性之社会保险，攸关台湾民众福祉至巨，具公法之性质（释字第 524 号、第 473 号、第 472 号解释）。“中央健康保险局”与保险医事服务机构缔结之“全民健康保险特约医事服务机构合约”，该合约既系由一方特约医事服务机构提供就医之保险对象医疗服务，而他方“中央健康保险局”支付其核定之医疗费用为主要内容，且依“全民健康保险特约医事服务机构合约”第 1 条之规定意旨，“中央健康保险局”之费用给付目的，乃在使特约医事服务机构依照“全民健康保险法”暨施行细则、“全民健康保险医事服务机构特约”及管理办法、“全民健康保险医疗办法”等公法性质之法规提供医疗服务，以达成促进国民健康、增进公共利益之行政目的。故此项合约具有“行政契约”之性质。[①] 缔约双方如对契约内容发生争议，自属公法上争讼事件。台北高等行政法院 2015 年诉字第 1754 号判决：“‘中央健康保险局’与各医事服务机构缔结全民健康保险特约医事服务机构合约，约定由特约医事服务机构提供被保险人医疗保健服务，以达到促进国民健康、增进公共利益之行政目的，故合约具行政契约性质。缔约双方如对契约发生争议，属公法上争讼事件，应循行政诉讼途径寻求救济。”全民健保之特约医事服务机构合约从本意上看，协议委托特约医事服务机构提供被保险人医疗保健服务，所涉协议尚属于行政契约。

3. 政府采购合同。尽管我国《政府采购法》规定了政府采购合同适用《合同法》，质疑供应商对政府采购监督管理部门对其投诉的处理不服形成的争议属于行政争议，但我国目前对于政府采购过程中的哪些争议属于行政争议，哪些争议属于民事争议，尚无共识。在《行政诉讼法》将行政协议纠纷纳入行政诉讼的受案范围之后，这个问题更显复杂，并直接导致审查标准的模糊。从国外的情况看，尽管审理政府采购合同争议的法院存在区别，但多数国家均认可政府采购合同争议的两分法：合同签订前和当时发生的争议与合同签订后的履行争议。前者（包括招标阶段的争议，由于涉及行政行为合法性的审查，且直接决定中标对象）涉及公法平等原则的适用，故属于行政争议；后者则与私法合同的履行争议差别不大，故纳入民事争议。这种划分简单明了，所适用的法律规则区分清晰，可资借鉴。但是，把政府采购合同

① 我国台湾地区“司法院”吴庚大法官在协同意见书中主张：“凡行政主体与私人缔约，其约定内容亦即所谓契约标的，有下列四者之一时，即认定其为行政契约：作为实施公法法规之手段者，质言之，因执行公法法规，行政机关本应作成行政处分，而以契约代替，约定之内容系行政机关负有作成行政处分或其他公权力措施之义务者，约定内容涉及人民公法上权益或义务者，约定事项中列有显然偏袒行政机关一方或使其取得较人民一方优势之地位者。若因给付内容属于‘中性’，无从据此判断契约之属性时，则应就契约整体目的及给付之目的为断，例如行政机关所负之给付义务，目的在执行其法定职权，或人民之提供给付目的在于促使他造之行政机关承诺依法作成特定之职务上行为者，均属之。至于缔约双方主观愿望，并不能作为识别契约属性之依据，因为行政机关在不违反依法行政之前提下，虽有选择行为方式之自由，然一旦选定之后，行为究属单方或双方，适用公法或私法，则属客观判断之问题，由此而衍生之审判权之归属事项，尤非当事人之合意所能变更。”

争议区分为行政争议和民事争议，也就是将统一的法律事实人为地割裂，是不符合逻辑一致原则的，也极易因适用法律的不统一造成裁判尺度的不统一，从长远看，政府采购合同由于涉及公共财政的使用，其缔约的程序、缔约方的选择等与民事合同有所不同，将其归入行政协议较为适宜。

4. 委托公权力协议。有些地方海防林被毁坏严重，急需做好海防林的恢复建设工作，且有关部门未找到合适的人选实施补种行为，故依照《森林法》《森林法实施条例》的相关规定通过签订行政协议的方式委托公司实施海防林造林过程的行为。我国台湾地区委托汽车检验协议也属于这种情况。高雄高等行政法院 2008 年诉字第 511 号判决：私人公司并非行政机关，其依上开公路法及检验办法规定与被告签订汽车委托检验合约，而获被告授予行使办理车辆检验之公权力，是以该委托检验合约性质上自属公法之行政契约。被告认为原告违反合约第 20 条第 1 款及“汽车委托检验实施办法”第 12 条第 1 款第 1 项规定，遂依合约第 20 条规定，以 2008 年 2 月 27 日嘉监车字第 0971000443 号函知原告违约登记 1 次及减少检验车辆数之处罚，并暂停夜间检验及减少周六检验车辆数，原告对之不服，应为行政契约之争议。

（五）促进经济发展的行政协议

在自由资本主义时代，人们崇尚“管得最少的政府就是最好的政府”的格言，政府的职能被严格限制在较小的范围之内。但到了 19 世纪末 20 世纪初，资本主义进入垄断阶段后，没有强大的行政权的主动作为和积极行动，已经无法保持经济社会的健康发展，社会迫切要求行政权积极介入经济社会领域。行政权介入经济发展领域不仅在发达国家十分普遍，在我国这样的发展中国家甚至将经济发展作为行政权的最重要内容之一，政府招商引资是经常采用的手段，且遍布投资开发、兴建各类市场及兴建开发区等领域。如政府奖励投资兴建市场之投资契约，在地方政府奖励投资兴建市场之投资契约，实务上也多认为核准投资市场之契约系有关市政府为达成鼓励民间投资兴建经营零售市场之特定目的（“台北市零售市场管理规则”第 7 条参照），给予相对人若干优惠，并使之负公法上高权行为所予之限制及负担，应属行政契约（“最高行政法院”2007 年度裁字第 1867 号裁定）[1]。再如，县政府与土地开发公司签订委托开发工业区合约，我国台湾地区“最高行政法院”2016 年度判字第 467 号：“上诉人与被上诉人签订系争协议书，系合作办理系争园区之开发工作，双方合作模式为被上诉人之工作及权责为负责办理系争园区之土地取得、地籍整理等工作；上诉人之工作及权责为负责筹措系争园区开发所需之土地取得及工程费等各项经费为本开发案债权债务之主体并负盈亏责任。是以，上诉人与被上诉人所签订系争协议书之性质为行政契约。”

当前我国招商引资实践中，政府为吸引企业尽早落户，在土地供应上往往采取“先出租后出让”等弹性方式，企业基于未来受让土地的预期，在承租土地上作长期投入，兴建永久性建筑物。但个别政府事后改变计划，不按约定启动土地公开出让程序，并以出租合同到期为由收回土地，造成企业损失，损害营商环境；政府为吸引企业落户，奖励、税收优惠措施，落实不到位而产生争议等。地方政府在招商引资过程中签订各类协议，属于地方政府的行政职责和行政任务，关系到地方的经济发展，理应定为行政协议。

三、我国政府和社会资本合作协议

党的十八届三中全会明确提出“允许社会资本通过特许经营等方式参与城市基础设施投资和运营”。党中央的重大决策部署顺应了公共产品和服务供给模式的变化趋势，有力地推动了政府和社会资本合作模式的发展。但是，政府和社会资本合作模式（PPP 模式）从法律性质上如何认识却众说纷纭。

PPP 模式即 Public—Private—Partnership 的字母缩写，通常译为“公共私营合作”，是指政府与私人组织之间，为了合作建设城市基础设施项目，或是为了提供某种公共物品和服务，以特许权协议为基础，彼此之间形成一种伙伴式的合作关系，并通过签署合同来明确双方的权利和义务，以确保合作的顺利完成，最终使合作各方达到比预期单独行动更为有利的结果。从该

---

① 同说，台北高等行政法院判决 2005 年度诉字第 04083 号判决。

定义出发，PPP 模式通常是由社会资本承担设计、建设、运营、维护基础设施的大部分工作，并通过“使用者付费”及必要的“政府付费”获得合理投资回报；政府部门负责基础设施及公共服务价格和质量监管，以保证公共利益最大化。同时从定义的特点也可以看出，PPP 项目指向的标的物为公共产品和公共服务的供给。PPP 模式主要表现为公共部门通过与私人部门建立伙伴关系，共同提供公共产品或服务，是 20 世纪 90 年代后出现的一种新的公私合作模式。在法国，这一概念可以从广义、狭义和最狭义三个层次上理解。广义理解的 PPP 泛指各种形式的公私合作，不以政府与私人之间为建设公共工程、提供公共服务而缔结的合同为限，还包括政府与民间资本合作成立混合经济公司，而狭义理解的 PPP 基本对应公用事业特许经营合同和最狭义的公私合作合同。

在世界范围内，PPP 机制可以大致分为以下四种类型：第一种是最保守的管理和租赁，让政府维持项目所有权和股权投资，但利用私人单位的管理经验与技术；第二种是特许经营，让私人单位在一定时间内向用户提供服务并承担风险，但资产仍旧属于公共单位；第三种是绿地合同（greenfield contract），是指私人单位或公私合伙企业在合同规定期限内建立和运营一种新的设施，并在合同期满时将设施所有权转交给政府；第四种是最为激进的私有化，即私人单位直接买入国有企业股权，该模式在我国 20 世纪 90 年代后期的国企改革中被频繁使用。以上四种基本类型在操作过程中还衍生出了更多的具体形式，它们在投资方式、所有权、风险分担、运营周期等方面不尽相同。

在我国，所谓政府和社会资本合作模式（PPP 模式），按照《财政部、发展改革委员会、人民银行关于在公共服务领域推广政府和社会资本合作模式的指导意见》的相关规定，是指政府采取竞争性方式选择具有投资、运营管理能力的社会资本，双方按照平等协商原则订立合同，明确权利义务关系，由社会资本提供公共服务，政府依据公共服务绩效评价结果向社会资本支付相应对价，保证社会资本获得合理收益。PPP 机制大面积铺开是 2013 年年底。这与我们国家经济发展的状况、变动的趋势密切相关。一方面，随着城镇化、工业化的加速，需要不断提高公共产品和公共服务的供给效率、质量，当然也需要大量的资金投入。但是另一方面，新常态下财政收入的增速明显下降，地方融资平台的规范转型也迫在眉睫。所以，就需要创新一种能够撬动社会资本投入公共服务领域的体制和机制。PPP 模式就是这种有效的动员机制和联通的桥梁，能够充分发挥市场主体的活力和创造力，更好地发挥政府的作用。通过这个桥梁，政府和社会资本能够建立起长期平等的合作关系，双方最大限度地发挥各自的优势。在社会资本方面，承担起设计、建设、运营、维护基础设施和提供公共服务等市场化的工作，它的目标或者目的是获得合理的投资回报；在政府方面，负责基础设施、公共服务价格、质量监管，同时以长期激励相容的方式来实现公共利益的最大化，来保障社会资本方投入公共服务的基础设施建设等项目能够有合理的回报。[①] 党的十六大以后，中国最为普遍的 PPP 形式是上述绿地合同和特许经营。目前我们主要推广的是 FSI，也就是政府与社会资本合资组建项目公司，再通过项目公司发包、组织建设、进行运营，其本质是政府为增强公共产品和服务供给能力、提高供给效率，通过特许经营、购买服务、股权合作等方式，与社会资本建立的利益共享、风险分担及长期合作关系。

PPP 从诞生之日起，其法律性质和诉讼途径就备受争议。就 PPP 协议在法律性质上是属于民事协议、行政协议或者兼具两种协议的部分特点，形成了民事说、行政说以及民事行政混合说等，目前尚未形成共识；对涉 PPP 协议纠纷的争端解决模式选择，同样存在适用民事诉讼或者仲裁、行政诉讼、多元化解决的争论。法国最狭义的 PPP 形式（即公私合作合同），被定性为采购合同，但又不是普通的采购合同，其在法律适用及纠纷解决方面可以对传统的行政合同制度作出适当变通，如可以通过仲裁解决争议等。德国对于公私合作引发的纠纷，并未确定统一的救济机制，选择行政法院还是普通法院，要看对争议而言至关重要的法规范是隶属于公法还是私法：如果 PPP 是通过典型的公法合同方式缔结，则应诉诸行政法院；如果 PPP 合同的属性为

① 史耀斌:《推广 PPP 模式是供给侧改革重要内容》，载《中国对外贸易》2016 年第 1 期。

私法合同（如合同要素为工程、服务、采购或是出租合同），则由普通法院管辖。在意大利，特许经营是 PPP 的一种特殊重要形式，如果发生 PPP 争议，主要的解决方式是行政诉讼，且主要是针对合同授予过程中程序的争议。此外，还有民事和解以及仲裁。在日本，PPP（主要是 PFI）纠纷的司法解决路径是多元的。既有民事诉讼（关系之诉），也有抗告诉讼（行为之诉），还有住民诉讼。如果行政合同当事人对双方的权利义务关系有争议，那么可以提起民事诉讼；如果行政合同的私方（包括竞标者）对合同的缔结、履行过程中行政一方的公权力行使有争议，那么可以提起抗告诉讼，请求法院审查其合法性（行政诉讼）。如果地方公共团体的居民对该团体在 PFI 事业中的经费支出有疑义，那么可以以居民身份提起住民诉讼，代位该地方公共团体维护其财产性利益。

在我国，PPP 合同的法律性质和救济途径一样存在较大争议，主要表现为行政合同与民事合同之争。PPP 有不少是政府购买服务，《政府采购法》第 43 条规定："政府采购合同适用合同法"，该条文似乎已在立法层面将政府采购 PPP 合同定性为民事合同，《财政部关于规范政府和社会资本合作合同管理工作的通知》中亦规定："在 PPP 模式下，政府与社会资本是基于 PPP 项目合同的平等法律主体，双方法律地位平等、权利义务对等，应在充分协商、互利互惠的基础上订立合同，并依法平等地主张合同权利、履行合同义务。"但鉴于 PPP 合同中也涉及特许权授予等诸多政府行政行为，由此，PPP 合同属于复核法律关系（不一定指兼具民事合同与行政合同双重属性），且《行政诉讼法》及司法解释亦已将政府特许经营协议划入行政协议的范围。有人据此认为，PPP 项目采购合同体现的是政企双方一致的意思表示，与民事合同的意思自治原则相对契合，政府在 PPP 项目中的双重身份是由 PPP 项目的特点决定的，且政府行政权的行使是政府作为 PPP 项目合同当事人一方履行自身合同义务的表现。政府采购 PPP 合同争议依据《政府采购法》第 43 条规定应当纳入民事诉讼，即使如此，也不得不承认在 PPP 项目操作过程中涉及政府行政行为，如特许权授予、价格听证、立项审批、绩效评价、税收优惠等方面，故而从产生争议予以救济的角度考虑，倒是可以将有关行政活动和民事活动分开：涉及行政行为的部分，交给行政审判解决更能体现对依法行政的尊重；涉及民事活动的部分，交给民事审判解决更能体现对民事交易活动和市场规则的尊重。① 这也就是所谓的 PPP 协议法律性质和诉讼途径的“两分法”。

我们认为，政府与社会资本合作协议，是行政机关利用社会资本进行相关基础设施等投资合作的协议，是行政机关为实现行政管理和公共服务目标签订的协议。因此，总体上，公私合作协议具有公法性质。但在司法实践中，考虑到公私合作协议是一个协议群，确实还有个别协议，虽然具有公益性质，但属于民事主体之间签订的民事合同。为了准确界定，只有该类协议符合行政协议定义的才属于行政协议的规定，那么，总体上，PPP 诉讼途径跨越公私法救济途径，且以行政救济为主，或者说，行政救济是争议解决的主渠道。其主要理由在于以下三个方面。

1. PPP 本身不仅是传统意义上的政府与私人的合作，更是政府与社会的合作，政府可以从繁重的事务中脱身出来，从过去的基础设施公共服务的提供者变成监管的角色，政府在 PPP 的合作过程中具有双重身份，既是监管者也是合作者。政府作为监管者履行相关监管职能的行政行为，需要行政法来调整，其争议似乎通过行政复议和行政诉讼解决更为合适；政府作为合作者与社会资本方以相对平等主体身份进行合作为公众提供公共服务，接近民事

① 理论上的不确定也导致了立法上的不自信，涉及相关问题不得不予以回避。如《基础设施和公用事业特许经营管理办法》第 49 条规定：“实施机构和特许经营者就特许经营协议履行发生争议的，应当协商解决。协商达成一致的，应当签订补充协议并遵照执行。”第 50 条规定：“实施机构和特许经营者就特许经营协议中的专业技术问题发生争议的，可以共同聘请专家或第三方机构进行调解。调解达成一致的，应当签订补充协议并遵照执行。”第 51 条规定：“特许经营者认为行政机关作出的具体行政行为侵犯其合法权益的，有陈述、申辩的权利，并可以依法提起行政复议或者行政诉讼。”第 52 条规定：“特许经营协议存续期间发生争议，当事各方在争议解决过程中，应当继续履行特许经营协议义务，保证公共产品或公共服务的持续性和稳定性。”当然也有民事救济一元化的探索倾向。《政府和社会资本合作法（征求意见稿）》第 48 条规定：“合作项目利害关系人、服务对象或社会公众认为社会资本或项目公司违反法律法规规定，或者未按照约定提供公共产品或服务的。可以向实施单位或有关监管部门投诉，实施单位或有关监管部门应当依法处理。”第 49 条规定：“开展政府和社会资本合作，社会资本与实施单位就合作协议发生争议并难以协商达成一致的，可以依法提起民事诉讼或仲裁。”

行为，通过协商、调解、仲裁、民事诉讼等方式解决争议更有优势，但此不能改变行政救济为 PPP 争议解决的主渠道。

2. PPP 的形式多种多样，PPP 的形态也可能影响对 PPP 协议性质及救济途径的选择。典型形态如以英国为代表的 PFI 模式，以及以法国为代表的特许经营模式。目前这两种模式呈互相交融趋势。中国在引入这些典型 PPP 形态时，也发展出了大量不典型形态或者综合型形态。这导致了 PPP 协议关系变得多样化和复杂化。对这些协议性质的认识亦不能简单化。这种情况下，传统民事诉讼法和行政诉讼法对涉 PPP 协议纠纷均存在难以有效调整的问题，传统的公私法救济模式难以应付而倒逼必须积极创新，超越固有的传统认识去考虑问题，认真研究民事和行政诉讼各自能解决什么问题，怎样的制度设计能够更好解决 PPP 协议引发的争议。具体到行政诉讼，其既可依照依法行政原则审查 PPP 协议签订、执行过程中行政行为的合法性，也可依照合同法律审查行政协议的效力，同时还可以有效解决 PPP 争议中的民事和行政法律问题。总之，相较于民事诉讼而言，行政诉讼在解决 PPP 本身核心争议可能更有效，至于 PPP 的其他争议或许民事诉讼更为合适。

3. PPP 为合同群、关系群。PPP 项目的实施涉及多方主体，包括政府方、项目公司、中标社会资本、融资方、担保方、保险公司、承包方等，各方之间签订的各种协议共同构成广义的 PPP 项目合同群并形成 PPP 项目法律关系网。因此，PPP 项目中并非仅有一个合同，而是由一个复杂的合同群构成。比如，在一个独立电厂项目（IPP）中，涉及的协议包括《特许经营协议》《购电协议》《租地协议》《股东协议》等。这些协议的内容和签订方互不相同，却又互相关联。但 PPP 项目的核心法律关系产生于政府方、项目公司、中标社会资本三者等核心主体之间签订的 PPP 项目合同，PPP 项目合同中约定了核心主体之间的权利义务关系。PPP 项目合同之外各方另行签订融资合同、担保合同、保险合同或工程总承包合同、施工合同的目的在于促进 PPP 项目合同的履行，这些合同的履行与否并不直接影响 PPP 项目合同项下的权利与义务，亦不直接触发 PPP 项目合同项下的违约机制。因此，PPP 项目合同中约定了核心主体之间的权利义务关系作为主导合同关系由行政诉讼予以解决更有效，而 PPP 项目核心主体与其他第三方签订的为推进 PPP 项目实施的其他协议，多为传统的民商合同，通常通过民事诉讼或者仲裁予以解决。此种安排颇具德国“两个阶段理论”的神韵。

PPP 属于公私法混合领域，其最大的特征是目的的公行政性和手段的私法性相结合，导致公私法同时适用，从而使其横跨公私法两个领域，诉讼途径一元化尤其仅仅指民事诉讼，是不符合 PPP 特征的，而 PPP 诉讼途径的二元化在符合其特征的同时，通过对其目的的行政性和手段的私法性两种对立的特征进行衡量，依此决定其诉讼途径，这是与其他行政活动一元化的行政诉讼救济途径以及其他私法活动一元化的民事诉讼救济途径最显著的区别。尽管 PPP 协议是合作双方经过友好协商订立的合同，但毕竟在缔约和履行的过程中，牵扯到公共资源的投入和公共利益的促进与维护，因此，其必须在某些方面受到公法约束，否则容易造成“公法遁入私法”或“以协商为名行特权之实”等问题。PPP 协议的法律属性不必拘泥于公法和私法的严格区分，其属于行政协议，必然有公法对行政的要求，但 PPP 协议强调公私合作或政府与社会资本的合作，其明显更多偏向于友好协商、意思一致的性质，因此 PPP 协议在性质上相较其他行政协议略向私法倾斜。对争端解决应当考虑对 PPP 协议全过程的观察，包括决策、启动、准备、缔约、履行、监督、争议解决等，需要考虑争议事项是否涉及高权行政的作出、是否关乎公法上权利义务关系、是否关乎公共利益等，然后确定解决途径。此外，由于争议事项往往交织在一起，若通过行政诉讼解决，不应排斥在特定争点上私法规范的适用，反之亦然。[①] 因此，PPP 协议一般均涉及公共利益，行政权的作用明显，公法属性亦比较突出，在选择争端解决模式时，要高度重视对控权因素的考量，努力在政府权力与合同约定之间实现平衡，兼顾保护公益性目标的实现和社会资本方的利益，PPP 的诉讼途径必然要求横跨公私法两种诉讼的同时，主要以行政诉讼为主，或者说，行政救济是争议解决的主渠道。

---

① 沈岿教授提出，法律适用和争端解决应突破公法和私法的隔阂。参见《我国 PPP 协议相关法律问题的探讨》，载《人民法院报》2017 年 8 月 30 日。

第六章

行政协议的有效与无效

行政协议效力问题，属于行政协议实体法的最重要内容之一。但由于我国的行政协议实体法缺位，在短时间内也不可能出台相应的规定，为因应行政协议在行政管理和审判实践的急迫需要，本章结合法律效力理论和行政过程论对此问题尤其是行政协议的有效与无效进行探讨。

第一节　行政协议的有效

行政协议属于行政法上之意思表示，其效力相应地也可以分为与“意思”内容有关的内部效力和与“表示”有关的外部效力。同时，行政协议效力也呈现出发展过程。行政协议的法律效力因规范、价值和事实等这些要素发生变化，而有一个产生、变更和消灭的过程。一般包括行政协议的成立与否、生效与否、有效与无效、有瑕疵行政协议的法律效果和补救制度（撤销、解除、终止等）、法律效果的调适机制（行政机关单方变更、解除等）以及行政协议的履行。行政协议效力这一过程，与一般行政行为和民事合同效力过程既有相同之处，也有不同之处，尤其集中于行政协议有效性和合法性的交织处理之中。

一、行政协议的效力

以权利处分为中心的意思自治是民法最基本的特点，而这一特点的承载者是“法律行为”。所谓的法律行为在民法中指的是，以发生私法效果为目的的一种意思表示。可见，法律行为的基础是意思表示。“意思表示是指，表意人将其企图发生一定法律效果的意思，表示于外部的行为，而其法律效果有法律意义。”①理论界一般认为，“意思表示”的成立由“意思”与“表示”两个要素构成。前者为主观要素，又可分为“行为意思”、“表示意识”及“效果意思”；后者为客观要素，是指外部的表示行为而言。

在早期行政法学中，由于行政法没有自己的概念体系，学者经常借用民法上“法律行为”与“意思表示”这些概念，对行政行为进行诠释与界说，并将行政行为视作“行政的意思表示”。但是，随着行政法理论与法制的发展，行政法学逐渐拒绝借用民法的“法律行为”与“意思表示”来说明行政处分的概念内涵和理论体系。推究其原因，一方面，随着行政法学研究的不断深入，行政法学已经不再需要借用民法上的概念体系。不仅如此，在追求独立的行政法学体系蔚然成风之时，再借用民法上的概念有损行政法学的学科独立性。另一方面，行政法中的确也存在着一些与民法不同的特点。私法上法律行为之意思表示系建立在表意人的自由意志上（私法自治），其法律效果为表意人所追求的，而且意思表示所形成的法律关系，主要是权利与义务的对等关系；反之，行政机关作成行政处分，均须受到法律的拘束，尤以公益为考量，并无所谓自由意志可言，唯行政机关得基于法令，以单方面决定课以人民行为或不行为义务；又行政处分所形成的法律关系，国家往往基于优越的地位，其中并不含有类似民法上的法律关系。因此，晚近行政法学者逐渐倾向不援用意思表示来说明行政处分的概念。②

即便行政法学者不愿意使用“意思表示”这个概念，也并不代表在行政法中就不存在“意思表示”的内容。以行政法中最具有代表性的行政行为概念为例，行政行为是以发生一定的法律效果为内容的，在它的“法律效果”

① 李建良:《论行政法上之意思表示》，载廖义男教授祝寿论文集编辑委员会主编:《新世纪经济法制之建构与挑战》，元照出版公司 2002 年版，第 212—213 页。

② 李建良:《论行政法上之意思表示》，载廖义男教授祝寿论文集编辑委员会主编:《新世纪经济法制之建构与挑战》，元照出版公司 2002 年版，第 206—207 页。

这一概念要素中，也可以发现意思表示的影子，因此将之归类为行政法上意思表示之一种，应该没有疑义。[①] 行政协议作为双方行政行为，属于行政活动的一种，最接近作为“意思表示”主要代表的民事合同，有时二者甚至无法分清。那么，行政协议作为行政法上之意思表示，它的“意思”和“表示”两个要素，可以为其内外部效力提供诠释的空间。

一般地，“行政行为有的效力是要凭借其内容而产生，但有的具体效力则仅仅依据行政行为的外形即可存在”。[②] 这里所说内外部效力，是德国法上的内外部效力。在德国法中，行政行为的生效可分为“外部效力”与“内部效力”。行政行为一经告知即生效，此时所称的生效，基本上指的是产生外部效力，即意味着行政相对人或关系人自此受行政行为的拘束。外部效力的产生不依赖于行政行为的具体规制内容，而以对权利因受行政行为影响的相对人或关系人的合规范的告知为前提，这种告知必须是针对每个利害关系人的。而行政行为依其规制内容（下命、禁止、形成与确认等）所发生的法律效果，即所谓的内部效力。内部效力总是与相对人具体权利和法律利益受行政行为影响为前提。内部效力一般情况下与外部效力同时产生，但有些时候，也可依据行政行为所依据的实在法稍后发生。例如，行政行为附有始期或停止条件，则内部效力自期限届满或条件成就时产生。[③] 从以上论述，我们不难发现，在德国法中，行政行为生效理论，或者更确切地说是行政行为

---

① 行政处分与其他单纯行政法上意思表示的区别何在：首先，从外观言之，行政处分仅能由行政机关为之；反之，单纯行政法上意思表示尚得由人民为之。其次，从效力的取向而言，行政处分必须对外发生法律上效果，即所谓“外部效力”；反之，单纯行政法上意思表示亦可能发生在行政机关内部。再次，就规制作用而言，行政处分具有单方的规制作用；反之，单纯行政法上意思表示则欠缺单方的规制性质。最后，就能否强制执行而言，下命性行政处分具有执行力，故行政机关得以之为执行名义，实施强制执行措施；反之，单纯行政法上意思表示，则不具有执行力。见李建良：《论行政法上之意思表示》，载廖义男教授祝寿论文集编辑委员会主编：《新世纪经济法制之建构与挑战》，元照出版公司 2002 年版，第 216 页。

② 章志远：《行政行为效力论》，苏州大学 2002 年博士学位论文。奥托・迈耶也认为，“由此形成的法律的特别作用力，是法律与一定表现形式普遍联系的能力。至于具体法律在多大范围内形成这种作用力，这当然取决于其法律意志的具体内容”。见［德］奥托・迈耶著：《德国行政法》，刘飞译，商务印书馆 2002 年版，第 68 页。

③ 详见赵宏著：《法治国下的行政行为存续力》，法律出版社 2007 年版，第 75 页。

外部效力的生效问题，是指行政行为若非无效，一经合法告知即产生法律效力，即意味着行政相对人或关系人自此受行政行为的拘束。不过，这种外部效力的产生是不依赖于行政行为的具体规制内容，它仅仅以对权利因行为影响的相对人或关系人的合规范的告知为前提。而所谓的内部效力，是行政行为依其规制内容（下命、禁止、形成与确认等）所发生的法律效果，它总是与相对人具体权利和法律利益受行政行为影响为前提的。行政主体凭借着不同内容的行政行为，实现其行政职能。研究行政行为的内容，对探讨行政行为效力具有重大的价值和意义：它不仅告诉我们内部效力以其为依据，它还指引我们正确地认识行政行为效力内容。行政行为的内容和行政行为效力内容有直接的本质的内在关联。不同的行政行为，其内容不同，功能不一，产生的效力内容也不同。

在德国和我国台湾地区，根据行政处分的规制内容，把行政处分区分为命令的、形成的和确认的三种，并因此产生不同的效力内容，以有无强制执行力为例。（1）命令性行政处分。命令性行政处分是19世纪初，警察为了维护社会秩序，对违反秩序行为加以惩罚，而由此发展出来的形态。命令性行政处分的内容，在于限制人民的自由权利，课以行政法上的义务，它以人民的某种行为为其规制对象。命令性行政处分的特色是具有行政执法的重要功能，即相对人不履行义务时，行政机关自身可以该处分为执行名义，据此强制执行。（2）形成性行政处分。该行政处分一旦生效，即依其内容形成法律状态，无须强制执行。（3）确认性行政处分。它仅仅是对行为、关系和事实的状态作一确认，也无须强制执行。[①] 由此可知，命令性行政行为具有强制执行力，而形成性和确认性行政行为则不可能有强制执行力。所以，有人认为，强制执行力仅仅是一种特殊的效力内容，也就是说，它仅仅适用于某一类行政行为。可见，外部效力与行政行为内容没有直接关系，内部效力以及其内容则是以行政行为的内容为依据的。这个结论有两个方面的意义：一方面，从内部效力来看，行政行为的内容和行政行为效力内容有直接的本

① 详见林锡尧著:《行政法要义》，三民书局1999年版，第185—196页。

质的内在关联；另一方面，有助于理解附条件和附期限的行政行为。一般来说，内外部效力是同时产生了，但是，由于某些行政行为附有一定的条件或期限，往往产生外部效力以后，内部效力仍然没有产生，即行政行为内容仍然不能影响相对人的权利义务。

作为公法意思表示之一的行政协议，属于双方行政行为，其效力相应地也可以分为与“意思”内容有关的内部效力和与“表示”有关的外部效力。行政协议不管是行政性还是协议性，其各自与一般的行政行为和民事合同一样，原则上内外部效力是同时生效的，除非有附条件和附期限且不存在无效情形，但是，其内外部效力有一定的特殊性。一方面，它的生效与一般行政行为不同的是，其因双方性外部效力无法通过行政机关单方告知而生效，行政机关和行政相对人只有通过要约承诺程序达成意思表示一致后，才产生效力，除非具有附条件和附期限、需经有权机关批准或征得第三人同意，或者存在无效情形。另一方面，它的效力拘束范围因行政性而具有对世性，行政协议一经生效，其具体内容对相关人员产生的法律上的约束效力，有关人员必须遵守和服从，当然，不同的行政协议其拘束范围亦有所不同。根据“相关人员”范围的大小，可以分为狭义、广义和最广义三种。狭义的仅限于对行政行为的相对人与关系人，以及作出行为机关之拘束力。广义的既决力还包括对原行为机关以外的其他行政机关与法院（不包括受理审查该行政协议的法院）之拘束力。[①] 最广义的既决力甚至包括对一般公众之拘束力。这些说明，它的效力范围与民事合同仅仅具有针对协议双方的相对性有所不同，因此，其特殊的生效条件除附条件和附期限外，有时还需经有权机关批准或征得第三人同意的原因就在于此。

综上，我们认为，行政协议效力是指，行政机关和行政相对人通过要约承诺程序达成意思表示一致后，若非为无效，又无附条件和附期限、需经有权机关批准或征得第三人同意作为特殊生效条件，依其外形和内容可产生应当影响相对人、原行为机关，以及其他相关人与机关的法律作用力。这个定

① 详见林锡尧著:《行政法要义》，三民书局1999年版，第270—273页。

义有三个方面值得注意：首先，从法律效力属性而言，一是比较中性的“应当的影响作用力”；二是因行政协议的行政性，将其效力对象限定在相对人、原行为机关，以及其他相关人与机关。其次，从行政协议的协议性而言，行政机关和行政相对人通过要约承诺程序达成意思表示一致后便产生内外部效力，无须告知相对人即产生外部效力，除非有附条件和附期限、需经有权机关批准或征得第三人同意。最后，行政协议具有法律效力，指的是行政协议得到法律（或者更准确地说，是赋予法律具有效力的法律秩序）的推定、认可或赋予。从某种角度看，通过行政协议在行政机关和行政相对人建立了一个约束彼此的法律。

二、行政协议的效力过程

传统行政法学，主要是依赖奥托·迈耶创立的，并由麦克尔、凯尔森发展到极致的法学式的方法论。这种方法论，一般称为“规范论的方法论”，或者“法学式的方法论”。它最大的特点是过于依赖法学本身的研究方法。

这种方法运用至行政行为及其效力中产生了不少问题。一方面，由于仅仅致力于整理、分析各种行政行为（尤其行政处分）的抽象、共通要素，例如行政行为的概念、性质、特征、种类、效力，乃至瑕疵类型及其效果等问题，对于支撑该法效果正当性之各种具体因素，多有忽略或认识不足。[①] 另一方面，无法满足行政手段多元化的客观需要。传统的行政手法系以单方面确定国民权利义务之行政行为为中心。而今日行政手法中，合意形成型之行政手法，例如行政指导、行政契约、行政协定、诱导性手法、非正式计划手法则日益增加。甚至，即使是传统的行政行为，亦有单方面确定国民权利义务之性质，转变为以合意为前提要件之行政行为，或复合性的行政行为。在现代行政手法之变化下，传统上以重视法效力和法强制力之规制行政中心之行政法学，已不得不检讨对于无法律效力之事实行为或法效力微弱之行为之问题，因此，检讨和分析无法效力之事实行为或法效力微弱之行为，及间接

① 赖恒盈著：《行政法律关系论之研究——行政法学方法论评析》，元照出版公司 2003 年版，第 83—84 页。

规制之手法，当为现今行政法学之重要课题。[①]

这些问题主要集中在，传统行政行为形式理论仅着眼于各个行为形式之最终法效果，对于产生该法效果之过程及其后续发展，并未给予应有之关心。[②]因此，在日本，行政法学者开始逐渐重视行政过程的研究，倡导“行政过程论”。行政过程论，将原来依据行政行为形式理论而可能被排除或忽略之行政法现象，重新纳入考量，使真正问题趋于明晰。因此，行政过程论主张扩充行政法学之认识对象与范围，不再局限于就单一行政行为之概念、要件及法律效果作定点、静态、结论式检讨，而应致力于整体行政活动过程中，所出现之各种流动发展、互动结构，并致力于发现真正问题所在。[③]这些改变，使得法学式的行政法学方法论的主导地位产生动摇，行政法学除关注行政法规范外，不得不重视行政过程中的价值和事实因素。对于行政行为效力而言，行政过程论的方法论意义更为明显。

一方面，如将行政行为效力的产生、发展和结束视为一种过程，这种过程并不是孤立的，它和整个社会发展过程密不可分。如此，便有社会学方法适用的可能性。法社会学是以法规范下的现实（法现象），而非法规范本身为分析对象的一种法学理论。过去，由于认为法社会学过于重视实用，如采用社会学方法，不免有失去法学本身研究之嫌，加之行政法学界又坚持法学式的方法论，强调行政法学的自我完结性，导致法社会学在行政法学没有容身之处。有学者甚至认为，行政法学若融入以法现象分析之实证研究，容易阻碍良法诞生，或易导致违法行政的产生。[④]其结果有二：一是行政法学一直与其他社会科学无法交流，日益自我封闭；二是法社会学在传统行政法学中一直没有得到应有的重视。但是，在福斯多夫提出“生存照顾”理论以后，

---

① 蔡秀卿著：《现代国家与行政法》，学林文化事业有限公司 2003 年版，第 13—14 页。

② 赖恒盈著：《行政法律关系论之研究——行政法学方法论评析》，元照出版公司 2003 年版，第 62 页。

③ 赖恒盈著：《行政法律关系论之研究——行政法学方法论评析》，元照出版公司 2003 年版，第 83—84 页。

④ 蔡秀卿著：《现代国家与行政法》，学林文化事业有限公司 2003 年版，第 13 页；涂怀莹著：《行政法学的研究方法》，载《行政法专题研究》，五南图书出版社公司 1998 年版，第 38 页。

这种状况得到了很大的改善。“生存照顾”指的是，行政应该按照社会法治国原则直接提供照顾国民生存所需的服务。“生存照顾”所重视者并非行政的法律方式，而是其任务。故提供“生存照顾”之行政行为具有何种特征，端视其所追求之任务而定，而非依其法律形式。① 换句话说，借由福斯多夫提出“生存照顾”之概念，行政事务堂皇地进入行政法领域。行政行为形式理论已经被“生存照顾”衍生的行政任务所动摇，行政行为和行政任务产生了一定程度的分离。行政法学除关注行政行为外，更重要的是要关注行政任务。所以有人认为，福斯多夫的“生存照顾”理论所产生的行政法学方法论，可以称为“社会学式的方法论”，而与受到奥拓·迈耶影响所形成之“法学式之行政法学方法论”相互对立。②

另一方面，行政行为效力过程是宪法价值和行政目的的实现过程，必然会涉及各种宪法价值和行政目的，特别是在生存照顾日益重要的今天。巴杜拉教授在 1996 年发表的《视为服务行政及社会法治国家行政任务的生存照顾》一文中认为，生存照顾这一概念已强迫将传统行政法学从“规范论”的方法论，重视干涉行政，更改为“目的论”的方法论，强调行政任务乃在于人民的生存照顾之上。③ 这样，也就有自然法和“目的论”法学在行政行为效力之适用余地。民主、法治和人权是宪法的基本价值，而行政过程以保障基本人权和贯彻民主法治为己任，所以盐野宏认为，行政过程是宪法价值（包括立法机关所选择的价值和行政机关在特定情况下选择的价值）实现的过程。在这个意义上，宪法价值即为行政过程追求之目的。综观民主、法治和人权等宪法价值无不与“公共性”相关。干预行政作为行政的传统方式与公益和公共性目的关系最为密切，如行政处罚和行政许可都以维护公共秩序为目的。另外，与干预行政相对的服务行政，虽然貌似和公共性无太大关

---

① 陈新民:《行政法之任务——彼德·巴杜拉的“自由主义法治国与社会法治国中的行政法”》，载陈新民著:《公法学札记》，中国政法大学出版社 2001 年版，第 104 页。

② 陈新民:《行政法之任务——彼德·巴杜拉的“自由主义法治国与社会法治国中的行政法”》，载陈新民著:《公法学札记》，中国政法大学出版社 2001 年版，第 105 页。

③ 陈新民:《“服务行政”及“生存照顾”概念的原始面貌——谈福斯多夫的“当作服务主体的行政”》，载陈新民著:《公法学札记》，中国政法大学出版社 2001 年版，第 88 页。

联，可实质关联甚紧。随着生存照顾概念的提出，以追求与保障民众的生存权利为目的的服务行政日益受到重视。从某种意义上说，追求与保障人权也是一种公共性的体现，它意在通过对人权之积极追求来维护公共秩序的稳定。由此可见，公共性是公共行政的本质特征。不管是干预行政还是服务行政，任何行政组织与活动都必须以公共性为内容。[①] 而且在全部行政过程中，也要检验行政的现实运作与公益和公共性是否相符。这就要求行政行为效力必须考虑行政的公共性。

总之，如果将行政行为效力的产生、变更和消灭视为一种行政过程的话，那么，单纯靠由奥托·迈耶所创立，麦克尔、凯尔森发挥到极致的“规范论”方法是远远不够的，必须兼顾目的论和社会学这两种方法。[②] 也就是说，只有综合运用分析法学、自然法学和社会法学的合理因素，将分析法学的规范形式、自然法学的价值因素和社会法学的事实因素有机统一起来，才能获致关于行政行为效力的规律性认识。

行政协议，作为一种行政行为即行政协议行为，还是单个或若干个行政行为和其他法律行为的混合呢？在我国未有定论。有学者认为行政协议存在以下诸多行政机关的职权行为：（1）行政机关签订行政协议的行为；（2）在行政协议履行过程中行政机关的管理、监督和指导行为；（3）行政机关单方

---

① 蔡秀卿著:《现代国家与行政法》，学林文化事业有限公司 2003 年版，第 17 页。

② 由于综合分析方法论考虑了规范背后的价值和事实等不确定因素，给行政行为效力的理论和制度带来了许多不可确定的情况，这是我们必须要面对的问题。在“规范论”方法的运用下，依托行政行为形式理论，行政行为效力有较大的稳定性和确定性。可是，将目的论和社会学方法引入行政行为效力，行政行为效力就面临稳定性和灵活性相冲突的两难局面。有些学者提出“修正的行政行为形式论”来应对这种困局。为了让行政行为形式论能够适应行政的灵活性和弹性化要求，首先，学者们纷纷引入政治学、行政学、经济学、自然科学等其他学科的研究成果为在行政领域中高度的复杂性和不确定的事实，建立可以供适用的各种政策评估模型等。其次，有许多学者和法律将最终行政决定和措施进行“分节化”，比如允许部分决定或预备许可的存在，来应付复杂多变和不确定的客观事实。再次，为了应付事实经验和法律规定的不确定性，法律允许行政行为的各种效力以及其主客观的范围具有一定程度的灵活性。“确认力”就是一个例子，在法律明文例外规定的情况下，行政行为依据的事实对以后的行政行为有拘束力。最后，一些法律允许行政行为有事后变更的可能性。例如，灵活地运用行政行为的附款、行政行为的变更、废止和撤销制度。详见赖恒盈著:《行政法律关系论之研究——行政法学方法论评析》，元照出版公司 2003 年版，第 151—152 页、第 155 页。

面变更或解除行政协议内容的行为；（4）强制执行行为。[①] 除此之外，行政协议中仍存在着相对人围绕着行政合同的法律行为，具体表现如下：（1）相对人签订行政协议的行为；（2）相对人履行行政协议的行为；（3）请求解除或变更行政协议的行为；（4）请求补偿或要求行政机关履行协议义务的行为；（5）请求救济的行为。所以，“行政合同中不仅有行政合同的存在，还有其他行为的结合，这正是行政合同关系与纠纷的复杂所在”。[②] 也正因为行政协议的这种复杂性，导致对行政协议的规范显得更加迫切和艰难。

首先，行政协议的成立和生效。民事合同一般分为诺成合同和实践合同，也就是说，民事合同要么达成合意即成立和生效，要么只有履行才成立和发生效力。显然，行政协议成立和生效不能以此为标准。既然行政协议中存在着行政行为和相对人行为的混合，那么，就应当在行政行为和其他相对人的法律行为的动态关系中去寻找答案。应该承认的是订约的行政行为和相对人的法律行为成立和生效的时间大多数的情况下是一致的，有一些也存在着不一致的情况，但不管两种行为成立和生效的时间是否一致，都存在着这样一个问题：行政协议的成立和生效，与行政行为和相对人的法律行为是不同的，那么行政协议的成立以行政主体的行政行为为标准，还是以相对人的法律行为为标准？我们认为应该以相对人的法律行为为标准，也就是说，只有相对人对行政协议的内容完全接受即宣告合同的成立。至于生效与否，则应视合同是否附条件或附期限等而定。其次，行政协议既然是行政行为和相对人的法律行为的混合，那行政协议的签订、履行、救济程序也会出现复杂的现象。行政协议中的行政行为必须遵守行政法的基本原则：合法性和合理性原则。同时，由于行政协议更多地体现行政管理中的民主性，因而行为具有民主协商的特点，行政机关遇事要先和相对人商量，在相对人同意的情况下，才作出行政行为，即使有些特殊情况（行使行政优益权情形）下，不需要征得相对人的同意即可以作出单方变更、解除行政行为，也应该举行听证

---

① 杨小君著：《我国行政诉受案范围理论研究》，西安交通大学出版社 1998 年版，第 215 页。

② 杨小君著：《我国行政诉受案范围理论研究》，西安交通大学出版社 1998 年版，第 218 页。

或听取相对人的意见。而作为相对人作出法律行为时，具有更大的主动性和灵活性，它不仅可以承认或拒绝行政机关的行政行为，甚至可以建议行政机关变更其行为和要求行政机关作出其他行为。居于以上的分析，可以得出以下结论：（1）行政合同从相对人书面接受行政合同之时成立；（2）行政合同中的行政行为除应遵循合理性和合法性原则外，应遵循民主和容忍性原则，相对人在围绕着行政合同的法律行为中，具有主动性和灵活性。

从行政协议的过程上看，行政协议效力也呈现出发展过程。行政协议的法律效力因规范、价值和事实等要素发生变化，而有一个产生、变更和消灭的过程。行政协议效力过程一般包括行政协议的订立与成立、生效与否、有效与无效、有瑕疵行政协议的法律效果和补救（撤销、解除、终止等）、法律效果的调适机制（行政机关单方变更、解除）以及行政协议的执行。行政协议效力这一过程，与一般行政行为和民事合同效力过程既有相同之处，也有不同之处。相同之处是大致的过程是一致的，但是由于行政协议具有行政性与协议性两重性，每个过程和阶段的具体内容存在诸多不一致。（1）行政协议的订立与成立。虽然因双方协商不同于一般行政行为的单方作出，但其受到缔约程序和方式的法律拘束远超民事合同，有时严重违反缔约程序和方式的行政协议无效或者不成立。（2）行政协议的生效与未生效。一般行政机关和行政相对人意思表示一致后便生效，特殊的生效条件，既包括民事合同的附条件和附期限生效，也包括行政协议特殊的生效条件，即需经有权机关批准或征得第三人同意。（3）行政协议的有效与无效。有效与无效要件，既可以适用关于一般行政行为和民事合同的有效与无效规定，又有行政协议的有效与无效的特殊要件。（4）行政协议的变更与消灭。行政协议的变更与消灭属于行政协议效力的变化机制，主要包括撤销、变更、解除、终止及执行等。这强调行政机关和行政相对人协商和法院在其中的作用，有时更强调行政机关基于公益的单方调适和履行机制。

三、行政协议的有效性和合法性

有效性和合法性，是评价行政活动的两个最重要的因素。大多数行政法和行政诉讼制度都是围绕着行政活动的这两个因素展开的。不过，只是单独讨论这两个问题是远远不够的，必须讨论这两者之间的关系。因为如果混淆这两者之间的关系，或者不正确地理解这两者之间的关系，难以对行政活动的法律效力得出正确的结论。

（一）行政协议的有效性

行政协议的有效性是指行政协议若非无效，一经当事人协商一致（有时还要符合一些特定的生效条件）即产生法律效力。其主要解决的是行政协议的有效性要件，也可以称为行政协议的效力标准。在理论和实践中，有效和无效的关系比较复杂。一般来说，行政协议有效为其已成立且生效，同时不具有无效情形的这么一种状态。行政协议是否有效，主要从以下三个方面去考证：一是是否成立；二是是否已生效；三是是否具有无效情形。

有效的行政协议一般需要满足以下要件：一是是否成立。（1）达成合意。协议标的须经合同主体协商，达成意思表示一致。如果意思表示存在重大瑕疵，例如误解、恶意欺诈的，行政协议可能因为类推适用民事规定而在事后被撤销，导致该协议无效。（2）书面形式。多数国家和地区均规定行政协议订立应当采取书面形式，否则协议不成立。如《德国行政程序法》第 57 条规定，公法合同以书面形式订立，但以法规未规定其他形式为限。二是是否已生效。行政协议一般在行政机关和行政相对人意思表示一致后便生效，有两种例外情形：准用附条件和附期限民事法律规范不生效的和未依法应经其他机关核准、同意或者会同办理，或者征得第三人的同意的。前者如附生效条件的行政协议的条件未成就、附期限的行政协议期限未到来；后者如《德国行政程序法》第 58 条第 1 款、第 2 款规定，公法合同损及第三人权利的，得到第三人书面同意，合同方为有效。订立合同所代替的行政行为的作出需要其他行政机关的批准、同意或者赞成的，则得到其他机关相应的答复后，该合同方为有效。三是是否具有无效情形。行政协议的缔结有诸多限制，比如缔约权能、法定权限、缔约程序、缔约内容等，这些限制既包括实体上的，也包括程序上的。一旦违背这些限制，就有可能导致双方建立起来的法律关系归于无效。自然，双方主体也就不能基于合同而主张任何权利（本章第二节详细论述）。一般来说，行政协议有效性的认定，可以参照《民法典》第171条、第172条、第504条规定，已经履行完毕的，一般不否定行政协议的有效性。有效的行政协议，双方当事人应当遵守。当事人违反有效行政合同的，应承担相应的违约责任。

但是，在实践中行政协议无效和未生效、不发生效力有时是不加区分的。原告曹某荣诉被告安丘市人民政府确认房屋产权调换补偿协议无效一案，潍坊市中级人民法院经审理认为：涉案《产权调换补偿协议书》系被告安丘市人民政府设立的指挥部基于土地征收而与第三人曹某亮、曹某明就原告的房屋达成的具有行政法上权利义务内容的协议，原告作为房屋权利人向人民法院提起诉讼，要求确认该协议无效，属于《若干解释》第11条第2款“公民、法人或者其他组织就下列行政协议提起行政诉讼的，人民法院应当依法受理：……（二）土地、房屋等征收征用补偿协议……”规定的行政协议案件范畴。根据《合同法》第48条第1款“行为人没有代理权、超越代理权或者代理权终止后以被代理人名义订立的合同，未经被代理人追认，对被代理人不发生效力，由行为人承担责任”以及第51条“无处分权的人处分他人财产，经权利人追认或者无处分权的人订立合同后取得处分权的，该合同有效”的规定，行为人没有代理权以被代理人名义订立的合同，未经被代理人追认，对被代理人不发生效力；无处分权人处分他人财产，未经权利人追认或订立合同后未取得处分权的，该合同应属无效。[①] 本案中，原告曹某荣系被诉补偿协议所涉房屋的所有权人，在其未委托第三人曹某亮、曹某明就该房屋拆迁补偿事宜签订协议的情况下，曹某亮与指挥部签订被诉补偿协议系对曹某荣享有的房屋权益的无权处分，曹某明以曹某荣名义签订的该补偿协议属无权代理，在曹某荣事后明确表示对被诉协议不予认可且曹某亮在协议签订后亦未取得处分权的情况下，被诉补偿协议对原告曹某荣不发

---

① 《民法典》第171条对《合同法》第48条内容有部分修改，且《民法典》中删除了《合同法》第51条关于无权处分的相关规定。

生效力，应确认无效。故判决确认被告设立的“王五里—瑞贝轻机片区”建设工程指挥部与曹某亮、曹某明签订的《产权调换补偿协议书》无效。本案法院判决确认涉案行政协议无效，既督促征收机关不可恣意行政，又有效保护了行政相对人的合法权益。但是，行政协议无效和未生效、不发生效力是什么关系，也是一个值得研究的问题。一般而言，若出现合同无效的情形，则合同自始无效，且无补正的可能性。反之，就不会导致合同无效。行政协议未生效、不发生效力是可以通过一定的形式予以追认而成为有效协议，不应成为无效协议。

（二）行政协议的合法性

“行政法的学科旨趣，在于检讨行政应如何受到法的拘束，以确保人民的基本权利。”[①] 行政与法律的关系，有“依法行政”或“依法律行政”和“法治行政”两种范式，总的要求是依照法治理念和法律规定推行公共政策、实施行政管理、提供公共服务，并接受合法性监督。行政协议是实现行政管理或者公共服务目标的方式或者手段，也有应如何受到法的拘束问题，由此产生行政协议的合法性问题。行政协议的合法性要件一般包括以下几个方面。

一是行政协议当事人是否具备法定的缔约权限和能力。根据一般的法原则和我国民事法律规范关于民事法律行为有效要件的规定，当事人具备缔约能力（资格）应当是合同合法有效所必不可少的要件，再加上行政协议的特殊性，法律对行政合同当事人的缔约能力（资格）尤其是行政机关的权限问题往往有特别的规定。因此，如果行政合同当事人不具备法定的缔约权限能力（资格）的，可能影响行政协议的效力，甚至导致行政协议无效的原因。

二是行政协议的订立是否属于依其性质或法规规定不得缔约。《德国行政程序法》和我国台湾地区“行政程序法”规定，公法上的法律关系得以契

① 翁岳生主编:《行政法》(上)，台湾翰芦图书出版有限公司 2000 年版，第 9 页。

约设定、变更或消灭之。但依其性质或法规规定不得缔约者，不在此限。当然有时依其性质或法规规定不得缔约者也不是绝对的。《德国行政程序法》和我国台湾地区“行政程序法”规定，行政机关对于行政处分所依据之事实或法律关系，经依职权调查仍不能确定者，为有效达成行政目的，并解决争执，得与人民和解，缔结行政契约，以代替行政处分。有关课税事实争议，依其性质或法规规定不得缔约，但经依职权调查仍不能确定者，仍有可能和解，或在行政诉讼上和解协议解决纷争。

三是是否违反法律法规对缔约方式和形式所作的强制性规定。《德国行政程序法》和我国台湾地区“行政程序法”关于行政合同的形式的规定——行政契约之缔结应以书面为之，但法规另有其他方式规定者，依其规定。我国台湾地区“最高行政法院”2011 年判字第 2118 号判决：“‘行政程序法’第 139 条前段规定，行政契约之缔结，应以书面为之。因终止行政契约之履约争执而订立和解契约者，亦属行政契约，自应以书面为之，有关和解契约是否成立，及其成立内容如何，悉以书面记载为准。此书面之缔约方式，因行政契约涉及公权力行使，为求明确而杜争议，故以书面方式为必要。是以，诊所与行政机关所签订之同意书及分期摊还申请书，是否即得视为公法上之和解契约即有疑义。”对法律、法规就行政协议的形式有明确的强制性规定的，双方当事人应当遵循，不得违反，否则，行政协议应被认为自始不成立。行政协议不成立应属于广义的行政协议无效范畴。比如，神木县人民政府于 2008 年 6 月 16 日印发了神政发〔2008〕23 号《神木县人民政府关于印发〈神木县城区禁烧烟煤工作实施办法〉的通知》，《神木县城区禁烧烟煤工作实施办法》对在县城区禁烧烟煤的总则、城区禁烧烟煤治理工作的监督管理、清洁燃料的使用及补贴、法律责任等问题作了规定，并未对具体个人作出权利、义务方面的规定。神木县人民政府于 2008 年 7 月 25 日印发了《神木县人民政府县长办公会第 38 次〈关于近期推进禁烧烟煤工作有关事项的会议纪要〉》，该会议纪要就禁烧烟煤工作推进情况的相关问题作出纪要，纪要中并未对具体个人作出权利、义务方面的规定。张某等三原告认为其与被告神木县人民政府之间事实上形成了行政合同法律关系，且已经履行了合同的主要义务，被告神木县人民政府未推进实施无烟煤项目，构成了行政合同的根本性违约，故提起行政诉讼。二审法院认为，神木县人民政府印发的《神木县城区禁烧烟煤工作实施办法》（神政发〔2008〕23号）属于针对不特定主体作出的规范性文件，具有普遍适用性。神木县人民政府印发的《关于近期推进禁烧烟煤工作有关事项的会议纪要》属于针对所属部门作出的内部工作要求文件。该规范性文件和会议纪要是神木县政府单方制定的。上诉人张某等三人无证据证明与神木县政府之间存在合意行为。故其主张其曾应神木县政府的要求，租赁土地、修建厂房、采购设备、购进无烟煤、雇用工人积极兴建无烟煤场，于2008年10月1日筹建完成，具备营销条件，与被上诉人神木县人民政府之间事实上形成了行政协议法律关系的观点不能成立。上诉人诉请由于神木县政府改变行政决定导致其受到损失，并要求赔偿的诉讼请求，缺乏事实根据和法律依据。①

四是是否违反法律关于缔约程序的强制性规定。有些法律特别规定行政协议的订立应以公开招标、拍卖的方式订立。对违反这些特别法的强制性规定而订立的行政协议，应当确定为无效或者予以撤销，以使特别法规定的立法目的得以实现。我国台湾地区“行政程序法”第138条规定：“行政契约当事人之一方为人民，依法应以甄选或其他竞争方式决定该当事人时，行政机关应事先公告应具之资格及决定之程序。决定前，并应予参与竞争者表示意见之机会。”此为违反公告甄选相对人之规定。有关公告甄选行政契约当事人，如违反此一规定，则契约无效。在美国，政府合同如果没有遵守关于签订合同的采购规则，合同可以由受害方（例如希望签订合同的其他人）提出质疑。该缔约方可以认为其比授予合同的缔约方更有能力或更合算，或者在授予合同时涉及一些腐败或其他不当行为。有时，采购程序规定举行某种行政听证来解决争议，但无论是否有行政诉讼，败诉方总是可以在用尽行政救济措施后寻求法院的救济。如果发现未遵守采

① 陕西省高级人民法院（2016）陕行终29号行政判决书。

购过程，在某些情况下，不仅合同无效，而且如果合同履行开始于其被废除之前，法院可以命令不给有过错的一方当事人支付工资，即使在判决合同无效之前其已经支出大量费用。在法国，情形也类似。行政合同缔结程序越来越尊重竞争原则。行政合同制度日益重视对市场之良性竞争秩序的维护，集中体现在行政合同之缔约环节，要求行政合同中的公共采购合同（包括政府采购合同、公共服务特许经营合同、PPP 合同）应当通过透明且竞争的方式予以签订。相关制度在法国国内法和欧盟法相互作用下共同构成。其中，欧盟法主要以欧盟指令形式介入法国公共合同的签订程序，影响巨大，甚至占据主导地位。有关指令可以追溯到 20 世纪 70 年代，最新的则是 2014 年关于公共采购合同签订程序的三个指令，彼此各有侧重：第一个主要规制一般的传统经典政府采购领域；第二个主要涉及特殊领域的政府采购，比如供水、能源、交通和管网建设等；第三个主要针对公共服务特许经营合同的签订程序。其中，前两个关于政府采购的欧盟指令可以追溯到 20 世纪 70 年代，第三个关于特许经营的欧盟指令则是最近的。需要强调的是，在肯定欧盟法重大影响力的同时，不能否认法国相关制度对欧盟立法的启发作用，比如法国规制政府采购合同签订的法律最早可以追溯至 1836 年，当时的法国政府采购制度就要求“所有由国家签订的采购合同都应该以公开且竞争的方式签订”，此后相关的合同签订主要通过招投标方式进行；再如，法国规制特许合同签订的法律最早可以追溯至 1886 年。①

---

① 据了解，法国的规制缔约程序的目的、共同原则和制度、不同制度，主要如下：第一，规制缔约程序的目的。无论法国国内法还是欧盟指令，其规制公共合同之签订程序均是出于以下目的：首先，为了保障公共资金的安全运作和有效支出。管理好行政机关对公共资金的支出行为，才能实现财政资金的最佳利用。其次，为了维护供应商之间的良性竞争环境。所谓维护整体市场良性竞争制度，主要指通过要求行政机关按照法定的公开透明且强制竞争的规制来选择合同相对人，以避免行政机关的各类采购行为造成市场资源错配，从而维护市场竞争环境。进而，在供应商充分竞争的情况下，行政机关才可能获得最优的合同标的。最后，为了在整个欧盟区域实现经济自由和提供服务的自由。欧盟为了建立统一市场，禁止各成员国基于经济运营商之国籍而歧视对待，发布众多涉及公共合同签订行为的指令，以细化相关的程序性和形式性约束。法国专门修改了本国的政府采购法，完整吸收了欧盟法的上述要求，确立以程序透明、自由进入和平等对待为根本原则的政府采购制度。（转下页）

五是是否符合行政协议的特殊生效要件。行政协议准用民事法律规范关于附条件和附期限生效要件外，有时还要依法符合特殊生效要件。

1. 第三人同意。《德国行政程序法》和我国台湾地区“行政程序法”规

（接上页）第二，规制缔约程序的共同原则。如上所述，具体的签订程序复杂多样，但是仍可以发现规制整个公共合同签订程序的共同原则，主要包括两大类：1. 规制采购人的基本原则。一是行政机关必须平等对待供应商或者竞争者，禁止任何歧视的区别对待，实现合同签订过程中的充分竞争。二是行政机关必须排除和预防某些法律风险，包括避免利益冲突、避免贪腐这两种情形。避免利益冲突，欧盟的三大指令均有涉及；避免贪腐，仅在欧盟的特许合同指令中专门提及，主要原因还是在于行政机关在特许合同中，拥有极大的自由选择以何种方式确定合同相对人，其程序严格性略逊于政府采购合同。2. 保护供应商的基本原则。一是尊重供应商自由原则：根据具体情况，供应商可以自由选择以何种方式、供应商之间可以自由选择以何种模式组团参与公共合同的签订程序。二是尊重供应商权利原则：确保供应商获得信息的权利，以及其商业秘密得到保护的权利。第三，规制缔约程序的共同制度。关于公共合同的签订制度，不仅操作程序非常多样，而且每种程序本身的内容也非常复杂。但是，不可否认其背后存在一些共同的原则制度贯穿其中。1. 门槛价制度。实务中，区分具体的公共合同是否要求行政机关必须按照法定的签订程序进行操作，主要看合同价格是否达到相应的门槛价。门槛价之上的公共合同，行政机关有强制义务按照法定程序来选择供应商，反之行政机关可以自主决定是否适用相关的签订制度。欧盟法的具体规定为：（1）公共服务特许经营合同的门槛价为 522.5 万欧元；（2）政府采购合同的门槛价，如涉及工程类的为 522.5 万欧元，涉及国家签订的货物或服务合同的为 13.5 万欧元，涉及地方行政区签订的货物或服务合同的为 20.9 万欧元，涉及供水、能源、邮政等特殊领域的则为 41.8 万欧元。当然，具体门槛价会随着时间变化进行调整。2. 基本的签订程序。主要分为四个步骤：一是行政机关准备与招标内容相关的文件。二是行政机关以公告等方式公开招标文件或者招标内容。政府采购制度在公开的内容、程序、层级等方面已经作了非常明确且详细的规定，以便潜在的供应商知晓，决定是否参与竞价。三是行政机关对中标者的选择问题，主要分为两个阶段：首先对供应商的资质审查，将不符合资质要求的供应商直接剔除；然后对通过第一轮筛选的供应商标书进行研究和比较，选取最优的中标者。需要强调的是，要严格遵守已经公布的标准，任何选择必须基于已经公布的标准作出。四是公共合同的授予，必须把合同授予最优的供应商，但绝非经济上报价最低者，而是按照已经公布的标准综合考虑的最优者。第四，规制缔约程序的不同制度。关于政府采购合同、公共服务特许经营合同的签订程序，各有不同规定。以下分情况介绍：1. 关于公共服务特许经营合同的签订程序，主要涉及两点：（1）欧盟基本上把这一领域的制度权利交给各个成员国自行处理，也就是说，欧盟法在这个问题上保持沉默。（2）就法国的传统而言，行政机关在特许合同中，拥有极大的自由选择以何种方式确定供应商，但是即便如此，法国立法者仍然强调只有在特殊情况下，行政机关才可以不遵守提前公开、强制竞争的基本原则，比如招标方案流拍或者只能给某位确定的供应商的时候，可以采取非公开、非竞争的签约方式。2. 关于政府采购合同的签订程序，法国的政府采购制度已经作了非常详尽的规定，提供多样化的采购方式满足采购人的不同需求，可以根据情况运用公开招投标、限制招标或邀请招标、带有竞争的谈判、竞争性对话、创新性合作和不带有竞争的谈判这六种采购程序。此外，对于 PPP 合同，法律亦明确签订程序应该遵守公开透明、强制竞争规则，根据不同情况采用《法国政府采购法典》中规定的招投标程序和竞争性对话程序。

定“行政契约依约定内容履行将侵害第三人权利者，应经第三人书面同意始生效力”。如果依此立法，侵害第三人利益且未经第三人书面同意的合同自始不生效力。自应属广义的无效范畴。但应当指出且有待进一步研究的问题是，对此立法，我国台湾地区学者持有异议，理由是：第一，如果规定侵害第三人利益的合同必须经第三人书面同意，才能生效，那么，这类合同是三方合同还是双方合同？第二，如果规定侵害第三人利益且未经第三人书面同意的合同一律不生效力，那么，在实践中，这种一刀切的做法是否可行，是否会损及公共利益和法的安定性。例如，行政主体与私人订立了侵害第三人利益的行政合同但未经第三人同意，后来合同已履行完毕，第三人却主张合同无效，此时法院应否确认合同无效，是否均应恢复原状？第三，即使我国台湾地区法院 2009 年度判字第 1466 号：“‘行政程序法’第 140 条第 1 项规定行政契约依约定内容履行将侵害第三人之权利者，应经该第三人书面之同意，始生效力，其规范目的，乃在避免行政机关缔结行政契约贱售公权力或滥用公权力致侵害第三人之权利。唯行政契约大部分均属双务契约，行政法律关系原则上常见多面法律关系而非单纯双面法律关系，则任何双务契约之履行，倘解为均须相关第三人书面之同意，行政契约实际上将无从缔结或发生效力。故该条之适用范围应认仅限于处分契约（直接引起第三人权利变动者）或第三人负担契约（约定由第三人对他方为给付者）。”

2. 依法经其他行政机关之核准、同意或会同办理。《德国行政程序法》和我国台湾地区“行政程序法”规定，行政处分之作成，依法应经其他行政机关之核准、同意或会同办理者，代替该处分而缔结的行政契约，亦应经该行政机关之核准、同意或会同办理，始生效力。依据该立法之精神，如果法律特别规定行政机关作成某行政行为应经其他机关核准、同意或会同办理，那么，行政机关缔结代替该类行政行为的行政合同亦应遵循法律的规定，如果行政机关未遵循法律规定的特别程序，行政协议未生效，事后又没有补正的，应当确认该行政合同未生效，以监督行政机关依法行政，且使特别法的目的得以实现。比如，原告叶某龙因认为被告乐清市国土资源局未按约定履行土地征收补偿协议一案，法院认为，1998 年《土地管理法》第 44 条、第

45 条规定，征用土地的应当办理征地审批，其中征用农用地的按照情形办理农用地转用审批。《合同法》第 44 条第 2 款规定，法律、行政法规规定应当办理批准、登记等手续生效的，依照其规定。被诉行政协议系被告下属机构与第三人签订的拟征地协议的补充协议，其协议主要内容为征地事项，需要报有批准权的人民政府批准后方能发生效力。《合同法》第 45 条第 1 款规定，当事人对合同的效力可以约定附条件。附生效条件的合同，自条件成就时生效。被诉行政协议第 9 条约定“本协议经公证后生效”，系协议当事人对生效条件的约定。但被诉行政协议并未进行公证，其并未生效。①

六是行政协议当事人意思表示是否真实。《民法典》第 147—151 条规定：“基于重大误解实施的民事法律行为，行为人有权请求人民法院或者仲裁机构予以撤销。”“一方以欺诈手段，使对方在违背真实意思的情况下实施的民事法律行为，受欺诈方有权请求人民法院或者仲裁机构予以撤销。”“第三人实施欺诈行为，使一方在违背真实意思的情况下实施的民事法律行为，对方知道或者应当知道该欺诈行为的，受欺诈方有权请求人民法院或者仲裁机构予以撤销。”“一方或者第三人以胁迫手段，使对方在违背真实意思的情况下实施的民事法律行为，受胁迫方有权请求人民法院或者仲裁机构予以撤销。”“一方利用对方处于危困状态、缺乏判断能力等情形，致使民事法律行为成立时显失公平的，受损害方有权请求人民法院或者仲裁机构予以撤销。”

七是行政协议内容是否违反合法有效的法律法规、规章及行政规范性文件，是否侵害国家利益、公共利益。主要考虑民事法律规范关于合同的规定，对行政协议内容违反法律强制性规定或损害国家利益、公共利益是否无效的情形。行政主体订立行政合同的目的是实现法定的行政目标、维护公共利益，而如果行政协议内容本身违反法律规定或侵害国家利益、公共利益，实与法律允许行政主体订立行政合同的初衷相悖，自难认定此类合同有效。在美国，除了合同签订时因没有遵守适当的采购程序而受到挑战，也可以基于其他理由对合同提出挑战。例如，如果政府合同违反环境

---

① 浙江省乐清市人民法院（2016）浙 0382 行初 11 号行政判决书。

规则或反垄断法，则法院可以在提起合同无效的诉讼中，宣告合同无效。如果这种对效力的挑战超出了允许提起诉讼的期间，诉讼可以根据时效规则予以驳回。

（三）行政协议的有效性与合法性的关系

“依法行政”或“依法律行政”，就是依照法律的规定推行公共政策、实施行政管理。依法行政类型的本质特征是奉行法律至上，严格奉行规则治理，在性质上属于形式理性或自治性行政法治。这种法治类型是将行政严格置于法律规制之下的形态，也是行政法的发展形态。这种类型的本质特征是行政权形成和运作均受形式法治的支配。其主要特征为：实行国家权力分立，强调立法权对行政权的优越地位；行政法的法律渊源主要是议会的制定法；立法以保障国民的权利和自由为本位；对行政权进行全面的法律控制；强调法律优先、法律优越或法律至上；强调无法律授权即无行政，即强调宽泛的“法律保留”原则；强调对行政机关及其行政行为的合法性监督。[①] 在依法行政类型下，依法行政之“法”，原则上限于最狭义的法律，即议会制定的法律，而不包括现今行政机关所制定的“法”（广义的法），也很少建立委任立法制度，行政机关制定的法规、规章只能规范行政机关内部的事务，不具有对外拘束行政相对人的效力，习惯法、司法判例、行政法规、规章、行政解释和抽象的法律原则、理念都不能作为法律的渊源，故有“无法律即无行政”之说。[②] 这种学说的本质在于，“必须有形式意义的法律，行政机关才能有依据地进行运作，无形式意义的法律，就不能实施行政，行政与司法均只是法律的执行而已”。[③]

亚里士多德在其巨著《政治学》一书中指出，“法治应包含两重意义：已成立的法律获得普遍的服从，而大家所服从的法律又应该本身是制定良好的

---

① 江必新著：《行政法制的基本类型》，北京大学出版社 2005 年版，第 79 页、第 19 页。
② 江必新著：《行政法制的基本类型》，北京大学出版社 2005 年版，第 105 页。
③ 江必新著：《行政法制的基本类型》，北京大学出版社 2005 年版，第 105 页。

法律”。[①] 亚里士多德由此提出“良法为治”的问题。但是，在“二战”以前，由于形式法治的盛行，“良法为治”并没有受到足够的重视。“二战”以后，人们痛定思痛，以批评德国法西斯主义为契机，掀起了批评法律实证主义和形式法治主义的高潮。首先发难的是德国学者拉德布鲁赫，他于 1946 年在《南德法学报》发表了著名论文《法律上的不法与超法律的法》，对形式法治主义进行了深刻大批判。他认为，法律实证主义在纳粹时代遭到滥用，法官囿于“法律就是法律”，无法以自己的良知来对抗恶法，德国因此成了一个非法治国。另外一位德国学者史密特认为，法治国乃基于法律之治，因此法治国当然应该是法律国。但是，并不能因此局限于“恶法亦法”的实证论观念，法律必须符合法治国家的原则以保障国民自由，否则，任何专制帝国也可称为法治国。法治国正是由于必须讲求法律品质才有别于专制国。[②] 在英国，拉兹在 1977 年发表的《法治及其特点》一文中，认为法治如果仅是强调政府一切作为依循现行法却不能防止政府滥用法治来侵犯人民时，此法治即无任何意义可言。因而他主张，法治应该非有其他价值的要素渗入不可。这便是讨论实质意义法治。他提出作为法治概念的法必须具有以下五个特点：普遍性、预期性、公开性、明确性和稳定性。拉兹的法治观将法的品质与法治概念合二为一，将价值观带入法治的概念内，无疑是英国宪法学的一个重要里程碑。[③] 鉴于此，1959 年在印度德里举行的国际法学大会所发表的宣言认为，法治是一个会扩张的机动概念，每一个法律人应该促使此概念的大力实践。法律人除要作为自由社会中个人人权及政治权利首要的保护及促进者外，也要创造出使人人都能获得发展及尊严的社会、经济、教育及文化环境。这个被称为德里法治宣言的法治观，将社会权的概念引入法治的价值观，且将法律人的任务，由追求实证法律正义，提升到社会正义之上。[④]

目前，学者多从价值和构成要素两个方面对实质法治进行归纳。一方

① 亚里士多德著:《政治学》，商务印书馆 1997 年版，第 199 页。

② 江必新著:《行政法制的基本类型》，北京大学出版社 2005 年版，第 184 页。

③ 陈新民著:《德国公法学基础理论》，山东人民出版社 2001 年版，第 67—68 页。

④ 陈新民著:《德国公法学基础理论》，山东人民出版社 2001 年版，第 68 页。

面，就实质而言，法治国并非只是法律的集合体，而是以人性尊严、人类价值为基础并加以践履的实质规范原则，且应使个人之价值能受到充分尊重，避免法律屈从于任何个人意愿之下，法治国之理想始可真正获得实现。[①]另一方面，法治国之基本理念主要由以下要素加以组成：法律安定性、法之和平状态、权力之分立、以正式之制定法作为法规范的主要内容、禁止以命令代替法律、法律须以民主方式制定、依法行政原则、平等原则、比例原则、人民基本权利之保障以及独立之法院提供人民权利保护之途径。[②]但是，实质法治并不是要完全抛弃形式法治。恰恰相反，“法治国必须继承传统形式意义法治国的杰出理念，诸如最大幅度地维护人民基本权利、基于自由主义对国家权力可能滥权的疑惧，以及确保上述两个原则所必须采行的法律保留及所衍生的信赖利益保护，溯及禁止与可预测性原则的实践等。同时必须符合国家追求整体实质正义以及将国家行为确实用法而非单纯用法律来加以束缚，使得法治国无疑地可透过违宪审查权的制度，来摒弃恶法亦法，而达到良法之治。因此，法治国的精神已将实证的法律工具论视为下层次的执行原

---

① 彭国能：《法治国之基本理念》，载城仲模主编：《行政法之一般法律原则》，三民书局 1997 年版，第 392 页。新的法治国概念必须要有特定的，实质的基本价值及基本要素。这种基本价值有二：一乃保障个人自由；二乃将国家权力用法来规定之，以对抗恣意滥权与不法。在此萧勒特别强调法律实证主义的不足，而正义与平等的精神以及必须符合民主的立法程序，方足以称为法治国家的法律。……同时认为，法治国必须承认欧洲某些传统文化的价值，例如承认人性尊严、法律保留、权力分立、独立审判等。详见陈新民著：《德国公法学基础理论》，山东人民出版社 2001 年版，第 93 页。

② 详见彭国能著：《法治国之基本理念》，载城仲模主编：《行政法之一般法律原则》，三民书局 1997 年版，第 398 页。实际言之，法治国乃涉及价值判断之问题，是其应参考如下之要件，以验证是否属于真正之法治国：（1）将宪法作为一般法律之基本规范，并使其成为国家最高位阶之法规范，此即宪法国家原则。（2）对于规范国家与人民关系之法律必须考虑人类之尊严、正义自由平等、基本权利之保障，此即人类尊严、自由、权利平等之原则。（3）国家权力、功能须分配于不同之机关，而其相互间亦得互相拘束，此即权力分立、权力监督之原则。（4）以法（Recht 即广义之法规范，而不以狭义之制定法为限）作为国家运作之基础，并以之界定其行为之范畴，如宪法之于立法机关，法律之于行政机关与司法机关，此即法拘束性原则。（5）借由独立之法院以法定之程序提供广泛且有效之权利保障途径，此即法院保障原则。（6）建立国家机关责任之体系。在机关实施错误行为之情形，国家应对人民所受之侵害提供赔偿，此即赔偿体系之原则。（7）国家所为干涉人民之行为，须符合适当性、必要性与比例性，此即逾越禁止之原则。就前所述，法治国原则本身即涉及价值判断之问题，因此对于是否符合法治国原则，自须参酌前述之要件为断。见彭国能著：《法治国之基本理念》，载城仲模主编：《行政法之一般法律原则》，三民书局 1997 年版，第 399—400 页。

则，而追求法的品质论，也涉及宪法学及法理学的争议与发展，无疑是今后法治国概念的发展最主要关注之处”。[①]

综上，按照形式法治国家的观念，行政行为的有效性取决于其合法性。但是从形式法治和实质法治相结合来看，这种观念是错误的。因为违法的行政行为只有在重大明显违法的情况下才无效。在其他违法情形中，行政行为仍然有效，甚至可以强制执行，除非关系人诉请撤销或者行政机关依职权撤销。[②]因此，有效性和合法性不是一一对应的。即使违法的行政行为也具有效力，这一点被称为“有效性推定”。[③]由此可以看出，行政行为不可能要么有效（因为合法），要么无效（因为违法）。这样，行政行为有效性和合法性的关系包括如下四种形式：（1）合法并且有效的行政行为，其法律后果原则上具有法律上的稳定性。（2）合法但（尚）未生效的行政行为，其法律后果悬而未决。例如，需附和的行政行为尚未得到附和，一旦得到附和即生效。（3）违法但（临时）有效的行政行为，其法律后果表现为可诉请撤销性以及重作的可能性。一旦行政行为变得不可诉请撤销，或者关系人以合法的方式放弃法律救济，即具有形式存续力。（4）重大且明显违法的行政行为，其法律后果表现为自始当然无效。[④]

与此相同的，行政协议同样也不可能要么有效（因为合法），要么无效（因为违法）。行政协议有效性和合法性的关系大致包括如下五种形式：（1）符合上述所有的行政协议合法性要件（其中包括一些导致生效的合法性要件）并依法生效的行政协议，其法律后果原则上具有法律上的稳定性，当事人协商或诉请变更、解除或者行政机关单方变更、解除的除外。（2）违反

---

① 陈新民著：《德国公法学基础理论》，山东人民出版社2001年版，第100页。

② ［德］汉斯·J.沃尔夫、奥托·巴霍夫、罗尔夫·施托贝尔著：《行政法》（第2卷），高家伟译，商务印书馆2002年版，第66页。

③ ［德］汉斯·J.沃尔夫、奥托·巴霍夫、罗尔夫·施托贝尔著：《行政法》（第2卷），高家伟译，商务印书馆2002年版，第66—67页。也有不同的意见。“因为该问题与证据规则和假定没有任何关系，它实际上是实体法律规则问题：违法的行政行为只在特定的条件下无效。这一由学理和司法界发展的规则当今成为大量立法的根据。”

④ 详见［德］汉斯·J.沃尔夫、奥托·巴霍夫、罗尔夫·施托贝尔著：《行政法》（第2卷），高家伟译，商务印书馆2002年版，第70页。

法律法规对缔约方式和形式所作的强制性规定，导致行政协议不成立，更无法律效力可言。（3）满足上述行政协议合法性要件但不符合行政协议的生效要件，属于尚未生效的行政协议，其法律后果悬而未决。但是，一旦附生效条件的行政协议的条件成就，附期限的行政协议期限到来，依法应经其他机关核准、同意或者会同办理，以及征得第三人的同意的，立即生效。（4）违反上述所有的行政协议合法性要件但属于一般违法，行政协议临时具有法律效力，其法律后果表现为可诉请撤销性或者变更。一旦行政协议变得不可诉请撤销或者变更，或者关系人以合法的方式放弃法律救济，即具有形式存续力，从此不得再争讼。（5）重大且明显违法、适用民事法律规范确认行政协议无效或者符合行政行为等无效情形的行政协议，其法律后果表现为自始当然无效。

第二节 行政协议的无效

行政协议无效问题，属于行政协议效力制度中最重要的内容，也是行政协议有效性和合法性问题的进一步延伸。由于我国的行政协议实体法缺位，为因应行政协议在行政管理和审判实践的急迫需要，结合行政行为无效标准和民事合同无效规定，探讨行政协议的无效情形（包括行政协议独特的无效情形）等相关制度，以及认定行政协议无效的平衡理念。

一、行政协议无效概况

行政协议无效是该协议自始无效，且无补正的可能性，它与行政协议的未生效、可撤销及可解除是不同的。以其他国家与地区的行政程序法为例，一般行政协议无效标准大致有两种模式，一是德国和我国台湾地区模式。主要明确了行政合同适用民事和行政协议特有的两种无效标准。《德国行政程序法》第 59 条第 1 款规定，因准用民法典规定而出现合同无效情形的，公法合同亦无效。该条适用于对等行政合同、从属行政合同。第 2 款专门针对从属行政合同的无效情形作了细分规定:(1)有相应内容的行政行为无效的;(2)具有相应内容的行政行为并非只因为该法第46条[①]所指的程序或者形式瑕疵而违法,且合同签订者明知违法的;(3)不具备订立和解合同的条件,且具有相应内容的行政行为并非只因为本法第46条所指的程序或者形式瑕疵而违法的;(4)行政机关承诺该法第56条(有关双务合同)所不允许的对待给付的。我国台湾地区"行政程序法"第141条规定:"行政契约准用民法规定之结果为无效者,无效。行政契约违反第135条但书或第138条之规定者,无效。"第142条规定:"代替行政处分之行政契约,有下列各款情形之一者,无效:一、与其内容相同之行政处分为无效者。二、与其内容相同之行政处分,有得撤销之违法原因,并为缔约双方所明知者。三、缔结之和解契约,未符合第136条之规定者。四、缔结之双务契约,未符合第137条之规定者。"另外一种是除上述两种标准外,增加适用关于无效行政行为的规定认定行政协议无效的规定。如《葡萄牙行政程序法》第185条第3项规定,如果行政合同同样适用于行政行为,适用于本法典规范行政行为非有效性的规定。《澳门特别行政区行政程序法》第164条第2项规定,如一行政行为无效或可撤销,则标的与该行为之标的相同,以及对同一具体情况所作之规范与该行为所作相同之行政合同,亦为无效或可撤销。

关于行政协议无效标准,我国法律并无明确规定。行政协议司法解释根据行政协议的特点,结合《行政诉讼法》关于无效行政行为和民事规范关于无效合同的规定,对行政协议无效作了明确规定。其第12条规定,行政协议存在《行政诉讼法》第75条规定的重大且明显违法情形的,人民法院应当确认行政协议无效。人民法院可以适用民事法律规范确认行政协议无效。行政协议无效的原因在一审法庭辩论终结前消除的,人民法院可以确认行政协议有效。该条是关于行政协议无效情形的规定。上述司法解释既区别于上述德台模式,也区别于葡澳模式。

① 《德国行政程序法》第46条(程序及形式瑕疵所导致的后果)规定:对不属于第44条的(无效)行政行为,不得仅因其成立违反程序、形式或者地域管辖的规定而主张将之撤销,除非另一决定也会导致同样的结果。

我们认为，行政机关在履行行政管理职责过程中，为实现公共服务或者行政管理目标，可以通过与公民、法人或者其他组织协商的方式达成具有行政法上权利义务内容的协议。因行政协议具有两面性，既有作为行政管理“行政性”的一面，也有作为公私合意产物“协议性”的一面。故行政协议既是一种行政行为，具有行政行为的属性，又是一种协议，体现协议制度的一般特征，更是行政性和协议性的深度融合而非简单地叠加。因此，对于行政协议无效的判断，既适用《行政诉讼法》关于无效行政行为的规定，同时也适用民事法律规范中关于合同无效的规定，更要发展出属于行政协议特有的无效标准。故行政协议的无效判断，既要适用关于一般行政行为和行政协议的行政法律规范，也要适用不违反行政法和行政诉讼法强制性规定的民事法律规范。根据行政诉讼法以及合同法律等规定，认定行政协议是否具有无效情形，既要审查行政行为是否存在实施主体不具有行政主体资格或者没有依据等重大且明显违法和行政协议特有的无效情形，还应审查行政机关在与相对人签订合同过程中有无遵循平等、自由、公平、诚信等原则以及是否存在合同法律上规定的无效情形。在司法实践中，也时常出现行政协议无效的案例。[①]

二、适用行政法律认定行政协议无效

在理论和立法上，就行政行为无效而言，根据“重大明显违法”标准，至少包括三种情形：一是行政行为是否明显违反制定法，这涉及行政行为与制定法的关系；二是行政行为是否确实可行，这涉及行政行为与“实效”这个事实因素的关系；三是行政行为是否严重违背公认的道德标准和基本的价值目标，这涉及行政行为与价值因素的关系。

我国台湾地区“行政程序法”第 111 条规定，“行政处分有下列各款情形之一者，无效：1. 不能由书面处分中得知处分机关者；2. 应以证书方式作

① 如范凯诉太和县城关镇人民政府、太和县人民政府行政协议案，案号：最高人民法院（2017）最高法行申 2289 号行政裁定书。

成而未给予证书者；3. 内容对任何人均属不能实现者；4. 所要求或许可之行为构成犯罪者；5. 内容违背公共秩序、善良风俗者；6. 未经授权而违背法规有关专属管辖之规定或缺乏事务权限者；7. 其他具有重大明显之瑕疵者”。其中，第 1 项、第 2 项、第 4 项、第 6 项属于行政行为违反制定法的第一种情况，其无效情形因为往往有法律明文规定，无须讨论；第 3 项关于“对任何人均属不能实现者”的规定属于涉事实因素的第二种情况，说明实效（甚至是预期的实效）对行政行为是否具有法律效力起着决定性的作用。效力与实效虽然没有必然联系，是否产生效力不以实效为前提。但是，在特殊情形下，实效也会赋予某些行为法律效力，如习惯法和国际法就是因为先有实效而后有效力的，所以，要注重实效问题（甚至是预期实效），注重效力的可行性，其中包括行政行为效力的可行性。

《德国行政程序法》第 44 条第 2 项规定，由于事实上的理由，任何人皆不能实行的，行政行为无效。这些说明，没有实效性和可行性的行政行为是不可能有法律效力的，也就属于无效行为；第 5 项关于“行政行为内容违背公共秩序、善良风俗者”的规定属于涉价值因素的第三种情况。作为当代新自然法学家的代表人物拉德布鲁赫认为实质法治依据以下三个标准进行判断：一为法的安定性；二为法的正义；三为合目的性。法的安定性有关法本身的实际存在，法的正义是法的形式所在，即这里的正义只是具有“形式特性”，仅是正义形式而非内容，至于正义的内容仍需要合目的性来补充。这三者之间并没有位阶区别。事实上，他的法律观可以总结为法的安定性与法的实质正义之间的价值权衡。[①] 对于如何进行价值权衡，拉德布鲁赫认为，我们思考的重点不应放在应抉择何者和舍弃何者，而应同时兼顾各种理念，并分别予以考量。一般情况下，为了法的安定性之故，即使制定法内容不公且不合目的，原则仍然有效；但如果制定法与实质正义的关系已经达到“不堪忍受的程度”时，制定法就必须退居正义之后。区别“制定法之不法”与“内容不正但仍有效之制定法”的界限在于，立法者立法时如果有意否认正

① 赵宏著：《法治国下的行政行为存续力》，法律出版社 2007 年版，第 109 页。

义核心，例如平等原则，或是根本不追求正义，这样的制定法不仅是“不正之法”，更从根本上就欠缺法的实质要素，因此不是法律，人们不应当遵守和服从。[①]

《德国行政程序法》第 44 条第 2 项和我国台湾地区“行政程序法”第 111 条第 5 项对此有明确规定。行政行为无效的这种法定化完全可以视为分析法学接受道德或价值为效力来源的重要表现。在理论上，“为确保法安定性及行政执行，必须以瑕疵之显然性，为行政处分无效之要件。所谓显然性，指由无偏见，有理性之一般人之观察，该行政处分一望即知有重大瑕疵。但并不以一般人能认识该处分违反法规和法律原则为必要，只要其必然认为该处分系不正确，即为已足”。[②]也就是说，行政行为只有在“显然”违反公共秩序和善良风俗等这些道德价值的情况下，才能认定为无效。它的主要论据在于，基于“法安定性原则”，承认行政处分具有公定力，纵然行政处分可能具有瑕疵，亦不容任意否定其效力；但是，倘若行政处分之具有瑕疵，已属显然且重大者，“法安定性原则”应向“法实质正当性原则”让步。[③]

《行政诉讼法》第 75 条规定，行政行为有实施主体不具有行政主体资格或者没有依据等重大且明显违法情形，原告申请确认行政行为无效的，人民法院判决确认无效。这是关于行政行为无效的规定。2015 年《若干解释》第 15 条第 2 款规定，原告请求解除协议或者确认协议无效，理由成立的，判决解除协议或者确认协议无效，并根据合同法等相关法律规定作出处理。而行政协议作为双方行政行为存在《行政诉讼法》第 75 条规定的重大且明显违法情形的，公民、法人或者其他组织申请确认行政协议无效的，人民法院应当判决确认无效。例如，喻某年诉襄阳市人民政府、襄阳市建设投资经营有限公司请求确认房屋征收补偿安置协议无效一案，最高人民法院认为，一、二审法院忽略行政协议的行政行为属性，对涉案《补偿安置协议》是否

---

① 邵曼璠：《论公法上之法安定性原则》，载城仲模主编：《行政法之一般法律原则》，三民书局 1995 年版，第 283 页。

② 林锡尧著：《行政法要义》，三民书局 1999 年版，第 286 页。

③ 林锡尧著：《行政法要义》，三民书局 1999 年版，第 285—286 页。

存在行政诉讼法规定的无效情形未予审查，存有不足之处。根据《行政诉讼法》第75条规定，行政行为有行政主体不具有行政主体资格或者没有依据等重大且明显违法情形，原告申请确认行政行为无效的，人民法院判决确认无效。[①]又如，天津鑫源森达投资有限公司诉天津市西青区精武镇人民政府签订的行政协议无效一案，原告企业在办理土地使用权出让手续过程中，被告精武镇人民政府以履行行政管理职能，监督企业依法用地为由，要求原告签订协议，缴纳地上建筑物补偿费用，并核算为15128970.16元。遂原、被告于2015年3月30日签订了《关于现有地上建筑物有关事项处理协议书》。原告于2015年4月14日向被告缴纳了15128970.16元。法院经审查认为：行政合同是行政机关为维护公共利益，实现行政管理职能，与相对人签订的为实现某种行政管理目的的协议。行政权应在法律法规授权的范围内行使。本案被告本无法律法规授权的职责和权限，却以监督管理企业依法用地为由收取费用，故因该行为没有法律规范依据致双方所签订的协议无效。同时被告应将收取原告的款项及时予以返还。故依照《合同法》第52条第5项、第58条以及《行政诉讼法》第75条的规定，判决确认案涉协议无效，并要求天津市西青区精武镇人民政府于本判决生效后立即返还原告天津鑫源森达投资有限公司人民币15128970.16元。[②]

三、适用民事法律确认行政协议无效

对于这一问题，立法机关的释义中明确，“法院审理这类争议，在实体法方面，应当优先适用有关法律法规或者规章的特别规定，没有特别规定的，适用合同法”。[③]根据立法机关的上述要求，人民法院可以适用民事法律规范，如《民法典》第146条、第153条、第156条等规定，确认行政协议无效。故，2015年《若干解释》第14条规定：“人民法院审查行政机关是否

① （2018）最高法行申191号。

② 天津市西青区人民法院（2015）青行初字第0086号行政判决书。

③ 全国人大法工委行政法室编著：《中华人民共和国行政诉讼法解读》，中国法制出版社2014年版，第45页。

依法履行、按照约定履行协议或者单方变更、解除协议是否合法，在适用行政法律规范的同时，可以适用不违反行政法和行政诉讼法强制性规定的民事法律规范。”第15条第2款规定：“原告请求解除协议或者确认协议无效，理由成立的，判决解除协议或者确认协议无效，并根据合同法等相关法律规定作出处理。”行政协议司法解释保留了上述规定的内容，规定“人民法院可以适用民事法律规范确认行政协议无效”。一般来说，目前，相关民事法律规范包括如下：《民法典》第144条规定，无民事行为能力人实施的民事法律行为无效。第146条规定，行为人与相对人以虚假的意思表示实施的民事法律行为无效。第153条规定，违反法律、行政法规的强制性规定的民事法律行为无效，但是该强制性规定不导致该民事法律行为无效的除外。违背公序良俗的民事法律行为无效。第154条规定，行为人与相对人恶意串通，损害他人合法权益的民事法律行为无效。例如，浙江省粮油储运贸易有限公司诉绍兴市柯桥区人民政府房屋征收行政协议一案中，原告起诉要求确认行政协议无效，其主要理由是清算组成员违反《清算组议事规则》中的明确规定：“签订拆迁补偿协议应当经股东会表决权三分之二以上通过。”原告认为，清算组未经股东会表决，自行与政府签订的拆迁补偿安置协议应当确认无效。对于行政协议的效力问题，可以参考民事法律法规的规定进行审理。根据《合同法》第52条规定，“有下列情形之一的，合同无效：……（二）恶意串通，损害国家、集体或者第三人利益……”本案审理的关键是上述协议中是否存在恶意串通的情况。原告在致轻纺城建管委的提示函中已经明确告知《清算组议事规则》的内容，但该单位获悉上述内容之后，在明知清算组未经股东会三分之二以上通过的情况下，仍坚持与清算组签订安置补偿协议，属于恶意串通，故所签协议当属无效协议。[①]

现在的问题是，行政行为无效标准和民事合同无效标准在行政协议无效认定中的关系是什么？行政协议司法解释第12条第1款规定行政协议存在

① 浙江省绍兴市中级人民法院（2016）浙06行初120号行政判决书。该判决送达各方当事人后，各方当事人均未上诉，该判决已经生效。

《行政诉讼法》第 75 条规定的重大且明显违法情形的，人民法院应当确认行政协议无效。而该条第 2 款规定，人民法院可以适用民事法律规范确认行政协议无效。那么，这两款规定是什么关系？也就是说，从法律适用的角度看，需要解决此两款的适用顺位和具体选择。理论上大致存在三种选择：重大且明显违法规则优先，民事合同无效规则优先，或者以上两个规则并列。从目前规定关于前者“应当”、后者“可以”的表述来看，以上两个规则的地位是并列的，面临冲突时，重大且明显违法规则优先，但是以上两个规则如此模糊，是否在具体案件存在实质上的冲突有待进一步考察。如果不存在冲突，在具体案件中原则上应当将《行政诉讼法》和民事法律规定的无效情形均作为判断行政协议是否无效的具体情形，除非民事法律关于违反效力性规定属于无效的情形。

为了更好地发挥合同的作用、保障意思自治，《最高人民法院关于适用〈中华人民共和国合同法〉若干问题的解释（二）》第 14 条将《合同法》第 52 条第 5 项规定的“强制性规定”限定解释为“效力性强制性规定”，进而排除管理性强制性规定的适用。最高人民法院曾在《关于当前形势下审理民商事合同纠纷案件若干问题的指导意见》（法发〔2009〕40 号）第 16 条中指出，“人民法院应当综合法律法规的意旨，权衡相互冲突的权益，诸如权益的种类、交易安全以及其所规制的对象等，综合认定强制性规定的类型。如果强制性规范规制的是合同行为本身即只要该合同行为发生即绝对地损害国家利益或者社会公共利益的，人民法院应当认定合同无效”。《民法典》第 153 条第 1 款规定，“违反法律、行政法规的强制性规定的民事法律行为无效。但是，该强制性规定不导致该民事法律行为无效的除外”。依据上述规定，民事合同违反管理性规定的不属于无效情形。民事合同的无效标准存在一个最核心的内容是违反强制性规定无效，《民法典》和民事司法实践认为强制性规定指的是效力性强制性规定。效力性强制性规定是指会影响合同效力的规定，如果违反它就导致合同无效。但什么是效力性强制性规定不太好说清楚，正因为就是这种说不清楚，可以让民事合同尽可能有效而不是无效，除非能证明它严重侵犯了国家利益、公共利益和他人利益，否则均有效。

一般认为，行政协议应当准用民法中合同无效的规定，即违反法律、行政法规的效力性强制性规定的无效。如违反法律法规对行政协议的形式和方式所作的一般性强制性规定不属于法律、行政法规的效力性强制性规定。因为违反该规定并非全部无效，突出强调违反法律、行政法规的效力性强制性规定，会有明确的法律指引的效果。但是，行政协议作为行政管理和公共服务的一种方式，其法律依据主要包括管理性强制性规定，如果违反效力性强制性规定属于无效，但违反管理性强制性规定不属于无效，依法行政原则难以实现，因为管理性强制性规定就是行政机关行政管理过程中的强制性规定，行政协议制度反而成为违法行政的容身之所。因此，行政协议违反管理性强制性规定是否无效的问题，以后将成为司法实践不得不面对的重大问题。这是行政协议中争议最多的问题之一。

在司法实践中，行政协议作为单方行政行为的替代协议，凡是违反强制性规定多数也是无效的，有时没有区分管理性还是效力性的规定。比如，陆某等 5 人诉上海市虹口区住房保障和房屋管理局房屋征收补偿协议一案，该案的争议焦点就在于补偿协议的内容是否有悖法律规定。根据《合同法》第 52 条之规定，有下列情形之一的，合同无效：一方以欺诈、胁迫的手段订立合同，损害国家利益；恶意串通，损害国家、集体或者第三人利益；以合法形式掩盖非法目的；损害社会公共利益；违反法律、行政法规的强制性规定。综观本案，原告认为，其户未被认定为居住困难，享受住房保障，故应为无效。对此，《国有土地上房屋征收与补偿条例》第 18 条已有明确规定：征收个人住宅，被征收人符合住房保障条件的，作出房屋征收决定的市、县级人民政府应当优先给予住房保障。具体办法由省、自治区、直辖市制定。《上海市国有土地上房屋征收与补偿实施细则》第 31 条则进一步确定：人均建筑面积不足 22 平方米的居住困难户，增加保障补贴，但已享受过经济适用住房政策的除外。增加的保障补贴可以用于购买产权调换房屋。由此可见，对居住困难户的优先保障是行政法规的强制性规定。本案中，经相关部门确认原告户符合居住困难户的条件，对此类被征收户的补偿安置需增加居住困难户补贴及配置相应房源。而被告与第三人签订的并未认定居住困难，导致其户缺失该部分补偿利益，因此违背《国有土地上房屋征收与补偿条例》之强制性规定，应予确认为无效。[①]

但是，实践中的这一做法也存在一些问题。为了维护绝对意义上的依法行政而草率地认为所有的管理性强制性规定只要违反行政协议即为无效，那么会有大量的行政协议无效，严重影响社会稳定性。这样实际上会陷入困境：行政协议无效的标准如果和民事一样，那就会与依法行政相违背；和依法行政一样，那社会稳定性又无法保障。如何解决这个问题？第一，在我国依法行政和行政协议制度并不是很完善的当下，一定要尊重行政协议的稳定性，充分进行目的考量、价值权衡、利益衡量，从而作出最有利抉择。没有征地批文就签订了安置补偿协议，除非极其不合理，原则上不宜随便确认无效，否则无法控制由协议无效带来的社会风险。第二，在政府拆迁过程中有很多违章建筑存在，政府为了更好完成拆迁任务，直接按照合法建筑或者类合法建筑与民众签订拆迁协议，原则上不再追究违法建筑的问题，虽然这种形式也是违法的。从长远看，也许发展到以后可以更加向着依法行政靠拢，但就目前来说，类似的这种历史遗留下来的问题还是要优先考虑稳定性。例如，当时政府签订安置补偿协议时没有征地批文，法院将该协议确认无效了，确认无效之后，安置补偿问题就会提出，那么赔偿标准怎么定？这个地已经征收了20多年了，是按20年前的标准安置补偿还是按现在的标准安置补偿，这不好确定，且安置人口问题牵涉到20年间老人过世、小孩出生及户口迁出迁入而出现人口减少或增加，很难确定安置人口。所以类似问题，在社会变革的过程中，一定要考虑社会关系稳定性问题，这也许就是目前我国最大的法治——实质法治。

四、是否存在行政协议独特的无效标准

行政协议作为广义行政行为的一种，具有行政性，应当适用行政行为重大且明显违法标准认定其是否无效，又因其协议性，可以适用民事法律规范

① 上海市虹口区人民法院（2015）虹行初字第228号行政判决书。

确认行政协议无效。但是，因作为其合意性和行政性合体的行政协议是否具有独特的无效标准？

《德国行政程序法》第59条（无效公法合同）规定，相应适用有关民法典的规定出现无效合同的情形时，公法合同亦无效。下列情形中，第54条第2句所指公法合同亦无效：（1）具有相应内容的行政行为本应无效时；（2）具有相应内容的行政行为并非只因为第46条所指程序或形式错误而违法且合同签约方明知违法时；（3）未具备签订和解合同的条件且具有相应内容的行政行为并非只因为第46条所指程序或形式错误而违法时；[①]（4）行政机关要求许诺依据第56条并不准许的对偿给付时。合同的某一部分无效时，整个合同无效，但假定没有无效部分合同仍然可以签订时除外。关于对上述第四点的理解，如企业与乡镇（政府）签订合同，约定由企业拿出其所有的土地用于交通基础设施建设。一方面，虽然该合同只给企业设定了义务，但是按照德国双务合同理论，属于行政合同范畴；另一方面，尽管签订合同是为了将来的城建规划，但是乡镇（政府）不宜将规划义务写入合同，否则将导致合同无效，因为在德国，针对规划程序有其严格的规定，未经意见听取等法定程序，无权作出规划决定。如此规定，主要为了禁止不当联结。

《葡萄牙行政程序法》第185条规定：（1）如果根据本法典规定，决定行政合同订立的行政行为为无效或者可撤销，则该行政合同也同样为无效或可撤销。（2）民法典有关意识欠缺及瑕疵的规定，适用于所有行政合同。（3）不影响本条第1款的规定，行政合同的非有效性适用下列规则：（1）如果行政合同同样适用于行政行为，适用本法典规范行政行为非有效性的规定；（2）如果行政合同的标的同样适用于私法合同，适用民法典规范法律行为非有效性的规定。

我国台湾地区“行政程序法”第141条规定，行政契约准用民法规定之结果为无效者，无效。行政契约违反第135条但书或第138条之规定者，无

① 《德国行政程序法》第46条（程序及形式瑕疵所导致的后果）：对不属于第44条的（无效）行政行为，不得仅因以其成立违反程序、形式或者地域管辖的规定而主张将之撤销，除非另一决定也会导致同样的结果。

效。第142条规定，代替行政处分之行政契约，有下列各款情形之一者，无效：(1)与其内容相同之行政处分为无效者。(2)与其内容相同之行政处分，有得撤销之违法原因，并为缔约双方所明知者。[①](3)缔结之和解契约，未符合第136条之规定者。(4)缔结之双务契约，未符合第137条之规定者。[②]第143条行政契约之一部无效者，全部无效。但如可认为欠缺该部分，缔约双方亦将缔结契约者，其他部分仍为有效。《澳门特别行政区行政程序法》第164条规定，(1)行政合同中意思之欠缺与瑕疵，以及行政合同之无效与可撤销，适用《民法典》对法律行为之规定，但下款之规定除外。(2)如一行政行为为无效或可撤销，则标的与该行为之标的相同，以及对同一具体情况所作之规范与该行为所作相同之行政合同，亦为无效或可撤销。

按照上述国家和地区的规定，行政合同无效情形除行政行为无效标准和民事合同无效标准外，特有的几类无效情形包括：(1)法律规定或者依照其性质不得订立行政合同的；(2)未履行公告、听取意见义务的，特别是应采

① 如回馈金协议违反法规无效。案例事实："缘2005年因海棠台风引来豪大雨，造成改制前高雄县冈山镇垃圾卫生掩埋场（下称系争垃圾掩埋场）污水外流，影响所在地三和里居民生活质量，引发居民不满。经改制前高雄县冈山镇公所（下称冈山镇公所）派员与上诉人代表协商，于2005年8月16日签订协议书（下称系争协议书），系争协议书第2条约定，进场回馈金原200万元，2005年起调整为300万元，进场回馈金追溯至2003年、2004年共补贴新台币200万元整，追溯部分逐年分期回馈，2005年100万元，2006年30万元，2007年30万元，2008年40万元……冈山镇公所签约后并以2005年8月19日冈镇清字第0940019540号函（下称2005年8月19日函）检送系争协议书予上诉人。嗣上诉人以被上诉人未按系争协议书约定给付回馈金，自2005年起至2014年1月6日止，实际核拨给上诉人之回馈金共短少新台币（下同）21370944元。经上诉人多次催请亦未获理会，遂提起行政诉讼，原请求被上诉人高雄市冈山区公所给付余款，嗣于原审诉讼中追加起诉高雄市政府及高雄市政府环境保护局为被告，经高雄高等行政法院2014年度诉字第441号判决（下称原判决）驳回，上诉人仅以高雄市政府环境保护局为被上诉人，提起本件上诉。""最高行政法院"2016裁1173裁判要旨：上开具有行政契约属性之协议书，其约定内容明显抵触上开"回馈金自治条例"与"各里运用自治条例"所定之"事前审查"强制规定，若约定内容以行政处分作成，则有得撤销之违法原因，且为签立行政契约时，签约双方所明知，依"行政程序法"第142条第2款之规定，该协议书无效。

② 我国台湾地区"最高行政法院"2009年判字第351号判决："行政行为是否违法或无效，行政法院原则上有完全审查权，其对行政契约之审查自不例外。行政机关与人民缔结行政契约，违反行政程序法或民法上强制或禁止相关规定者，为违法或无效，'行政程序法'第136条至第143条、第149条定有明文。因此，行政机关与人民订立行政契约，而彼此间之给付是否显不相当，行政法院自应予以审查。"

用竞争性程序而未采用的（如德国和我国台湾地区，行政协议当事人需依法以甄选或者其他竞争方式决定的，行政机关应当事先公告资格条件和决定程序。在决定前，应当给予参与竞争者表示意见的机会）；（3）和解合同不符合法定要件的；（4）双务合同不符合法定要件的；（5）内容相同的行政行为无效，代替该类行政行为的行政合同也无效；（6）内容相同的行政行为有可撤销的违法原因，并为双方当事人所明知的，代替该类行政行为的行政合同无效；（7）行政机关对协议事项应当具有行政管辖权，行政机关无行政主体资格或者超越职权的；（8）严重侵害国家和公共利益的。

行政协议司法解释制定过程中也曾规定人民法院应当确认行政协议无效的情形：（1）被告无职权或者超越职权订立的；[①]（2）作为行政协议主要内容的行政行为无效的；（3）按照事项性质或者法律、法规、规章的规定不得订立行政协议的。主要考虑是对于被告无职权或者超越职权订立的行政协议、作为行政协议主要内容的行政行为无效的，行政协议应当认定为无效。同时，考虑到行政协议的行政管理目的以及涉及的国家利益、社会公共利益，并非所有的行政事务适合用行政协议来完成，如在治安管理等干预行政和税务管理等租税领域，行政机关原则上只能采取行政处罚等方式。法律明确规定不得采用行政协议，或者按照行政事务的性质，不适合采用行政协议的方式，如行政机关采用行政协议的方式，该协议无效。例如，在司法实践中，有的公安机关与特定公司签订治安承包协议，由特定公司完成罚款额度，在社会上引起强烈不满，属于按照事项性质不能签订行政协议的情形，属于典型的无效协议。此规定虽然最后删去了，但有些内容可以在以后的司法实践中予以参考。

此外，基础行为被撤销建立在其上的行政协议是否也无效，值得进一步研究。实践中有些法院认定为无效，比如毛某英要求确认原、被告双方签订

---

① 如《城镇国有土地使用权出让和转让暂行条例》第 11 条规定："土地使用权出让合同应当按照平等、自愿、有偿的原则，由市、县人民政府土地管理部门（以下简称出让方）与土地使用者签订。"某乡镇人民政府并无出让国有土地的法定职权，其与原告陈某签订的涉及土地出让的《征地意向书》为无效行政协议。见浙江省平阳县人民法院（2016）浙 0326 行初 48 号行政判决书。

的《奉化市国有土地上房屋征收补偿安置协议》无效一案，法院经审理认为，关于《奉化市国有土地房屋征收补偿安置协议》问题，原告的国有土地使用证上注明土地用途为营业房。2014 年 11 月 25 日，奉化市人民政府根据奉化市国土资源局上报的《关于要求更正新丰路 65 号陈德年等 6 户土地登记的请示》作了批复，同意将原告所有的土地使用权的用途更正为住宅。2014 年 12 月 31 日，被告依据上述批复与原告签订了《奉化市国有土地房屋征收补偿安置协议》，该协议约定原告同意将坐落在新丰路的房屋交给被告拆除，土地性质为国有，土地用途为住宅，被告应支付给原告的房屋征收补偿金为 1298251 元。2015 年 9 月 6 日，奉化市人民政府作出的上述批复被宁波市人民政府行政复议予以撤销。故原、被告依据上述批复所签订的《奉化市国有土地房屋征收补偿安置协议》一并无效。[①]

五、认定行政协议无效的平衡审判理念

认定行政协议是否无效，往往视立法者的目的、法律适用者的价值判断和政策选择以及利益衡量而定。（1）目的考量。法律规范的制定承载着立法者所追求的目的，从某种角度上说，法律规范是实现立法者目的的手段或工具，所以每部法律都有自己的立法目的。法律竞合中的目的考量主要指的是，对发生竞合的法律规范的立法目的进行考量。（2）价值权衡。任何法律对社会关系的调整，都不可避免地受一定价值目标的支配。在 20 世纪，人类进入信息社会和知识经济时代，各种文化和信息的频繁交流使人类所追求的价值不断多元化。这种日益发展和丰富的多元的价值观，也对法律所追求的价值目标发生了深刻的影响。各国在制定法律规范时，越来越关注各种价值的权衡，而法律适用者在法律适用过程中更是如此，不仅要权衡法律内的价值还要权衡法律外的价值。这些价值权衡中最重要的是，公共利益优先还是个人权益优先。这一对矛盾，一直是法学中最复杂，也是最难以解决的问题。（3）利益衡量。法律适用中法官在判断之时会受到利益衡量的影响。利

① 浙江省奉化市人民法院（2015）甬奉行初字第 23 号行政判决书。

益衡量，是20世纪60年代以来兴起的一种法律适用方法。所谓利益衡量，是指法官审理案件，在案情事实查清后，不急于寻找本案应适用的法律规则，而是综合把握本案的实质，结合社会环境、经济状况、价值观念等，对各方的利害关系作比较衡量，作出某一方应当受保护的判断。此项判断称为实质判断。在实质判断基础上，再寻找法律上的根据。[①] 在我国民事合同无效判断上，最高人民法院曾在《关于当前形势下审理民商事合同纠纷案件若干问题的指导意见》（法发〔2009〕40号）第16条中指出，"人民法院应当综合法律法规的意旨，权衡相互冲突的权益，诸如权益的种类、交易安全以及其所规制的对象等，综合认定强制性规定的类型。如果强制性规范规制的是合同行为本身即只要该合同行为发生即绝对地损害国家利益或者社会公共利益的，人民法院应当认定合同无效"。

与此相同的是，行政协议的无效认定中，充斥着依法律行政原理与契约严守原则、法律优位原则与法安定性原则、公益与私益、合同当事人与第三人利益之间的矛盾。行政协议无效的认定很大程度上是上述具体目的考量、价值权衡以及利益衡量的结果，要对行政协议的违法程度、遵守协议的必要性、相对人及第三人的利益等进行综合衡量。在法国，根据不同的原告主体，行政法官灵活运用司法权力在各种利益诉求中寻求最佳平衡。在过去的"合同无效之诉"中，行政法官只能在宣布合同无效和判决维持合同关系这两种处理方式之间进行"非黑即白"的选择。现今需要法官综合权衡，给出更为丰富的解决方案，强化行政合同承诺之安定性，保障公共服务的可持续性提供（详见第十二章"行政协议诉讼中的法官权力及多元的处理方式"部分）。在我国也有类似行政协议案件，如重复行政许可协议本来可以作为无效协议处理，但考虑到有关方的信赖保护利益未予确认无效。比如，英德中油燃气有限公司诉英德市人民政府、英德市英红工业园管理委员会、英德华润燃气有限公司特许经营协议纠纷一案，广东省高级人民法院二审认为：涉案投资天然气站项目合同及补充协议是英红园管委会基于行政管理目标，为

① 梁慧星著:《裁判的方法》，法律出版社2003年版，第186页。

确保燃气供应，在其法定职责范围内，就特许经营权的实施与中油公司签订的行政协议。该行政协议签订主体适格，职权、权利来源清楚，内容未违反法律、法规的禁止性规定，应为有效。中油公司享有的特许经营合同权利受法律保护，协议各方应当按照约定履行相关的合同义务。英德市政府作为该管委会这一事业单位的设立机关以及特许经营许可一方，应承担相应合同义务，保障合同履行，但该政府又将英红工业园的管道燃气特许经营权授予华润公司，存在对同一区域将具有排他性的独家特许经营权先后重复许可给不同的主体的行为，应当认定为违法。法院同时认为，该重复许可系行政机关的行政行为所致，并不必然导致在后的华润公司所获得的独家特许经营权无效，华润公司基于其所签订的特许经营权协议的相关合同利益、信赖利益亦应当予以保护。且中油公司、华润公司均已进行了管道建设并对园区企业供气，若撤销任何一家的特许经营权均将影响到所在地域的公共利益。对于重复许可的相关法律后果，应当由行政机关承担，不应由华润公司承担，原审法院判令该公司停止管道燃气建设及经营活动不当。二审法院判决维持一审判决的第一、二项，撤销第三项，同时责令英德市人民政府采取补救措施。

六、行政协议无效的其他问题

（一）行政协议无效的补救

行政协议无效的原因在一审法庭辩论终结前消除的，人民法院可以确认行政协议有效。由于行政协议是为了实现行政管理和公共服务目的而签订的，如果可以补正，则仍然有效。如无职权签订的协议，获得有权部门的授权或者追认，则该行政协议仍然有效。例如，对于县政府下属的部门越权签订的行政协议，涉及国家利益或者社会公共利益，县政府事后授权或者追认，应当认可该协议的效力。

（二）行政协议无效的法律责任

行政协议被认定无效的，当事人因行政协议取得的财产，人民法院应当判决予以返还；不能返还的，判决折价补偿。因被告的原因导致行政协议被确认无效，可以同时判决责令被告采取补救措施；给原告造成损失的，人民法院应当判决被告予以赔偿（详见缔约过失责任部分）。

（三）行政协议无效的全部与部分

行政协议部分无效，全部无效。但如删除无效部分，协议仍可订立或者协议双方仍愿订立的除外。《德国行政程序法》第 59 条第 3 款对合同的部分无效情形作了规定：合同部分无效的，其全部无效；但如认定删除无效部分，合同仍可订立的，不在此限。比如，徐某诉某市人民政府房屋补偿行政协议一案，潍坊市中级人民法院审理认为，涉案协议属于行政协议，涉案旧村改造项目是为改善社会公众生活居住条件，协议目的是实现社会公共利益，公益性是涉案协议区分民事协议的显著特性。如果原告依据违反拆迁政策、未作改动的模板合同再获得 100 平方米的安置楼房，势必增加政府在旧村改造项目中的公共支出，侵犯整个旧村改造的房屋补偿安置秩序，损害社会公共利益。根据《合同法》第 52 条之规定，涉案争议第 2 条关于回迁安置楼的约定亦应无效。该协议无效部分并不影响其他部分的效力，在原告已经支取房屋及地上附着物补偿款、已经获得一套 100 平方米安置楼房的情况下，其要求被告继续履行涉案协议书、交付剩余一套 1000 平方米安置楼房的请求，没有事实和法律依据。故依照《行政诉讼法》第 69 条之规定，判决驳回原告的诉讼请求。

第七章

行政协议的调适与履行

行政协议是为了实现行政管理和公共服务目的实现而签订的，一旦签订，行政协议的内容被确定下来，原则上其内容依法要予以实现，此涉及行政协议的履行问题，与此同时，行政协议的内容也可能因为各种原因变更或者消灭而进行调适。行政协议内容的实现和调适是行政协议法律制度的重要内容，值得专门研究和探讨。

第一节　行政协议的调适

行政协议是为了实现行政管理和公共服务目的实现而签订的协议，因此在行政协议中，行政机关为了实现行政管理和公共服务目标享有一定的优势地位，这就是行政优益权的问题。通常而言，行政优益权主要有三部分内容：一是对于行政协议履行的指导与监督；二是行政机关有权在行政相对人拒绝履行行政协议，或者不按照协议履行时直接强制执行；三是行政机关在符合法定条件的情况下，有权决定解除或者变更行政协议。前两者主要保证行政协议的履行，而后者是对行政协议的改变，涉及行政协议权利义务的改变，即出现严重损害国家利益或者社会公共利益的重大情形时，行政机关有权单方变更、解除行政协议。此为行政协议主要的调适机制。不过，行政协议调适机制主要是此情形，但是不限于此情形。行政协议司法解释第 17 条规定，原告请求解除行政协议，人民法院认为符合法律规定或者约定的解除协议情形，且不损害国家利益、社会公共利益和他人合法权益的，可以判决解除该协议。该条借鉴民事合同的相关规定，规定了原告请求法院解除行政协议的情形。此外，行政协议和行政相对人协商变更、解除行政协议，也是行政协议的调适机制。此处重点讨论行政机关单方变更、解除行政协议，又称为狭义的行政优益权，与法德和我国台湾地区的行政优益权不尽相同。

一、境外的行政协议优益权

在法国，合同相对人因为负责具体工程建设施工、运营维护以及相关的融资事宜，掌控整个行政合同的经济状况，具有一定的合同主导地位。但是，合同相对人并不享有单方变更权、单方解除权，因此若希望变更或解除合同，或是与行政机关协商达成合意，或是提起诉讼，交由法官裁判决定。相反地，法国特别强调行政机关享有的特权。行政机关在缔约、履行阶段享有的特权情况，具体如下。

1. 缔约阶段的特权。在签约阶段，行政机关享有的特权包括：（1）自行启动签约程序；（2）为公共服务确定具体要求，并以任务手册方式展现，以便合同相对人知晓、参与竞争；（3）根据公共采购基本原则，主导签约谈判；（4）确定最后的中标供应商，与之签约并发布相关信息。

2. 履行阶段的特权。合同履行阶段，行政机关在以下三个环节享有相应特权：（1）在工程建设环节，引导、指导、监督施工，并负责提供用地。（2）在项目运营环节，监督提供的公共服务是否符合既定要求，并有权依据情况行使金钱处罚权、代位执行权；当公共服务之需求发生较大变化，以至于根据行政合同的初始约定无法恰当地提供公共服务时，行政机关在与合同相对人无法达成新的合意的情况下，有权对合同内容行使单方变更权。法国最高行政法院在 1910 年的“法国电车总公司”判例中确立了该特权。（3）在合同关系消灭环节，有权因公共利益之需要或者合同相对人之过错，行使单方解除权，提前终止合同关系。需要强调的是，一是此处的金钱处罚权、代位执行权、单方变更权和单方解除权，均是合同条款之外的特权，故无须事先约定即可行使。二是法国最高行政法院判例认为，根据合同经济平衡原则，对于行使上述单方变更权或者单方解除权给合同相对人造成损失的，行政机关必须全额赔偿，包括直接损失及预期收入损失。

在德国，针对行政合同履行过程中出现的特殊情况，德国行政程序法赋予了合同主体变更或者解除的权利。因主体不同，权利行使条件不同，故作以下的区分介绍。

1. 双方主体均享有的变更、解除权。（1）法定的变更权和解除权。根据《德国行政程序法》第 60 条第 1 款第 1 句规定，确定合同内容所依据的关系，如在合同成立后出现重大变化的，以致遵守原合同对一方当事人不合理的（或过分苛求），该当事人可要求对合同内容作出符合实际的变更；或不能变更或对一方当事人不合理的（或过分苛求），作出解除合同通知。如行政机关与企业签订行政合同，约定由后者负责对产品质量是否符合安全标准进行检测。合同签订后，有关产品质量的安全标准发生变更，导致企业根据之前的安全标准购买的检测仪器无法派上用场。此时，企业可以要求变更合同条款以适应重大变化或者解除合同。按照《德国行政程序法》的上述规定，不允许单方变更或解除合同，除非形成合意；虽然立法赋予合同双方变更、解除合同的法定权利，但也明确限定了权利行使必须以存在重大变化导致合同主体履约困难的情形出现为前提。（2）约定的解除权。经协商，签约主体亦可在行政合同中，直接约定可以解除合同的特定情形。如约定情形发生需要退出合同的，可以对双方的损失进行补偿，且退出合同前必须经对方同意。在诉讼中常用的和解合同中，合同当事人可以约定保留撤回权，比如行政机关方的签约人回去请示领导后未得批准的，或者律师事后征询委托人意见未得认可的。

2. 行政机关独享的解除权。《德国行政程序法》第 60 条第 1 款第 2 句规定，为排除或者防止公共利益遭受重大不利影响的，行政机关也可作出解约通知。这是《德国行政程序法》基于公共利益考虑作出的一个特别规定，允许行政机关单方解除合同。为了避免此种“特权”的滥用，必须满足以下行使条件：（1）应先尝试变更方式进行救济，尽可能地维护交易秩序；（2）必须是为了维护公共利益之目的；（3）应当证明重大不利影响的真实存在;（4）解除合同必须符合比例原则;（5）必须以书面形式说明解约理由。《德国行政程序法》第 60 条第 2 款规定:“解约通知须以书面作出，法规另有规定的，依其规定；解约通知内应说明理由。”由于解除条件较为严苛，且司法机关对此严格解释，以致德国法院至今尚未受理过因此类原因导致的诉讼纠纷，从这个角度说明在德国法律规定的变更机制发挥了很好的“调适”作用。

我国台湾地区参考了法国和德国的做法也作出类似规定。（1）为了公共任务的履行，行政机关可以对当事人履行合同，以书面约定的方式，为必要的指导或者协助（我国台湾地区“行政程序法”第 144 条）。这主要参考了法国的做法。实践中，如在民营企业参与公共建设的 BOT 特许合同中，对于民营企业获得土地所有权、使用公私有土地、租税优惠申请、相关证照的取得等事项，往往会约定行政机关给予必要合理的协助。（2）行政机关的单方变更权。行政机关为了防止或者消除对公共利益的重大危害，可以在必要范围内调整合同内容或者终止合同。调整与终止，非补偿当事人所受财产损失不得为之。调整、终止、补偿的决定，应当以书面形式说明理由。当事人不同意补偿数额的，可以向行政法院提起给付诉讼（我国台湾地区“行政程序法”第 146 条）。（3）情事变更后行政机关要求继续履约权。行政合同订立后，因有情事变更，非当时所能预料，而依原约定显失公平的，当事人一方可以请求对方适当调整合同内容。如不能调整，可以终止合同。行政机关为了公共利益，可以在补偿当事人损失后，命令其继续履行原约定义务。调整或者补偿决定，应当以书面形式说明理由。当事人不同意补偿数额的，可以向行政法院提起给付诉讼（我国台湾地区“行政程序法”第 147 条）。①

从上述境外立法与实务来看，行政机关行政协议中的优益权主要包括以下几个方面。

---

① 关于情事变更，详见我国台湾地区“最高行政法院”2016 年度判字第 500 号判决：“另按‘行政契约缔结后，因有情事重大变更，非当时所得预料，而依原约定显失公平者，当事人之一方得请求他方适当调整契约内容……’之情事变更原则（‘行政程序法’第 147 条），系指契约成立后，其成立当时之环境或基础有所变动，发生超出合理范围以外之不可预测风险而言。又因情事变更而增、减其给付或变更其他原有之效果，应斟酌当事人因情事变更，一方所受不相当之损失，他方所得不预期之利益，及其他实际情形，为公平之裁量。”

1. 指挥权。为了能够更好地实现公共利益，防止行政协议履行过程中个人利益对公共利益造成侵害，行政机关可以利用其作为行政协议缔约方和国家行政管理权行使者的双重角色，对协议相对人履行行政协议的状况进行指挥。此既是保证实现行政协议目标的重要环节，也是基于公共利益实现的需要，毕竟行政协议是作为实现公共行政的一种手段。对于相对人的履行状况、相对人采取何种最佳的履行方式以及如何解决实际中遇到的困难，行政机关还应该给予一定的指导和帮助。例如，在法国公共承包合同中，“即使合同中没有规定，最高法院认为行政机关仍然具有这种权力。因为行政合同的履行必须符合公共利益，行政机关是公共利益的判断者，哪种履行方式最有利于公共利益的实现由行政机关决定”。但是，行政机关的这种指挥权是有限度的，它应该仅限于保障行政协议的如约履行，不能滥用权力干预协议另一方当事人的合法权利，不得要求相对人履行不合理的义务。

2. 监督权。在协议的履行过程中，行政机关负有监督、控制的职责，即对行政协议履行情况进行监督的权力。对于行政机关的监督，另一方当事人必须遵守和服从。行政机关行使监督权的范围和程度，依行政合同的种类不同而不同。监督权行使的主体可能由缔约机关行使，也有可能由专门的合同监督行政机关行使。如《城镇国有土地使用权出让和转让暂行条例》规定，土地管理部门对已经出让土地的转让、出租和抵押等活动行使监督检查的权利。

3. 单方变更和解除权。在行政协议的履行过程中，行政机关可以根据国家的相关法律、政策或者重大国民经济计划的修改或调整，以及为维护和实现公共利益的需要，有权单方面解除或者变更行政合同。比如，在房地产开发建设中，按照《城市房地产管理法》的规定，如果相对人满二年未动工开发的，行政机关可以无偿收回土地使用权，相当于单方面解除了土地出让合同。根据《基础设施和公用事业特许经营管理办法》第 36 条规定，行政机关单方面变更行政协议的理由可以基于法律、行政法规修改，可以基于政策调整，也可以基于公共利益需要要求特许经营者提供协议约定以外的产品或服务。

4. 制裁权。行政机关不仅是行政协议的一方当事人，同时也是行政协议的监管者。当相对人违反协议损害公共利益或有违法行为时，就必须对其进行必要的制裁，这是基于行政管理和公共服务的需要，否则就影响了整个公共管理目标的实现进程。这种制裁权行使的目的，不仅仅在于处罚违反合同的当事人，更主要的是保证公务的实施。比如，《城镇国有土地使用权出让和转让暂行条例》第 17 条规定，土地使用者未按合同规定的期限和条件开发利用土地的，土地管理部门应当予以纠正，并根据情节可以给予警告、罚款直至无偿收回土地使用权。①

此处必须明确的是，一是行政优益权不是行政机关优益，而是行政机关基于公共利益的优益。行政优益权的行使必须防止权力异化为行政命令，防止打着公益的幌子滥用权力。也就是说，行政机关并不享有绝对不受限制的行政优益权。二是从各国行政合同理论来看，完全的行政优益权并不存在。②从国际发展趋势上看，行政主体在合同中的优益权原则上也必须有法定或约定的依据。三是协议相对人因为负责具体工程建设施工、运营维护以及相关的融资事宜，掌控整个协议的经济状况，也具有一定的协议主导地位。但是，协议相对人并不享有单方变更权、单方解除权，因此若希望变更或解除协议，或是与行政机关协商达成合意，或是提起诉讼，交由法官裁判决定。四是在合同履行之条件发生重大变化的情况下，为保障公共服务之可持续性，合同相对人有权向行政机关主张给予援助或者补偿，即便合同中无此约定。法国最高行政法院在 1916 年的“波尔多照明总公司”判例中确认了“不可预见理论”，认为在出现合同签订时完全不可预知之经济变化导致当下合同之经济平衡被完全打破时，只要该经济变化与当事人双方的意志无关，并且是带有暂时性的，那么行政机关应该与合同相对人共同分担此经济变化导致的超额成本。

---

① 此归纳可以参见王旭军：《行政合同司法审查》，法律出版社 2013 年版，第 19—26 页。各种书籍和论文归纳角度不同，但多数内容大同小异。

② 王名扬著：《法国行政法》，中国政法大学出版社 1988 年版，第 706 页。

二、行政优益权的由来

行政协议作为一种新型且重要的行政管理和公共服务方式，将传统上认为水火不容的行政和合同两种行为方式奇迹般地结合在一起。现在多数人认为，行政协议既有行政性又有合同性，是行政性和合同性的创造性结合，其因行政性有别于民事合同，又因其合同性不同于一般行政行为。行政协议因协商一致而与民事合同接近，但又因其为实现行政管理和公共服务的一种方式而具有行政性而有别于一般民事合同。行政协议强调行政性是必要的，唯有如此才能解释为什么行政协议需要在行政程序相关法律中进行规定，并且应获得行政复议、行政诉讼救济，也能解释在行政协议中行政机关为什么享有单方变更、解除行政协议等有别于民事合同的行政优益权。与民事合同主体签订合同是为了自身利益不同，行政机关签订行政协议是为了实现公共利益或者行政管理目标。不仅签订行政协议本身是实现公共利益或者行政管理目标的方式，而且在履行协议过程中，行政机关可以根据实现公共利益或者行政管理目标的需要单方变更、解除协议，甚至具有行政协议履行中的指挥权和制裁权（如可以依法单方作出行政强制、行政处罚等）。行政协议是客观要素与主观合同内容的混合体，正是由于行政协议中混有客观要素，所以行政机关可以单方变更行政合同的客观内容，以此保证公共服务之良好运作。也就是说，行政协议制度存在调适机制，承认行政机关当事人区别于合同相对人拥有单方面特权。这些特权主要包括旨在确保能够更好地适应当下公共服务之需求的单方变更权与单方解除权。[①] 因此，行政协议和私法合同的不同，集中反映在合同的履行上。私法合同中的 3 个基本原则，即当事人地位平等原则，没有双方当事人同意则合同条款不能变更原则，以及合同义务必须遵守原则，在行政协议中对行政主体不能严格执行。[②]

“按照行政机关原则上对于其所欲达成之行政目标，享有选择行为形式

---

① 陈天昊：《在公共服务与市场竞争之间——法国行政合同制度的起源与流变》，载《中外法学》2015 年第 6 期。

② 王名扬著：《法国行政法》，中国政法大学出版社 1988 年版，第 186 页。

之自由，不论是以公法行为或私法行为，亦不管是否并用不同种类之行为，皆属适法，此即行政行为自由选择理论。”[①] 但是，行政机关对上述不同种类行为是否可以并用则存在不同意见。行政协议是指行政机关为实现公共利益或者行政管理目标，在行使行政职责过程中，与公民、法人或者其他组织协商订立的具有行政法上权利义务内容的协议。行政机关采用此双方行为履行法定职责后，是否可以对同一事项又再采用单方行政行为，争议很大。“有关行政契约与行政处分是否并存，学界并存说、不得并存说均有人主张，但总体而言，契约既已成为当事人之间权利义务关系发生、变更、消灭的法源，双方发生争议，亦应以契约有关方式及程序加以解决。契约一方之行政机关不得再以行政处分介入契约，即所谓‘两种行为并行禁止原则’。也就是说，行政契约签订后，原则上应以契约方式解决后续争议。”[②]

至于其理由，有人进一步阐释称，“于行政契约法制中，因为行政契约与行政处分在诸多领域上（尤其是隶属性之法律关系中）系属于‘竞争与取代’关系，行政契约缔约之目的在于替代行政处分，而且契约当事人双方之期待，系事后就同一事件不再使用行政处分，而以伙伴形式之契约形成双方之权利义务关系，所以如果行政机关突然再恢复使用被替代之行政处分以发生、变更或消灭契约当事人间之法律关系时，将造成当事人间信赖之突袭，亦有违以行政契约取代行政处分是最初竞争去替代之本质。因为契约之双方协议本质，与行政处分之单方形成权利义务关系，终究有相当大之差异性，行政机关既然选择以行政契约之方式，来构建当事人间之法律关系，即同时宣示着其专以契约方式来解决彼此间之法律问题，亦‘默示’放弃以处分单方之法律形式来发生、变更或消灭彼此间之权利义务关系……如果容许行政机关与人民（或机关彼此间）于缔结行政契约后，出尔反尔，得回复以行政处分单方命令形式，径令他方当事人（单方）无条件必须接受此种无需其同

---

① 林明锵：《论型式化之行政行为与未型式化之行政行为》，载《当代公法理论：翁岳生教授六秩诞辰祝寿论文集》，月旦出版社 1993 年版，第 337 页以下（尤其是第 355 页以下）。

② 陈世民：《从保障当事人或者第三人利益之观点探讨行政契约与行政处分并存与否之实益——法国发展“可分离行为”等相关概念之参考》，载《铭传大学法学论丛》2011 年第 16 期。

意而产生之权利义务变动，不仅显失公平，而且亦违背双方当初协议以契约，不以行政处分方式来形塑当事人间法律关系之合意基础。”①

除此之外，有些行政契约也可以在行政契约外作成行政处分。如我国台湾地区“最高行政法院”2016年度判字第452号：按就“中央健康保险局”对于与其有健康保险特约之医事服务机构所为之停止特约，其核定性质是否为行政处分。业经该院2006年7月庭长法官联席会议（二）决议：按政府实施健康保险，以提供医疗保健服务为目的。医疗保健之服务，依“全民健康保险法”规定，系由保险人特约保险医事服务机构对于被保险人提供之。为健全保险医事服务机构对于被保险人提供完善之医疗保健服务，“全民健康保险法”第55条第2项授权主管机关订定“健保医事服务机构管理办法”以为规范，为法规命令。次按“前项保险医事服务机构之特约、管理办法由主管机关定之”“本办法依‘全民健康保险法’第55条第2项规定订定之”“保险医事服务机构于特约期间有下列情形之一者，保险人应予停止特约1至3个月，或就其违反规定部分之诊疗科别或服务项目停止特约1至3个月：……”“保险医事服务机构受停止或终止特约者，其负责医事人员或负有行为责任之医事人员，于停止特约期间或终止特约之日起1年内，对保险对象提供之医疗保健服务，不予支付。……”分别为“全民健康保险法”第55条第2项、健保医事服务机构管理办法第1条、第66条、第70条所明定。由上揭规定可知，保险医事服务机构于特约期间，有特定情事者，保险人应予停止特约一定期间。此项公法上应处罚之强制规定有规范保险人及保险医事服务机构之效力，非得以行政契约排除其适用，即使“中央健康保险

① 林明锵著：《行政契约法研究》，翰芦图书出版有限公司2006年版，第166—168页。此外，在我国台湾地区，行政机关在行政合同中请求赔偿不得作成行政处分。比如，台湾地区“最高行政法院”2013年判字第201号判决：“按行政机关为达成其行政目的，原则上享有选择其行为形式之自由，此即学说上所称之行政行为选择自由理论。惟在行政行为中，行政契约与行政处分系处于竞争关系，亦即行政机关如选择与相对人缔结行政契约，则在行政契约关系中，除非法律另有规定或当事人另有约定，行政机关即无再以行政处分作为行使契约上权利之手段之余地。是以，行政机关与相对人缔结行政契约，则因相关人在学时因故遭退学，行政机关行使其契约上权利，请求相对人赔偿在学期间费用，即不容许以行政处分令相对人赔偿，纵行政机关以书面向相对人求偿，该书面亦非行政处分，其在学费用偿还请求权之时效不因而中断，且亦不得为行政执行之执行名义。”

局”与保险医事服务机构间于合约中将之列入条款以示遵守，无非宣示之性质，乃仅系重申保险医事服务机构如有上述违法情事时，“中央健康保险局”即应依前揭规定予以停止契约部分之旨而已，并无有使上开应罚之公法上强制规定作为两造契约部分内容之效力保险医事服务机构一有该特定情事，保险人即应依上开规定予以停止特约之处置。保险人之所为，单方面认定保险医事服务机构有无该特定情事，单方面宣告停止特约之效果，并无合约当事人间容许磋商之意味，乃基于其管理保险医事服务机构之公权力而发，应认定为行政处分，而非合约一方履行合约内容之意思表示。是以保险医事服务机构如有不服，应循序提起撤销诉讼以为救济。

再如，我国台湾地区“最高行政法院”2013 年判字第 184 号判决：按医事服务机构欲成为“全民健康保险”医事服务机构，系采取与保险人订立特约（行政契约）的方式为之，则关于双方的权利义务内容、履约的方法及违约的处理，基于契约自由原则，本得由双方当事人合意订立。且契约之履行，难免发生终止或停止契约效力的问题，一方当事人于何种条件下可以片面终止特约或停止特约及停约期限为何，只要不违反法律强制或禁止规定、公共秩序或善良风俗，自得以契约订定之，无须经由法律明文或其授权制定的行政命令加以规定，易言之，终止特约或停止特约的权利属于契约自由的范围，并非法律保留之事项。又应予停止特约的处分，固具有剥夺保险医事服务机构及医事人员于停约期间，对“全民健康保险”对象提供医疗服务而向保险人请领医疗费用给付权利之法律效果，但其目的在排除因该保险医事服务机构从事特定违规（即违约）行为所发生对于“国民健康”之危害或“全民健康保险”财务的风险，并防止该危害或风险之发生及扩大，故属具有保全性质之措施，其性质属管制性不利行政处分，而非对于违反行政法上义务而可归责之行为，所施予应报性处罚性质之行政罚。

综上所述，行政契约外不得作成行政处分，也并非绝对。一般认为，因为行政协议的目的在于满足公共利益的需要，公共利益和公共服务在合同执行过程中可能发生重大变化，以至于根据行政协议的初始约定无法恰当地实施公共服务且合同当事人又无法达成新的合意时，行政机关有权单方面对协议内容进行变更解除。行政机关单方变更、解除协议必须基于行政优益权，从而既最大程度维护行政协议的稳定及行政机关的公信力，又保证行政协议对公共事务或者公共利益的灵活性和适应性。

三、行政优益权的行使条件

《最高人民法院关于正确适用〈中华人民共和国合同法〉若干问题的解释（二）服务党和国家的工作大局的通知》（2009 年 4 月 27 日，法［2009］165 号）指出，严格适用《最高人民法院关于适用〈中华人民共和国合同法〉若干问题的解释（二）》第 26 条，为了因应经济形势的发展变化，使审判工作达到法律效果与社会效果的统一，根据《民法通则》《合同法》规定的原则和精神，该解释第 26 条规定：合同成立以后客观情况发生了当事人在订立合同时无法预见的、非不可抗力造成的不属于商业风险的重大变化，继续履行合同对于一方当事人明显不公平或者不能实现合同目的，当事人请求人民法院变更或者解除合同的，人民法院应当根据公平原则，并结合案件的实际情况确定是否变更或者解除。对于上述解释条文，各级人民法院务必正确理解、慎重适用。如果根据案件的特殊情况，确需在个案中适用的，应当由高级人民法院审核。必要时应报请最高人民法院审核。人民法院在处理民事合同情事变更时尚且如此慎重，赋予行政机关基于行政协议和行政管理的公共利益目的行使行政优益权（包括单方变更权或解除权），通常亦须受到严格限制。[①] 那么，行政优益权的行使需要符合哪些条件？

第一，必须是为了公共利益的需要。在法国，因为行政合同的目的在于满足公共利益的需要，公共利益和公共服务在合同执行过程中可能发生重大

---

① 详见最高人民法院（2017）最高法行申 3564 号行政裁定。该裁定同时指出行政优益权的行使条件，首先，必须是为了防止或除去对于公共利益的重大危害；其次，当作出单方调整或者单方解除时，应当对公共利益的具体情形作出释明；再次，单方调整须符合比例原则，将由此带来的副作用降到最低；最后，应当对相对人由此造成的损失依法或者依约给予相应补偿。尤为关键的是，行政优益权是行政机关在《合同法》的框架之外作出的单方处置，也就是说，行政协议本来能够依照约定继续履行，只是出于公共利益考虑才人为地予以变更或解除。如果是相对方违约致使合同目的不能实现，行政机关完全可以依照《合同法》的规定或者合同的约定采取相应的措施，尚无行使行政优益权的必要。

变化，以至于根据行政合同的初始约定无法恰当地实施公共服务且合同当事人又无法达成新的合意时，行政机关有权单方面对合同进行变更或解除。法国最高行政法院 1910 年 3 月 11 日作出的“法国电车总公司”案确立了行政机关上述单方面权力。《德国行政程序法》第 60 条第 1 款规定，确定合同内容所依据的关系，如在合同成立后出现显著变更，以致遵守原合同对当事人一方不合理的，该当事人可要求将合同内容作出符合变更关系的调整，不能调整合同或对当事人一方不合理的，作出解除合同通知。为避免或消除公共利益遭受严重不利，行政机关也可以自行做出解约通知。我国台湾地区“行政程序法”在参照法、德两国的基础上，在第 146 条第 1 项规定，“行政契约当事人之一方为人民者，行政机关为防止或除去对公益之重大危害，得于必要范围内调整契约内容或终止契约”。第 147 条第 1 项规定，“行政契约缔结后，因有情势变更，非当时所得预料，而依原约定显失公平者，当事人之一得请求他方适当调整契约内容。如不能调整，得终止契约”。从法、德两国和我国台湾地区的立法例和实践来看，行政机关在行政协议中行使行政优益权必须是为了公共利益或者公共服务的需要，但是，该要件适用于行政协议“缔约时”还是“缔约后”则不无争议。法国比较倾向于仅局限于行政协议“缔约后”，也就是行政协议履行阶段，而德国和我国台湾地区则在法国的基础上似乎也包括行政协议“缔约时”，如我国台湾地区“行政程序法”第 147 条第 1 项规定明确为行政协议“缔约后”，而第 146 条第 1 项规定则暗含行政协议“缔约时”。此问题关系到行政机关在行政协议中行政优益权范围的大小，不得不认真对待。[①]

第二，行政优益权的行使须符合比例原则。行政机关单方面调整合同标的的权力只能在公共利益需要的限度内行使。主要包括以下三个方面：一是尽可能在行政协议范围内解决问题，不轻易行使行政优益权。行政优益权是行政机关在行政协议及民事合同法律规范的框架之外作出的单方处置，也就是说，行政协议本来能够依照约定继续履行，只是出于公共利益考虑才人为

① 可参考最高人民法院（2018）最高法行申 8980 号行政裁定书。

地予以变更或解除。如果是相对方违约致使合同目的不能实现，行政机关完全可以依照民事合同法律规范的规定或者合同的约定采取相应的措施，尚无行使行政优益权的必要。二是不能变更和公共利益无关的协议条款。三是行政机关单方面的变更超过一定限度，或接近一个全新的义务时，只能解除行政协议或者对方当事人可以请求另订合同，或请求行政法院判决解除合同。[①]

第三，应当对相对人造成的损失依法或者依约给予相应补偿。行政协议中为了补偿对方当事人接受行政主体的特权所受到的损失，对方当事人也具有私法合同中所没有的权利。对方当事人在履行行政协议的过程中，由于自己行为以外的原因而受到不能预见的重大损失时，即使行政主体没有过失也能得到补偿，以恢复履行合同时的经济平衡。行政主体的特权和对方当事人的经济利益平衡，可以说是行政协议在履行时的两个主要特点。行政协议为什么会出现这种特点呢？这是因为缔结行政协议的目的在于满足某种公共利益，在公共利益所需要的范围内，行政主体对于协议的履行必须具有特权。同样为了公共利益的需要，也必须维持对方当事人的经济利益的平衡。行政协议的这两个特点表现在行政主体和对方当事人在履行合同时各自的权利和义务当中。[②]此即法国所谓再平衡机制的“合同经济平衡原则”，它构成了经典行政协议制度的重要组成部分。

例如，济南瀚洋固废处置有限公司诉济南市人民政府、济南市环境保护局收回特许经营权一案，2007 年 10 月，济南市环境保护局（以下简称市环保局）经济南市人民政府（以下简称济南市政府）同意，与济南瀚洋固废处置有限公司（以下简称瀚洋公司）签订《济南市医疗废物集中处置项目特许经营权协议》，瀚洋公司取得济南市全部医疗废物集中处置的专属特许经营权，特许期限为 2007 年 10 月 31 日至 2032 年 10 月 30 日。瀚洋公司于 2014 年提出将济南市生活废弃物处理中心东南角地块定为新厂址，市环保局要求瀚洋公司在 2015 年上半年建成新的集中处置设施并投入使用。但在项目

① 参见最高人民法院（2017）最高法行申 3564 号行政裁定，王名扬著：《法国行政法》，中国政法大学出版社 1988 年版，第 186—187 页。

② 王名扬著：《法国行政法》，中国政法大学出版社 1988 年版，第 186—187 页。

具体选址工作过程中，因附近村民不配合，导致项目环境影响评价工作无法完成，后续无法推进。2015 年 8 月 10 日，市环保局作出预备通知，指出瀚洋公司面临危险废物经营许可证、现有处置场所临时定点规划即将到期的问题，要求该公司采取实质措施，否则将终止特许经营协议。2015 年 9 月 8 日，瀚洋公司回复了新建项目未能按要求完成的原因，表示不同意终止协议。2015 年 9 月 11 日，市政府以会议纪要的形式同意按程序依法终止瀚洋公司的特许经营协议。2015 年 9 月 15 日，市环保局向瀚洋公司发出终止特许经营协议的通知。瀚洋公司不服，提起行政诉讼，请求撤销市环保局终止特许经营协议的通知，并由市政府和市环保局赔偿相应损失。山东省高级人民法院二审审理认为，瀚洋公司在取得医疗废物集中处置特许经营权后，因处置医疗废物的临时场所到期，未能选取新址完成项目建设，无法继续开展医疗废物集中处置业务，严重影响社会公共利益，故协议终止的法定条件成立。市环保局在终止特许经营协议的过程中，告知瀚洋公司有提出书面申辩或者要求举行听证的权利，符合程序正当原则。因此，瀚洋公司关于撤销市环保局终止特许经营协议的请求，不能成立。需要注意的是，行政机关因公共利益需要或者其他法定理由单方变更、解除协议，给相对人造成损失的，应当予以补偿。市环保局依法终止协议，应对瀚洋公司的损失情况作出相应处理。遂判令市环保局对瀚洋公司的有关损失作出补偿决定。

综上，为保证公共服务的良好运作，行政机关可以单方调整行政合同的客观内容，从而在行政合同法律制度中承认了行政机关区别于合同相对人拥有单方面变更、解除权。而原则上行政机关只有在行政协议订立后出现了由于实现公共利益或者行政管理目标的需要或者法律政策的重大调整，必须变更或者解除时，才能行使单方变更、解除权，由此造成公民、法人或者其他组织合法权益损失的，亦应依法予以补偿。

四、行政优益权需要说明的两个问题

（一）行使行政优益权的公共利益

行政优益权的行使必须是为了公共利益的需要，但是并非任何公共利益均可以构成行政优益权的行使条件。在以前，由于受到传统政治学的影响，学者们对公共利益顶礼膜拜，不仅一味地认为公共利益相对于私益具有绝对的优先性，而且对公共利益不作任何具体分析，这明显是不科学的。作为国家机关，维护公共利益是行政机关的重要职责，在公共利益与私人利益发生矛盾时，应优先考虑公共利益的实现，但是承认公共利益优先并不否认个人利益的存在及实现。公共利益不是在任何情况下都可以限制相对人的合同权利的，只有在识别不同情形中的公益以及相对人的合同权利代表的不同公益的前提下，对两者进行比较并发现限制相对人的合同权利的公益在“质”和“量”上有较大优势时才有行政优益权适用余地。

个人的合法权利的行使并不影响他人权利的行使，也不直接影响公共利益，但国家为了追求和实现公共利益可以对财产权进行干预甚至剥夺。除2004年《宪法修正案》第20条、第22条第3款以“公共利益的需要”征收或征用财产权外，1994年《城市房地产管理法》第19条规定：“国家对土地使用者依法取得的土地使用权，在出让合同约定的使用年限届满前不收回；在特殊情况下，根据社会公共利益的需要，可以依照法律程序提前收回，并根据土地使用者使用土地的实际年限和开发土地的实际情况给予相应的补偿。”1990年修正的《中外合资经营企业法》第2条第3款规定：“国家对合营企业不实行国有化和征收；在特殊情况下，根据社会公共利益的需要，对合营企业可以依照法律程序实行征收，并给以相应的补偿。”这种规定实质上是为行政机关的行为确定边界，行政机关可以在追求公共利益的前提下限制、干涉甚至剥夺财产权。

这里所讲的“公共利益的需要”或“社会公共利益的需要”并不是一般的公共利益，而是公益广泛概念之中“质”上要求较严格的，也就是经过选择的、重大的、特别的公益，[①] 才属于所谓的“公共利益的需要”或“社会公共利益的需要”。1950年德国巴登邦的高等法院在一次判决中认为，并非所有的公共利益，都是作为征收借口的“公共福祉”，尽管为了完成国家及

---

① 陈新民著：《德国公法学基础理论》，山东人民出版社2001年版，第419页。

其他公共任务，国家考虑这些任务而采取的措施，符合公共利益的需求，但是，并不一定能满足“公共福祉”的要件。这个判决表明，政府为了解决公共财政所采行的措施，其目的虽可以符合公益，但是，仍不能认为符合“公共福祉”。所以以政府牟利为目的的国库利益不属于这里所讲的“公共利益的需要”或“社会公共利益的需要”。

那么，以什么标准来判断“重大的、特别的公益”呢？苏特试图以“直接受益”来界定，直接受益是“公众借着一个公益征收可以直接获得利益而无须先透过私人之获利，公众才获利”。[①] 这个标准其实就是公用征收的概括，它强调的是被征物的直接公用性。它虽然简单明了，但是遗漏了一些重大的、特别的公益。如《魏玛宪法》第155条第2项规定：“为了满足住宅之需要，奖励移植、开垦以及振兴农业之目的，得征收必要之土地。”这就是一个典型的非公用的公益征收，国家在征收私人的土地后，将再度转移给另一个私人，从而来解决战后房荒的社会问题，显然，这是一种着眼于社会政策的土地再分配，是一种重大的公益。另外，在紧急状况下，为了克服政治、经济和国家安全等方面的危机，对财产权的征收或征用都可以视为有益于公众的重大利益。例如，在战时对原料的限价收购、国家长江防洪指挥部命令拆迁武汉市建在长江边和河道上的多栋房屋、扑杀“禽流感”疫区的家禽，等等。还有，一些通过人民选择的长远公益如环境利益，在一定的条件下，也可以成为重大的公益。

“任何一个公益的产生，必定有一个（或数个）背后之价值要素，而且，这些价值要素可溯源至宪法的理念，因此，在解决这些公益的冲突时，根本之计，可在这些价值要素之间，作一个‘价值的比较’”。[②] 那么以什么标准来决定这些价值标准的优先次序呢？“克莱认为，这个价值标准并没有一个绝对的最优标准，而是必须比较彼此的价值之后才产生。”“必须以价值标准所带来之质与量来作判断之标准。最先次序的价值，必须是量最广，而且，也是质最高。”而“量最广”“质最高”要由“生活依赖的强度来予以界分”，

---

① 陈新民著:《德国公法学基础理论》，山东人民出版社2001年版，第475页。
② 陈新民著:《德国公法学基础理论》，山东人民出版社2001年版，第202页。

"人类生活的基本要素（衣、食、住等）是最重要的"。[①]

但是，"量最广""质最高"的公益是经常处在变动之中的，"在国家、社会濒于衣、食俱缺之窘境，将急于求富之经济发展，列为最优之公益（或公益标准），可予赞同。唯国家已摆脱穷困，迈入富庶之境后，公益的概念也应随之改变。基于生存权及人性尊严的利益，例如环境权（涉及生存的环境）及劳动基本权利（涉及劳工之人类尊严）所可达到之公益（及其价值），因高于基于国家困境时代所强调的经济发展之公益价值"。[②]

由于"量最广""质最高"具有模糊性、不确定性和变动性，因此只能在个案当中对冲突的价值进行衡量，拉仑兹指出："之所以必须采取'在个案中之法益衡量'的方法……正因为缺乏一个由所有法益及法价值构成的确定阶层秩序，由此可以像读图表一样获得结论。"[③] 当然，由于个案衡量也不是纯主观的，必须确定一些客观的标准，而这些标准往往源于宪法价值秩序和原则。拉仑兹归纳出了解决冲突的原则："首先取决于——以基本法的'价值秩序'——依此涉及的一种法益较他种法益是否有明显的价值优越性。他认为，相较于其他法益（尤其是财产性的利益），人的生命或者人性尊严有较高的位阶。当涉及位阶相同，或所涉及的权利如此歧义，以至于根本无从作抽象的比较时，一方面取决于应受保护法益被影响的程度，另一方面取决于假使某种利益须让步时，其受害程度如何。最后尚须适用比例原则、最轻微侵害手段或尽可能微小限制的原则。"[④] 拉仑兹的第一原则涉及的价值比较标准和位阶，第二原则和第三原则涉及的比例原则、补偿原则和辅助原则对利益比较的影响。

（二）公共利益出现的时机

《行政诉讼法》第 12 条第 11 项虽将行政机关违法变更、解除行政协议

① 陈新民著：《德国公法学基础理论》，山东人民出版社 2001 年版，第 203 页。

② 陈新民著：《德国公法学基础理论》，山东人民出版社 2001 年版，第 204 页。

③ ［德］拉仑兹著：《法学方法论》，陈爱娥译，商务印书馆 2004 年版，第 279 页。

④ ［德］拉仑兹著：《法学方法论》，陈爱娥译，商务印书馆 2004 年版，第 285—286 页。

纳入行政诉讼受案范围，但法律、司法解释亦未对行政机关单方行使变更、解除权的条件进行明确规定，未来仍需在个案审查中逐步进行探索。一般认为，行政机关对协议内容单方变更、解除权只能在国家法律政策和协议基础事实发生变化，履行协议会给国家利益或者社会公共利益带来重大损失这一特定情形下才能行使。也就是说，行政机关单方变更、解除协议必须基于行政优益权，从而最大程度维护行政协议的稳定及行政机关的公信力。

与传统的行政行为相比，在柔性执法理念的趋势之下，各级政府及其工作部门通过友好协商的方式和行政相对人签订行政协议，更有利于促进行政管理目标的实现。但是，在我国现行行政诉讼法律制度下，行政机关不能作为行政诉讼的原告，为解决行政机关不能起诉行政相对人的问题，亦为行政机关在行政协议中实现行政管理和公共服务目的，司法实践中有些法院探索设置了行政协议非诉执行程序，即如果行政协议中约定了强制执行条款，且该条款符合法律规定、内容明确并具有可执行内容，行政机关可依据该约定向法院申请非诉强制执行；未约定强制执行条款的，行政机关亦可通过作出书面决定，再将行政决定作为执行名义向人民法院申请强制执行。这一探索虽然明确了协议相对人不履行协议或者不按照约定履行协议之时行政机关的救济路径，但在面对行政协议内容因某些正当理由可能需要变更、终止甚至撤销时，行政机关仍不能提起行政诉讼寻求司法救济。

当行政机关不能行使行政优益权，行政协议对变更或撤销没有约定且双方又无法对变更协议协商一致，而该协议内容因正当理由出现了需要变更或撤销时，行政机关通过何种方式予以处理，是目前行政协议审判中面临的一个重要问题。此问题不仅涉及行使行政优益权的公共利益出现的时机，也是作为行使行政优益权的公共利益出现的时间是行政协议"缔约时"还是"缔约后"，还涉及行政机关在行政合同中的单方面特权范围大小的问题。

我国台湾地区"行政程序法"在参照法、德两国的基础上，在第 146 条第 1 项中规定，"行政契约当事人之一方为人民者，行政机关为防止或除去对公益之重大危害，得于必要范围内调整契约内容或终止契约"。第 147 条第 1 项规定，"行政契约缔结后，因有情势变更，非当时所得预料，而依原约定显失公平者，当事人之一得请求他方适当调整契约内容。如不能调整，得终止契约”。从而形成了一套行政合同调适机制，承认行政机关区别于合同相对人拥有单方面特权。从上述规定可以看出，我国台湾地区“行政程序法”第147条第1项规定明确为行政协议“缔约后”，而第146条第1项规定则暗含行政协议“缔约时”。我国司法实践中也有类似的讨论。如唐某国诉请撤销关岭县政府作出的《行政决定书》一案中，关岭县政府认为其在订立协议过程中，对协议的基本事实认知出现偏差，而主张协议相关内容应予变更。如果案涉协议是民事合同，可以提起诉讼或仲裁请求人民法院或者仲裁机构变更或者撤销。但案涉协议为行政协议，行政机关不能成为行政协议诉讼原告。在这种情况下，又因与唐某国协商未果，关岭县政府根据黔峰源公司对唐某国房屋重新作出的《房屋面积测绘报告》与《情况说明》，以及贵州安顺九鼎房地产估价有限公司作出的《唐某国户房屋征收评估分户报告》等，作出本案被诉的《行政决定书》。本案解决的是行政协议“缔约时”而不是“缔约后”，行政机关在行政协议中是否可以行使行政优益权问题。本案一审法院显然认为关岭县政府“缔约时”存在的协议内容问题也可以行使行政优益权予以解决，而二审法院和再审法院则适用传统意义上的行政优益权理论认为原则上是不可以的。[①] 这一分歧涉及单纯内容违法而未达到无效程度的行政协议，是否可以适用行政协议调适机制，行政机关是否可以运用行政优益权将该有合法性瑕疵的行政协议调适到合法状态的问题。

我们认为，按照法治国家的观念，行政行为的有效性取决于其合法性。这种观念是错误的。因为违法的行政行为只有在重大明显违法的情况下才无效。在其他违法情形中，行政行为仍然有效，甚至可以强制执行，除非关系人诉请撤销或者行政机关依职权撤销。[②] 因此，有效性和合法性不是一一对

① 关于行政优益权在司法实践中的运用，可以参见最高人民法院（2017）最高法行申3564号行政裁定和最高人民法院（2017）最高法行申4595号行政裁定书。

② ［德］汉斯·J.沃尔夫、奥托·巴霍夫、罗尔夫·施托贝尔著：《行政法》，高家伟译，商务印书馆2002年版，第66页。

应的。即使是违法的行政行为也具有效力，这一点被称为“有效性推定”。[①]由此可以看出，按照依法行政的要求，任何行政行为均不得违法，但这并不代表一旦违法，便只能归于无效或者予以撤销，行政行为更不可能要么有效（因为合法），要么无效（因为违法）。对于违法情节轻微尚不构成无效的行政协议，基于其为双方当事人相互意思表示一致的产物，对此协议相对于作为单方行政行为的违法，应当给予更多的宽容。这是依法行政原则兼顾法的安定性、信赖保护、合同全面履行原则的结果，甚至可以说是上述原则妥协和折中的结果。因此，单纯内容违法而未达到无效程度的行政协议原则上不得适用行政协议调适机制，行政机关不得运用行政优益权对行政协议内容进行单方调整。

但是，凡事亦有例外。当行政协议内容因协议相对人故意（欺诈、胁迫等）造成的或者协议内容违法虽未达到无效程度但严重损害国家利益和社会公共利益需要变更或撤销时，排斥行政机关对行政协议内容进行单方调整就显得不合时宜。如上所述，我国行政诉讼法不允许行政机关成为行政协议诉讼原告，不可以提起行政诉讼变更或者撤销单纯内容违法而未达到无效程度的行政协议。在此情况下，唐某国诉请撤销关岭县政府作出的《行政决定书》一案再审法院最高人民法院依据 2014 年修正的《行政诉讼法》第 12 条第 1 款第 11 项规定发展出行政机关基于非传统行政优益权的单方调整权，认为可以赋予行政机关非因行政优益权而在极个别情况下对案涉协议进行的变更、撤销等权力，此类似于民事合同中具备一定情形时，当事人可以申请法院变更、撤销合同，只因相对人可以通过行政诉讼进行救济，而行政机关不能成为行政诉讼的原告，因此该变更、撤销权只赋予行政机关。同时，为防止行政机关滥用上述权力不当侵害当事人的合法权益，一般来说，应仅限于行政相对人存在欺诈、胁迫等主要归责于行政相对人，或者权利义务存在极度无正当理由的显失公平而严重损害国家利益和社会公共利益等情形。也

---

① ［德］汉斯·J. 沃尔夫、奥托·巴霍夫、罗尔夫·施托贝尔著：《行政法》，高家伟译，商务印书馆 2002 年版，第 66—67 页。

就是说，在行政相对人对行政协议的违法存在故意，或者协议内容严重不公导致严重损害国家利益和社会公共利益的情况下，行政机关才具有基于非行政优益权对行政协议进行变更、撤销等的权力。

第二节　行政协议的履行

行政协议因协商一致而与民事合同接近，作为行政协议当事人的行政机关和行政相对人仍应遵循平等、自由、公平、诚信、依约履责等一般的合同原则。行政协议不违反国家法律、法规和政策的规定，事前经双方当事人协商达成一致，是双方真实意思表示，合法有效，当事人应当按照约定全面忠实履行，此与民事合同的履行并无二致。目前，我国行政诉讼中"官不能告民"，行政相对人不履约，行政机关的救济途径就成为不得不研究的问题。行政协议司法解释规定的行政机关行使优益权保证行政相对人履约是无可奈何的做法，行政协议约定执行才是未来的发展方向。

一、行政协议履行的理论基础

在行政法学中，行政行为效力和效力内容是两个不同的法律概念。行政行为效力是指行政行为在成立后，若非为无效，依其外形和内容可产生应当影响相对人、原行为机关，以及其他相关人与机关的作用力。而每个行政行为的法律效力内容，视其行为所依据的法律规范、所针对的行政事项及行为的内容等方面的不同而不尽相同。在德国，学者认为行政行为效力以存续力为主，它包括形式存续力（不可争诉性）与实质存续力（不可变更性）；此外，行政行为效力还包括构成要件效力、确认效力和执行力。在日本，学者将行政行为效力内容分为公定力、拘束力、不可争力、不可变更力和执行力。在我国大陆地区，早先受到日本的影响，大多数学者倾向于将行政行为效力内容分为确定力、拘束力、公定力和执行力四个方面。

我们认为，结合行政行为的稳定性功能、拘束性或赋权性功能以及实现性功能，行政行为效力内容包括以下三个方面的内容：一是行政行为的稳定性功能要求行政行为所规制的内容具有稳定性，不得朝令夕改，从而形成了行政行为的“确定力”。确定力分为形式确定力和实质确定力。前者又叫不可争力，它是基于体现法治的安定性原则的期限制度而产生的，该效力的实质在于为了保持行政行为的稳定性，在法定救济期限届满后，行政行为具有不可诉请撤销性；而后者指的是行政行为一经作出，作出该行为的行政机关原则上不得随意变更行政行为，强调行政行为的有限“变更禁止”。所以，行政行为的实质确定力又被称为不可变更力。二是行政行为的拘束性或赋权性功能要求行政行为所规制的内容约束所有人（尤其是相关人及组织），要求其必须服从，并以此为依据作出行为，或者以作为或不作为方式让他人行使权利，从而形成了行政行为的“既决力”。既决力是指行政行为一经作出或者生效，其具体内容对相关组织及人员产生的法律上的约束效力，有关组织及人员必须遵守和服从。“相关组织及人员”范围，不仅限于行政行为的相对人与关系人以及作出行为的行政机关，还包括原行为机关以外的其他行政机关与法院，甚至包括一般公众。三是行政行为的实现性功能要求行政行为所规制的内容具有实现性，在该行为无法实施之时，拥有要求得到实现的能力，从而形成了行政行为的“实现力”。行政行为所规则的内容要加以实现，必须在相关主体不按照“既决力”进行活动之时，或者说对该行政行为不遵守或承认之时，有关组织及个人具有依据法律以各种方式（甚至包括强制方式）加以实现的效力。

行政协议作为行政行为的一种，行政行为的确定力、既决力和实现力也可以适用于行政协议。而行政协议的履行涉及行政协议的实现力。行政协议既有行政性又有协议性，是行政性和协议性的创造性结合，其因行政性有别于民事合同，又因其协议性不同于一般行政行为。行政协议因协商一致而与民事合同接近，作为行政协议当事人（不管是行政机关还是行政相对人）仍应遵循平等、自由、公平、诚信、依约履责等一般的合同原则。行政协议不得违反国家法律、法规和政策的规定，事前经双方当事人协商达成一致，是双方真实意思表示，合法有效，当事人应当按照约定全面忠实履行。不过，需要指出的是，对行政协议的合法性、有效性以及双方履行约定义务等情况进行审查后，认为可以执行的，协议内容也必须具有可执行的内容，否则也不能执行。从现有行政协议种类来看，除约定支付违约金和房屋征收协议中交出房屋外，不少行政协议不存在执行的问题。这一点不得不予以注意。

二、行政相对人不履约时的可能救济途径

《行政诉讼法》第 12 条第 1 款第 11 项只规定了行政机关一方不履行行政协议，相对人可以提起行政诉讼，没有规定相对人一方不履行协议的，如何处理。之所以这样规定，主要原因是：一是这类争议往往是由行政机关一方不履行或者未按照约定履行协议引起的。二是行政相对人一方不履行合同，行政机关一方可以通过其他途径加以解决。例如，特许经营者不按照协议约定提供公共服务的，行政机关可以取消特许经营，这也是行政合同区别于民事合同的重要之处。三是如果规定行政机关可以作原告，与行政诉讼的性质不符合，与《行政诉讼法》的规定也不适应。因此，2014 年《行政诉讼法》修改时只规定了行政相对人可以起诉行政机关。[①] 这就为司法实践留下一个制度上的难题，即在行政协议履行过程中，行政相对人不履行行政协议的，行政机关应当通过何种途径予以救济。从理论上看，对于行政相对人不履约的，行政机关可能有以下三种救济途径。

第一种救济途径是提起行政诉讼。即"官告民"，由行政机关起诉不履行行政协议的行政相对人。在德国，允许行政机关基于行政合同关系向合同相对人提起行政诉讼（不仅仅是行政相对人不履行行政协议），具体的诉讼请求可以是：（1）要求履行合同，甚至限期履行；（2）要求承担因不履行合同发生的损失赔偿；（3）根据《德国行政法院法》第 43 条有关确认之诉的规定，要求确认合同效力；（4）根据《德国行政程序法》第 60 条第 1 款的规定，要求行使合同变更权等。针对合同相对人不履行合同或者其赔偿义务的情

---

① 袁杰主编，全国人大常委会法制工作委员会行政法室编著：《中华人民共和国行政诉讼法解读》，中国法制出版社 2014 年版，第 44—45 页。

形，行政机关可以提起行政诉讼。裁判作出之后，行政机关不是基于行政合同，而是对生效判决的执行，实现权利救济。根据《德国行政程序法》的规定，执行判决时适用《民事诉讼法》有关判决执行的规定进行。但是，此处有个特别规定，即当判决中有明确的可执行内容时，行政机关可以依据《行政强制执行法》，由专门的行政强制执行机关对判决内容依法执行。由于签订合同时，行政机关有足够的权能和方式来保护自己的权益，行政机关提起诉讼的情形并不多。不过，如上所说，这个途径实际上在2014年我国《行政诉讼法》修改之时即被予以排除。

第二种救济途径是提起民事诉讼。《国有土地上房屋征收与补偿条例》第25条规定："房屋征收部门与被征收人依照本条例的规定，就补偿方式、补偿金额和支付期限、用于产权调换房屋的地点和面积、搬迁费、临时安置费或者周转用房、停产停业损失、搬迁期限、过渡方式和过渡期限等事项，订立补偿协议。补偿协议订立后，一方当事人不履行补偿协议约定的义务的，另一方当事人可以依法提起诉讼。"针对同一行政协议争议，当行政机关违约时，行政相对人起诉行政机关，由《行政诉讼法》调整；当行政相对人违约时，行政机关起诉被征收人，由《民事诉讼法》调整。如此做法显然混淆了民事法律关系与行政法律关系，极易造成法律适用的不统一和当事人的无所适从，致使法律缺乏确定性与可预测性，也不利于行政机关依法行政和公民、法人或者其他组织遵守法律。

第三种救济途径是提起非诉执行。从现有情况看，此种非诉执行是多种多样的。既有以行政协议为执行名义或者依据的，也有以转化为各种行政职权行为为执行名义或者依据的；既有直接以行政协议为执行名义或者依据的，也有当事人约定行政协议为执行名义或者依据的；既有申请人民法院强制执行的，也有行政机关自我强制执行的。具体而言，可以有以下四种方式。

1. 行政协议为执行名义或者依据，直接执行协议内容。但是关于执行名义的问题也存在一定的争议。有人认为，根据《行政诉讼法》和《行政强制法》的规定，行政机关申请执行行政协议的依据还不够充分。理由是无论是《行政诉讼法》还是《行政强制法》的规定，执行名义均为"行政行为"或者“行政决定”，这些行政行为或者行政决定一般已经生效，权利义务关系已经确定，且具有可执行内容，行政协议是双方的，它的执行内容还不够确定，内容可能不断变化，即使一方主体是行政机关，是否可以成为执行的名义或者依据也值得研究。也就是说，行政协议能否作为执行名义还存在法律依据不足的问题。

2. 双方直接在行政协议中约定执行方式。此属于约定行政协议为执行名义或者依据，为前述情形的升级版，境外也有相应制度。德国的行政合同采取了预先约定的方式，约定相对人不履行的可以作为强制执行的名义。德国的行政机关在行政合同中的特权需要约定。根据《德国行政程序法》第 61 条的规定，行政机关和公民可以约定双方接受合同的及时执行。该接受声明成为合同的强制执行名义。公民不履约的，行政机关可以根据这一约定以行政行为的方式强制执行。目前，在大多数情况下，德国行政机关会要求公民作这种声明，因此对合同的执行比对行政行为的执行难度小得多。如果公民对此有异议，可以针对行政机关的强制执行行为提起诉讼，而不能针对行政合同提起诉讼。例外的情况下，公民可以主张合同无效。因此，行政协议的执行名义的问题是可以通过约定执行予以解决的。

3. 行政机关催告履行，行政相对人不履行的，申请人民法院强制执行催告履行行为。主要理由为行政协议不能直接作为执行名义，但是可以通过转换为行政行为的方式，成为执行名义。第一，《行政强制法》规定了“催告程序”，催告是以书面形式作出的，并且具体载明了权利义务内容，且该催告亦为申请强制执行的必经程序。《行政强制法》第 35 条规定：“行政机关作出强制执行决定前，应当事先催告当事人履行义务。催告应当以书面形式作出，并载明下列事项：（一）履行义务的期限；（二）履行义务的方式；（三）涉及金钱给付的，应当有明确的金额和给付方式；（四）当事人依法享有的陈述权和申辩权。”第 54 条规定：“行政机关申请人民法院强制执行前，应当催告当事人履行义务。催告书送达十日后当事人仍未履行义务的，行政机关可以向所在地有管辖权的人民法院申请强制执行；执行对象是不动产的，向不动产所在地有管辖权的人民法院申请强制执行。”第 55 条规定：“行政机关向人民法院申请强制执行，应当提供下列材料:(一)强制执行申请书;(二)行政决定书及作出决定的事实、理由和依据;(三)当事人的意见及行政机关催告情况;(四)申请强制执行标的情况;(五)法律、行政法规规定的其他材料。强制执行申请书应当由行政机关负责人签名，加盖行政机关的印章，并注明日期。”可见，行政协议完全可以转换为“催告”形式的行政行为。[①]

4. 行政机关依据行政协议内容，另行作出责令行政相对人履行行政协议内容的行政决定，或者动用行政优益权进行制裁甚至执行，这涉及行政优益权是依法授予还是当然取得。境外都有类似的立法例，不过，相对人对行政机关作出的行政行为又会产生起诉权的问题，极有可能最后成为行政诉讼执行。

根据《行政诉讼法》的立法原意，对于行政机关在行政协议中的权利保护，应当通过非诉行政执行程序来予以救济。允许行政机关对当事人不履行行政协议申请非诉强制执行，而对于行政机关不履行行政协议时却要求行政相对人提起行政诉讼，对同一不履行行政协议行为规定不同的解决路径，虽然有违平等对待原则，也是我国《行政诉讼法》“官不能告民”定位下无可奈何的选择。考虑到此，行政协议司法解释主要采纳了第三种非诉执行救济途径中第4种方式，同时也作了一些符合实际情况的规定。行政协议司法解释第24条规定:“公民、法人或者其他组织未按照行政协议约定履行义务，经催告后不履行，行政机关可以作出要求其履行协议的书面决定。公民、法人或者其他组织收到书面决定后在法定期限内未申请行政复议或者提起行政诉讼，且仍不履行，协议内容具有可执行性的，行政机关可以向人民法院申请强制执行。法律、行政法规规定行政机关对行政协议享有监督协议履行的职权，公民、法人或者其他组织未按照约定履行义务，经催告后不履行，行政机关可以依法作出处理决定。公民、法人或者其他组织在收到该处理决定

---

① 江必新、梁凤云著:《最高人民法院新行政诉讼法司法解释理解与适用》，中国法制出版社2015年版，第127—128页。

后在法定期限内未申请行政复议或者提起行政诉讼，且仍不履行，协议内容具有可执行性的，行政机关可以向人民法院申请强制执行。”该条是关于在行政协议案件中，行政相对人不履行行政协议时行政机关有哪些救济途径的规定。该司法解释区别以下两种情形作了规定。

（一）行政机关作出履行协议决定作为执行名义

根据《行政强制法》和《行政诉讼法》的规定，行政机关必须作出行政决定之后，相对人既不履行又不提起复议或者诉讼的，行政机关可以将该行政决定作为执行名义向人民法院申请强制执行。行政协议司法解释规定，行政协议未规定行政机关享有强制执行权，如行政相对人未按照协议履行，行政机关有权依据协议内容作出相应行政决定，公民、法人或者其他组织收到书面决定后在法定期限内未申请行政复议或者提起行政诉讼，且仍不履行，协议内容具有可执行性的，行政机关可以向人民法院申请强制执行。

关于行政协议司法解释第 1 款规定的责令履行协议决定属于什么性质，现有法律及司法解释并未明确规定。我们认为，此决定类似于行政机关行政强制执行决定。依据《行政强制法》第 37 条第 1 款、第 3 款规定，行政机关在法定的条件下可以依法作出强制执行决定。现在的问题是，对于行政机关作出的行政强制执行决定是否具有可救济性呢？当事人对行政机关强制执行决定是否可以申请行政复议或者提起行政诉讼，在《行政强制法》制定之时有不同观点。一种观点认为，行政强制执行决定只是执行已经生效的行政决定，本身并没有给当事人增加新的义务，不能对行政强制执行决定申请行政复议或者提起行政诉讼。另一种观点认为，行政强制执行决定是一个新的行政行为，《行政强制法》和其他法律、行政法规对强制执行确定一些规范，行政机关在强制执行中也应当遵守，如可以采取什么方式强制执行、是否有权直接强制执行、强制执行前是否履行了催告程序等，同时，在执行过程上，强制执行还可能侵害当事人的权益，如扩大执行范围，该中止执行而没有中止执行，对居民生活采取停止供水、供电、供热、供燃气等方式迫使当事人履行。如果不遵守这些规范，当事人也可以申请复议或者提起行政诉讼，侵害当事人权益的，可以要求国家赔偿。据此有学者认为，行政执行的发动，是采职权进行主义，通常由执行机关发动而行政执行的开始。行为或不行为强制执行机关，必须有一个执行命令，行政执行经由此执行命令而开始。行为或不行为强制执行的执行命令并非创造一新的规定，而只是执行原行政处分的内容，因此，执行命令本身大多非属行政处分。而公法上金钱给付义务的执行，是由处分机关移送行政执行处，行政执行处此时为执行机关，仍必须有一个执行命令作为执行的开始，此时的执行命令似乎多属行政处分。[①]《行政强制法》采纳了后一种观点。因此《行政强制法》第 37 条规定强制执行决定书应当载明申请行政复议或者提起行政诉讼的途径和期限。这就表示对行政强制行为可以申请行政复议和提起行政诉讼。[②] 总之，行政机关的强制执行决定具有可救济性，是因为凡是对相对人的权利义务的产生、变更、消灭、确认或弱化有影响的，均可寻求法律救济。行政机关的强制执行决定影响了（至少削弱了）被执行人的权利义务，被执行人理应有权向人民法院提起行政诉讼。

《行政强制法》第 8 条第 1 款也规定，公民、法人或者其他组织因行政机关违法实施行政强制受到损害的，均有权依法要求赔偿。具体表现为：一

---

① 翁岳生编：《行政法》，中国法制出版社 2000 年版，第 1165 页。关于加处罚款的执行决定亦属于合法性审查的范围问题，有人认为，因加处罚款的执行决定权属于行政机关，其执行程序是非诉执行程序，所以，其不属于被诉具体行政行为，不属于行政诉讼的审查范围。因此，在行政诉讼或非诉执行审理或审查中，无须对加处罚款的合法性进行审查。但是也有人认为，1989 年《行政诉讼法》第 5 条规定："人民法院审理行政案件，对具体行政行为是否合法进行审查。"这里所讲的合法性审查有两层含义，一是诉讼案件和非诉执行案件，法院均要坚持合法性审查。诉讼案件的合法性审查的强度高于非诉执行案件，但非诉执行案件仅仅在强度上低于诉讼案件，并不意味着要放弃合法性审查的原则。二是合法性审查是对具体行政行为合法性的全面审查，不受当事人的诉讼请求的限制。被诉或申请执行的具体行政行为中具有加处罚款的内容，它就是该具体行政行为的一个组成部分，因此法院在确认被诉行政处罚决定合法后，还应当对加处罚款决定的合法性进行审查。如果发现加处罚款超过法律规定的标准或者要求行政相对人执行行政罚款决定的期限极不合理等问题的，法院应当判决撤销或者不予执行这部分内容，令作出该具体行政行为的行政机关重新作出加处罚款的决定。见蔡小雪主编：《行政审判与行政执法实务指引》，人民法院出版社 2009 年版，第 571 页。

② 全国人大常委会法制工作委员会行政法室编：《〈中华人民共和国行政强制法〉释义与案例》，中国民主法制出版社 2011 年版，第 47 页。

是如果行政机关作出的行政强制执行决定超过原行政决定范围，应当允许公民、法人或者其他组织向人民法院提起行政诉讼；二是该中止执行而没有中止执行，该终止执行而没有终止执行，对居民生活采取停止供水、供电、供热、供燃气等方式迫使当事人履行等实际影响公民、法人或者其他组织合法权益的，应当允许公民、法人或者其他组织向人民法院提起行政诉讼；三是基于比例原则，可以先采取间接强制却采取直接强制而实际影响公民、法人或者其他组织合法权益的，应当允许公民、法人或者其他组织向人民法院提起行政诉讼；四是不遵守法定程序（如催告等）的，应当允许公民、法人或者其他组织向人民法院提起行政诉讼。五是代履行和执行罚必然会影响公民、法人或者其他组织的合法权益，应当允许公民、法人或者其他组织向人民法院提起行政诉讼。因此，《行政强制法》第37条第2款规定："强制执行决定应当以书面形式作出，并载明下列事项：（一）当事人的姓名或者名称、地址；（二）强制执行的理由和依据；（三）强制执行的方式和时间；（四）申请行政复议或者提起行政诉讼的途径和期限；（五）行政机关的名称、印章和日期。"从上述关于应当载明的"申请行政复议或者提起行政诉讼的途径和期限"来看，《行政强制法》是允许行政相对人针对行政机关行政强制执行决定向人民法院提起行政诉讼的，而且不管是直接强制的行政强制执行决定还是间接强制的行政强制执行决定、行为或不行为的强制执行决定还是公法上金钱给付义务的强制执行决定。

上述强制执行决定是依据《行政强制法》针对被执行人作出的。但是，在不同的单行法规中有不同的规定。如2001年《城市房屋拆迁管理条例》（已废止）第17条第1款规定："被拆迁人或者房屋承租人在裁决规定的搬迁期限内未搬迁的，由房屋所在地的市、县人民政府责成有关部门强制拆迁，或者由房屋拆迁管理部门依法申请人民法院强制拆迁。"依据这一规定，除向法院申请强制执行外，政府有关部门作出强制执行决定之前，尚应该由房屋所在地的市、县人民政府责成有关部门强制拆迁。所以，这里所说的"行政机关行政强制执行决定"既包括房屋拆迁管理部门的强制执行决定，也包括有些单行法规定的政府责成决定。而政府责成决定针对的不是被执行人，其是否可诉争议较大。针对责成行为的可诉性问题，在司法实践中，不同法院对责成行为的性质在认识上和处理上并不一致。有的法院认为，责成行为是行政机关实施具体行政行为的依据，因此是可诉的；有的法院认为，责成行为是行政机关对实施具体行政行为所发布的内部命令，是内部行政行为，不属于行政诉讼受案范围；还有的法院认为，责成行为是具体行政行为的强制执行行为，未重新设定当事人的权利义务，故不属于法院的受案范围。[①]

行政协议司法解释第24条第1款规定的责令履行协议决定，从整体上看，我们认为，此决定类似于行政机关行政强制执行决定，不同的是前者要求履行的是协议的内容，而后者则是要求执行行政决定的内容。现在的问题是行政机关采用行政协议履行法定职责后，是否可以对同一事项再作出要求履行协议的决定。如上所说，我国《行政诉讼法》“官不能告民”定位下只能在行政优益权之外再行突破，承认行政相对人一方不履行合同，行政机关一方可以通过作出要求履行协议的行政决定，解决“官不能告民”给行政协议案件带来的困境，这也是无可奈何的选择。同时鉴于责令履行协议的决定类似于行政机关行政强制执行决定，依据《行政强制法》有关规定，行政机关在法定的条件下可以依法作出责令履行协议的决定，协议行政相对人对其则可以申请行政复议或者提起行政诉讼。

（二）基于监督权指挥权作出的处理决定作为执行名义

此情形主要是行政协议司法解释第24条第2款规定，是指行政机关以基于法律、行政法规规定对行政协议享有监督协议履行的职权作出的处理决定作为执行名义。如果法律、行政法规规定行政机关对行政协议享有监督协议履行的职权，行政机关有权对不履行协议义务的相对人作出处理决定。例如，“行政相对人一方不履行合同，行政机关一方可以通过其他途径解决，如对特许经营者不按照协议约定提供公共服务的，行政机关可以取消特许经

① 王岩：《强制拆违司法审查中的若干问题》，载《人民司法（应用）》2011年第13期。

营”。[①] 根据《行政强制法》和《行政诉讼法》的规定，行政相对人未按照协议履行，行政机关基于法律、行政法规规定对行政协议享有监督协议履行的职权作出行政决定后，可以向人民法院申请执行该行政决定，人民法院可以参照《行政强制法》的规定进行审查并决定是否执行。故行政协议司法解释第 24 条第 2 款规定，法律、行政法规规定行政机关对行政协议享有监督协议履行的职权，公民、法人或者其他组织未按照约定履行义务，经催告后不履行，行政机关可以依法作出处理决定。公民、法人或者其他组织在收到该处理决定后在法定期限内未申请行政复议或者提起行政诉讼，且仍不履行，协议内容具有可执行性的，行政机关可以向人民法院申请强制执行。

如上所说，行政协议中行政机关享有行政优益权，在行政相对人不履行行政协议内容的情况下，可以行使行政优益权。行政机关在行政协议中的优益权很丰富，主要包括指挥权、监督权、单方变更和解除权、制裁权等。行政机关基于法律、行政法规规定对行政协议享有监督协议履行的职权，亦即监督协议履行的监督权，属于行政优益权的一种。但是，行政机关作出要求行政相对人履行协议内容的行政决定，是否也属于行政优益权的一种？换句话说，行政协议司法解释第 24 条第 1 款和第 2 款之间是什么关系？《城镇国有土地使用权出让和转让暂行条例》第 17 条明确规定，未按合同规定的期限和条件开发、利用土地的，市、县人民政府土地管理部门应当予以纠正，并根据情节可以给予警告、罚款直至无偿收回土地使用权的处罚。从性质上说，市、县人民政府土地管理部门应当予以纠正内容包括行政机关作出要求行政相对人履行协议内容的行政决定，而对给予警告、罚款直至无偿收回土地使用权的处罚等行政处罚决定，则均属于典型的行政优益权。但两者是有区别、有侧重的，前者不增加相对人的权利义务，仅局限于行政协议的内容，而后者则增加了相对人的权利义务。但是，其中作为行政机关行政优益权的协议监督权和指挥权是有限度的，它也仅限于保障行政协议的如约履

① 袁杰主编，全国人大常委会法制工作委员会行政法室编著：《中华人民共和国行政诉讼法解读》，中国法制出版社 2014 年版，第 44 页。

行，其目的均为行政协议内容的全面履行，不可滥用，不得要求相对人履行不合理的义务。也就是说，行政协议司法解释第1款有关责令履行协议决定的规定和第2款有关监督协议履行决定的规定，实质内容基本一致，均为行政优益权情形，故行政协议司法解释将其一并进行规定。

三、未来的发展方向：约定执行

为了保障公共利益的实现和提高行政效率，一般来说，行政协议中如果约定强制执行条款，且该条款符合法律规定、内容明确并具有可执行性，行政机关可依据该约定向法院申请非诉强制执行，法院经审查，可以作出准予执行的裁定。大陆法系国家(例如德国)和我国台湾地区均作了类似规定。《德国行政程序法》第61条规定，每一合同签订方均可表示立即执行第54条第2句所指公法契约。比如，行政机关决定拆除违章建筑，但与违章建筑所有权人在和解合同中达成约定，允许对方在五年之内自行拆除，若未按期完成拆除义务，行政机关可以立即强制拆除。同时，上述条款还规定了行政机关的签约限制：一是须由行政机关代表人签约。若行政机关想签订这种接受即时强制执行的条款，必须由行政机关代表人来签订，包括行政机关的"主管、一般代理人或具有法官职位资格或《德意志法官法》第110条第1句条件的公职人员作为代表"。二是须经有权机关批准。经订约行政机关的业务主管机关批准，接受即时强制执行的约定方为有效。如该接受是由联邦或州最高机关作出的，不需要批准。此类接受即时强制执行的约定，经常在和解合同中得到运用。此外，《德国行政程序法》第60条第2款第1句规定，若订立合同的一方为该法第1条第1款[①]所指的行政机关，则对和解合同须准用联邦强制执行法。也就是说，行政机关须由机关首长、首长的一般代表人或者公共服务部门具备法官资格或者符合《德国法官法》第110条所指条件的人员作为代表。只有在签订合同的行政机关的业务主管监督机关批准时，

① 《德国行政程序法》第1条第1款所指的行政机关包括：（1）联邦、联邦直属的公法社团、机构和财团的机关；（2）各州、乡镇、县以及其他接受州监督的公法法人的机关，但以其受联邦委托执行联邦法律者为限。

有关立即执行的表示方为有效。最高联邦或者州行政机关作出或者针对它们作出立即执行表示的，无须批准。我国台湾地区“行政程序法”第148条规定，行政契约约定自愿接受执行时，债务人不为给付时，债权人得以该契约为强制执行之执行名义。关于前项约定，缔约之一方为中央行政机关时，应经主管院、部或同等级机关之认可；缔约之一方为地方自治团体之行政机关时，应经该地方自治团体行政首长之认可；契约内容涉及委办事项者，并应经委办机关之认可，始生效力。第一项强制执行，准用行政诉讼法有关强制执行之规定。对此，有学者认为：“本条规定不论于提升双务契约或和解契约之执行效力上，具有重大之意义与功能。盖行政契约不如行政处分，并非当然享有执行力，所以当契约一方当事人不履行其契约上之义务时，他方当事人纵使是行政机关，理论上亦须经由诉讼途径以取得执行名义或执行力，以便对他造当事人为强制执行，如此一来，行政契约之效力即远不如行政处分。”①

行政协议司法解释虽然没有对行政协议能否直接作为执行名义进行规定，但不妨碍在司法实践中进行探索。司法解释制定过程中，有人认为，将行政协议直接作为执行依据，超出了目前《行政强制法》等法律及司法解释所确定的执行依据种类。对此我们认为，对于行政机关的救济渠道，立法机关有明确的意见，即通过非诉执行方式予以救济。党的十九届四中全会决定要求，坚持和完善中国特色社会主义制度、推进国家治理体系和治理能力现代化。传统上，我国属于大陆法系国家，德国和我国台湾地区的上述做法可以借鉴。在我国司法实践中，有些地方法院也进行过一些探索，将来可以继续进行有益探索。原则上，行政协议约定强制执行条款，公民、法人或者其他组织未按照约定履行义务，经催告后仍不履行，行政机关向人民法院申请强制执行该协议，人民法院应当依法受理。人民法院审查行政机关申请强制执行行政协议的案件，应当听取利害关系人的意见，并对协议的合法性、有效性、公平性以及双方履行协议等情况进行审查。经审查，内容明确、无明

① 翁岳生主编:《行政法》，中国法制出版社2002年版，第792页。

显违法且有执行内容的，应当作出具有执行内容的准予执行裁定，否则不能裁定准予执行。从现有行政协议种类看，除约定支付违约金和房屋征收协议中交出房屋外，不少行政协议不存在执行的问题。这一点不得不予以注意。人民法院作出准予执行裁定后，一般由签订行政协议的行政机关组织实施，也可以由人民法院执行；内容不明确或者没有可执行内容的，应当作出不准予执行的裁定，由行政机关另行作出行政决定。上述听取意见的程序和举证责任等事项，可以参照《行政诉讼法》的有关规定办理。

第八章

行政协议的法律责任

责任政府是监督行政机关依法行政，促进良善行政、诚信行政的必由之路。在监督行政机关依法行政，助推诚信政府建设的要求下，行政协议既要符合合法要件，又因行政协议具有很强的“合意性”“契约性”，体现了行政机关和行政相对人的自主意愿，注重友好协商、诚信履行，因此也具有合同法上的一些特征，而要防止行政机关强迫缔约、随意违约、恶意毁约等违反诚实信用的行为，保障民营企业在内的行政相对人的合法权益，营造良好的营商环境，促进政府守信践诺。相关行政机关、组织和个人实施违反法律规定和协议约定的行为，依据有关规定和约定应当承担法律责任。行政协议责任的归责原则具有多样性，有过错责任、无过错责任、风险责任。行政协议的责任内容也具有多样性，包括协议上的责任和非协议上的责任。协议责任必须与协议相关并只能在协议相关的范围内寻求赔偿，一般只涉及协议当事人，主要包括违约责任和部分行政补偿；而与协议不相关，有法律规定而承担的责任，属于非协议责任，包括缔约过失责任、协议履行后义务以及其他行政机关造成损失依法予以的行政补偿。有时行政协议将有关法定责任具体规定在其中，这两种责任就存在重合，原则上只能选择其一。2015 年《若干解释》对行政协议的赔偿责任（违约责任等）和补偿问题给予了原则性的规定。实践中，还有很多问题需要予以明确。对此，行政协议司法解释在深入调研和总结经验的基础上，加大推动政府守信践诺、助推诚信政府建设的力度，对相关问题作出具体规定，主要体现在缔约过失责任、行政补偿、违约责任等方面。

一、缔约过失责任

2015年《若干解释》第15条第2款规定，原告请求确认协议无效，理由成立的，判决确认协议无效，并根据《合同法》等相关法律规定作出处理。除无效外，因行政机关的原因导致行政协议不成立，或者违法订立，或者应当订立行政协议而拒绝订立，给他人造成损失，相对人及利害关系人可以请求行政机关承担缔约过失责任。从规范政府行为和维护政府诚信出发，相对人还可以请求赔偿包括协议履行后可获得利益的损失。

行政协议具有行政管理目的，很多行政协议需要上级机关的批准，才能生效。为了维护公共利益和行政管理目标的实现，行政协议如果在起诉时尚未批准，但在人民法院一审法庭辩论终结前，已经批准同意，则该协议仍然应当被认定有效。同时，根据民事法律规范（包括《合同法》第42条[①]）的规定，当事人在订立合同过程中，有违背诚信原则的行为，给对方造成损失的，应当承担损害赔偿责任。《最高人民法院关于适用〈中华人民共和国合同法〉若干问题的解释（二）》第8条对此作了进一步规定："依照法律、行政法规的规定经批准或者登记才能生效的合同成立后，有义务办理申请批准或者申请登记等手续的一方当事人未按照法律规定或者合同约定办理申请批准或者未申请登记的，属于合同法第四十二条第（三）项规定的'其他违背诚实信用原则的行为'，人民法院可以根据案件的具体情况和相对人的请求，判决相对人自己办理有关手续；对方当事人对由此产生的费用和给相对人造成的实际损失，应当承担损害赔偿责任。"行政机关在与行政相对人订立合同时，行政相对人有理由相信行政机关是诚信政府，也有这样的合理期待。境外行政诉讼制度也规定了行政机关的缔约过失责任。例如，德国行政诉讼中，行政机关的缔约责任包括：无正当理由中断契约协商过程；因过错妨害契约有效性；违反注意义务。[②]在司法实践中，人民法院也对行政机关是否存在缔约过失责任进行审查。

---

① 对应《民法典》第500条。

② ［德］汉斯·J.沃尔夫等著：《行政法》，高家伟译，商务印书馆2002年版，第176—177页。

为了防止被告缔约过失造成行政相对人损失，行政协议司法解释从两个方面完善了行政协议的缔约过失责任。一方面，为了监督行政机关依法履行相应批准程序，行政协议司法解释第 13 条依照《合同法》的规定明确了被告的缔约过失责任，即法律、行政法规规定应当经过其他机关批准等程序后生效的行政协议，在一审法庭辩论终结前未获得批准的，人民法院应当确认该协议未生效。行政协议约定被告负有履行批准程序等义务而被告未履行，原告要求被告承担赔偿责任的，人民法院应予支持。另一方面，《民法典》第 157 条规定：“民事法律行为无效、被撤销或者确定不发生效力后，行为人因该行为取得的财产，应当予以返还；不能返还或者没有必要返还的，应当折价补偿。有过错的一方应当赔偿对方由此所受到的损失；各方都有过错的，应当各自承担相应的责任。法律另有规定的，依照其规定。”行政协议司法解释第 15 条规定，行政协议无效、被撤销或者确定不发生效力后，当事人因行政协议取得的财产，人民法院应当判决予以返还；不能返还的，判决折价补偿。同时，该条第 2 款依据《行政诉讼法》第 76 条“人民法院判决确认违法或者无效的，可以同时判决责令被告采取补救措施；给原告造成损失的，依法判决被告承担赔偿责任”作出规定，因被告的原因导致行政协议被确认无效或者被撤销，可以同时判决责令被告采取补救措施；给原告造成损失的，人民法院应当判决被告予以赔偿。

例如，陆某等 5 人诉上海市虹口区住房保障和房屋管理局房屋征收补偿协议一案，上海市虹口区人民法院经审理后认为：《国有土地上房屋征收与补偿条例》第 18 条已有明确规定，征收个人住宅，被征收人符合住房保障条件的，作出房屋征收决定的市、县级人民政府应当优先给予住房保障。具体办法由省、自治区、直辖市制定。《上海市国有土地上房屋征收与补偿实施细则》第 31 条则进一步确定，人均建筑面积不足 22 平方米的居住困难户，增加保障补贴，但已享受过经济适用住房政策的除外。增加的保障补贴可以用于购买产权调换房屋。由此可见，对居住困难户的优先保障是行政法规强制性规定。本案中，经相关部门确认原告户符合居住困难户的条件，对此类被征收户的补偿安置需增加居住困难户补贴及配置相应房源。而被告与第三人签订的协议并未认定居住困难，导致其户缺失该部分补偿利益，因此该协议违背了《国有土地上房屋征收与补偿条例》之强制性规定，判决确认无效，并认为根据相关规定，合同无效后，因该合同取得的财产应当予以返还。现被征收房屋已被拆除，安置房屋尚未交付，考虑到房屋征收仍在继续中，因此恢复原状没有必要。被告应及时与第三人再行协商，另行签订新的补偿协议，如协商不成，应及早申请征收补偿决定，完成对该户的安置补偿，其间被告应按政策规定向该户发放过渡费用。由上述裁判可见，法院认为，补偿协议确认为无效后，依法应当采取再协商等补救措施，且考虑到虽然补偿协议系行政合同，但其仍属于合同范畴，因此同样受民事合同法律规范调整，对于合同效力、善后处理等情况均可适用民事法律规范的相关规定予以补偿或者赔偿。[①] 此外，如何赔偿或者补偿问题也要考虑行政协议双方的过错问题。《民法典》第157条规定："民事法律行为无效、被撤销或者确定不发生效力后，行为人因该行为取得的财产，应当予以返还；不能返还或者没有必要返还的，应当折价补偿。有过错的一方应当赔偿对方由此所受到的损失；各方都有过错的，应当各自承担相应的责任。法律另有规定的，依照其规定。"如原告李某某要求退还已交纳款项并赔偿利息损失的请求已覆盖合同无效或合同解除的内容，某镇政府超越其法定职权而与相对人签订无效土地出让意向协议，应对该意向协议给相对人造成的损害承担赔偿责任。行政相对人不能正确认知行政主体的法定职权，不存在过错，无须承担损害赔偿后果。此案处理就是按照过错原则分配行政协议无效或者被撤销后的赔偿或者补偿责任。

二、行政补偿责任

一般来说，行政赔偿是指国家行政机关及其工作人员在行使行政职权的过程中，违法造成公民、法人或其他组织损害，而由国家承担赔偿责任的情形。虽然1989年《行政诉讼法》第九章规定了行政赔偿，但只有三个条文。

① 上海市虹口区人民法院（2015）虹行初字第228号行政判决书。该案一审后，原、被告及第三人均未提起上诉。

为此《国家赔偿法》对行政赔偿作了较为完备的专门规定。而行政上的损失补偿，是行政机关基于公益的目的适法地实施行政权所为的补偿，与《国家赔偿法》对于违法的侵害不同。人民对于国家社会原负有相当的社会义务，行政机关基于公共利益，合法地实施行政强制措施，致使人民生命、身体或财产遭受损失时，如是在其社会义务范围内，则行政相对人负有忍受之义务，不予补偿；必须超过其应尽的社会义务范围，才对其个别所遭受的特别损失或特别牺牲，酌情予以公平合理的补偿。行政上的损失补偿方法，多以金钱支付为主。为避免将来产生诸多纠纷，事实上金钱补偿比较符合实际需要。损失补偿与损害赔偿不同，并不一定全额补偿所受损害，补偿的最高额度以实际所受的特别损失为限，并不必以其实际所受损失为完全补偿，只须本于公平正义，谋求公益与私益的调和，衡量国家财力负担，酌予公平合理的补偿就可以了。[①] 行政协议的补偿也基本上遵循以上原则，概括而言，行政协议的补偿适用情形可以有以下几方面。

1. 签约行政机关在履行行政协议过程中，因可能严重损害国家利益、社会公共利益而需要单方变更、解除、终止行政协议的行为合法，给相对人造成损失的。行政协议是为了实现行政管理和公共服务目的而签订的协议，因此在行政协议中，行政机关为此依法享有一定的变更、解除协议权，即出现严重损害国家利益或者社会公共利益的重大情形的情况下，行政机关有权依法变更、解除行政协议。《行政诉讼法》第 69 条规定，行政行为证据确凿，适用法律、法规正确，符合法定程序的，人民法院判决驳回原告的诉讼请求。《行政诉讼法》第 78 条第 2 款规定，被告变更、解除该法第 12 条第 1 款第 11 项规定的协议合法，但未依法给予补偿的，人民法院判决给予补偿。2015 年《若干解释》第 15 条第 3 款规定，被告因公共利益需要或者其他法定理由单方变更、解除协议，给原告造成损失的，判决被告予以补偿。该规定明示了行政机关依法单方变更、解除协议，给行政相对人造成损失应当承担补偿责任。之后的行政协议司法解释第 16 条第 1 款也进行了类似规定："在

① 翁岳生主编：《行政法》，中国法制出版社 2002 年版，第 1228—1229 页。

履行过程中，可能出现严重损害国家利益、社会公共利益的情形，被告作出变更、解除协议的行政行为后，原告请求撤销该行为，人民法院经审理认为该行为合法的，判决驳回原告诉讼请求；给原告造成损失的，判决被告予以补偿。”这一规定将依法单方变更、解除协议的理由“因公共利益需要或者其他法定理由”修改为“可能出现严重损害国家利益、社会公共利益的情形”，适用情形变得更加严苛。

2. 签约行政机关因国家利益、社会公共利益的需要依法行使行政职权，导致原告履行不能、履行费用明显增加或者遭受损失的。行政协议司法解释第 21 条规定了两种补偿情形：一是签约行政机关因国家利益、社会公共利益的需要依法行使行政职权，导致原告履行不能、履行费用明显增加或者遭受损失。二是其他行政机关因国家利益、社会公共利益的需要依法行使行政职权，导致原告履行不能、履行费用明显增加或者遭受损失。其中第一种情形，与上一种情形极其相似，同为签约行政机关导致的，但又不相同，其区别在于适用的条件，前者是“可能出现严重损害国家利益、社会公共利益的情形”，为积极预防，而后者则为“因国家利益、社会公共利益的需要”，为消极预防。两者在实践中是否可以截然分开有待进一步观察。实践中，签约行政机关因国家利益、社会公共利益的需要依法行使行政职权，导致原告履行不能、履行费用明显增加或者遭受损失，虽然应予补偿，但是签约行政机关在此种情形下行使行政职权的合法性情形是有不同情形的，实体和程序完全合法的，相对比较容易处理；如果实体合法、程序违法，则需要考虑各方面因素确定如何进行补偿。例如，寿光某燃气有限公司诉寿光市人民政府、潍坊市人民政府解除政府特许经营协议一案，山东省高级人民法院经审理认为，寿光市人民政府曾多次催促燃气公司进行项目建设，但燃气公司在合理期限内，长期无法完工，致使相关经营区域供气目的无法实现，协议解除的法定条件成立。根据《市政公用事业特许经营管理办法》第 25 条的规定，寿光市人民政府决定收回燃气公司已获得的特许经营权，应当依法告知燃气公司享有听证的权利，听取其陈述和申辩。燃气公司要求进行听证的，政府应当组织听证。但是寿光市人民政府未能举证证明其已履行了相应义务，其收回行为违反法定程序。被诉行政行为内容虽然合法，但程序违法。由于收回特许经营权行为涉及社会公共利益，行政行为一旦撤销会影响居民供气需求，故该行为应予确认程序违法，但不撤销。寿光市人民政府对此应采取相应的补救措施，对燃气公司的合理投入予以弥补。本案判决的典型意义在于，人民法院审理相关案件时，既要支持因公共利益需要依法进行的行政管理行为，也要注意保护企业根据特许经营协议所享有的合法权益，确实依法保护产权。因公用事业特许经营涉及社会公共利益，当程序正当与公共利益发生冲突时，法官应运用利益衡量方法综合考量得出最优先保护的价值。本案在取消特许经营权行为实体正确、程序违法的情况下，选择确认违法判决但不撤销该行政行为，并要求行政机关采取补救措施，体现了人民法院在裁判过程中既要优先保护社会公共利益，又要尽力维护行政相对人的合法权益。①

3. 其他行政机关因国家利益、社会公共利益的需要依法行使行政职权，导致原告履行不能、履行费用明显增加或者遭受损失的。此为其他行政机关因合法行为等造成行政相对人损失后，缔约行政机关应该承担相应的补偿责任的情形。行政法上的补偿要遵循经济利益平衡原则。经济利益平衡原则是指国家为了公共利益的需求，合法行使公权力而损害了个人利益时，应给予相对方一定的补偿。不论缔约行政机关还是其他行政机关行使行政优益权给予的补偿实际上是对于相对人信赖利益的保护，同时也是为了维护法律秩序的安定性。目前地方政府常通过签订含有优惠政策的招商引资协议来吸引企业入驻，但签订协议的内容不得违反法律的规定。有些地方政府在协议中约定给予引进企业某些税收优惠，如约定“政府承诺给企业的扶持发展资金和奖励若有税收，由政府承担，与企业无关”，违反了有关税收征收管理法律、法规。税务机关对有关企业未缴或少缴税款行为进行依法处理，从而客观上造成了企业损失，此时相关企业就可以向有关政府要求补偿。如此既查处了税收违法行为，又客观上促进了政府在签订和履行行政协议过程中依法行

① 一审：山东省潍坊市中级人民法院（2016）鲁07行初88号行政判决书（2016年11月21日），二审：山东省高级人民法院（2017）鲁行终191号行政判决书（2017年4月11日）。

政，优化了公平竞争的市场营商环境。

4. 行政协议订立后，因不可抗力或者客观上不能控制的其他正当事由导致相对人继续履约而遭受额外损失的。这里所说的“不可抗力或者客观上不能控制的其他正当事由”，是指不可预见、不可避免并不可克服的自然事件、社会事件和国家法律政策变化。在合同履行之条件发生重大变化的情况下，为保障公共服务之可持续性，合同相对人有权向行政机关主张给予援助或者补偿，即便合同中无此约定。法国最高行政法院在 1916 年的“波尔多照明总公司”判例中确认了“不可预见理论”，认为在出现合同签订时完全不可预知之经济变化导致当下合同之经济平衡被完全打破时，只要该经济变化与当事人双方的意志无关，并且是带有暂时性的，那么行政机关应该与合同相对人共同分担此经济变化导致的超额成本。

此外，有以下四个方面值得注意：一是上述情形中的相对人在行政协议约定以外给付，且这种给付为履行合同所必需的，如果因相对人自身原因造成损失，不予补偿。行政协议司法解释第 21 条规定，被告或者其他行政机关因国家利益、社会公共利益的需要依法行使行政职权，导致原告履行不能、履行费用明显增加或者遭受损失，原告请求判令被告给予补偿的，人民法院应予支持，但因原告自身原因造成损失的除外。二是被告或者其他行政机关因国家利益、社会公共利益的需要依法行使行政职权，导致原告履行不能、履行费用明显增加或者遭受损失，但行政协议对此免责进行了约定的，是否可以免除行政机关的补偿责任？只要不属于显失公平的免除补偿约定，原则上不应否定其效力。我国台湾地区“最高行政法院”2012 年判字第 403 号判决：“签立切结书，愿无条件配合未来计划区段征收作业，并自行清除设备，且不得要求补偿，经都市计划案调整修正，计划名称及土地使用分区纵有不同，惟计划区范围及开发方式相同，故仍符合切结意旨，而于调整后亦适用之。又既事先同意将来区段征收时不请求补偿，自应受其拘束，不得因区段征收后得否保留问题主张信赖保护。另行政机关于作成行政处分时，得以将来之期限、条件、负担或保留将来行政处分之废止权等事项，作为附款，故行政契约亦得以将来履行事项为契约标的。”三是补偿标准。行政机关承担补偿责任的方式和标准，可以参照《国家赔偿法》等有关规定办理，原则上不得低于行政赔偿标准，法律法规另有规定的除外。四是补偿程序。相对人认为行政机关未依法给予补偿的，可以向人民法院提起行政补偿诉讼，也可以在提起行政诉讼时，一并提出行政补偿请求。

三、违约责任

《中共中央、国务院关于完善产权保护制度依法保护产权的意见》突出强调了要“完善政府守信践诺机制”“大力推进法治政府和政务诚信建设，地方各级政府及有关部门要严格兑现向社会及行政相对人作出的政策承诺，认真履行在招商引资、政府与社会资本合作等活动中与投资主体依法签订的各类合同，不得以政府换届、领导人员更替等理由违约毁约，因违约毁约侵犯合法权益的，要承担法律和经济责任”。在实践中，通过民事诉讼方式审理的行政协议案件在判决方式上，大都援引《民事诉讼法》的有关规定进行裁判，如承担缔约过失责任；承担违约损失；继续履行合同或解除合同；撤销合同或确认合同无效，补偿损失等。一般来说，由于人民法院对民事案件解决方式相对成熟，且契合了行政协议的合同性，所以判决方式上争议并不大。

《行政诉讼法》第 78 条规定：“被告不依法履行、未按照约定履行或者违法变更、解除本法第十二条第一款第十一项规定的协议的，人民法院判决被告承担继续履行、采取补救措施或者赔偿损失等责任。被告变更、解除本法第十二条第一款第十一项规定的协议合法，但未依法给予补偿的，人民法院判决给予补偿。”即法院经审查查明被告不依法履行、未按照约定履行或者违法变更、解除协议的，可以要求被告承担违约责任，根据原告请求和实际情况，作出要求被告继续履行行政协议，采取补救措施或者赔偿损失的判决。根据这一规定，行政协议的判决内容包括继续履行、采取补救措施、赔偿损失、补偿等，但是没有明确具体适用条件，也没有明确四种违约责任之间的关系。2015 年《若干解释》第 15 条第 1 款规定，原告主张被告不依法履行、未按照约定履行协议或者单方变更、解除协议违法，理由成立的，人民法院可以根据原告的诉讼请求判决确认协议有效、判决被告继续履行协议，并明确继续履行的具体内容；被告无法继续履行或者继续履行已无实际意义的，判决被告采取相应的补救措施；给原告造成损失的，判决被告予以赔偿。依据这一规定，《若干解释》一是明确了可以判决确认协议有效；二是区分了能否继续履行协议，判决被告继续履行协议，并明确继续履行的具体内容，而被告无法继续履行或者继续履行已无实际意义的，判决被告采取相应的补救措施；三是给原告造成损失的，判决被告予以赔偿。这一内容比较成熟，行政协议司法解释继续作了规定。行政协议司法解释第 19 条规定，被告未依法履行、未按照约定履行行政协议，人民法院可以依据《行政诉讼法》第 78 条的规定判决被告继续履行，并明确继续履行的具体内容；被告无法履行或者继续履行无实际意义的，人民法院可以判决被告采取相应的补救措施；给原告造成损失的，判决被告予以赔偿。同时，如果当事人在行政协议中约定了违约金和定金，人民法院可以参照民事法律规范相关合同规定作出裁决。

（一）关于未依法履行、未按照约定履行行政协议

《行政诉讼法》将“不依法履行”“未按照约定履行”分别规定，这一点在民事法律规范上是没有的，体现了行政协议的特点。“不依法履行”“未按照约定履行”两者的关系和内涵，在司法实践中存在争议。

1.“不依法履行”与“未按照约定履行”的关系

按照《行政诉讼法》第 12 条第 1 款第 11 项规定，“不依法履行”与“未按照约定履行”是并列规定的，但是两者的关系是互相补充的。行政诉讼法的这一规定是一种例示性的规定，目的在于能够较为全面地反映行政机关不履行与行政协议有关义务的各种形态，包括如“不依法履行”“未按照约定履行”，但不限于此。行政机关在行政协议中的履行义务，有的体现在行政协议中，有的还没有体现在行政协议中。体现在行政协议中的，有可能是行政协议约定的义务，也可能是法定义务，因规定在协议中的原则上均为“未按照约定履行”义务；而没有体现在行政协议中的，可能是无须在行政协议当中体现或者作为当事人意思自治的限制性规定的法定义务，为“不依法履

行”义务。这两者互为补充，共同构成了行政协议的内外部义务。从依约行政也是依法行政角度看，行政机关不履行行政协议的内外部义务，均为不依法履行与行政协议有关的义务。这一点其实和民事合同并无二致。

2.“不依法履行、未按照约定履行”的主要情形

从不同角度可以有不同的分类。“不依法履行”包括不履行行政法律规范规定的实体和程序义务。这种情形是指，有些行政法律规范对行政机关的义务作了规定，这些规定没有规定于行政协议中但作为行政协议的附属义务，行政机关违反这些义务的，属于“不依法履行”的范畴。这些法定义务有的是作为义务，有的是不作为义务；有的是实体义务，有的是程序义务。有的行政法律规范规定了行政机关必须履行的行政程序义务。例如，《政府采购法》第38条规定了竞争性谈判方式的采购程序。即“采用竞争性谈判方式采购的，应当遵循下列程序：（一）成立谈判小组。谈判小组由采购人的代表和有关专家共三人以上的单数组成，其中专家的人数不得少于成员总数的三分之二。（二）制定谈判文件。谈判文件应当明确谈判程序、谈判内容、合同草案的条款以及评定成交的标准等事项。（三）确定邀请参加谈判的供应商名单。谈判小组从符合相应资格条件的供应商名单中确定不少于三家的供应商参加谈判，并向其提供谈判文件。（四）谈判。谈判小组所有成员集中与单一供应商分别进行谈判。在谈判中，谈判的任何一方不得透露与谈判有关的其他供应商的技术资料、价格和其他信息。谈判文件有实质性变动的，谈判小组应当以书面形式通知所有参加谈判的供应商。（五）确定成交供应商。谈判结束后，谈判小组应当要求所有参加谈判的供应商在规定时间内进行最后报价，采购人从谈判小组提出的成交候选人中根据符合采购需求、质量和服务相等且报价最低的原则确定成交供应商，并将结果通知所有参加谈判的未成交的供应商。”行政机关在签订行政协议过程中确定合同另一方当事人，应当遵守按照行政程序中“公开、公平、公正”的原则进行。

“未按照约定履行”主要是指没有按照行政协议规定的义务履行，此与民事合同类似，情形也差不多。（1）预期违约。《民法典》第563条规定：“有下列情形之一的，当事人可以解除合同：……（二）在履行期限届满前，当事人一方明确表示或者以自己的行为表明不履行主要债务……”第578条规定：“当事人一方明确表示或者以自己的行为表明不履行合同义务的，对方可以在履行期限届满前要求其承担违约责任。”这就是《民法典》合同编的预期违约制度。行政协议司法解释第20条也规定：“被告明确表示或者以自己的行为表明不履行行政协议，原告在履行期限届满之前向人民法院起诉请求其承担违约责任的，人民法院应予支持。”从以上规定看，预期违约包括明示和默示，也就是作为和不作为两种预期违约形态。（2）实际不履行。按照合同是否履行与履行的实际状况，不履行可以分为协议的不履行、协议的不适当履行和迟延履行。协议的不履行是指当事人不履行协议义务，包括拒绝履行（行政机关能够履行协议而故意不履行）和履行不能（因不可归责于行政机关的事由导致的事实上的不可能履行），也包括部分不履行和完全不履行。协议的不适当履行，又称为瑕疵履行，是指行政机关履行协议义务不符合约定的条件。协议的不适当履行又分为一般瑕疵履行和加害履行（行政机关履行协议不仅存在一般瑕疵而且造成行政相对人的人身权、财产权等合法权益的损害等）。迟延履行是指行政机关超过履行期限履行协议的情形。（3）积极不履行。最主要的是滥用变更、解除协议权构成积极不履约。这属于行政协议有别于民事合同的情形。

（二）违约责任

《行政诉讼法》第78条第1款规定：“被告不依法履行、未按照约定履行或者违法变更、解除本法第十二条第一款第十一项规定的协议的，人民法院判决被告承担继续履行、采取补救措施或者赔偿损失等责任。”即法院经审查查明被告不依法履行、未按照约定履行或者违法变更、解除协议的，可以要求被告承担违约责任，根据原告请求和实际情况，作出要求被告继续履行行政协议、采取补救措施或者赔偿损失的判决。但是，对于上述规定对行政协议违约应承担法律责任的性质存在两种不同的意见。一种观点认为，行政协议案件是行政协议行为案件，只能判决承担赔偿责任，不能判决承担违约责任；另一种观点则认为，行政协议案件应当坚持民事诉讼“不告不理”原则，按照当事人诉讼请求进行审理裁判，应当根据当事人的诉求判决承担返还财产、赔偿损失等违约责任。我们认为，人民法院要对行政协议案件进行合法性审查和合约性审查，行政协议案件包括行政机关行使优益权的行政行为案件，也包括行政机关违反行政协议约定的案件。《行政诉讼法》借鉴《合同法》第 107 条“当事人一方不履行合同义务或者履行合同义务不符合约定的，应当承担继续履行、采取补救措施或者赔偿损失等违约责任”的规定，明确了行政协议案件的违约责任。因此《行政诉讼法》第 78 条作出上述规定。该规定的释义中进一步明确，“合同法规定，不履行合同就要承担违约责任”“法院经审理查明被告不依法履行、未按照约定履行的，可以要求被告承担违约责任”。[①] 故立法机关认为根据《行政诉讼法》第 78 条，行政机关违反行政协议约定内容的，应当承担相应的违约责任。

根据《行政诉讼法》第 78 条的规定，行政协议的判决内容包括继续履行、采取补救措施、赔偿损失等，但是没有明确具体适用条件，也没有明确上述违约责任之间的关系。根据 2015 年《若干解释》第 15 条第 1 款的规定，可以判决被告继续履行协议并明确继续履行的具体内容，无法继续履行或者继续履行已无实际意义的，判决被告采取相应的补救措施，给原告造成损失的，判决被告予以赔偿。归纳为主要包括判决继续履行、采取补救措施和赔偿损失。该条对此作了进一步的细化。鉴于 2015 年《若干解释》第 15 条第 1 款规定的内容比较成熟，行政协议司法解释继续作了规定。此外，为了防止行政机关滥用变更、解除协议权，行政协议司法解释规定，被告变更、解除行政协议的行政行为存在《行政诉讼法》第 70 条情形的，人民法院判决撤销或者部分撤销，并可以责令被告重新作出行政行为，也可以依据《行政诉讼法》第 78 条的规定判决继续履行协议、采取补救措施；给原告造成损失的，判决被告予以赔偿。

1. 判决继续履行协议

一般情况下，为了维护公共利益和协议双方的诚信，法院应当尽可能保

---

① 全国人大法工委行政法室编著：《中华人民共和国行政诉讼法解读》，中国法制出版社 2014 年版，第 214 页。

证行政协议的有效性，尽可能使行政协议得到继续履行。因此，继续履行是首先要考虑的违约承担方式。原告主张被告不依法履行、未按照约定履行协议，理由成立的，人民法院判决被告继续履行协议。继续履行协议是指判决被告继续履行行政协议约定的义务。

例如，广东深汕森钢投资发展有限公司诉深汕特别合作区管理委员会不履行招商引资协议纠纷一案，2015 年 8 月，广东深汕森钢投资发展有限公司（以下简称森钢公司）与深汕特别合作区管理委员会（以下简称管委会）签订《项目投资协议》，约定该公司投资兴建深汕森钢建材物资市场，管委会将尽快按程序公开出让土地，该公司通过“招拍挂”力争竞得该土地，并在合作区成立全资子公司作为土地受让人。之后，森钢公司依约在合作区设立全资子公司，合作区土地储备中心也与森钢公司签订土地短期利用合同，将一万平方米土地租给森钢公司短期利用一年。但管委会未按约定启动土地出让程序，合作区有关部门还于 2017 年以森钢公司超期占地、建设永久性建筑物为由，决定收回出租的土地。森钢公司遂以管委会为被告提起行政诉讼，要求履约。人民法院认为，案涉《项目投资协议》属于行政协议，协议合法有效，也不存在不能继续履行的情形，双方应当依照行政法律规定和诚信原则，继续履行《项目投资协议》的具体约定。依据《行政诉讼法》第 78 条第 1 款规定，对森钢公司的继续履约请求，依法应予以支持，遂于 2018 年 12 月判令管委会继续履行与森钢公司签订的《项目投资协议》。该案是行政审判监督行政机关履约，依法支持企业合理诉求，切实稳定企业预期，优化营商环境的典型案例。在政府特许经营协议中，政府可以承诺与特许经营项目有关的土地使用、相关城市基础设施的提供、防止不必要的竞争性项目建设、必要合理的补贴等内容，如果行政机关未履行相应的约定义务的，人民法院可以判决继续履行协议。

再如，在郑某财等 243 户村民诉汕尾市国土资源局土地行政合同纠纷案中，法院认为，人民政府土地行政主管部门与被征用土地农村集体经济组织签订的土地征收补偿合同是行政合同，由此引发的纠纷属于人民法院行政诉讼受案范围。土地征收补偿合同中，行政机关足额及时发放土地征用补偿款是其法定职责，失地农民认为行政机关不履行、未适当履行的，应当支持其诉讼请求，判决行政机关履行义务。[①]

在此要注意三个问题：一是在特定情况下，由于行政协议的公益性往往会突破合同的相对性，人民法院还可以对行政协议中的第三人作出继续履行协议的判决。例如，《海南省土地征收补偿安置管理办法》第25条规定，土地出让合同约定用地单位有招工义务的，用地单位应当按照约定招收被征地农民就业；不按照约定招收的，应当承担违约责任。如果行政协议中的第三人“用地单位”未按照约定招收被征地农民就业，可以判决第三人继续履行约定义务。二是为了便于行政机关继续履行和法院之后的强制执行，人民法院应当审查行政机关不依法履行、未按照约定履行的具体情况，对应当继续履行的具体内容进行明确，不能笼而统之要求行政机关按照约定履行。三是人民法院可以依据《行政诉讼法》第78条的规定判决被告继续履行，如涉及公益性不大，双方当事人又确实不愿继续履行，可以考虑不判决被告继续履行，避免之后人民法院强制执行不能的困境。

2. 判决采取相应的补救措施

《民法典》第582条规定：“履行不符合约定的，应当按照当事人的约定承担违约责任。对违约责任没有约定或者约定不明确，依照本法第五百一十条的规定仍不能确定的，受损害方根据标的的性质以及损失的大小，可以合理选择要求对方承担修理、重作、更换、退货、减少价款或者报酬等违约责任。”如果被告履行合同不适当、无法继续履行或者继续履行已无实际意义的，还可以采取修理、更换、重作、退货、减少价款报酬等补救措施。

行政协议司法解释第19条第1款借鉴民法的上述规定，并依据《行政诉讼法》第78条，规定，“被告无法履行或者继续履行已无实际意义的，人民法院可以判决被告采取相应的补救措施”。补救措施是指在行政协议有效的前提下，行政机关采取的消除争议或者缓解矛盾的措施。人民法院判决被

① 《行政机关应依法履行土地征收补偿合同约定的义务——郑某财等243户村民诉汕尾市国土资源局土地行政合同纠纷案》，载最高人民法院行政审判庭编：《中国行政审判案例》（第3卷），中国法制出版社2013年版，第105—110页。

告采取相应的补救措施原则上不能在判决主文中笼统表述，尽可能对采取补救措施的具体内容进行明确，便于行政机关实施和法院之后的强制执行。例如，《海南省土地征收补偿安置管理办法》第21—23条规定，土地被征收后被征地集体的剩余土地不能满足生产需要的，市、县、自治县人民政府应当按照便利、就近的原则，安排一定数量的土地给被征地集体发展农业生产。被征地集体用征地补偿安置费用发展生产、安置劳动力就业确有困难的，市、县、自治县人民政府应当从土地有偿出让收入中提取一定资金补助被征地集体发展生产、安置劳动力。省和市、县、自治县人民政府每年安排的再就业专项资金中应当有一定比例的资金用于培训被征地农民，提高其再就业能力。具体实施办法由省人事劳动保障部门会同有关部门制定。“安排一定数量的土地给被征地集体发展农业生产”“补助被征地集体发展生产、安置劳动力”“培训被征地农民”等内容，如果没有作为土地征收补偿协议中的一部分写进协议，则法院可以作为“采取相应的补救措施”的内容明确写进判决。

3. 判决赔偿

行政协议司法解释第19条第1款规定：“……给原告造成损失的，判决被告予以赔偿。”原告合法权益因被告“不依法履行、未按照约定履行”行为受到损失的，应当予以赔偿。我国一些行政法律规范都作了大量的规定。《市政公用事业特许经营管理办法》第29条规定，主管部门或者获得特许经营权的企业违反协议的，由过错方承担违约责任，给对方造成损失的，应当承担赔偿责任。再如，《建设部关于印发城镇供热、城市污水处理特许经营协议示范文本的通知》中规定了甲方（建设部门）的违约责任：甲方对乙方的特许经营权构成妨碍的，应当及时改正，并应赔偿乙方因此而遭受的经济损失；甲方不将其投资建设的供热设施交付乙方使用或擅自处置其投资建设的供热设施的，应当及时改正，并应赔偿乙方因此而遭受的经济损失；甲方违反有关价格法规及本协议定价、调价程序，给乙方造成经济损失的，应当及时按照有关规定补偿乙方因此受到的经济损失；甲方基于对获得特许经营者的监管的权力采用非正当行为对乙方实施罚款、吊销营业执照、撤销特许经营权，经法定程序（如行政复议、法院判决等）证明其行为错误时，应当改正其行为，并赔偿乙方因此受到的经济损失。人民法院在作出赔偿判决时，可以参照有关法律规范的规定。

需要进一步说明的是，判决继续履行协议或者采取补救措施原则上是择一请求，而判决被告予以赔偿，则可以根据是否给原告造成损失与前两者并列的裁判内容。大力推进政务诚信建设是法治政府建设的重要环节。在依法治国进程中，政府要优化、规范管理行为，为民营企业营造稳定、可预期的法治环境。政府在服务和支持民营企业经济发展过程中，只有带头守信践诺，才能提升政府公信力。如张某印、张某龙与丹凤县人民政府履行行政协议一案，丹凤县政府在拆迁协议书中约定，其作为协调方及时兑付拆迁费用，确保拆迁安置到位。丹凤县政府具有负责做好正龙养殖场安置用地的协调工作，确保拆迁和安置到位的义务和责任。这些义务和责任，既是会议纪要的要求，又是拆迁协议约定的义务和责任。在履行协议过程中，虽然丹凤县政府事实上也做了大量工作，但由于协调义务约定不明确，涉案土地尚需办理相关的审批程序等实际情况，协议签订后近十年时间仍未将应安置的土地协调到位，这显然与法治政府和政务诚信建设要求不符，损害了政府的公信力。丹凤县政府存在履行协调义务不及时的情形，具有一定的过错。法院判令丹凤县人民政府限期将案涉安置用地协调交付张某印、张某龙的同时，酌情确定丹凤县政府赔偿张某印、张某龙损失 8 万元是合理的。判决体现了对政府失信行为的惩戒、对民营企业主的法律保护，对政府诚信建设起到了积极推动和促进作用。[①]

（三）行政协议违约责任的赔偿标准

行政协议司法解释对如何进行赔偿没有明确规定。在司法实践中，对于行政协议违约责任案件中的赔偿标准问题，存在较大的争议，主要有两种观点：第一种观点认为，被告承担赔偿或者补偿责任的方式和标准，应当根

---

① 陕西省商洛市中级人民法院（2017）陕 10 行初 29 号行政判决书和陕西省高级人民法院（2018）陕行终 268 号行政判决书。

据行政协议的约定确定；无约定的应当参照《国家赔偿法》的规定。第二种观点认为，被告承担赔偿或者补偿责任的方式和标准，应当根据行政协议的约定确定；行政协议无约定的，应参照民事法律规范的相关规定。其分歧在于，行政协议无约定的，应当参照《国家赔偿法》的规定还是参照民事法律规范的相关规定。上述争议最关键的问题是行政机关的赔偿范围包括哪些？这个问题不仅涉及合同相对人利益的保护，也涉及行政协议制度是否可以提供不低于民事保护的标准，更关涉行政协议制度是否有强大生命力的核心问题。

行政合同纠纷造成合同相对人利益损失的，根据《德国行政程序法》第62条的规定，可以类推适用《德国民法典》的相关条款。《德国民法典》对赔偿义务的规定主要有：一是该法第249条第1款规定，负损害赔偿义务的人，应将损害恢复原状；二是该法第252条规定，应赔偿的损害也包括可得利益。可得利益是指，依事物的通常进行，或者依特殊情形，特别是依已采取的措施或者准备，可预期获得的利益。在美国，如果政府或合同另一方未能根据合同履行其义务，法院将对受害方给予救济。特别是，如果政府未能根据合同履行其义务，或者根据合同中未规定的理由终止合同，法院将命令“具体履行”，即指示当事人完成合同，或给予损害赔偿。这些损害金额的计量方式与在私人合同纠纷中衡量损害赔偿金的方式相同，即受害方在合同履行情况下应得到的金额。有时，如果可以证明由于合同违约而未能实现其他预期的利益，法院也可以对受害方给予“间接”损害赔偿。

我们认为，正是因为公共行政目的决定了公法在行政协议中的运用，而协商手段决定了私法在行政协议的适用余地。真正的困难在于如何协调公私法在行政协议中适用。行政协议是游离于公法和私法之间的一种协议行为，在公法和私法之间反复摇摆。现在有很多行政协议案件无法妥善解决的根本原因，就在于其同时具备公共行政的目的和协商手段，而存在民商法与行政法同时适用的可能（甚至在冲突中适用），这也决定了它必然游离于公法和私法之间。当行政协议一出现，公法和私法不可避免地碰撞在了一起，而且一个非常重要的问题是公法和私法区分本身就不是很明确。正如前文提到的曾有人统计过有关公法和私法的区别标准学说，足足有 19 种，包括意志说、权利说、公共利益说、主体说等。也就是说，公法和私法的界限是不清楚的，这种情况更加剧了行政协议在公法和私法之间的游离。现代行政管理活动具有多元性、多样性和复杂性，行政机关不仅采用传统权力手段，还频繁借用私法领域中的合同手段来实现传统权力手段无法实现的行政目的。行政协议正是其中的最重要代表。它的出现产生了有别于“私法公法化”的另一种公私法融合的趋势:“公法私法化”。它意味着规范公共行政的法律在保持公法属性的前提下，也可以适用一些与公共行政不相悖的私法规则，最大限度地发挥两者的潜能，共同解决存在的问题。如此，不仅可以解决长期以来单纯适用私法规则无法防止政府机关及其工作人员在行政管理和公共服务领域滥权和腐败的问题，也可以最大限度地发挥私法规则的功能作用，更好地体现有关主体地位，确实保护其合法权益。

不可避免的是，行政协议在公私法的适用中会变得更复杂，而违约责任和行政赔偿之间的关系就是行政协议在公私法的复杂适用中的具体体现。行政机关违法变更、解除行政协议，其为典型的违约行为，若按照《国家赔偿法》规定的标准进行行政赔偿，民众无法获得预期利益。比如，一个工程是某个企业做的，做到一半合同解除了，结果按照国家赔偿的标准，投入多少赔偿多少，但是其经营利益并不会计算在内。所以，有人提出，在这种情况下是否可以按照民法的民事违约责任来处理，将当事人的预期利益计算在内。当然，这种做法因为会极大地增加国家财政的负担，也不能轻易适用，所以又有人提出折中的办法:如果当时协议约定了违约责任，从其协议;如果协议没有约定，可以参照适用民事法律规范的规定，在一些特殊情形下可以按照国家赔偿法标准进行赔偿。也就是说，只要选择了行政协议，就选择了违约责任，国家赔偿标准原则上是可以排除适用的。但是实践中，需要考虑行政机关和国家财政承受能力，如果完全按照违约责任，那就需要将预期利益也算进赔偿范围中，地方政府就一定会有压力，尤其是一些重大工程。所以目前可以考虑合同有约定就按照合同，没有约定的可以参照适用民事法律规范的规定，但禁止双赔等超过填平损失或者其他造成国家财政巨大压力的情形出现。这是行政协议诉讼运用民事实体法规定的具体表现，也是在公法和私法之间摇摆，也就是所谓的“价值权衡”“目的考量”“利益衡量”的必然结果。

综上所述，对于行政赔偿和补偿的问题，如果有约定，应当按照约定的标准计算；如果没有约定，原则上可以参照适用民事法律规范的规定。这主要是考虑：第一，当前行政协议案件中，一些行政机关往往利用在行政协议中的特权，随意变更解除协议，导致行政相对人遭受重大损失，即使赔偿，也是按照国家赔偿标准的低水平赔偿，亟须通过诉讼程序进一步规范。第二，行政协议案件中，更应当强调行政相对人在协议权益方面的保护。行政相对人之所以愿意签订行政协议，其目的不在于履行国家义务，而在于通过经营获得自身收益。第三，如果适用国家赔偿标准，可能会引导行政机关在订立协议时不对赔偿或者补偿数额进行约定。行政机关在订立协议时，应当综合考虑协议事项的实现可能性等因素，确定相应的违约责任，一旦约定，就应当信守，不能在违约后认为应当适用国家赔偿的标准。第四，司法实践中，行政协议的标的额往往十分巨大，利益也比较大，特别是在国有土地使用权出让合同领域，由于土地使用权价值飞涨，有的行政机关不惜违约转卖使用权获取利益，如果适用国家赔偿标准，可能加剧这种现象。当然，人民法院在审理行政协议案件确定赔偿和补偿时，也应当注意行政协议“行政性”“公益性”的一面，不能完全采用民事合同赔偿的标准，而是应当在综合考虑的基础上首先参照适用民事法律规范规定的赔偿、补偿标准。①

具体如何进行赔偿，一般应当注意以下四个方面：一是行政协议有约定的处理及限制。行政协议有约定，相对人请求行政机关按照行政协议的约定承担违约责任的，人民法院应予支持，但约定标准不得低于《国家赔偿法》规定的标准，与此同时约定标准过高的，人民法院依法予以调减。二是协议

---

① 江必新、梁凤云著：《最高人民法院新行政诉讼法司法解释理解与适用》，中国法制出版社2015年版，第164—165页。

没有约定及可获得利益的处理。没有约定的，按照民事法律规范规定予以行政赔偿。鉴于行政机关选择了以契约的形式来实施行政管理或者提供公共服务，其承担责任应按照违约责任予以处理，亦可参照合同法律有关违约责任的规定处理。原告请求赔偿包括协议履行后可获得利益的损失的，人民法院应予支持，但不得超过当事人订立协议时预见到或者应当预见到的因违反协议可能造成的损失，但法律、行政法规另有规定的除外。也就是说，行政机关违约的，应当充分赔偿当事人的实际损失，该实际损失不仅包括直接损失，也包括预期损失。三是过错相抵。原告对损失有过错，被告请求适当减轻其赔偿责任的，人民法院应予支持。四是赔偿标准、违约金的调适。行政协议约定的赔偿标准、违约金产生争议的，可以适用《民法典》合同编及相关司法解释有关违约金调适的规定办理，另有规定的除外。比如，国有土地出让合同的违约金必须按照法律及行政法规收取，原则上不得调减。

国有土地使用权出让过程中，即便买受人已经将交付的国有土地使用权颁证，因前期须完成集体土地征收转用为建设用地方可出让，而征地程序中可能会存在问题而导致已经被出让的国有土地使用权出让合同因征收程序被撤销而无法继续履行，买受人已经取得的国有土地使用权将因此丧失。如何保护买受人的产权，依赖国有土地使用权出让这一行政合同受到合同法律规范等的有效保护。其中的关键在于行政机关依法承担相应的合同责任。宁海县盛源激光科技有限公司诉宁海县自然资源和规划局（原宁海县国土资源局）《国有建设用地使用权出让合同》解除并要求被告国土局承担赔偿责任一案，人民法院认为，本案中，被告国土部门把省政府撤销涉案部分土地的征收手续视作自己协议不能履行时免责的不可抗力。行政协议履行过程中上级行政机关的行政决定可能成就政策性不可抗力，但如果该行政决定系下级行政机关本身的程序违法行为引致，后者不能适用不可抗力规则来免责，而应承担违约责任。在实际赔偿中，应把握实际损失原则来确定损失范围。而行政协议纳入行政诉讼的审理过程中，对当事人的保护力度应秉持不低于民事诉讼的基本尺度，因此在该案中，人民法院按贷款利率确定权利人利息损失范围及适用定金双倍返还规则等都体现了这一要求。[①]

（四）违约金和定金问题

行政协议司法解释进一步明确了与民事合同一样的另外两种违约责任：违约金和定金。行政协议司法解释第19条规定，对于行政机关未依法或者未按照约定履行行政协议的，行政机关应当承担相应的违约责任，原告要求按照约定的违约金条款或者定金条款予以赔偿的，人民法院应予支持。例如，濮阳市牌照厂诉濮阳市华龙区孟轲乡人民政府履行行政补偿协议一案，人民法院认为，在行政协议合法有效的情况下，作为协议双方的行政机关和行政相对人均应依照协议约定履行相关义务，行政机关违反协议约定的行为应当认定为违法行为，行政机关应当对其违法行为承担相应的行政责任。本案中，濮阳市牌照厂作为行政管理相对人出于对行政机关的信任，与其签订了补偿协议，且按照协议履行了拆迁义务，房屋征收部门亦是按照协议约定支付了附着物补偿款，故应视为协议有效并基本履行完毕。但乡政府未按照协议约定期限履行支付补偿款义务属于违反行政协议的违法行为，应当按照协议约定的违约条款承担支付违约金的责任。[②]

《行政诉讼法》第78条规定，被告不依法履行、未按照约定履行行政协议的，人民法院判决被告承担继续履行、采取补救措施或者赔偿损失等责任。根据这一规定，如果行政协议能够继续履行，人民法院首先应当判令行政机关继续履行相关行政协议，只有在行政协议无法继续履行，或者继续履行无实际意义时，才判决采取补救措施或者赔偿损失。此外，根据《民法典》合同编关于违约金和定金的规定，如果当事人在行政协议中约定了违约金和定金，人民法院可以参照《民法典》第585—588条及相关司法解释的

---

① 浙江省宁波市北仑区人民法院（2016）浙0206行初37号行政判决书、浙江省宁波市中级人民法院（2017）浙02行终144号行政判决书；宁波市北仑区人民法院（2018）浙0206行初1号行政判决书、浙江省宁波市中级人民法院（2019）浙02行终107号行政判决书。

② 河南省濮阳县人民法院（2015）濮行初字第28号行政判决书、河南省濮阳市中级人民法院（2015）濮中法行终字第00116号行政判决书。

规定作出裁决。《民法典》第585条规定："当事人可以约定一方违约时应当根据违约情况向对方支付一定数额的违约金，也可以约定因违约产生的损失赔偿额的计算方法。约定的违约金低于造成的损失的，人民法院或者仲裁机构可以根据当事人的请求予以增加；约定的违约金过分高于造成的损失的，人民法院或者仲裁机构可以根据当事人的请求予以适当减少。当事人就迟延履行约定违约金的，违约方支付违约金后，还应当履行债务。"第586条、第587条规定，当事人可以约定一方向对方给付定金作为债权的担保。债务人履行债务后，定金应当抵作价款或者收回。给付定金的一方不履行债务或者履行债务不符合约定，致使不能实现合同目的的，无权请求返还定金；收受定金的一方不履行债务或者履行债务不符合约定，致使不能实现合同目的的，应当双倍返还定金。第588条第1款规定："当事人既约定违约金，又约定定金的，一方违约时，对方可以选择适用违约金或者定金条款。"此三条是关于违约金、定金以及违约金与定金如何选择的规定。《最高人民法院关于适用〈中华人民共和国合同法〉若干问题的解释（二）》第27条规定："当事人通过反诉或者抗辩的方式，请求人民法院依照合同法第一百一十四条第二款的规定调整违约金的，人民法院应予支持。"第28条规定："当事人依照合同法第一百一十四条第二款的规定，请求人民法院增加违约金的，增加后的违约金数额以不超过实际损失额为限。增加违约金以后，当事人又请求对方赔偿损失的，人民法院不予支持。"第29条规定："当事人主张约定的违约金过高请求予以适当减少的，人民法院应当以实际损失为基础，兼顾合同的履行情况、当事人的过错程度以及预期利益等综合因素，根据公平原则和诚实信用原则予以衡量，并作出裁决。当事人约定的违约金超过造成损失的百分之三十的，一般可以认定为合同法第一百一十四条第二款规定的'过分高于造成的损失'。"行政协议具有协议性，行政协议约定的违约金和定金产生争议时，可以参照《民法典》合同编及相关司法解释有关规定进行处理，法律、行政法规和司法解释另有规定或者与行政协议行政性特征相冲突的除外。

（五）行政协议违约责任中有关费用的支付

《民法典》合同编规定，不履行合同就要承担违约责任，法院经审理查明被告不依法履行、未按照约定履行的，可以要求被告承担违约责任。而违约责任涉及的违约金和定金等费用应当如何支付？《国家赔偿法》第37条规定："赔偿费用列入各级财政预算。赔偿请求人凭生效的判决书、复议决定书、赔偿决定书或者调解书，向赔偿义务机关申请支付赔偿金。赔偿义务机关应当自收到支付赔偿金申请之日起七日内，依照预算管理权限向有关的财政部门提出支付申请。财政部门应当自收到支付申请之日起十五日内支付赔偿金。赔偿费用预算与支付管理的具体办法由国务院规定。"据此，行政相对人凭生效的行政判决书或者调解书，向违约行政机关申请支付违约金和定金等费用。违约行政机关应当自收到支付申请之日起七日内，依照预算管理权限向有关的财政部门提出支付申请。财政部门应当自收到支付申请之日起十五日内支付违约金和定金等费用。

第三编

行政协议的司法审查

在行政诉讼领域，越来越多的行政案件类型开始以行政协议纠纷或者与之有关的方式展现出来。2014 年《行政诉讼法》的修改，最有意义的部分之一在于将行政协议纳入行政诉讼的受案范围。《最高人民法院关于审理行政协议案件若干问题的规定》也于 2019 年 11 月 12 日由最高人民法院审判委员会第 1781 次会议通过，自 2020 年 1 月 1 日起施行，从而开启了行政诉讼的新时代。在可见的将来，行政协议案件即将成为行政审判的分水岭，成为我国行政审判中最有活力的新生代和新的发展方向，成为我国行政诉讼最重要的内容之一。同时，由于行政协议的实体规定（不管是立法机关还是行政机关，甚至司法机关的）严重缺乏，且行政协议案件与传统行政诉讼在审判理念和方式上有较大的不同，有时适用行政法律规范，有时适用民事法律规范，有时依法行政，有时契约自由，摇摆不定，有些行政法官无法适应这一变化，行政协议审判实践中的问题不断暴露出来，许多问题值得研究和深入思考。

本编从以下方面讨论行政协议司法实践中的热点难点问题：1. 行政协议诉讼制度相较于一般传统的行政诉讼有哪些特殊的制度（包括原则和规则）及其理论基础、未来展望。2. 行政协议案件的起诉和受理。包括：（1）什么协议纠纷可以纳入行政诉讼的受案范围？（2）纳入行政诉讼的行政协议争议在具备哪些起诉条件的情况下可以由法院来审查？3. 对行政协议纠纷如何举证、审理、适用法律以及如何进行裁判。

第九章

行政协议诉讼的特有制度

2014年修正的《行政诉讼法》将行政协议纳入行政诉讼的受案范围，但行政诉讼的一般规则不能完全适用于行政协议的司法救济，因此有必要构建行政协议司法审查制度，尤其是关于案件类型的完善与细化、诉讼参加人资格的确定、举证规则和法律依据的适用、如何审查，以及判决形式等问题都有待明确，从而有必要构建有别于一般传统行政诉讼制度的特有的行政协议诉讼制度。

第一节　客观诉讼与主观诉讼

行政审判理念主要根源于行政诉讼目的，但是行政诉讼目的不等于行政诉讼法的立法目的。而我国行政诉讼目的，具有中国特色的是行政纠纷要求案结事了，也就是实质化解行政纠纷。但在世界范围之内，行政诉讼目的的最主要两种模式，一种是保护权利或者合法权益，另一种是对行政行为合法性进行审查，维持公法秩序。那么，在这一认识的基础之上，实际上行政诉讼就延伸为两种最基本的诉讼类型，也就是一般所讲的客观诉讼和主观诉讼：偏重于对行政行为合法性进行审查，维护公法秩序的诉讼是客观诉讼；偏重于对当事人合法权益保护的是主观诉讼。首先，客观诉讼和主观诉讼的区别不在于起诉人的主观目的是什么，而在于有关规范允许其起诉的目的，也就是说，规范是为了公共利益的需要还是当事人出于维护自己权利的需要去起诉。规范目的，而不是起诉人的目的，才是辨别客观诉讼和主观诉讼的基本标准。规范目的是维护公共秩序的，就是客观诉讼，规范目的是让当事人维护自己合法权益的，则是主观诉讼。

客观诉讼和主观诉讼，本质上不是诉讼的类型化，更多的其实是行政诉讼目的的阐述。行政诉讼主要的目的是审查行政机关的违法行为，维护公法秩序还是保护当事人的合法权益，它更多的是目的论的一种研究，而本质上不一定是诉讼类型化。但是，从法国和德国行政诉讼发展历程看，在客观诉讼和主观诉讼两相分离的情况下，慢慢地出现了诉讼的类型化，那么诉讼的类型化是什么呢？行政诉讼的类型化有多种形式。一是按照行政管理和公共服务领域划分，可以分为公安领域、社会保障领域、自然资源领域等。这些案件由于各自领域各具特色，其行政审判方式和规则均有所不同。目前的司法统计其中的一个分类就是此种情形。二是按照行政行为的种类划分，可以分为行政处罚、行政强制、行政许可以及行政协议等。这些行为形态各异，相关法律规定不一，其行政审判方式和规则乃至审查标准都有所不同。这也是目前的司法统计另一种重要分类。三是按照诉的种类划分，分为形成之诉、确认之诉和给付之诉。这种分类不是什么新鲜事物，民事诉讼很早之前就是这么分类的。

行政诉讼类型主要包括：（1）撤销之诉（越权之诉），也就是形成之诉。但行政诉讼中更多的是撤销之诉，对于公法上的权利义务有一定的形成作用。撤销之诉是非常具有行政诉讼特点的诉讼，是传统行政诉讼的主体。最近也发展出一种新型的撤销之诉，即基于行政协议意思表示瑕疵而提出行政协议撤销之诉。（2）确认之诉。包括确认违法、确认无效、确认法律关系是否存在的诉讼。它更多的是前面形成之诉（撤销之诉）的补充诉讼类型。如在我国台湾地区，如果行政契约违法而无效，则该行政契约所约定成立之法律关系之权利义务不存在，当事人应可依据“行政诉讼法”第 6 条第 1 项前段“确认行政处分无效及确认公法上法律关系成立或不成立之诉讼，非原告有即受确认判决之法律上利益者，不得提起之”的规定，提起确认法律关系不存在之诉讼。确认诉讼的提起原则上并无期间之限制。（3）最广义上的给付之诉。大致包括以下三种形式，第一种是给付职责，也就是履责之诉或课以义务之诉讼，倘若基于行政协议，约定行政机关负有义务作出行政行为，则原告享有请求行政机关作出特定内容之行政行为，而行政机关违约不为履行其义务时，则并非提起一般公法上给付之诉，而应提起课以义务之诉；第二种是给付政府信息，此为一般意义上的政府信息公开案件；第三种是狭义的给付之诉，也即一般给付诉讼，给付的对象是金钱和财产。我国台湾地区“行政诉讼法”第 8 条第 1 项规定：“人民与中央或地方机关间，因公法上原因发生财产上之给付或请求作成行政处分以外之其他非财产上之给付，得提起给付诉讼。因公法上契约发生之给付，亦同。”有关请求履行行政契约，一般系提起公法上给付诉讼。狭义的给付之诉更多的是针对给付行政，主要是国家对民众基本生活的保障。撤销之诉、确认之诉和广义上的给付诉讼之履责之诉，更多的是客观诉讼，只有金钱财产的给付之诉，多为主观之诉。其中，主观之诉还包括一般行政合同之诉（如德国、法国）。而给付政府信息之诉，世界各国情况各异，有的归为客观之诉，有的则为主观之诉。总体而言，诉讼类型化必须对其是客观还是主观进行探讨。因为如果归属于客观之诉，它的很多制度和主观之诉的要求是不同的，同时主观判决和客观判决也有所不同。

行政协议作为一种新型的行政管理和公共服务方式，既有行政性又有协议性，且行政性和协议性应同等对待。行政协议具有公行政的目的与协商一致的私法手段相统一的特征，也说明了行政协议内容的另一个很重要的特点：同时具有主客观内容。公行政的目的说明行政协议具有客观内容，因为它必须是为了实现行政管理和公共服务目标。但由于其采取的手段是协商一致的手段，它比一般的行政行为也具有更多的主观内容。行政协议既有主观内容也有客观内容，这是行政协议区别于一般行政行为和民事合同的重要因素。行政协议虽然属于一种行政活动方式，但它借用了传统上属于民事的契约方式，此决定了行政协议既有双方性又有单方性，行政协议之诉既有客观之诉又有主观之诉，既有关系之诉的新特点又有行为之诉的旧传统；此亦决定了行政协议诉讼的审查规则既有全面管辖原则，又有两分法处理原则。

第二节　行为之诉与关系之诉

在民事诉讼中，影响民事法律关系的行为和事件并不是诉讼的对象，而是民事法律关系本身成为诉讼的核心，所以，民事诉讼基本上是关系之诉。但是，行政诉讼则有所不同，“从具体行政行为到淡化具体与抽象行政行为的界限，行政诉讼受案范围理论始终是以被告的行为作为根本标准，确认行政诉讼案件，并以此规定原告被告的恒定性、诉讼审查的对象和法院裁判的方式等”。[①]因而，行为之诉一直是行政诉讼的主要甚至是唯一的形式，是行政协议作为客观之诉的重要体现。最典型的还是2000年《最高人民法院关于执行〈中华人民共和国行政诉讼法〉若干问题的解释》（以下简称《执行解释》）第57条所确立的确认判决无一不是以行政行为为审查对象的。[②]但是，行政诉讼中单纯的行为之诉却存在一些问题：一是以行政行为为标准，排除了其他行政活动（如行政协议等）纳入行政诉讼；二是限制了行政相对人主动解除与行政机关某一特定关系的可能；三是在法学理论上，行政诉讼不审查法律关系而只审查产生、变更和消灭行政法律关系的行政行为，其完整性和科学性是值得怀疑的（关于行政法律关系与行政行为之间的关系可以详见第二章“公共服务的法哲学基础”相关部分）。[③]所以，只有行为之诉是

---

① 杨小军：《行政诉讼受案范围理论的发展与检讨》，中国法学会行政法学2005年会论文，第949—950页。

② 已废止的《执行解释》第57条规定：“人民法院认为被诉具体行政行为合法，但不适宜判决维持或者驳回诉讼请求的，可以作出确认其合法或者有效的判决。有下列情形之一的，人民法院应当作出确认被诉具体行政行为违法或者无效的判决：（一）被告不履行法定职责，但判决责令其履行法定职责已无实际意义的；（二）被诉具体行政行为违法，但不具有可撤销内容的；（三）被诉具体行政行为依法不成立或者无效的。”虽然我们不能说，这个条文确立的是确认诉讼，但是，它在确认判决方式上反映了以行政行为为标准的行政诉讼特征。当然，这种规定并不代表《若干解释》的制定者没有意识到关系之诉，或许只是限于司法解释权不能违反《行政诉讼法》之故，才不敢越权作出关系之诉的解释。

③ 参见杨小军：《行政诉讼受案范围理论的发展与检讨》，中国法学会行政法学2005年会论文，第950页。

不够的，代表主观诉讼的关系之诉应该在行政诉讼中有其一席之地。

行政协议诉讼在审理思路上与传统行政诉讼单方行政行为的审查存在着较大差异，要区分协议事项与非协议事项进行审查。行政协议诉讼因事项不同，行政性与协议性的渐变差异，其缔约过失、成立、生效、无效等协议事项，属于关系之诉，要特别注意民事合同规则的运用，如针对当事人的诉讼请求是否成立进行审查，同时履行抗辩权等的运用。而作为非协议事项的行政机关行使行政优益权及其他的单方作为和不作为，属于行为之诉，则有行政法及行政诉讼法更多的适用余地。与之相近的是，区分隶属性行政协议与协作性行政协议进行审理。隶属性的协议作为单方行政行为的替代（如行政处罚合同、计划生育合同、行政强制执行合同），本身是单方行政行为的变化体，在合法性审查方面应与行政行为合法性审查无异，其更多的是行为之诉的特点，但基于自由裁量权或者不确定法律概念允许的范围内的约定则应当予以尊重；协作性协议（如 PPP、政府采购协议）接近民事合同，只因其使用财政资金或者为公众提供公共服务或者建设公共设施，除在有关职权来源和财政依据上应当进行合法性审查外，更多的是注意民事规则的适用，是行政协议关系之诉的最集中表现。以下以行为和关系为切入口，对行为之诉和关系之诉的内涵和外延及其在行政协议诉讼的不同阶段的不同要求进行探讨，从而全面揭示行政协议之诉的特殊性。

一、行政协议的行为之诉

行为之诉的“行为”所指为何？这里涉及两个方面。一方面，“行为”指的是行政行为还是也包括事实行为和其他行政活动？从《行政诉讼法》规定的表述上来看，似乎仅仅局限于行政行为，但是，随着我国《国家赔偿法》的出台，迫使行政诉讼不得不作出改变，事实行为也纳入受案范围，甚至把事实行为当作广义行政行为的一种，如有些司法解释规定“被诉行政行为违法，但不具有可撤销内容的”可以作出确认判决的规定，其主要是为了解决行政事实行为诉讼的问题，以便和《国家赔偿法》相配套。看来，行政诉讼不宜仅仅限制在传统的行政法律行为上，还应该包括事实行为和其他单方行政活动，此观点在2014年《行政诉讼法》修改时几乎被全盘采用。行政协议诉讼行为之诉，具体来说，主要是行政机关行使行政优益权及其他的单方作为和不作为等情形，这些情形按照一般的行政行为进行审查，属于一般的行政诉讼范畴。

另一方面，如果行政协议行为之诉的“行为”定位在行政机关行使行政优益权及其他的单方作为和不作为等情形上，那么，行政协议行为之诉能够审查相关行为的哪些方面？以行使行政优益权的行政行为为例，《行政诉讼法》第6条明确规定，人民法院审理行政案件，对行政行为是否合法进行审查。行使行政优益权的行政行为合法的，人民法院判决驳回原告的诉讼请求，而依据《行政诉讼法》第70条的规定，行使行政优益权的行政行为有下列情形之一的，人民法院判决撤销或者部分撤销，并可以判决被告重新作出行政行为：（1）主要证据不足的；（2）适用法律、法规错误的；（3）违反法定程序的；（4）超越职权的；（5）滥用职权的；（6）明显不当的。依据第72条的规定，人民法院经过审理，查明行政机关不履行行政优益权法定职责的，判决其在一定期限内履行相关职权。除此之外，我们认为，行政协议行为之诉应该囊括各种不同状态，包括相关行为的成立与否、违法还是合法、有效还是无效，在人民法院依法不能作出撤销判决和履行判决时可以充分利用确认判决的补充价值，对上述不同行为状态进行确认。所谓的确认之诉“补充性”，又叫“从属性”、“次要性”或“后备性”，指的是原告只要能够或者本来能够通过形成之诉（包括撤销之诉）和给付之诉主张其权益，就不得提起确认之诉，除非能证明确认之诉较之任何其他诉讼种类更能解决纠纷和保护当事人的合法权益。确认之诉的“替补队员”角色决定了其确认相关行为之全面性，而且确认之诉在不同的审查阶段对其要求是不同的。

1. 确认行政机关行使行政优益权及其他的单方作为和不作为成立与否之诉，起诉审查阶段和实体审查阶段对其的要求不同。确认其单方作为和不作为成立与否，关键要区分事实上和法律上的“成立”。起诉阶段要看相关行政行为是否在事实上已经作出。如何判定行政机关行使行政优益权及其他的单方作为和不作为是否在事实上已经作出？有两个条件：一是在外观上，行政机关已经作出了一个行为；二是这个行为是在行使行政职权的过程中作出的。至于法律上是否成立是实体审查的问题，视法律规定而定。如《行政处罚法》第41条规定："行政机关及其执法人员在作出行政处罚决定之前，不依照本法第三十一条、第三十二条的规定向当事人告知给予行政处罚的事实、理由和依据，或者拒绝听取当事人的陈述、申辩，行政处罚决定不能成立；当事人放弃陈述或者申辩权利的除外。"如没有法律的明确规定，也最起码要满足一定的程序或形式。行政行为的成立与否既是一个事实判断问题又是一个法律判断问题，其着眼点在于某一行政行为在事实上和法律上是否已经存在。确认行为成立与否，就是确认某一行政行为在事实上和法律上是否已经同时存在。①

2. 就确认行政机关行使行政优益权及其他的单方作为和不作为违法来说，它包括三种情形：第一，确认行政机关行使行政优益权及其他单方作为行为违法。其中最典型的分别是"确认原告提起行政诉讼后因撤回或者因其他原因而消灭的上述单方作为行为违法"和"在情况判决下的确认上述单方作为行为违法判决"。第二，确认行政机关相关不作为违法。已废止的《执行解释》第57条第2款第1项规定："被告不履行法定职责，但判决责令其履行法定职责已无实际意义的"，人民法院应当作出确认被诉具体行政行为违法的判决。第三，确认行政机关相关事实行为违法。"确认不具有可撤销内容的行政行为违法"的规定，主要是为解决事实行为的问题。日本的行政案件诉讼法也有这样的规定。确认行为违法之诉，在起诉阶段审查其行为是否存在，即在事实上是否成立。在实体审查过程中则以合法性标准及其他标准对审查对象作出法律上的评价。

3. 确认无效之诉的审查对象即无效的行政机关行使行政优益权及其他单方作为行为，由于无效行政行为和可撤销行政行为除法律有明文规定外，一

① 在含义上说，成立与存在不相一致。如根据已废止的《执行解释》第40条的规定，即使行政主体作出行政行为时，没有制作或者没有送达法律文书，相对人不服向人民法院起诉时，也必须证明行政行为的存在。这里的"存在"实际上指的是行政行为的事实上的"成立"，不等于我们这里所说的"成立"，因为行政行为的成立不仅包括事实上的存在，还包括法律上承认它的存在。

般在起诉时比较难于识别，故保险起见，只好先提起撤销之诉，后发现的确属无效行为，转为确认无效之诉。所以，这种情况下，确认无效之诉在起诉阶段的审查对象是按照撤销之诉的要求来判断的，而进入实质审查阶段则是以“重大明显违法”为标准。至于法律明文规定的无效行政行为，在起诉之初基本可以判断其是无效行政行为，后面的实体审查大多是“走过场”，不具有实质意义。为此，行政协议司法解释规定了诉讼类型的转化，原告以被告违约为由请求人民法院判令其承担违约责任，人民法院经审理认为行政协议无效的，应当向原告释明，并根据原告变更后的诉讼请求判决确认行政协议无效；因被告的行为造成行政协议无效的，人民法院可以依法判决被告承担赔偿责任。原告经释明后拒绝变更诉讼请求的，人民法院可以判决驳回其诉讼请求。

4. 确认行政机关行使行政优益权及其他单方作为和不作为合法或有效之诉，是一个比较奇怪的亚诉讼类型，在一些法律发达的主要国家早期都没有此类诉讼。我国已废止的《执行解释》第 57 条第 1 款规定：“人民法院认为被诉具体行政行为合法，但不适宜判决维持或者驳回诉讼请求的，可以作出确认其合法或者有效的判决。”在法律上，间接地承认了这种诉讼类型。另外，确认行政机关行使行政优益权及其他单方作为和不作为合法或有效之诉原本是当事人提起的，是撤销之诉（单纯以确认该行为合法或有效为目的的诉讼很少），后经法院审查被诉行为并不违法，但是，由于特殊情况不宜用判决驳回诉讼请求而维持被诉行政行为，只有确认该行为合法或有效。所以，起诉时应符合撤销之诉的对象要求，在起诉阶段，其审查对象只要能确定行政机关行使行政优益权及其他单方作为和不作为存在即可，至于是否合法或有效，则是以后实体审查的问题。

二、行政协议的关系之诉

行政协议关系之诉的“关系”是什么？这也涉及两个方面。一方面，法律关系及其概念。关系之诉的“关系”指的当然是法律关系，而行政协议关系之诉的“关系”亦为行政法律关系，但法律关系也是很难界定的。由于确认之诉针对的是法律关系本身的开放性和多样性，“从各种抽象与具体的、个人与超个人、现实与过去以及未来的法律关系中，原告和法院必须将某些特定法律关系过滤出来——这些法律关系在确认判决中，可能成为关于现存法律状况的一个有约束力的裁判之标的。”[①] 所以，行政协议关系之诉所审查的“行政法律关系”的判断是很难的，但是对它的理解却关系到行政协议关系之诉的范围和效果，因而，必须对其准确界定。如带人入迷宫似的确认法律关系之诉的“行政法律关系”虽然让人头疼，但是，它的基本特征还是可以总结出来的。首先，这个“法律关系”必须是公法上的，但又不全是公法关系，仅仅是行政法上的法律关系，因为公法关系还包括宪法、刑法和诉讼法的关系，它们可以透过其他特殊的管道加以处理，无须借助行政诉讼。其次，它既包括人与人的关系，也包括人与物的关系。就人与人的关系而言，不仅仅是行政机关和相对人的关系，还有相对人和第三人的行政法律关系。而人与物的关系，则是给付行政出现以后才大量产生的，主要表现在人和公物的利用关系上。我们认为，要形成单纯的人与物的关系比较罕见，因为人和公物的利用关系绝大多数都可转化为利用人和公物管理者的关系。再次，必须是一种足够具体的行政法律关系，它一般是从某一具体事实中产生，所以，抽象法律关系（包括抽象的法律问题和某一个规范的具体内容）不能成为审查对象，除非抽象行政行为已纳入受案范围。[②] 最后，行政法律关系是独立的，或在某一独立的法律关系中相对独立的某部分行政法律关系。凡是附着于行政行为、事实行为或其他行政活动的行政法律关系，原则上都不能成为确认之诉的审查对象，除非有例外情形，这是由确认之诉的“补充性”决定的。

另一方面，行政协议关系之诉在审查法律关系时能够确认哪些方面？除行政协议法律关系是否存在外，行政协议法律关系是否仍在持续之中也是其确认的对象吗？还有其他方面吗？我们认为，考虑到确认之诉的补充性，恐

① [德]弗里德赫尔穆·胡芬著:《行政诉讼法》(第5版)，莫光华译，法律出版社2003年版，第311—312页。

② 详见[德]弗里德赫尔穆·胡芬著:《行政诉讼法》(第5版)，莫光华译，法律出版社2003年版，第316—318页。

怕还是要作宽泛的理解，把涉及行政协议法律关系的方方面面都纳入行政协议关系之诉的体系，包括行政法律关系是否产生、变更和消灭的行政协议诉讼。从内容上说，确认行政法律关系之诉主要包括确认法律关系是否存在，即使存在，是否有继续存在之必要等形态。行政协议关系之诉包括行政协议成立与否、生效与否、有效与无效以及行政协议撤销、变更、解除、终止及执行等产生、变更和消灭行政法律关系。从引起行政法律关系变化的原因来看，确认行政法律关系之诉可分为确认法律行为引起的行政法律关系之诉和确认事件引起的行政法律关系之诉，一般而言，前者所指的行为不包括行政机关行使行政优益权及其他单方作为和不作为，否则属于行为之诉，而非关系之诉，与一般的行政诉讼行为之诉并无二致。

三、行为之诉与关系之诉的关系

综上所述，以审查对象为标准，行政协议诉讼可以分为行为之诉和关系之诉两类。行政协议行为之诉可以对行政机关行使行政优益权及其他单方作为和不作为，成立与否、违法还是合法、有效还是无效进行评价并作出裁判，而行政协议关系之诉则可分为确认关系是否存在之诉、确认关系是否继续存在之诉等，具体表现为行政协议成立与否、生效与否、有效与无效以及行政协议撤销、变更、解除、终止及执行等产生、变更和消灭行政法律关系。总体而言，行政协议诉讼审理的更多的是行政协议法律关系，针对当事人的诉讼请求是否成立进行审查，即所谓的关系之诉，而传统行政诉讼审理的是行政行为的合法性，即所谓的行为之诉。应该说，行政协议诉讼以关系之诉为主，辅以行为之诉。具体来说，行为之诉如行政机关行使行政优益权及其他的单方作为和不作为，按照一般的行政行为进行审查，关系之诉主要指的是除行政机关行使行政优益权行为及其他的单方作为和不作为诉讼外，其他的一般为关系之诉。

行政协议诉讼既包括行为之诉又包括关系之诉这一结论，也给行政协议诉讼带来一些困惑：行政机关行使行政优益权及其他的单方作为和不作为是否成立、是否生效或者有效无效之诉和确认行政协议法律关系之诉的功能有时存在重叠。如果已然确认行政机关行使行政优益权及其他单方作为和不作为成立、生效或者有效、无效，则一般不会和确认行政协议法律关系之诉有太多的纠葛，但是，如果相反，行政机关行使行政优益权及其他的单方作为和不作为成立、生效或者有效、无效没有被确认，则当事人就可能动用确认关系之诉来为其“保驾护航”。以行政机关行使行政优益权及其他的单方作为和不作为是否成立与行政协议法律关系是否存在为例，这会出现两种情况：第一，某一个所谓的“行政机关行使行政优益权及其他的单方作为和不作为”不仅在法律上不存在，而且在事实上也没有作出，那么在行为之诉中可以确认其不成立，但是，相对人也可以一开始就提起确认某一行政协议法律关系是否存在之诉来达到同样的目的，也就是说，这两种诉讼功能出现重叠，如何处理这个问题值得关注；第二，如果某一个所谓的“行政机关行使行政优益权及其他单方作为和不作为”在事实上已然作出，但由于不符合法律规定的成立要件，在法律上视为不成立，一旦这个行为实际上已影响到当事人的合法权益，由于该行为在法律上尚不成立，相对人不仅可以提起确认行为不成立之诉，而且还可以借用确认某一行政协议法律关系存在与否之诉来救济当事人，至此这两种诉讼功能又出现重叠。之所以提出这个问题，是因为它涉及确认行为成立与否之诉正当性的问题，如果确认关系之诉完全可以替代确认行为不成立之诉的功能，确认行为成立与否之诉就失去了“半壁江山”即确认行为不成立之诉，这在行政协议诉讼中不得不引起重视，也是必须要解决的问题。当然，此种现象在“行政机关行使行政优益权及其他的单方作为和不作为”是否生效或者有效、无效与某一行政协议法律关系是否存在关系中也同样存在。

此外，行政机关行使行政优益权如果符合法律规定，通过行为之诉进行审理没有任何问题，如果不符合法律规定则属于违约性质的单方行为，尚需从关系之诉中多加斟酌，因此有违约责任和继续履约的适用余地。比如，政府将案涉公房落实给原房主，原房主通过民事诉讼要求公房租赁人搬出案涉房屋获得支持后，租赁人起诉房管部门继续履行公房租赁合同。有人认为，应当让租赁人请求政府补偿，不得请求履约。我们认为，应当以关系之诉的违约之诉处理，即使租赁公房合同不能继续履行，房管部门也应采取补救措施、承担违约责任或者补偿责任。进一步说，行政协议诉讼，即使审理行使行政优益权的单方行政行为，也要放在关系之诉中予以考虑，否则难以真正解决实质行政争议，导致程序空转，徒增加当事人的救济负担。

第三节　审理行政协议案件的特有规则

如上所述，行政协议诉讼在审理思路上与传统行政诉讼单方行政行为的审查存在着较大差异，具有自己特有的审判规则。总的来说，行政协议诉讼要处理好以下几个方面的关系。

一、处理好行政性和协议性之间的关系

行政协议是指行政机关为实现公共服务或者行政管理目标，在行使行政职责过程中，与公民、法人或者其他组织协商订立的协议。行政协议既有行政性又有协议性，是行政性和合同性的创造性结合，其因行政性有别于民事合同，又因其协议性不同于一般行政行为。行政协议因协商一致而与民事合同接近，但又因其为实现行政管理和公共服务的一种方式而具有行政性，有别于一般民事合同。因此，行政协议案件的审理，要充分考虑行政性和合同性的区分，同时要既立足行政性又兼顾协议性。因而，行政性和合同性应同等对待，不过在行政诉讼的不同阶段中各有侧重。在受理阶段，目前我国行政协议诉讼首先面临的难题还是如何区分行政协议和民事合同，这要求必须首先重视行政协议的行政性，主要看协议是否具有行政性，具有行政性的属于行政诉讼受案范围，没有行政性的属于民事诉讼受案范围；在审理阶段，行政协议进入实体审查后要注意行政协议的协议性，采用与传统单方行政行为行政诉讼不同的审理规则。从某种程度上讲，甚至应更多地强调行政协议的协议性，从而赋予相对人更多的权利和利益，而限制行政机关的特权。

因此，行政诉讼审查中要特别注重以下方面：(1）行政机关不得在施加

不利影响的情况下，强迫相对人签订行政合同；（2）基于情势变更原则，行政协议双方均有解约权，行政主体一方只有在充分补偿的前提下为公共利益享有单方解约权，除应当履行说明理由、听取对方意见两项义务外，还应当履行先行告知义务；（3）行政主体认为相对人不适当履行或不履行行政协议应进行听证后才决定是否强制执行。

二、处理好依法行政与契约自由的关系

我国台湾学者许宗力认为，法律的多如牛毛、术语的不够亲民、不确定法律概念与概括条款的大量充斥，学说与实务对同一法律问题的意见分歧与众说纷纭，以及社会生活关系的发展使个案事实趋于复杂等，都是导致法安定性与行政决定公信低落的“罪魁祸首”。正是由于法律和事实上的这种不确定性，给行政留存了极大的自我判断和裁量空间。在这些裁量空间中，行政可根据公共利益及个案具体情况，在合乎宪法基本原则和法律精神的范畴内，作出各种灵活的、合目的的判断。这种判断由于没有明确的法律依据，行政机关更愿意通过行政协议方式达到其行政目的。依约行政是依法行政内寻求的，是行政机关基于自由裁量权或者不确定法律概念允许范围内进行的，就如同社会效果必须要在法律内寻求一样。在这种情况下，依约行政等于依法行政，依法行政和契约自由在行政协议中是统一的，不宜将它们对立起来。如国有土地上房屋征地决定尚未作出，政府与房屋所有人就签订《征收安置补偿协议》，此时该协议从形式上尚缺乏基础，但是否否定该协议的效力值得讨论，因为国有土地上房屋征地决定尚未作出就签订《征收安置补偿协议》是否违反相关法律、行政法规强制性效力性规定不太好说；再如在集体土地上没有国务院或者省政府的征地批复就与村集体及农民签订《征收安置补偿协议》，除涉及基本农田等严重违反法律、行政法规规定的情形外，原则上也不宜否定协议的有效性。

三、处理好依法行政和契约安定性的关系

此与上述第二点均涉及合法性和有效性的关系。从传统行政法看，行政

机关在作出行为之后，发现行政行为与生效的法律规范不相符合，基于行政合法性的要求，行政机关不仅有直接撤销该行为的权限，而且有撤销该行为的义务，以使其恢复至合法的状态。但这种做法显然与基于法的安定性而产生的对行政行为的存续的保护相悖。法的安定性与行政合法性之间的矛盾和冲突便在此时彰显出来，成为个案中行政机关无法回避的命题。在德国法中，法的安定性原则与依法行政原则同属于宪法之下的法治国原则，两个原则并不存在孰前孰后、孰轻孰重的问题，立法者或者法律适用者都必须在个案当中对这两个原则进行比较和作出选择。从德国联邦行政法院表现出的一贯态度来看，在法的安定性与行政合法性的矛盾冲突中，对法安定性的保护似乎更占上风。在行政相对人基于法安定性原则而有信赖利益存在并值得保护，或者有重大的国家利益或公共利益需要保护之时，行政主体可以不改变违法的行政行为，在这种情况下，法安定性所带来的信赖保护价值或公益优于行政行为的合法性价值。

许多国家和地区的法律对这个问题都有明确规定。如我国台湾地区“行政程序法”第 117 条关于“违法行政处分于法定救济期间经过后，原处分机关得依职权为全部或一部之撤销；其上级机关，亦得为之。但有下列各款情形之一者，不得撤销：一，撤销对公益有重大危害者。二，受益人无第一百十九条所列信赖不值得保护之情形，而信赖授予利益之行政处分，其信赖利益显然大于撤销所欲维护之公益者”的规定。如我国《执行解释》第 58 条关于“被诉具体行政行为违法，但撤销该具体行政行为将会给国家利益或者公共利益造成重大损失的，人民法院应当作出确认被诉具体行政行为违法的判决，并责令被诉行政机关采取相应的补救措施；造成损害的，依法判决承担赔偿责任”的规定。《行政许可法》第 69 条也这样的规定：“有下列情形之一的，作出行政许可决定的行政机关或者其上级行政机关，根据利害关系人的请求或者依据职权，可以撤销行政许可：（一）行政机关工作人员滥用职权、玩忽职守作出准予行政许可决定的；（二）超越法定职权作出准予行政许可决定的；（三）违反法定程序作出准予行政许可决定的；（四）对不具备申请资格或者不符合法定条件的申请人准予行政许可的；（五）依法可以撤销行政许可的其他情形。被许可人以欺骗、贿赂等不正当手段取得行政许可的，应当予以撤销。依照前两款的规定撤销行政许可，可能对公共利益造成重大损害的，不予撤销。依照本条第一款的规定撤销行政许可，被许可人的合法权益受到损害的，行政机关应当依法给予赔偿。依照本条第二款的规定撤销行政许可的，被许可人基于行政许可取得的利益不受保护。”[①] 从这些规定可以看出，行政行为如果违法，原则上是要被撤销的。但是，当存在法安定性所带来的信赖价值或公共利益并且这些利益，比合法性原则更为重要之时，应维持它的法律效力。在行政协议诉讼中，依约行政等于依法行政，依法行政和契约安定性是一体两面。即使从形式法治看，行政协议内容和形式可能违反某些规定或者对公共利益产生不利影响，但从实质上亦无不可，反而不改变容易树立政府诚信和形成社会关系之稳定，这时契约安定性就要优于形式上的依法行政。在实践中，违章建筑给予一定补偿的协议，有的补偿款约定超过了规范性文件的规定或者与事实有一定的出入，行政审判中只要协议时双方当事人的意思表示真实就应认定其效力，除非有重大违法才确定无效，此既为遵循当事人意思自治的要求，也是防止行政机关无视自己的承诺，影响协议关系的安定性。

四、处理好行政灵活性和契约安定性的关系

行政权具有前瞻性，是一种以解决目前及以后问题为导向的积极权力，与拘泥于“过去观念及事实”而有所作为的司法及立法权力完全不同，必须具有相当的灵活性，以适应未来的各种变化，这种灵活性由行政的特征和功能所决定。行政权以公共利益为目标，必须积极主动地渗透到社会生活中的各个领域，并根据各种变化适时作出调整，以达成其社会形成作用。所以，在现代法治国家下，行政被赋予了大量的创设权，行政的作用在于形成社会

---

① 不过，《行政许可法》第69条的规定显然对当事人的信赖利益保护不够，具备信赖利益的相对人或利害关系人在行政行为撤销后只能得到赔偿，而不能要求维持行政行为的实质确定力，应该说，这个规定对相对人信赖利益的保护手段过于单一，这应该与我国目前强调依法行政原则为主有很大的关系。

生活、实现国家目的，特别是在社会国家中，行政必须积极地介入社会、经济、教育、交通等各种领域，成为一只处处都看得见的手。这种积极的形成作用要求行政必须具备应对社会变化的灵活性，但这种灵活性与行政行为在一定时间内的存续性又存在内在矛盾。这种矛盾关系特别表现在行政行为的撤销、废止和变更问题中。《行政许可法》第 8 条规定：“公民、法人或者其他组织依法取得的行政许可受法律保护，行政机关不得擅自改变已经生效的行政许可。行政许可所依据的法律、法规、规章修改或者废止，或者准予行政许可所依据的客观情况发生重大变化的，为了公共利益的需要，行政机关可以依法变更或者撤回已经生效的行政许可。由此给公民、法人或者其他组织造成财产损失的，行政机关应当依法给予补偿。”这一规定赋予行政机关一定的行政灵活性，允许行政机关在法律和客观事实发生变化时，可以对行政许可进行撤销、废止和变更。如果行政机关与被许可人达成的行政许可协议，用行政许可协议代替行政许可，也同样存在符合《行政许可法》第 8 条规定的情况下，是否允许行政机关对行政许可协议进行撤销、废止和变更的问题。

与民事合同主体签订合同是为了自身利益不同，行政机关签订行政协议是为实现公共利益或者行政管理目标。不仅签订行政协议本身是实现公共利益或者行政管理目标的方式，而且在履行协议过程中，行政机关可以根据实现公共利益或者行政管理目标的需要单方变更、解除协议，甚至可以依法单方作出行政强制、行政处罚。如某甲依法通过许可协议获得建设一栋两层楼房的许可，后来因地方建设规划修改，只允许建设一层楼房。这时，建设许可协议与现行法律产生冲突，在施工尚未开始的情况下，行政机关可以变更或者废止建设许可协议；如甲根据法律规定通过协议获得在某市公路的行人道上摆设报刊亭的许可，可是，由于该地段的交通流量明显增加，该报刊亭妨碍交通，行政机关可以撤销该许可协议。当然，行政机关只有在协议订立后出现了由于实现公共利益或者行政管理目标的需要或者法律政策的重大调整，必须变更或者解除时，才能行使单方变更、解除权，由此造成公民、法人或者其他组织合法权益损失的，亦应依法予以补偿。

五、处理好公益与私益、不同私益之间的关系

任何法律对社会关系的调整，都不可避免地受一定价值目标的支配。在20世纪，人类进入信息社会和知识经济时代，各种文化和信息的频繁交流使人类所追求的价值不断多元化。这种日益发展和丰富的多元的价值观，也对法律所追求的价值目标产生了深刻的影响。各国在制定法律规范时，越来越关注各种价值的权衡，而法律适用者在法律适用过程中更是如此，不仅要权衡法律内的价值还要权衡法律外的价值。这些价值权衡中最重要的是，公共利益优先还是个人权益优先。这一对矛盾一直是法学中最复杂，也是最难以解决的问题。

不同的个人、群体之间的权利常会发生冲突。因此，在一个存在多元价值的社会里，必须对各种权利进行平衡，必须在保障个人权利和维护公共利益之间寻求最佳的结合点。“在理论上，民主社会中的行政机关应是公共利益的代言人。但公共利益不是个人利益的简单相加。因此，公民个人利益的实现难免会与公共利益的需求发生冲突。”[①]“要使公益与私益这两者之间能取得平衡。”[②]结合前面的契约安定性优于形式上的依法行政，行政机关在协议订立后出现了实现公共利益或者行政管理目标的需要或者法律政策的重大调整的情况，可以变更或者解除行政协议。因此，行政协议诉讼案件的利益和价值保护位阶应为：重大公共利益＞契约安定性＞形式上的依法行政。行政机关不仅要恪守传统行政法中的依法行政原则，亦要注意法的安定性要求、相对人的信赖利益及其基本权利的保障。在这种多元价值社会中，行政机关在嗣后决定废弃行政协议时，就必须进行合目的的裁量，不能为强调依法行政的优越位置而忽视或者牺牲其他的法治国家价值。摒弃传统的撤销与废止自由立场，肯定行政协议的存续性及其背后所代表的利益，事实上正是实质法治国下多元价值共同作用的结果。依法行政固然应当恪守，但如果这

---

① 江必新著：《行政法制的基本类型》，北京大学出版社2005年版，第219页。

② 翁岳生：《法治行政之时代意义》，载翁岳生著：《法治国家之行政法与司法》，月旦出版社1994年版，第221页。

种“合法性追求”是以彻底牺牲法秩序的安定性和相对人的信赖保护为代价，自然与实质法治所要求的国家行为的实质正义不相符合，完全陷入形式主义的泥潭。[①] 当然，由此造成公民、法人或者其他组织合法权益损失的，亦应依法予以补偿。

审理行政协议应该注重处理好两种利益关系，除处理好私益与公益之间的关系外，也要处理好私益与私益之间的关系。为了更好地平衡协议的合法性和合同关系的安定性，要特别重视合同第三人提起的诉讼中，逐步放开合同第三人的原告资格限制，尽可能将合同第三人的范围扩展至所有的第三人，可以直接争议行政合同的效力问题。不过，为了合同关系的安定性免受不必要的挑战，可以借鉴法国的做法：一是若普通的行政合同第三人提起行政合同的效力之诉，必须以其合法权益受到侵害为前提。二是若具有特殊身份的合同第三人，比如地方省长、地方议员或者国家派驻的地方专员等公职人员，在我国如检察院，因为其争议合同效力是为了维护某种重大的公共利益，故主张的违法事由不受上述限制。总之，必须对公共利益、合同相对人和合同第三人的合法权益进行平衡。

六、处理好“全面管辖原则”和“两分法”的关系

行政协议案件不同于一般的行政行为案件。人民法院不仅要对行政机关在订立、履行、变更、终止行政协议等方面进行合法性审查，也要对行政协议进行协议性审查。这被称为“全面管辖原则”。此外，行政协议争议可以分为主要基于行政优益权的行政行为类争议与协议类争议；从审查范围看，人民法院不仅要对行政机关在订立、履行、变更、终止行政协议等方面进行合法性审查，也要对行政协议进行协议性审查；从审查深度看，人民法院既要审查行政协议行为的合法性，又要审查行政协议的效力性和合约性；从行为之诉和关系之诉看，人民法院不仅要对行政机关作出的有关行为进行“点”上的全程监督，还要对行政协议法律关系进行“面”上的考察。通过

① 赵宏著:《法治国下的行政行为存续力》，法律出版社2007年版，第112页。

上述分析发现，行政协议之诉的审查规则具有强烈的“两分法”色彩。行政协议司法解释在“全面管辖原则”和“两分法”的基础上从以下方面完善了行政协议审理规则（相关章节对此有更详细的论述）：

1. 双诉请。行政协议司法解释第 9 条规定诉讼请求包括撤销行政优益权行为之诉、缔约之诉、履约之诉、确认效力之诉、撤销、变更、解除协议之诉、损害赔偿之诉等，最后还有一个兜底条款，以明确人民法院对行政协议案件的全面管辖原则。如此丰富多元的诉讼请求，既有新型的关系之诉又有传统的行为之诉，既有主观之诉又有客观之诉，甚至是两者的结合状态，如缔约之诉，既是关系之诉也是履职之诉，同时具有主客观诉讼的功能。双诉请的直接结果是扩充了行政协议纠纷的种类和扩大了行政协议诉讼的受案范围。行政协议司法解释在原告资格、第三人、禁止反诉以及诉讼请求的相关条文中均规定，因行政协议的订立、履行、变更、终止等产生纠纷属于行政诉讼受案范围。

2. 双举证。在坚持被告对于自己具有法定职权、履行法定程序、履行相应法定职责以及订立、履行、变更、解除行政协议等行为的合法性承担举证责任的同时，一定程度地引进了民事诉讼的“谁主张，谁举证”原则，即原告主张撤销、解除行政协议的，对撤销、解除行政协议的事由承担举证责任；对行政协议是否履行发生争议的，由负有履行义务的当事人承担举证责任。

3. 双审查。人民法院在审理行政协议案件时，应该坚持合法性审查的原则。不同于民事合同案件，人民法院在审查行政行为合法性时，不受原告诉讼请求的限制，应当对被告订立、履行、变更、解除行政协议的行为是否具有法定职权、是否滥用职权、适用法律法规是否正确、是否遵守法定程序、是否明显不当、是否履行相应法定职责进行合法性审查。与此同时，对于意思表示是否一致、真实及无瑕疵、效力性以及合约性也要进行审查。对于原告认为被告未依法或者未按照约定履行行政协议的，人民法院应当在确认行政协议有效的基础上，针对其诉讼请求，对被告是否具有相应义务或者履行相应义务等进行审查。

4. 双适法。行政协议既有行政性又有契约性。在坚持“民告官”恒定原则、行政协议原则不允许仲裁以及行政机关作为被告，不允许提起反诉等这些行政诉讼特有规则的基础上，行政协议司法解释明确了人民法院审理行政协议案件，可以参照适用民事法律规范关于民事合同的相关规定，在《行政诉讼法》没有规定的，也可以参照适用《民事诉讼法》的规定。此外，还明确了司法解释溯及力，对于2014年修正的《行政诉讼法》实施之后订立的行政协议纠纷，应当适用行政协议司法解释的规定。在2014年修正的《行政诉讼法》生效之前订立的相关协议，根据实体从旧的法律适用规则，仍然按照当时的规定适用；如果当时的规定没有对于相关内容进行规范，则可以适用《行政诉讼法》和行政协议司法解释的规定。

5. 双裁判。人民法院对行政机关行政协议案件的全面管辖审查，加之双举证、双审查及双适法，与此相对应，人民法院在行政协议案件的裁判主文中也体现了双重裁判。一方面，人民法院在裁判时必须先对行政协议是否有效作出评判，之后才有可能对合约性问题进行判断和裁决；另一方面，对行政协议的合法性和效力性进行审查后，可以作出确认行政协议违法但保留效力的情况判决。与此同时，行政协议案件可以调解结案，人民法院审理行政协议案件，可以依法进行调解。人民法院进行调解时，应当遵循自愿、合法原则，不得损害国家利益、社会公共利益和他人合法权益。

总而言之，行政协议具有“行政性”和“协议性”特点，行政协议一经签订，非因法定事由、非经法定程序不得随意变更解除。人民法院审理行政协议案件时，要依法妥善处理双方纷争，既要支持行政机关因公共利益需要依法进行的行政管理行为，监督行政机关践诺守约，又要平等保护公民、法人或其他组织基于行政协议约定享有的合法权益。

第四节　行政协议诉讼的前景展望

在2014年《行政诉讼法》修改过程中，立法机关认为，行政机关不能作为行政协议诉讼的原告。理由是如果规定行政机关可以作为原告，与《行政诉讼法》的性质不符合，与《行政诉讼法》的规定也不相适应。[①] 故行政协议司法解释第 4 条规定，因行政协议的订立、履行、变更、终止等发生纠纷，公民、法人或者其他组织作为原告，以行政机关为被告提起行政诉讼的，人民法院应当依法立案。因行政机关委托的组织签订的行政协议发生纠纷的，委托的行政机关是被告。由此明确了行政诉讼原、被告恒定的内容，即行政机关不能作为行政诉讼原告，行政相对人一般也不能作为行政诉讼被告。行政协议纠纷必须以公民、法人或者其他组织为原告，以行政机关为被告提起行政诉讼。这就是所谓的“民告官”，也即是当事人恒定。行政诉讼只能“民告官”，不能“官告民”，这意味着，行政机关在行政诉讼中也不能反诉，否则违反《行政诉讼法》关于“民告官”的立法定位。行政协议司法解释第 6 条也明确，人民法院受理行政协议案件后，被告就该协议的订立、履行、变更、终止等提起反诉的，人民法院不予准许。

行政机关不能通过行政诉讼途径进行权利救济，不能起诉行政协议，不符合行政协议诉讼作为双造法律关系的构造。从原理上来说，行政机关权利救济的途径之一是行政机关可以作为原告起诉行政相对人，这样行政诉讼之路就宽广多了；途径之二是允许行政机关在行政协议诉讼中提出反诉。但是，目前这两种途径在法律上均不现实。从实际出发，可以从两方面努力：一方面是在签订行政协议时，将申请法院强制执行和自己强制执行写入协议条款，相对人如果不履行约定，从其约定办理；没有约定的，相对人如果不履行约定，行政机关可以催告或单独作出一个行政决定，申请法院或者自己强制执行。另一方面是赋予行政机关在一定情形下非因行政优益权而对行政协议的解除、变更等权力。此类似于民事合同中具备一定情形时当事人可以请求法院解除、变更、撤销权，考虑到行政诉讼只能“民告官”，不能“官告民”，只能将此项权利交给行政机关，但为了防止行政机关滥用权利，随意改变行政协议，侵害当事人的合法权益，仅局限于行政相对人存在欺诈、

---

① 袁杰主编，全国人大常委会法制工作委员会行政法室编著：《中华人民共和国行政诉讼法解读》，中国法制出版社 2014 年版，第 45 页。

胁迫、与行政工作人员串通等归责于行政相对人或者协议权利义务存在极度无正当理由、显失公平、导致国有资产流失等严重损害公共利益的情形。

从未来发展看，行政协议之诉绝大多数是关系之诉，双造行政法律关系的构造，应当引入民事诉讼之双造构造，国外和其他地区也有行政协议的“官告民”制度。在德国，允许行政机关基于行政合同关系向合同相对人提起行政诉讼，具体的诉讼请求可以是：(1) 要求履行合同，甚至限期履行；(2) 要求承担因不履行合同发生的损失赔偿；(3) 根据《德国行政法院法》第 43 条有关确认之诉的规定，要求确认合同效力；(4) 根据《德国行政程序法》第 60 条第 1 款的规定，要求行使合同变更权；等等。当然，由于签订合同时，德国行政机关有足够的权能和方式去保护自己的权益，行政机关提起诉讼的情形并不多，但其“官告民”的通道是畅通的。因此，未来《行政诉讼法》的修改起码在行政协议诉讼中还是要允许“官告民”制度的存在，否则通过非诉执行和行政优益权解决“官不能告民”问题，不仅破坏了原有制度的初衷，也无法解决由此造成的困惑，有时甚至制造的问题比解决的问题还要多。

第十章

行政协议案件的受理

行政协议司法解释以以人民为中心的发展思想为根本宗旨，坚持人民主体地位，践行全心全意为人民服务的根本宗旨，把人民对美好生活的向往作为目标，切实保证人民群众有更多获得感、幸福感、安全感。依法保护行政协议相对人的起诉权，其意义在于在法律规定不明确、事实经合法程序调查仍不是很清楚时，最大限度地保护行政相对人的诉权，明确行政协议的受案范围和起诉条件，从而充分保护行政相对人的合法权益，使其受到的侵害在行政诉讼中得到及时有效的恢复和救济。

第一节　受案范围

《行政诉讼法》将行政协议纳入行政诉讼的受案范围，重要目的在于坚决保障行政相对人在行政协议案件中的合法权益，防止政府行为逃避司法监督，防止公法遁入私法。那么，行政协议的受案范围和审查范围，包括哪些行政协议纠纷、这些协议纠纷又有哪些类型、如何区分这些类型等，是值得研究的问题。

以往司法实务上行政裁判多认为当事人所签订之协议，究竟是公法上的行政协议或私法上的合同，涉及是否为公法上争议之问题，亦即涉及行政审判权之有无，是否属于行政诉讼应依职权调查判断之范围，故不受当事人主张契约性质之拘束。纵然当事人约定契约为行政协议，行政庭仍可认定为私法契约。反之，当事人虽然约定是私法合同，并约定由民事审判，但行政庭仍得本于职权认定其为行政契约，并由其自行审判。此协议定性问题经常造成当事人无所适从，欠缺法安定性。

对于行政协议是否纳入行政诉讼受案范围，在2014年修改《行政诉讼法》过程中争议比较大。有的意见认为这类协议属于特殊的民事合同，应当遵守合同法律规范的规定，发生争议应当按照民事争议受理并适用《民事诉讼法》的程序。也有的意见认为，这类协议是公共管理和公共服务的一种方式，行政机关签订协议有行使公权力的属性，实践中行政机关违约的情况比较多，按照行政案件受理，有利于法院的监督，保护作为协议一方的行政相对人的合法权益。在2014年修改《行政诉讼法》的后期，比较一致的意见是，随着政府职能转变，行政协议可能应用越来越广泛。由于目前没有统一规定，有的法院按照民事案件受理，有的法院按照行政案件受理，导致审理的依据、适用的规则和审判结果不一致，不利于化解矛盾。考虑到行政协议争议中往往伴随着行政行为争议，将其纳入行政诉讼受案范围，有利于争议的一并解决。[①] 另外，上述合同纠纷多有行政因素，由民事审判庭依据民事审判规则进行审理，存在一些不足：一是民事审判不会审查行政机关订立合同行为的合法性，而是推定行政机关订立合同的行为合法，不利于对行政机关的行为进行监督；二是民事审判强调合同主体的平等性，把行政主体与相对人置于完全平等的地位，往往忽视了以公共利益为取向的行政优先权，不利于保护公共利益；三是民事审判适用“谁主张，谁举证”的举证规则，相对人因举证能力不够而举不出证据需承担不利后果，不利于保护相对人的合法权益；四是民事审判法官往往不熟悉行政法理论和相关规定，对合同的合法性难以作出准确判断，审理这类案件有时感到困惑。因此，可以将行政合同纳入行政诉讼受案范围，由行政审判庭主要依据行政诉讼规则进行审理，但也不应排斥在对实体内容进行审理时适用合同法律规范的相关

① 袁杰主编，全国人大常委会法制工作委员会行政法室编著：《中华人民共和国行政诉讼法解读》，中国法制出版社2014年版，第44页。

规定。[1] 因此，2014 年修正的《行政诉讼法》将行政协议争议纳入行政诉讼中解决。《行政诉讼法》第 12 条规定："人民法院受理公民、法人或者其他组织提起的下列诉讼：……（十一）认为行政机关不依法履行、未按照约定履行或者违法变更、解除政府特许经营协议、土地房屋征收补偿协议等协议的……"第 78 条规定："被告不依法履行、未按照约定履行或者违法变更、解除本法第十二条第一款第十一项规定的协议的，人民法院判决被告承担继续履行、采取补救措施或者赔偿损失等责任。被告变更、解除本法第十二条第一款第十一项规定的协议合法，但未依法给予补偿的，人民法院判决给予补偿。"至此，《行政诉讼法》正式明确将行政协议纳入行政诉讼法的受案范围。不过，值得注意的是，政府特许经营协议、土地房屋征收补偿协议等协议中的行政机关不依法履行、未按照约定履行或者违法变更、解除的，才明文纳入行政诉讼法的受案范围，行政协议中的其他争议是否纳入行政诉讼的受案范围则没有明确。

行政主体与行政相对人基于公共管理和公共服务需要签订的行政协议在现实生活中大量存在，一些案件已经进入诉讼程序之中。行政协议具有鲜明的公权力属性，判断协议是否有效、合法、可撤销、是否履行往往涉及行政行为的效力和合法性判断问题，必须通过公法规则予以解决；下级法院对行政协议案件是否受理做法不一，审理规则和裁判亦不一致，亟须予以规范；一些案件通过民事诉讼途径解决存在诸多法律和程序上的障碍，无法理顺和调整行政法律关系，出现多次裁判和反复"翻烧饼"的现象；大陆法系国家基于行政协议与民事合同性质的迥异和司法规则的不同，普遍将行政协议案件纳入行政诉讼受案范围；从我国的情况看，国务院 2004 年发布的《全面推进依法行政实施纲要》已将行政协议作为行政管理方式的改革成果之一加以规定，迈出了行政协议制度化的重要一步。在司法实践中，大量的行政协议案件已经起诉到人民法院，亟须统一规范。最高人民法院相关行政案件案由

---

① 《行政诉讼法修改贵州、湖南调研报告》，载全国人大常委会法制工作委员会行政法室编：《行政诉讼法立法背景与观点全集》，法律出版社 2015 年版，第 256—257 页。

规定也将行政协议列为行政案件的案由。因此，行政协议所有争议应当纳入行政诉讼的受案范围。理解行政协议纳入受案范围有三个层次：一是区分行政协议和民事协议，将真正的行政协议纳入行政诉讼受案范围，而民事协议交由民事诉讼审理。这一层次在于界定行政协议的定义。二是哪些种类的协议属于行政协议，可以纳入行政诉讼受案范围，如国有土地使用合同是否属于行政诉讼受案范围。这一层次在于划分行政协议的种类。三是行政协议的哪些争议可以纳入行政诉讼受案范围。在此，我们对第一、二层次进行概括阐释的同时，主要探讨第三层次问题。

一、概念维度

2014 年修正的《行政诉讼法》中并无行政协议这一概念，而是表述为“政府特许经营协议、土地房屋补偿等协议”。行政协议学理上一般叫“行政合同”，德国和我国台湾地区叫“行政契约”。目前政府特许经营协议、土地房屋补偿等协议的称谓是特定情况下的权宜之计。2015 年《若干解释》首先明确了“行政协议”这个概念，其第 11 条第 1 款对行政协议给予了法规范上的定义：“行政机关为实现公共利益或者行政管理目标，在法定职责范围内，与公民、法人或者其他组织协商订立的具有行政法上权利义务内容的协议，属于行政诉讼法第十二条第一款第十一项规定的行政协议。”之后，行政协议司法解释第 1 条将其修改为：“行政机关为了实现行政管理或者公共服务目标，与公民、法人或者其他组织协商订立的具有行政法上权利义务内容的协议，属于行政诉讼法第十二条第一款第十一项规定的行政协议。”这一定义被普遍认为来源于学理，基本上属于对行政合同定义的复制。根据该文义，可以将行政协议拆分为四个要素：第一，主体要素（行政主体和相对人）；第二，目的要素（为实现行政管理或者公共服务目标）；第三，内容要素（行政法上的权利和义务）；第四，意思表示一致（与民事一致，与传统的单方行政行为不一致）。故行政协议包括以下三个方面：**一是形式要素**。亦为主体要素：协议一方为行政机关，另一方为行政相对人。**二是实质要素**。（1）职权要素：行使职权履行职责；（2）目的要素：为了实现行政管理或者公共服务目标；（3）内容要素：行政法上的权利义务。如德国法认为，凡是产生、变更、解除行政法上的权利义务的协议就是行政协议。**三是意思要素**。意思表示一致即合意。一言以蔽之，凡符合上述要素的协议均属于行政诉讼的受案范围，这也反映了行政协议行政性与协议性两重属性（详细可见第五章第一节“行政协议的定义”）。

二、种类维度

行政协议根据不同的标准，可以有不同的分类，这涉及行政协议的种类问题。目前，行政协议的种类，不仅涉及行政协议的定义和与民事合同的区别，还有利于辨别某些协议种类是否属于行政诉讼的受案范围。《行政诉讼法》和行政协议司法解释列举了征收安置补偿协议、政府特许经营协议、矿业权出让协议等国有自然资源使用权出让协议、政府投资的保障性住房的租赁买卖等协议以及政府与社会资本合作协议，作为行政诉讼受案范围的行政协议类型。以下从几类主要行政协议探讨行政协议诉讼的受案范围（更详细的可以结合本书第五章第二节“行政协议的种类”的相关内容）。

1. 征收安置补偿协议和政府特许经营协议。此两类系2014年修正的《行政诉讼法》规定的行政协议种类，属于行政协议的有名协议。2014年《行政诉讼法》修改之前有些作为民事案件处理，2014年修正的《行政诉讼法》实施后签订的上述两类协议为行政协议，依法纳入行政诉讼受案范围。我国台湾地区土地征收前之协议价购契约书也是作为行政协议处理的。我国台湾地区台中高等行政法院2015年诉字第118号判决：“系争建物位于庐山地区，系属被告公告之仁爱乡庐山、水里乡莫拉克台风灾区特定区域。被告依‘灾后重建条例’第20条第5项规定以协议价购方式，于2011年12月22日与原告签署协议价购契约书，并移转登记为国有。被告未采征收程序，而以协议价购方式取得系争建物所有权，系为完成上述特定地区限制居住或强制迁居、迁村之行政目的，故其契约性质，应属公法上之行政契约，并不因两造于系争契约合意管辖由南投地方法院管辖而改变系争契约系属行政契约之本质。依据‘行政程序法’第 149 条之规定，自应准用民法性质相同之买卖契约相关规定，作为本件判断之法律基础。”除此之外，我国台湾地区司法实践还对土地征收前之协议价购契约与一般民事的土地买卖进行区分。我国台湾地区“最高行政法院”2013 年度裁字第 1319 号判决：“依‘土地征收条例’第 11 条第 1 项规定可知，协议价购乃征收之法定先行且必经之程序，倘需地机关依该条之规定所为之价购，系为达成行政目的而在征收前所为之价购，则需地机关与土地所有权人依上述条例规定达成价购之协议时，核其性质应属行政契约，惟此所谓之价购协议应限于为达代替征收处分目的之契约，所以必须在征收程序发动后或即将发动之际，并在征收行政处分作成之前，需用土地人申请或即将申请征收之际，为替代征收行政处分之目的而达成协议，则该契约自属行政契约。反之，若需用土地人尚无任何征收计划，或开始征收程序前，并无任何迹证证明随之有紧密接连征收程序之开始发动，仅系人民为避免其土地日后被征收而预先将其土地卖给需用土地人，则属私法上之买卖契约。次按行政机关依分层负责各有职掌之原理，为达成行政目的，所为之行政行为可能先后由数个行政机关所作成。是‘中央主管机关内政部’职掌土地征收之核定，地方主管机关职掌土地征收之执行，固主管之机关不同，惟其为取得土地供作行政目的一致者，尚难仅执职掌之行政机关不同，亦即作成行政处分之行政机关与缔结行政契约之行政机关不同，即径认协议价购为私法契约。”

2. 国有土地出让合同。有人认为，国有土地出让合同的出让方通常是土地管理部门，属于行政协议。也有很多人认为该合同属于行政合同，但 2014 年修正《行政诉讼法》时并没有明确将该合同列入行政诉讼受案范围，说明仍有争议；而且 2005 年《最高人民法院关于审理涉及国有土地使用权合同纠纷案件适用法律问题的解释》明确将其归入民事合同，司法实践中亦一直以民事诉讼来解决相关争议，故在最高人民法院明确废除原司法解释并将该合同明确列入行政诉讼受案范围之前，国有土地出让合同相关争议不宜纳入行政诉讼受案范围。目前，浙江等省市将国有土地出让合同纳入行政诉讼的受案范围，之前民事的司法解释将其纳入民事合同。这个问题争议很大。我们认为，国有土地出让合同应为行政协议（第五章第二节“行政协议的种类”相关部分有专门论述）。《行政诉讼法》中的“政府特许经营协议、土地房屋补偿等协议”是“等外等”，行政协议司法解释第2条第3项规定的公民、法人或者其他组织就矿业权等国有自然资源使用权出让协议提起行政诉讼的，人民法院应当依法受理更是“等外等”，应当包含国有土地出让合同；民事上由于对违反“强制性规定”无效作狭义的理解，仅限制在效力性规定上，所谓的效力性规定不好界定且与依法行政原则相悖，无法解决国有资产因低价出售而导致国有资产流失的问题。在国有土地出让合同性质上的不同意见体现的是行政诉讼和民事诉讼两种不同的理念，即政府所扮演的角色，就民事诉讼的立场，政府更多的是所有人，而就行政诉讼的立场，政府更多的是一种管理者的角色。目前看，行政诉讼和民事诉讼是各取所需，各为本位，缺乏应有的整体观，之后似乎要站在国有自然资源国家战略的基础上重新审视国有土地、矿业权等国有自然资源使用权出让协议的法律属性。

3. 政府采购合同和PPP。政府采购合同不仅包括办公用品等小额采购，还包括公共设施、公共服务的采购。《政府采购法》规定，政府采购合同作为民事合同由民事审判处理。政府采购的一方为行政机关，目的是为提供公共服务或者为行政管理提供物质基础，资金来源为公共财政，笼统纳入民事显然是不恰当的，此类案件当民事案件来审查也是不适宜的。鉴于《政府采购法》目前这个规定，可以考虑为商品采购所签订的合同应为民事合同，由民事审判处理，而考虑到采购公共服务和公共设施所签订的合同与公共行政关系更加紧密，应为行政协议。

4. 和解协议。对行政机关与行政相对人达成的和解协议是否可以纳入行政诉讼的受案范围，一直存在争议。和解在刑事诉讼中称为“诉辩交易”。有人反对将行政和解协议纳入行政诉讼范围，理由为和解的初衷是为了化解争议，若可诉，则为再次制造争议，故在行政执法、行政诉讼或者行政复议阶段，以及信访中的和解协议都不应纳入行政诉讼，但也有不同的观点。我们认为，和解协议原则上均可诉。（1）行政执法过程中达成的和解协议，多为行政行为的替代协议，行政行为可诉，其替代协议亦可诉。（2）行政复议过程的和解协议。行政复议属于行政争议纠纷解决的一种，但行政复议权属于行政权的一种，依法应当对其进行司法监督，其中达成的协议亦可诉。（3）信访过程的和解协议，一般情况下不可诉，但如果设立了新的权利和义务则可诉。[①]（4）行政诉讼过程达成的和解协议，鉴于司法最终原则，原则上不可诉。对于此类和解协议，可以无须过多考虑起诉条件，尽可能进入实体审查，经审查，只要没有胁迫、恶意串通或者协议内容没有过度损害公共利益的，原则上不应否定其效力。

此外，行政协议司法解释第3条规定，因下列协议提起诉讼的，不属于人民法院行政诉讼的受案范围：（1）行政机关之间因公务协助等事由而订立的协议；（2）行政机关与其工作人员订立的劳动人事协议。该条是对关于行政协议范围的排除规定。司法实践中，有的行政机关签订的协议并非行政协议。本条规定了两类容易与行政协议混淆的协议：一是行政机关之间的因公务协助而订立的协议。例如，《珠三角政府间环境合作协议》。这类协议不属于行政诉讼的受案范围。二是劳动人事协议。该类协议是属于广义的劳动法规范的范畴，不属于行政诉讼管辖的范围。例如，《公务员法》第102条规

① 在司法实践中，也有设立了新的权利和义务的信访和解协议因涉及历史遗留问题不可诉的案例。2011年9月，原告陈某一方以其父曾为中国共产党的革命事业作出过贡献并出借给民主政权一笔资金为由，向宁波市鄞州区人民政府信访，要求安置子女工作并对1949年9月出借给民主政权的资金给予合理补偿。就此，原告陈某等与被告下属的宁波市鄞州区龙观乡信访办公室于2011年12月31日签订《协议书》，内容为："根据陈某给区长的信件（见附件），经区政府办公室、区老促会、区人社局、区信访局、龙观乡人民政府、区党史办多次协调后，达成如下协议：一、对于子女工作安排事情，考虑到陈某之父曾经出借给民主乡政权稻谷一事，从照顾三老人员子女出发，陈某自2012年1月起享受每月1000元的补贴。如三老人员每月基数增加时同步增加……"协议签订后，被告按约每月支付给原告1000元。但自2014年8月起，被告以原告陈某仍在就其父的政策落实问题进行信访为由，停发了该补贴。原告不服，诉至法院。一审法院认为，原告陈某等与被告宁波市鄞州区龙观乡人民政府于2011年12月31日签订的《协议书》系在原告方就其父亲的政策落实及子女待遇等问题进行信访，相关政府部门为化解该信访事项的背景下所签订，该协议涉及原告父亲落实身份、待遇等历史遗留政策问题。原告现诉请要求被告按照《协议书》约定履行相关义务，本质上属于请求处理历史遗留的政策问题，该事项不属于人民法院主管范围。因此，原告陈某的起诉不符合条件，不应受理；已经受理的，裁定驳回起诉。详见浙江省宁波市鄞州区人民法院（2015）甬鄞行初字第138号行政裁定书。

定，机关聘任公务员，应当按照平等自愿、协商一致的原则，签订书面的聘任合同，确定机关与所聘公务员双方的权利、义务。第105条规定，聘任制公务员与所在机关之间因履行聘任合同发生争议的，可以自争议发生之日起六十日内申请仲裁。

三、时间维度

行政协议司法解释第28条规定，2015年5月1日后订立的行政协议发生纠纷的，适用行政诉讼法及本规定。2015年5月1日前订立的行政协议发生纠纷的，适用当时的法律、行政法规及司法解释。该条是关于司法解释溯及力的规定。也就是说，人民法院审理行政协议案件，一般遵循实体从旧，程序从新原则，对于2015年5月1日之前订立的行政协议发生纠纷的，适用当时的法律、行政法规及司法解释；当时的法律、行政法规及司法解释没有规定的，可以适用《行政诉讼法》和行政协议司法解释。需要注意以下问题：

1. 一开始就是行政协议，不论其签订于2014年修正的《行政诉讼法》实施前后，均纳入行政诉讼受案范围，比如教委签订的委培协议，不受时间的限制，签订时间无论是2014年修正的《行政诉讼法》实施前后，均应受理行政诉讼。有一种观点认为，对于2014年修正的《行政诉讼法》实施前签订的行政协议，无论是否履行完毕均不宜纳入行政诉讼的受案范围，一是当时是按照民事法律规范签订的。二是体量太大，有的协议历史久远，再进入行政诉讼对当地社会稳定影响较大。我们认为，行政合同在2014年修正的《行政诉讼法》实施前就是行政案件案由之一，认为其按照民事规则处理是不正确的，体量大和影响社会稳定均不能成为行政诉讼不受理的理由。

2. 关于政府特许经营协议。在2014年修正的《行政诉讼法》及其司法解释实施前，政府特许经营协议纳入民事诉讼的范围，而且还可以仲裁。但是，2014年修正的《行政诉讼法》及司法解释实施后，该协议属于行政协议，行政诉讼依法应予受理。有些观点认为不应纳入行政诉讼的范围，否则不利于保护投资者的合法权益，我们认为，反对意见所担心的问题可以考虑借鉴民事合同的协议管辖等予以解决，无须违反《行政诉讼法》明确规定而不予受理政府特许经营协议。

3. 关于国有土地上房屋征收补偿协议。《国有土地上房屋征收与补偿条例》实施前、《城市房屋拆迁管理条例》实施时签订的拆迁安置补偿协议由于是开发商获得拆迁许可证后与被拆迁人签订的协议，按照 1996 年《最高人民法院关于受理房屋拆迁、补偿、安置等案件问题的批复》应当作为民事合同处理。《国有土地上房屋征收与补偿条例》规定的征收补偿协议，若上述协议是在该条例实施的 2011 年至 2015 年 5 月 1 日签订，属行政诉讼受案范围还是民事诉讼范围存在争议。我们认为，原则上应纳入行政诉讼。但是，考虑到当时有争议，如可以走民事诉讼的走民事诉讼，走不通的也可以走行政途径；2015 年 5 月 1 日之前签订了协议，但 2015 年 5 月 1 日之后行政机关单方变更、解除行政协议引起的争议应纳入行政诉讼范围；2015 年 5 月 1 日之后签订的协议，依法纳入行政诉讼受案范围。

4. 关于拆迁条例实施时签订的拆迁补偿安置协议。《行政诉讼法》第 12 条第 1 款第 11 项规定“等协议”不包括拆迁补偿安置协议。拆迁补偿安置协议的双方当事人是拆迁人和被拆迁人，其中并没有行政机关，显然不符合行政协议定义中对“行政机关”的要求。即便部分集体土地拆迁许可证确定的拆迁人是乡镇人民政府或街道，但其仍是以拆迁人的身份出现的，应将其与其他拆迁人一样作为民事主体对待。最高人民法院在 1996 年 7 月 24 日作出的《关于受理房屋拆迁、补偿、安置等案件问题的批复》明确指出，针对此类协议的争议，应作为民事案件受理：“拆迁人与被拆迁人因房屋补偿、安置等问题发生争议，或者双方当事人达成协议后，一方或者双方当事人反悔，未经行政机关裁决，仅就房屋补偿、安置等问题，依法向人民法院提起诉讼的，人民法院应当作为民事案件受理。”因此，拆迁补偿安置协议在 2014 年修正的《行政诉讼法》实施前属于民事协议毋庸置疑。依据《城市房屋拆迁管理条例》签订拆迁补偿安置协议的，拆迁人不享有行政权，其拆迁权来源于拆迁行政许可行政行为。如被拆迁人拒不履行拆迁补偿安置协议，拆迁人只能以民事主体的身份寻求救济。因此，涉案拆迁补偿安置协议无论从签订主体，还是协议内容（即当事人权利义务）来看，都不具备行政协议的属性，不因 2014 年修正的《行政诉讼法》的实施而被纳入行政诉讼受案范围。

处理此类案件要注意以下两个方面：一是当事人有时针对协议本身的问题向法院提起民事诉讼，法院进行审理并作出生效判决后，又依据《行政诉讼法》规定提起行政诉讼，请求确认案涉拆迁补偿安置协议无效或者解决其他争议。对此，我们认为，前后两案本质上仍属同一法律关系，当事人相同，后案的诉讼请求实质上是否定前案裁判结果，依法应予以驳回。理由为此类协议属于民事协议，人民法院已通过民事诉讼程序处理完毕的拆迁补偿安置协议，原告无权就该协议再行提起行政诉讼，其根据《行政诉讼法》提起的诉讼属于重复起诉。二是当事人有时针对协议履行问题向法院提起行政诉讼，由于当事人提起诉讼是为了保证作为民事协议的拆迁安置协议确实履行依法亦不属于行政诉讼的受案范围。实践中也有些案件协议在履行中达成协议并制作民事调解书，协议一方行政机关不履行该调解书，当事人对生效调解书的理解不同和履行过程中发生异议的，该民事调解书属于生效法律文书，依法具有执行力，协议一方行政机关没有履行调解书确定的相关义务，属于《民事诉讼法》规定的执行程序调整范围，不属于行政诉讼的受案范围。

四、阶段维度

有关行政协议争议从总体上分为以下四部分：一是有关缔约过失的争议；二是有关行政协议内容本身的合法性和有效性；三是有关行政协议的履行争议，主要包括行政机关不依法履行、未按照约定履行行政协议等；四是变更、解除行政协议的争议，主要包括违法变更、解除行政协议。《行政诉讼法》第 12 条第 1 款第 11 项已明确行政机关不依法履行、未按照约定履行以及变更、解除行政协议的争议属于行政诉讼受案范围，那么，其他行政协议纠纷是否应纳入行政诉讼受案范围？

有一种观点认为，在指导思想上，因行政协议行政案件的审理是一个全新的案件类型，缺乏配套的法律规定和审判经验。因此，现阶段对此类案件的受理范围不应确定得太宽泛。从《行政诉讼法》第12条第1款第11项本身规定看，起诉行政协议的原因行为是针对“不依法履行、未按照约定履行或者违法变更、解除协议”四种情形。因此，将受理此类案件的范围限制在这四种情形为妥，若超过这四种情形，如因行政协议引发的撤销之诉、第三人撤销之诉、确认协议无效之诉等其他行政协议诉讼，均不应作为行政案件受理。理由如下：第一，没有法律依据。就像并非所有因行政行为引发的纠纷都属于行政诉讼受案范围一样，并非所有因行政协议引发的纠纷都属于行政诉讼受案范围。《行政诉讼法》第12条第11项规定，人民法院受理公民、法人或者其他组织提起的“认为行政机关不依法履行、未按照约定履行或者违法变更、解除政府特许经营协议、土地房屋征收补偿协议等协议的”诉讼。因此，只有在行政机关履行行政协议过程中实施了上述四类行为，当事人不服引发的争议，才属于行政诉讼受案范围。第二，协议的订立与协议的履行属于不同层次的问题。协议的效力审查主要是协议订立时双方意思表示是否真实，是协议订立层面的问题；《行政诉讼法》规定的四种情形，属于行政协议在履行过程中出现的争议，是协议履行层面的问题。第三，之所以将这四类争议纳入行政诉讼，是因为其中都包含了行政机关发动其优越的意思力，体现了行政协议区别于民事协议的特点，才需要用行政诉讼这一特别程序予以救济。针对行政协议的撤销之诉、第三人撤销之诉、确认无效之诉与一般民事协议的撤销、无效并无区别，属于纯民事争议。第四，假设将撤销之诉、确认协议无效之诉纳入行政诉讼受案范围，行政诉讼法中关于原告应当与被诉行政行为具有利害关系的规定，将在这样一类诉讼中被彻底架空，任何一个主体都可以声称对行政协议所处分的财产拥有权利而发起行政诉讼。

我们认为，上述意见并不可取。这种狭义理解，既不符合《行政诉讼法》及司法解释的相关规定，也在理论上难以自圆其说、在实践中造成不必要的混乱。行政协议司法解释扩充了行政协议纠纷的种类，在原告资格、第三人、禁止反诉以及诉讼请求的相关条文中均规定，因行政协议的订立、履行、变更、终止等产生纠纷属于行政诉讼受案范围。[①]其中仅缔约之诉就包括以下争议：在行政协议订立过程中，行政机关拒绝订立行政协议未说明正当理由的；行政机关违反公开、平等竞争原则订立协议的；行政机关与他人订立行政协议损害其合法权益的，行政相对人可以提起缔约之诉。

一方面，从《行政诉讼法》《民法典》及相关司法解释的相关规定看，对行政协议的起诉不仅限于《行政诉讼法》第 12 条第 1 款第 11 项列举的四种情形，而应包括所有的行政协议争议。（1）行政机关在签订行政协议中缔约过失是否属于受案范围。行政机关在签订行政协议中的缔约过失行为（不管是法律行为还是事实行为），均为行政职权行为，如实际影响当事人合法权益，依法属于行政诉讼受案范围。（2）相对人有权提起行政诉讼，虽然《行政诉讼法》第 12 条第 1 款第 11 项规定的是行政机关单方不履行行政协议的情形，但是行政机关单方不履行行政协议的前提是行政协议有效。如果相对人认为行政协议无效或者请求撤销行政协议，不能提起行政诉讼，只能提起民事诉讼解决，于理不合。因为行政协议具有行政性质，不能订立行政协议属于民事行为，由民事诉讼管辖，履行是行政行为，由行政诉讼管辖，这种观点的内在逻辑是混乱的。此外，依据《行政诉讼法》第 75 条“行政行为有实施主体不具有行政主体资格或者没有依据等重大且明显违法情形，原告申请确认行政行为无效的，人民法院判决确认无效”的规定，行政协议作为行政行为的一种，如其有实施主体不具有行政主体资格或者没有依据等重大且明显违法情形，原告申请确认行政协议无效的，人民法院可以判决确认无效。（3）依据行政协议司法解释第 17 条“原告请求解除行政协议，人民法院认为符合约定或者法定解除情形且不损害国家利益、社会公共利益和他人合法权益的，可以判决解除该协议”的规定、第 22 条“原告以被告违约为由请求人民法院判令其承担违约责任，人民法院经审理认为行政协议无效的，应当向原告释明，并根据原告变更后的诉讼请求判决确认行政协议无效”的规定，原告可以依法请求解除行政协议或者确认行政协议无效。

---

① 详见最高人民法院（2017）最高法行再 49 号行政裁定书。

（4）存在法定或者约定情形的，行政相对人可以请求解除行政协议。比如，因行政机关存在一些法定违约情形，导致行政协议无法履行；如因征收各个环节出现的不合法，造成签订协议的基础事实不合法，可能导致协议的不合法而撤销；协议是在受胁迫、欺诈或者乘人之危的情况下签订，协议可能存在重大误解、显失公平的情形，导致协议被撤销等，依据行政协议司法解释第25条“公民、法人或者其他组织对行政机关不依法履行、未按照约定履行行政协议提起诉讼的，诉讼时效参照民事法律规范确定；对行政机关变更、解除行政协议等行政行为提起诉讼的，起诉期限依照行政诉讼法及其司法解释确定”的规定、第27条“人民法院审理行政协议案件，应当适用行政诉讼法的规定；行政诉讼法没有规定的，参照适用民事诉讼法的规定。人民法院审理行政协议案件，可以参照适用民事法律规范关于民事合同的相关规定”的规定，原告可以依法请求变更或者撤销行政协议。综上，原告可以依法向人民法院请求变更、撤销及解除行政协议或者确认行政协议无效等，而不只是《行政诉讼法》第12条第1款第11项规定的四种情形。

另一方面，从理论和实践上看，将《行政诉讼法》第12条第1款第11项列举之外的行政协议争议排除出行政诉讼受案范围可能出现以下问题：一是如将相关行政协议争议纳入民事诉讼，既造成了同一性质的协议争议因分别由行政和民事各管一块的混乱局面又增加了行政裁判和民事裁判不一致的风险，不利于彻底化解行政协议纠纷；二是如相关行政协议争议行政诉讼不受理又因其行政性不纳入民事诉讼，极容易造成行政诉讼和民事诉讼均不受理的尴尬局面，有悖于现代行政诉讼为公民、法人和其他组织提供无漏洞、有效的司法保护的主要宗旨；三是将相关行政协议争议排除出行政诉讼受案范围，意味着有关行政协议争议游离于行政法制轨道，既不能及时有效地依法解决相关行政争议，也不利于监督行政机关依法行使职权。

总之，对《行政诉讼法》第12条的规定作狭义的文义理解，既不能及时有效地依法解决相关行政争议，也不利于保护公民、法人和其他组织的合法权益，监督行政机关依法行使职权，不符合行政诉讼法立法宗旨及相关司法解释规定。那么，行政协议争议包括哪些？从行政协议不同阶段看，大致包括协议订立时的缔约过失，协议成立与否，生效与否，有效无效，变更、解除、撤销及终止行政协议，后合同义务以及请求继续履行行政协议、采取相应的补救措施、承担赔偿补偿责任等产生的行政争议，这些争议均属于行政诉讼受案范围。

第二节　起诉条件

《行政诉讼法》将行政协议纳入行政诉讼的受案范围，重要目的在于坚决保障行政相对人在行政协议案件中的合法权益，防止政府行为逃避司法监督，防止公法遁入私法。因此，不仅行政协议受案范围涉及行政协议相对人诉权的保护力度，而且也应当在管辖制度、诉讼时效和起诉期限、当事人资格等方面，对行政协议相对人及利害关系人给予强有力的司法保护。也即是说，行政协议的诉权保护，既要考虑受案范围的大小，也要考虑行政协议争议诉讼应当具备的其他起诉条件。

一、管辖制度

《行政诉讼法》没有对行政协议案件的管辖问题单独作出规定，由于行政协议案件中既有行政机关单方变更、解除等行政行为，也有行政机关不依法履行、未按照约定履行的违约行为。对于行政机关单方变更、解除等行政行为的管辖，与一般的行政行为相同，即适用《行政诉讼法》及其司法解释的规定。比较有争议的是，对于行政机关不依法履行、未按照约定履行的违约行为，如何确定管辖的问题。因为行政协议争议本质上仍然是行政争议，且行政诉讼管辖还有一些有针对性的、保障原告权益的特殊制度设计。例如，《行政诉讼法》第 18 条第 2 款规定的跨行政区域管辖（经最高人民法院批准，高级人民法院可以根据审判工作的实际情况，确定若干人民法院跨行政区域管辖行政案件）等。这些制度设计比《民事诉讼法》关于管辖的规定更为充分和有利于原告。针对行政协议提起的诉讼，管辖问题均适用行政诉讼法及司法解释的相关规定。此作为原则，但是行政协议诉讼毕竟有其特殊性，其管辖制度也不得不作出相应调整。

1. 约定管辖的允许。民事诉讼中允许约定管辖，行政诉讼中是否允许约定管辖，是否排除了民事诉讼法关于协议管辖的规定。目前行政协议管辖中比较有争议的问题是协议管辖（或称约定管辖）的问题。与《行政诉讼法》管辖规定不同的是，《民事诉讼法》第 34 条规定了协议管辖，即合同或者其他财产权益纠纷的当事人可以书面协议选择被告住所地、合同履行地、合同签订地、原告住所地、标的物所在地等与争议有实际联系的地点的人民法院管辖，但不得违反本法对级别管辖和专属管辖的规定。民事诉讼中协议管辖的标准是“与争议有实际联系的地点”，在大多数的行政协议案件中，被告住所地、合同履行地、标的物所在地是同一地点，值得讨论的是原告所在地、合同签订地。也就是说，如果在行政协议中，行政机关和行政相对人约定由原告所在地、合同签订地管辖，法院如何确定管辖。

我们认为，为了防止地方政府干预，排除有关行政机关和投资者的顾虑，可以考虑借鉴民事合同的约定管辖制度。双方当事人可以书面协议约定选择被告住所地、协议履行地、协议订立地、原告住所地、标的物所在地等与争议有实际联系的地点的人民法院管辖，但违反《行政诉讼法》规定的级别管辖和专属管辖的除外。理由如下：一是《行政诉讼法》第 101 条规定：“人民法院审理行政案件，关于期间、送达、财产保全、开庭审理、调解、中止诉讼、终结诉讼、简易程序、执行等，以及人民检察院对行政案件受理、审理、裁判、执行的监督，本法没有规定的，适用《中华人民共和国民事诉讼法》的相关规定。”2000 年 3 月最高人民法院发布的《执行解释》第 97 条规定：“人民法院审理行政案件，除依照行政诉讼法和本解释外，可以参照民事诉讼法的有关规定。”依据上述规定，行政协议管辖适用《民事诉讼法》的协议管辖在法律上也没有障碍，且行政协议案件由原告所在地管辖不仅无害而且有利于行政案件的公正审理。因此，从法律和司法实践来看，存在行政协议适用民事协议管辖的可能。二是 2015 年在制定《若干解释》时，为避免地方干预和行政机关干预，有人提出过协议管辖，当时不少人反对，反对意见认为协议管辖与行政诉讼管辖制度不符，但是时至今日，我们不得不正视协议管辖在行政诉讼的适用问题。最关键的原因就是政府特许经营协议和PPP协议两个特殊协议的发展和存在，实际上这些原来是按照民事审理且可以申请仲裁，所以不存在被告干预的问题，但是作为行政协议之后，就存在被地方和行政机关干预的问题。像政府特许经营协议和PPP协议，都是在政府的地域管辖范围内。PPP协议其实涉及政府的“钱袋子”，特许经营协议涉及很多政府提供的公共服务，这些均涉及对地方政府来说最为重要的事项。众所周知，行政案件最难办的就是涉及政府“钱袋子”和社会稳定的案件，这也是为什么早期行政案件最难办的是行政处罚，现在行政案件最难办的是征地拆迁行政案。从这个角度来说，如果投资人或者被许可人向当地法院提出诉求，那么很可能发生地方行政机关干预司法的情况，所以在这种情况下约定管辖的存在是必要的。因此，为了防止地方政府干预，排除有关行政机关和投资者的顾虑，可以考虑借鉴民事合同的约定管辖制度。为了保障协议当事人特别是相对人一方的协议利益，同时考虑到行政协议是基于自愿签订的，行政协议司法解释第7条参考民事合同案件的管辖，确定行政协议的当事人可以约定管辖的法院，但明确其不得违反相关级别管辖和专属管辖的规定，从而排除行政干预和地方干预，以充分保护相对人在行政协议案件的合法权益。因此，行政协议双方当事人可以书面协议约定选择被告住所地、协议履行地、协议订立地、原告住所地、标的物所在地等与争议有实际联系的地点的人民法院管辖，但违反《行政诉讼法》规定的级别管辖和专属管辖的除外。

2. 级别管辖的例外探讨。《行政诉讼法》关于级别管辖法院的确定原则上按行政机关的级别来确定，“县级以上地方人民政府”为被告的一审行政案件均由中院管辖。实践中，由县级人民政府直接作为相对人签订协议的十分罕见，同时，行政协议诉讼与传统行政诉讼存在一定的不同，协议类案件所涉标的额有的较大，在一些国有土地使用权出让合同、政府特许经营合同、PPP合同等中，标的额上亿元的协议屡见不鲜。如按照《城市房地产管理法》的有关规定，在国有土地使用权出让合同签订前，出让的每幅地块、用途、年限和其他条件，均需报有批准权的人民政府批准，市县人民政府土地管理部门负责实施。[1]因此，土地管理部门虽有权签订合同，但实系市、县人民政府有关决定的组织实施主体。无论是从协议影响范围以及协议内容的有权主体等因素看，若仍以被诉行政行为作出主体是否为县级以上人民政府为标准，确定一审管辖法院，已经无法有力保障管辖法院对标的额巨大的某些行政协议依法独立公正行使审判权。因此，可以考虑行政协议案件中参考民事诉讼管辖制度以标的额确定级别管辖。也就是说，行政协议案件的级别管辖问题可以参照《民事诉讼法》及有关司法解释规定进行确定，亦即第一审行政协议案件大多数是根据诉讼标的额来确定案件级别管辖的。《最高人民法院关于调整高级人民法院和中级人民法院管辖第一审民商事案件标准的通知》（法发〔2015〕7号）中根据诉讼标的额、是否群体性纠纷、是否重大疑难、新类型和在适用法律上有普遍意义的案件等因素确定了高级人民法院和中级人民法院的级别管辖标准。如果行政协议的标的额比较大，已经达到了中级人民法院和高级人民法院管辖的标准，可以不按照《行政诉讼法》及其司法解释规定的被告所在地人民法院等管辖。因此，在未来审理行政协议诉讼时，在确定级别管辖时，是否除传统的依据行政主体级别确定外，也可以同时借鉴民事审判的做法，按标的额确定级别管辖，以确保行政协议争议得到更好的解决。此外，如果行政协议的标的额比较大，就可能属于《行政诉讼法》第15条规定的中级人民法院管辖的“本辖区内重大、复杂案件”或者“其他法律规定由中级人民法院管辖的案件”或者高级人民法院管辖的“本辖区内重大、复杂的第一审行政案件”，应当由中级人民法院或者高级人民法院管辖。

3. 仲裁条款的禁止及例外。根据《行政诉讼法》第12条第1款第11项的规定，明确把包括政府特许经营协议在内的一系列行政协议纠纷纳入行政诉讼的受案范畴。但由此面临的问题是，在政府特许经营协议等纠纷被纳入

---

① 《城市房地产管理法》第12条规定：“土地使用权出让，由市、县人民政府有计划、有步骤地进行。出让的每幅地块、用途、年限和其他条件，由市、县人民政府土地管理部门会同城市规划、建设、房产管理部门共同拟定方案，按照国务院规定，报经有批准权的人民政府批准后，由市、县人民政府土地管理部门实施。直辖市的县人民政府及其有关部门行使前款规定的权限，由直辖市人民政府规定。”

行政诉讼受案范围后，当事人是否可以继续根据合同原理在此类协议中约定仲裁条款或者签订单独的仲裁协议以解决将来可能发生的争议？对此，有两种不同的观点：一种观点认为行政诉讼不应排斥仲裁。首先，协议本身具有意思自治的属性，当事人有权自主选择纠纷解决方式。其次，《行政诉讼法》将政府特许经营协议等纠纷纳入受案范围的本意应是扩大当事人的救济途径，而非施以限缩。再次，对于政府特许经营协议纠纷，当特许经营权人为外国企业时，排斥仲裁不符合国际商事仲裁的普遍做法。[①] 最后，一些 PPP 当事人、中介服务机构和项目管理机构的人员仍坚持政府特许经营协议民事属性和通过仲裁渠道解决此类争议的原因，是因为我国 1995 年以来的政府特许经营大都作为民事案件对待，争议解决也多数是选择仲裁。政府特许经营争议解决在行政诉讼与仲裁上之分歧，不仅有历史延续涉及的利益调整问题，而且还涉及广泛和复杂的法律问题。其中的法律问题包括法律适用上在公法与私法之间的选择、政府特许行为脱离司法审查的监督、仲裁是否有权受理政府因素争议案件的管辖权，以及如何根据我国民法确定合同的民事属性问题等。[②] 另一种观点则认为行政诉讼完全排斥仲裁等途径，因为政府特许经营协议等协议作为行政合同的性质已经由《行政诉讼法》所确定，此类纠纷亦属于行政纠纷，应通过行政途径解决，以防公法遁入私法，其中涉及的民事问题，可由人民法院行政庭适用民事法律规范处理。[③]

行政协议司法解释第 26 条规定，行政协议约定仲裁条款的，人民法院应当确认该条款无效，但法律、行政法规或者我国缔结、参加的国际条约另有规定的除外。该条是关于行政协议仲裁条款效力的规定，规定基本上采纳了上述第二种意见，并按照现行有效的法律行政法规列举了一些例外。该规定的理由如下。

---

① 高俊杰：《政府特许经营项目运行中的行政纠纷及其解决机制——一种框架性分析》，载《当代法学》2016 年第 2 期。

② 于安：《论政府特许经营协议》，载《行政法学研究》2017 年第 6 期。

③ 高俊杰：《政府特许经营项目运行中的行政纠纷及其解决机制——一种框架性分析》，载《当代法学》2016 年第 2 期。

1. 行政协议原则上不属于《仲裁法》规定的可以仲裁的事项。众所周知，仲裁是双方当事人在纠纷发生前或者发生后，通过签订书面的仲裁条款或者仲裁协议，自愿将双方发生或者将来可能发生的争议提交仲裁机构予以解决的制度。根据《仲裁法》第2条及第3条第2项的规定，平等主体的公民、法人和其他组织之间发生的合同纠纷和其他财产权益纠纷，可以仲裁。依法应当由行政机关处理的行政争议则不能仲裁。仲裁机构属于民间机构，仲裁规则是为了解决民事、商事合同纠纷而产生的，其范围适用于作为平等主体之间的自然人、法人或者其他组织之间发生的合同纠纷和其他财产权益纠纷。而行政协议是行政机关和行政相对人之间订立的，因此与行政机关行使公权力有关。根据《仲裁法》第3条第2项的规定，仲裁机构无权依据仲裁协议或者仲裁条款针对行政协议进行仲裁。行政契约与民事契约的区别意味着二者的纠纷解决途径亦不完全相同。而且，随着我国仲裁制度的改革，"出现了民间仲裁与行政仲裁的分野"，① 原来设置在工商部门、科技委员会等行政机关内的仲裁委员会纷纷被撤销，依据《仲裁法》重新组建的仲裁机构，性质转变为民间组织，而行政契约涉及的是行政法上的权利义务争执，这种权利义务的属性在一般情况下排斥了民间仲裁的可能。②

2. 实践中，涉及政府特许经营协议较多的国家发展和改革委员会、财政部、住房和城乡建设部、交通运输部、水利部、中国人民银行六部委在2015年6月出台的25号令《基础设施和公用事业特许经营管理办法》中，明确规定政府特许经营协议争议的解决途径主要包括：协商；专业技术问题争议可以共同聘请专家或第三人机构进行调解；特许经营者认为行政机关作出的具体行政行为侵犯其合法权益的，有陈述、申辩的权利，并可以依法提起行政复议或者行政诉讼。仲裁不属于解决作为行政协议重要代表的政府特许经营协议纠纷的途径之一。

3. 从国外相关规定看，大部分国家和地区针对行政协议的争端解决机制

---

① 胡宝岭著：《行政合同争议司法审查研究》，中国政法大学出版社2015年版，第90页。

② 参见张殊钢、赵玉梅编著：《中国行政合同的法律规制》，黑龙江人民出版社2011年版，第163—164页。

都是以协议的性质来划分，如果合同属性为私法的，则可以通过仲裁、民事诉讼等方式解决，如果协议具有公法性质，则应当通过行政诉讼解决。

但是，从境外国家和地区的经验来看，行政协议纠纷也并不绝对地排除仲裁方式。例如，《葡萄牙行政程序法》第188条规定："对于因行政合同而可能产生的争议，允许以仲裁方式将之交由仲裁员裁定解决。"在法国，"原则上禁止公法人进行仲裁，公共工程承包合同和供应合同例外，在得到有关机关批准之后，可以进行仲裁"。因此，法国的行政合同纠纷常常通过非司法诉讼机制予以解决，主要是替代性纠纷解决机制，即调解争端的非诉讼机制。包括行政复议前置程序；和解协议程序；诉讼外调解程序与仲裁程序。[①] 在我国台湾地区，有学者认为，按照我国台湾地区"仲裁法"的规定，得受仲裁者除为现在或将来之法律争议外，尚以"依法得和解"为要件。若依法不得和解之法律争议，即不得为仲裁标的，又依我国台湾地区"行政诉讼法"第219条第1项之规定，当事人就诉讼标的具有处分权并不违反公益者，行政法院不论诉讼程度如何，得随时试行和解。第8条第1项规定，行政契约既得成为行政诉讼之标的，而该法第219条又未排除行政契约之适用，因此行政契约之标的，当事人具有处分权，且和解不违反公益者，应可交付仲裁。[②]

我国也有学者认为，一些国际投资行为虽涉及国际条约的约定不属于国内法的范畴，但具体案件中有一些就是与政府签订的行政协议，因中方加入了特定国际条约的关系，这些具体个案可以通过国际仲裁的方式解决，越过了中国法院的管辖。对于这些问题，如何应对和衔接？如果外国投资的行政协议可以通过国际仲裁方式解决，而国内投资的行政协议却不能通过仲裁解决，是否有区别对待之虞？国际投资争端解决中心，简称ICSID，依《华盛顿公约》而成立，中国也是成员国之一。中国分别于2011年、2014年两次被诉。案例一：马来西亚伊佳兰公司诉中国案——海南万宁县政府收回该企业的土地使用权，海南高院曾受理过该土地征收案件，后该公司于2011年

① 参见徐琳：《法国公私合作（PPP模式）法律问题研究》，载《行政法学研究》2016年第3期。

② 参见林明锵：《委托开发工业区契约之定性与仲裁容许性——兼评"最高行政法院"九十四年裁字第〇〇四七〇号裁定》，载《月旦法学教室》第33期，第112—113页。

向 ICSID 对中方提起仲裁。案例二：韩国安城房地产公司诉中国案——2014年韩国安城房地产公司以江苏射阳县政府未按照协议约定向其提供投资项目的土地使用权为由，向 ICSID 提出仲裁申请，请求中国政府赔偿经济损失 1亿元。该案的仲裁依据是 2007 年中国与韩国签订的《中韩双边投资条约》。据韩国媒体报道案件背景为：射阳县政府与该公司签订协议在当地兴建高尔夫球场，并承诺规划范围内无其他企业竞争，但后因政府未遵守承诺导致韩方亏损 1380 万美元。有鉴于此，行政协议司法解释第 26 条规定，法律、行政法规或者我国缔结、参加的国际条约另有规定时，行政协议中约定的仲裁条款可以有效，人民法院不宜确认该仲裁条款无效。

4. 兜底管辖或推定管辖的允许。当事人因民事生效裁定认为协议属于行政协议而驳回其诉讼请求，当事人再提起行政诉讼时，法院如何处理，法律和司法解释均无规定，在起草行政协议司法解释过程中争论较大。一种意见认为，如果案件属于民事合同，应当告知当事人通过审判监督程序解决。另一种意见认为，为了防止行政审判庭和民事审判庭“踢皮球”，人民法院应予立案。对于合同纠纷，民事审判庭已经以合同案件属于行政协议为由裁定驳回起诉，如果行政审判庭再行告知当事人通过审判监督程序解决，可能会影响人民法院的对外形象和权威性。此外，根据《行政诉讼法》的规定，行政审判法官可以对民事争议一并审理，具有审理民事案件的权力。同时，在协议案件中，人民法院除了适用行政法律规范之外，也要适用《民法典》等民事法律规范审理案件。行政审判法官有权力、有能力、有责任审理该类案件。为了维护人民法院的权威性，减轻当事人的诉讼负担，体现行政审判的担当意识，行政协议司法解释第 8 条对此规定，它是关于行政协议案件推定管辖的规定，该条规定，为充分保护当事人诉权，确保当事人的合法权益能够依法及时获得救济，一份协议属于行政协议还是民事合同，在立法没有明确或相关规定存在冲突的情形下，公民、法人或者其他组织向人民法院提起民事诉讼，生效民事裁定以涉案协议属于行政协议为由不予立案或者驳回起诉，当事人又提起行政诉讼的，人民法院应当依法立案。

例如，祁东县玉合街道办石门社区重贤居民小组诉祁东县人民政府、祁东县国土资源局、原审第三人祁东县城镇建设综合开发公司确认行政协议无效案[①]，二审法院认为，本案中，签订《开通竹园路、拆迁重贤组院子协议书》的县城建开发公司虽非行政主体，但该协议系城建开发公司经县政府同意与重贤组签订，内容涉及行政管理职能，且被生效民事裁定为行政协议，一审将该协议视为行政协议并无不当。这体现了诉讼制度的兜底功能和无漏洞救济原则。这种推定管辖也可以叫作兜底管辖。国有土地出让合同、协议拆迁、协议征收等到底是行政还是民事，存在争议。公民、法人或者其他组织向人民法院提起民事诉讼，生效民事裁定以涉案协议属于行政协议为由不予立案或者驳回起诉，当事人又提起行政诉讼的，人民法院应予立案。相反的情况也成立。当事人先提起民事诉讼，民事诉讼必须受理，先提起行政诉讼，行政诉讼必须受理。如民事诉讼不予受理，行政诉讼必须受理，行政诉讼不予受理的，民事诉讼必须受理。总之，两个诉讼绝对不能妨碍当事人行使诉权。这是个原则。具体以行政诉讼还是民事诉讼程序审理，这是次要的问题。但在审理过程中一定要充分尊重行政性和协议性，做好两者关系的平衡。

5. 审判权相对化的另一种探索：合意约定普通法院审判。协议管辖是行政诉讼地域管辖的合意约定，而兜底管辖或推定管辖是民事诉讼还是行政诉讼管辖权的单向法律推定。那么，是否存在当事人对民事诉讼还是行政诉讼管辖权的合意约定？我国台湾地区“民事诉讼法”第182条之一：“普通法院就其受理诉讼之权限，如与行政法院确定裁判之见解有异时，应以裁定停止诉讼程序，并声请‘司法院’大法官解释。但当事人合意愿由普通法院为裁判者，由普通法院裁判之。经‘司法院’大法官解释普通法院无受理诉讼权限者，普通法院应将该诉讼移送至有受理诉讼权限之法院。第一项之合意，应以文书证之。”该条之原始立法理由指出：“二、当事人就行政法院裁判确定不属其权限之同一事件，向普通法院为请求时，如普通法院依其合理之确信亦认为不属其权限而予以驳回，当事人之权利即无救济之途，爰于第一项

① 湖南省高级人民法院（2017）湘行终442号行政裁定书。

规定，此种情形，法院应以裁定停止诉讼程序，提出其确信普通法院无审判权限之具体理由，声请‘司法院’大法官解释。惟停止诉讼程序，声请解释，不免旷日费时，有损当事人之权益，爰增订但书，明定如当事人两造合意愿由普通法院为裁判者，则认为普通法院就该事件有审判之权限。三、前项合意，涉及审判权之归属，为期慎重，爰于第二项规定前项合意应以文书证之。”[①] 考虑到行政协议相对于一般行政行为更接近民事合同，此项制度也可以在未来作为探索的方向之一。

二、诉讼期限

行政协议的法律关系涉及协议的合法性和有效性，也涉及行政机关职责权限变化，各方就协议是否及时、全面、适当履行的问题判断等，其复杂程度远比单方行政行为的起诉期限更为复杂，如不能合理确定协议之诉的期限或时效并确定适宜于行政诉讼的判断，不利于稳定行政法律关系以及基于此而形成的社会关系安定。根据2015年《若干解释》第12条的规定，针对行政行为纠纷和契约（包括履约）纠纷，考虑到审理规则的不同，其诉讼时限也是不同的，特别是公民、法人或者其他组织对行政机关不依法履行、未按照约定履行协议等提起诉讼的，适用比行政诉讼起诉期限更长的民事诉讼时效制度。该规定在司法实践中已经比较成熟，行政协议司法解释第25条继续作了规定，公民、法人或者其他组织对行政机关不依法履行、未按照约定履行协议提起诉讼的，参照民事法律规范关于诉讼时效的规定；对行政机关

① 《修正公布民事诉讼法第一百八十二条之一之立法理由》，载“立法院”法律系统，http://lis.ly.gov.tw/lglawc/lawsingle?001F18AB32E200000000000000000014000000004FFFFFD^045270920114^00025001001。就此“最高法院”2015年台抗字第624号裁定：“按国家为行使司法权，将性质不同之诉讼事件，划分由不同体系之法院审判，无非基于专业及效率之考虑。于普通法院审判权与行政法院审判权发生冲突时，固得参酌事件之性质，依‘民事诉讼法’第三十一条之二、第八十二条之一、‘行政诉讼法’第十二条之二等规定决之。惟倘当事人合意由普通法院为裁判者，由普通法院裁判之，‘民事诉讼法’第一百八十二条之一第一项但书亦有明定，俾尊重当事人基于程序主体地位，所享有之程选择权。此项规定，已生审判权相对化之效果。本此立法意旨，当事人订立契约时，为避免将来发生争议须诉请法院解决，普通法院与行政法院对于审判权之归属有不同认定，造成程序上之不利益，乃预为合意愿由特定之普通法院管辖，倘无害于公益，自无不可。”

变更、解除协议等行政行为提起诉讼的，适用行政诉讼法及其司法解释关于起诉期限的规定。但是，该规定在司法实践中同样遇到请求确认行政协议有效或者无效的案件和请求解除、撤销行政协议案件，如何确定其起诉期限或者诉讼时效等问题。

1. 行政协议诉讼适用起诉期限或者诉讼时效的原则为，凡是行政机关因行使行政优益权等单方解除、变更行政协议，拒绝订立行政协议等具有单方性、高权性的行为，原则上适用起诉期限，其余（包括协议的履行与否、成立与否、生效与否、有效与否、撤销与解除等）适用诉讼时效。修改后的《行政诉讼法》第 12 条第 1 款第 11 项规定的行政协议纠纷主要包括两类：一类是认为行政机关不依法履行、未按照约定履行的纠纷；另一类是认为行政机关违法变更、解除行政协议的纠纷。对于这两类纠纷，是否一同适用《行政诉讼法》和司法解释规定的起诉期限有不同意见。一种意见认为，行政协议纠纷一律应当适用《行政诉讼法》及其司法解释规定的起诉期限。因为行政协议作为行政行为的一种，即使其为双方行政行为亦应适用同一起诉期限。另一种意见认为，行政协议纠纷应当按照不同的纠纷类型适用不同的制度，对于认为行政机关不依法履行、未按照约定履行的纠纷应当适用民法上关于诉讼时效的规定；对于认为行政机关违法变更、解除行政协议的，应当适用《行政诉讼法》及其司法解释规定的起诉期限。因为前者是合同纠纷而后者为一般行政行为纠纷，适用不同的诉讼期限理所当然。

2015 年《若干解释》第 12 条规定，公民、法人或者其他组织对行政机关不依法履行、未按照约定履行协议提起诉讼的，参照民事法律规范关于诉讼时效的规定；对行政机关单方变更、解除协议等行为提起诉讼的，适用《行政诉讼法》及司法解释关于起诉期限的规定。依据这一规定，行政协议这两类纠纷适用的是不同的诉讼期限。前者因主要的（不履行）合同纠纷参照民事法律规范关于诉讼时效的规定，而后者与一般行政行为无异，适用一般的行政诉讼起诉期限。之所以这样规定，主要是因为行政协议具有行政性和协议性，且行政协议从缔约、签订以及履行有各种不同的法律行为交织存在，根据这些法律行为侧重于行政性或者合同性的不同，也就是所涉公权力不同的特性，分别适用民事诉讼时效与行政诉讼起诉期限。我们认为，有关行政协议争议从总体上分为以下三部分：一是有关缔约过失的争议；二是有关协议本身的有效性；三是有关协议的履行争议，按照《行政诉讼法》第12条第1款第11项的规定，主要包括行政机关不依法履行、未按照约定履行或者违法变更、解除政府特许经营协议、土地房屋征收补偿协议等协议。行政协议是行政性和协议性相结合的一种新型行政管理和公共服务手段，在行政协议不同阶段，行政性和协议性的表现是不同的。原则上，有关协议本身的有效性及履约性问题体现行政协议的协议性较强，其起诉适用有关民事法律关于诉讼时效的规定，而有关缔约过失的争议和有关协议的行政优益权争议大多体现行政协议的行政性，其起诉应当适用《行政诉讼法》及有关司法解释关于起诉期限的规定。[①]

特别需要说明的是，一是如果行政机关的履约行为和与行政协议相关的具有单方性、高权性的行为出现重合时，一种观点认为，考虑到行政诉讼有其特殊性且为提高行政效率，应当适用行政诉讼的起诉期限；另一种观点认为，行政协议具有行政性和协议性这双重性，理应尊重原告的选择权。我们倾向于后者，理由如前所述。二是要求确认行政协议无效的，应适用诉讼时效。但是，2018年《最高人民法院关于适用〈中华人民共和国行政诉讼法〉的解释》（以下简称《适用解释》）第162条规定："公民、法人或者其他组织对2015年5月1日之前作出的行政行为提起诉讼，请求确认行政行为无效的，人民法院不予立案。"此规定的"请求确认行政行为无效"应当包括确认行政协议无效。也就是说，2015年5月1日之前签订的行政协议原则上不可以请求确认无效。例如，高某德因诉青海省贵德县人民政府（以下简称贵德县政府）、青海省贵德县住房和城乡建设局（以下简称贵德县住建局）行政协议一案，最高人民法院驳回再审申请裁定认为，根据2018年《适用解释》第162条之规定，公民、法人或者其他组织对2015年5月1日之前

① 对于行政协议争议适用民事诉讼时效问题，也有一种意见认为，考虑到行政效率，特别是重大公共工程，不宜适用民事诉讼的相关规定。

作出的行政行为提起诉讼，请求确认行政行为无效的，人民法院不予立案。行政行为无效属于实体法规则，按照实体从旧原则，行政相对人提起确认无效诉讼仅能针对 2015 年 5 月 1 日之后作出的行政行为提出。本案中，根据一、二审法院查明的事实，被诉 186 号协议系再审申请人与再审被申请人贵德县住建局于 2013 年 7 月 29 日签订，现再审申请人诉请确认该协议无效，根据上述司法解释规定，对该协议提起的确认无效诉讼人民法院应裁定不予立案。[①]

2. 超过民事诉讼时效的，应当适用裁定还是判决的问题。在民事诉讼中，超过诉讼时效的法院判决驳回原告诉讼请求，但是，行政协议争议适用民事诉讼时效且超过该时效的，是以裁定驳回起诉还是判决驳回诉讼请求，在司法实践中这两种做法都存在，且争议较大。比如，杨某伦诉烟台市莱山区海洋与渔业局不履行行政协议一案，莱山区人民法院一审认为，2015 年《若干解释》第 12 条规定："公民、法人或者其他组织对行政机关不依法履行、未按照约定履行协议提起诉讼的，参照民事法律规范关于诉讼时效的规定……"本案原告主张被告未履行双方签订的养殖筏架拆除协议，未给付原告收回海域使用权的补偿，应参照民事法律规范关于诉讼时效的规定。《民法通则》第 135 条规定："向人民法院请求保护民事权利的诉讼时效期间为二年，法律另有规定的除外。"原告分别于 2002 年的 1 月 9 日、2 月 4 日两次收到被告给付的补偿款，如其对协议履行有异议，应自 2002 年 2 月 4 日起二年内提起诉讼。2014 年修正前的《行政诉讼法》虽未明确对于协议履行的诉讼规定，但不影响原告依照相关规定在法定的期限内提起诉讼。原告提交《上访答复意见书》以证明 2003 年 12 月曾上访过，但该《上访答复意见书》的出具时间在 2005 年之后。原告未提交充分证据证明在诉讼时效期间内有诉讼时效中断、中止、延长的情形。故原告的起诉已过诉讼时效。综上，依照《民法通则》第 135 条、《最高人民法院关于适用〈中华人民共和国民事诉讼法〉的解释》第 219 条之规定，判决驳回原告杨某伦的诉讼请求。

---

① 最高人民法院（2019）最高法行申 8345 号行政裁定书。

烟台市中级人民法院二审认为：根据所查明案件的事实，能够认定上诉人起诉时已超过诉讼时效期间。但是，《若干解释》第12条是就如何审查确认原告起诉是否超过法定的期间所作的规定，并未涉及裁判方式的适用。对于第二种情形超过起诉期限的，依照《行政诉讼法》及司法解释的规定裁定驳回起诉。对于第一种情形，只是“参照”民事法律规范关于“诉讼时效”的规定，而不能推定裁判方式也参照民事法律规范；当确认起诉已超过诉讼时效期间时，应当适用《行政诉讼法》及司法解释的相关规定，裁定驳回起诉，与其他行政诉讼案件保持裁判体例上的一致性。因此，原审法院适用民事法律规范判决驳回杨某伦的诉讼请求，属适用法律不当，应予纠正。故裁定撤销原判决的同时，驳回杨某伦的起诉。本案一、二审法院对超过民事诉讼时效的不履行行政协议起诉，应当适用裁定或判决态度截然相反。[①]

对此我们认为，法院裁定驳回起诉较为适宜，因为虽然适用了民事的诉讼时效，仅为适用其“时间”，但不代表遵照其民事诉讼的“效果”，所以裁定驳回起诉更为合适。此外，诉讼时效是实体性规则，需要被告主张，且涉及原告胜诉权，如认定超过诉讼时效意味着丧失胜诉权，应当判决驳回诉讼请求；而行政诉讼中超过起诉期限则直接驳回起诉，人民法院可直接审查，无须被告主张，也无须进行实体审查，故超过诉讼时效的裁定驳回起诉，也有利于节省有限的司法资源。

三、诉讼费用

目前，绝大多数国家和地区都征收行政诉讼费用。我国行政诉讼费用制度经历了一个不断发展变化的过程。我国的诉讼费用制度一直以来是通过最高人民法院制定相应的司法规范。从历史上看，我国的行政诉讼费用制度主要经历了以下两个阶段：一是基本不收费阶段（1982—1989年）。1982年颁布实施的《民事诉讼法（试行）》正式确立了行政诉讼制度。该法第80条规

① 山东省烟台市莱山区人民法院（2015）莱山行初字第44号行政判决书、山东省烟台市中级人民法院（2015）烟行终字第178号行政裁定书。

定:"当事人进行民事诉讼,应当依照规定交纳案件受理费。财产案件,除交纳案件受理费外,并依照规定交纳其他诉讼费用。收取诉讼费用的办法另行制定。"有关行政案件是否收取诉讼费用的问题没有明确,在司法实践中,绝大多数法院并不收取行政诉讼费用。1984 年 8 月 30 日,最高人民法院通过了《民事诉讼收费办法(试行)》,首次对全国法院民事诉讼费用作了统一规定。但是,该办法没有就行政诉讼费用问题作出规定,仅仅对行政机关申请人民法院强制执行行政行为的申请费用作了规定。由于行政诉讼费用问题的规定不明确、不统一,加之行政案件数量较少,问题不突出,一般对行政案件不收取费用。二是收费阶段(1989 年至今)。在这一阶段,人民法院行政诉讼费用制度逐步确立。1989 年 9 月 1 日,最高人民法院颁布了《人民法院诉讼收费办法》。该办法第 1 条明确规定,当事人进行民事、经济、海事和行政诉讼,应当向人民法院交纳案件受理费。并且根据不同的行政案件类型以及是否涉及财产争议,规定了不同的诉讼费用。2006 年 12 月 19 日,国务院发布了《诉讼费用交纳办法》,为现行行政诉讼费用交纳的基本规范。

我国《行政诉讼法》第 102 条规定,人民法院审理行政案件,应当收取诉讼费用。诉讼费用由败诉方承担,双方都有责任的由双方分担。这是人民法院依法征收行政诉讼费用的基本依据。根据《诉讼费用交纳办法》的规定,我国行政诉讼费用主要包括三种:一是案件受理费,由人民法院在受理行政案件时征收。在不同的历史阶段和不同的国家,对于案件受理费的性质有多种认识和学说。比如,税收说、国家规费说、惩罚说等。二是申请费,主要适用于当事人向人民法院申请适用特殊程序而交纳的费用。三是证人、鉴定人、翻译人员在人民法院指定日期出庭发生的交通费、住宿费、生活费和误工补贴等费用。

根据《诉讼费用交纳办法》的规定,行政案件和民事案件的诉讼费用交纳标准是不同的。行政协议案件中,有的争议属于行政协议中的行政行为,如单方变更、解除、行政处罚等,对于这类行为,属于传统意义上的行政行为,应当适用行政案件的诉讼费用标准,即 50—100 元的交纳标准;有的争议属于行政协议中的履行协议的行为,协议性比较突出,对于这类行为,本质上与民事案件差别不大，大多涉及履行金钱支付义务、赔偿等，且标的额比较大，对于这类争议，应当按照民事案件的收费标准收取诉讼费用。故2015年《若干解释》第16条规定，对行政机关不依法履行、未按照约定履行协议提起诉讼的，诉讼费用准用民事案件交纳标准；对行政机关单方变更、解除协议等行为提起诉讼的，诉讼费用适用行政案件交纳标准。2018年2月6日发布的《适用解释》自2018年2月8日实施之后，包括行政协议内容在内的2015年《若干解释》已经被整体废止，故从2018年2月8日到行政协议司法解释施行之日，2015年《若干解释》已经失效，但其中的精神在司法实践中也应遵照执行。按照审理行政协议案件两分法，凡是行政机关因行使优益权等单方解除、变更行政协议，拒绝订立行政协议等具有单方性、高权性的行为，该案件按行政案件收费；其余案件（包括协议的履行与否、成立与否、生效与否、有效与否等）按照民事案件收费。

依据《诉讼费用交纳办法》第22条第1款、第4款的规定，原告自接到人民法院交纳诉讼费用通知次日起7日内交纳案件受理费。当事人逾期不交纳诉讼费用又未提出司法救助申请，或者申请司法救助未获批准，在人民法院指定期限内仍未交纳诉讼费用的，由人民法院依照有关规定处理。根据2018年《最高人民法院关于适用〈中华人民共和国行政诉讼法〉的解释》第61条的规定，原告或者上诉人未按规定的期限预交案件受理费，又不提出缓交、减交、免交申请，或者提出申请未获批准的，按自动撤诉处理。在按撤诉处理后，原告或者上诉人在法定期限内再次起诉或者上诉，并依法解决诉讼费预交问题的，人民法院应予受理。根据《最高人民法院关于适用〈诉讼费用交纳办法〉的通知》“二、关于当事人未按照规定交纳案件受理费或者申请费的后果”的规定，当事人逾期不交纳案件受理费并且未提出司法救助申请，在人民法院指定期限内仍未交纳案件受理费的，由人民法院按照当事人自动撤诉处理。

四、明确诉请

在司法实践中，行政协议的请求类型存在难以确定的难题。从《行政诉讼法》的相关条款来看，原告认为存在"行政机关不依法或者依约履行"或者"行政机关单方变更、解除"四种类型时可就行政协议起诉，但未明确可以提出何种类型的诉讼请求，而2015年《若干解释》则将"请求解决行政协议争议"作为"明确的诉讼请求"的类型，且与"请求判决撤销或者变更行政行为；请求判决行政机关履行法定职责或者给付义务；请求判决确认行政行为违法；请求判决确认行政行为无效；请求判决行政机关予以赔偿或者补偿"等针对普通行政诉讼的诉讼请求并列。在此情况下，原告在涉及行政协议的行政诉讼案件中可以提出何类型诉讼请求，亟待明确。从上述梳理情况也可看出，由于相关规定不健全，当事人的诉讼请求明显杂乱无章。参照《行政诉讼法》针对行政行为所规定的判决方式确定的上述请求类型，原告提出涉及行政协议的请求时，当前实践中出现的以下几个问题有待明确：（1）可否请求确认协议合法而非有效；（2）可否请求确认协议违法而非无效；（3）可否请求变更协议内容；（4）在被告已单方解除后，可否直接请求确认协议有效；（5）可否提出效力之诉的同时，一并请求行政赔偿；（6）可否基于协议在《行政诉讼法》第70条规定的主要证据不足、适用法律法规错误、违反法定程序、超越职权、滥用职权、明显不当情形下，请求撤销协议；（7）可否不请求确认协议有效，仅请求履行协议。

为此，行政协议司法解释第9条规定，在行政协议案件中，《行政诉讼法》第49条第3项规定的"有具体的诉讼请求"是指：（1）请求判决撤销行政机关变更、解除行政协议的行政行为，或者确认该行政行为违法；（2）请求判决行政机关依法履行或者按照行政协议约定履行义务；（3）请求判决确认行政协议的效力；（4）请求判决行政机关依法或者按照约定订立行政协议；（5）请求判决撤销、解除行政协议；（6）请求判决行政机关赔偿或者补偿；（7）其他有关行政协议的订立、履行、变更、终止等诉讼请求。该条是关于行政协议诉讼请求种类的规定。本条包括撤销行政优益权行为之诉、缔约之诉、履约之诉、确认效力之诉、撤销、变更、解除协议之诉、损害赔偿之诉等，以明确人民法院对行政协议案件的全面管辖原则。

具体如下：（1）撤销行政优益权行为之诉。行政机关享有行政优益权，在国家利益或者社会公共利益受到严重损害的情况下，可以作出变更、解除行政协议的行政行为，如果行政相对人认为行政机关这一行政行为违法，可以提起形成诉讼，请求撤销行政行为。（2）履约之诉。包括行政机关在协议履行期限到来之前，明示或者默示不履行法律规定或者协议约定的义务的；行政机关未按照法律、法规、部门规章的规定或者协议的约定履行义务的；行政机关虽然履行义务，但是履行不当或者有其他违反法律法规规定和协议规定的。（3）确认效力之诉。行政相对人要求人民法院确认行政协议的效力。（4）缔约之诉。包括在行政协议订立过程中，行政机关拒绝订立行政协议未说明正当理由的；行政机关违反公开、平等竞争原则订立协议的；行政机关与他人订立行政协议损害其合法权益的，行政相对人可以提起缔约之诉。（5）撤销或者解除协议之诉。在发生情势变更情形或者行政机关的行为导致行政相对人履行不能、迟延履行或者无法实现协议目的，或者存在当事人申请撤销协议的情形，行政相对人有权请求人民法院撤销、解除协议。（6）损害赔偿之诉。在行政机关订立、变更、履行、终止协议的过程中，造成行政相对人损失的，行政相对人可以请求赔偿；如损失是行政机关的合法行为造成的，行政相对人可以请求补偿。（7）本条第7项是兜底条款。

五、当事人

行政协议司法解释第4条规定，因行政协议的订立、履行、变更、终止等产生纠纷，公民、法人或者其他组织作为原告，以行政机关为被告提起行政诉讼的，人民法院应当依法受理。因行政机关委托的组织签订的行政协议发生纠纷的，委托的行政机关是被告。行政协议司法解释第4条是关于行政协议诉讼原、被告恒定的规定。这就是所谓的“民告官”，行政机关不能作为行政协议诉讼的原告。

1. 被告宽松认定。协议具有相对性，行政协议作为特殊的协议，相对性仍是其重要属性。司法实践中多数是以行政协议的相对性确定原、被告的。其中不仅有对委托理论和制度的正确运用，还有对我国行政现实的特别关注和把握。

《行政诉讼法》第 26 条规定，公民、法人或者其他组织直接向人民法院提起诉讼的，作出行政行为的行政机关是被告。行政机关委托的组织所作的行政行为，委托的行政机关是被告。行政协议司法解释第 4 条也有类似规定。《行政诉讼法》及司法解释中关于被告的规定也同样适用于行政协议案件。比如，关于行政机关组建并赋予行政管理职能但不具有独立承担法律责任能力的机构的被告问题。

例如，蔡某某起诉请求撤销《江夏区纸坊复江道（南）西片区旧城改造房屋房屋征收与补偿协议》，签约甲方为武汉市江夏区房屋征收管理办公室，乙方为上诉人蔡某某。蔡某某提起撤销上述协议之诉，以甲方即武汉市江夏区房屋征收管理办公室为被告向相应法院提起。本案武汉市江夏区房屋征收管理办公室不是独立法人，根据法律规定应以设立机关即武汉市江夏区建设局作为被告。上诉人蔡某某以江夏区房屋征收管理办公室作为被告提起诉讼，被告不适格，原审裁定驳回起诉并无不当。又如，关于国有土地上房屋征收案件由市、县政府确定的房屋征收部门为被告的问题。《国有土地上房屋征收与补偿条例》第 4 条规定："市、县级人民政府负责本行政区域的房屋征收与补偿工作。市、县级人民政府确定的房屋征收部门（以下称房屋征收部门）组织实施本行政区域的房屋征收与补偿工作……" 第 25 条规定："房屋征收部门与被征收人依照本条例的规定，就补偿方式、补偿金额和支付期限、用于产权调换房屋的地点和面积、搬迁费、临时安置费或者周转用房、停产停业损失、搬迁期限、过渡方式和过渡期限等事项，订立补偿协议。补偿协议订立后，一方当事人不履行补偿协议约定的义务的，另一方当事人可以依法提起诉讼。" 本案中，房屋征收补偿服务中心是江安县政府确定的国有土地上房屋征收部门，具体组织实施有关国有土地上房屋征收与补偿工作。肖某某与征补中心签订《国有土地上房屋产权调换协议》后，因协议履行过程中发生争议，应当以签订协议的征补中心为被告，江安县政府不是签订协议的当事人，不是本案适格被告，故肖某某以江安县政府为被告提起诉讼不符合《行政诉讼法》第 49 条规定的起诉条件，故裁定驳回原告肖某某的起诉。

但是，在实践中签订行政协议的主体未必就是法定的行政主体。据有些高院调研发现，当签订行政协议的主体不是行政机关，而是行政机关设立的机构或者事业单位甚至公司时，就会遇到适格被告确定难题。受理案件情况反映，以拆迁办（含拆迁事务所、储备中心、征收中心、危改办、城建办）以及指挥部（合作社、公司）被告的案件合计 108 件，占已受理案件总量的 24.6%。近二成半的行政诉讼案件中，当事人起诉的被告并非行政机关甚至行政主体。如国有土地上房屋征收补偿中，签订协议的房屋征收实施部门，在一些集体土地征收补偿协议中，订立主体一方为统一征地事务所或者土地储备中心、指挥部。但是鉴于行政协议诉讼案件解决的是行政协议纠纷，有其与一般行政行为不同的特征，故应当放宽对被告资格的认定。依据法律规定，只有政府的主管部门才能签订征地安置补偿合同，在实践中有乡镇和公司签订合同的，但该合同因其实质上属于行政法上的权利和义务内容，应为行政协议，背后一般是政府机构主导。即使是公司作为主体签订的，可以适用宽泛的表见代理，推定直接的相关行政机关为被告。政府及有关主管部门作为征地机关，在实践中往往让其他组织或下级机关签订相关行政协议，若严格依职权认定，则会以无行政主体资格或者超越职权认定无效，若严格按照合同相对性则法定征地机关可以逃避司法审查。我们认为，可以采用宽泛的“表见代理”，追加或认定法定征地机关为被告，起码不应以无行政主体资格或者超越职权而否定协议的行政性及被告的适格性。因为实践中行政相对人很难识别适格被告，若简单以释明后仍不能正确列出被告为由驳回起诉，无疑是对行政相对人课以过重的义务，导致其救济无门，且此类协议很多，轻易以无行政主体资格或者超越职权认定其无效或者可撤销，会带来社会关系极大的不稳定。

2. 原告范围比民事诉讼广。民事合同讲究合同相对性，行政协议是否也讲究协议的相对性？原则上，行政协议也强调其相对性，虽然没有民事合同那么强烈。例如，黎某宏诉韶关市人民政府、韶关市国土资源局行政补偿纠纷一案，广东省高级人民法院二审认为，涉案《附着物拆迁补偿协议》是大地公司受浈江区农业局的委托与黎某宏签订，即与黎某宏签订涉案《附着物拆迁补偿协议》的行政主体是浈江区农业局。合同当事人对涉案协议的履行问题产生争议，依法应由签订协议的当事人各方协商解决或者循法律途径解决。韶关市国土局既非签订上述补偿协议的行政主体，也非处理涉案补偿协议纠纷的有权机关，其作出被诉的《答复意见》，认定涉案《附着物拆迁补偿协议》不宜继续履行，超越其职责范围，依法应予撤销。但同时，黎某宏要求有关行政机关继续履行涉案《附着物拆迁补偿协议》，应以合同的相对方即与其签订协议的行政主体为对象依法寻求救济，其起诉请求韶关市国土局继续履行上述补偿协议，缺乏事实根据和法律依据。此案的判决结果较好地体现了民事法律规范尤其是合同相对性原则在解决行政协议履行纠纷中的运用。人民法院审查行政机关是否依法履行、按照约定履行协议或者单方变更、解除协议是否合法，在适用行政法律规范的同时，可以适用不违反行政法和行政诉讼法强制性规定的民事法律规范。在因合同履行而产生的民事争议中，根据合同相对性的要求，合同当事人一方原则上只能基于合同向另一方提出请求或提起诉讼，不能向与其无合同关系的第三人提出履行请求或违约之诉，否则属于主张对象错误，其诉讼请求依法应予以驳回。

有时合同的相对性甚至不考虑当事人的权利义务结构。例如，原告邵某平不服被告淳安县千岛湖镇人民政府与第三人邵某祥签订的《房屋征收补偿安置协议》，于 2015 年 6 月 16 日向法院提起行政诉讼。被告作为实施征收的拆迁人与被拆迁人签订的拆迁安置协议，系为实现行政管理目标和公共利益的需要，以国家财政保障的协议，因此属于行政诉讼受案范围。被告选择以被拆迁房屋登记的权利人作为签订拆迁补偿安置协议的相对人是可行的，也符合法律规定。如果被拆迁户内有分户、析产纠纷或者其他争议，其处理结果只能对安置后的房屋权属发生变化，而不影响补偿安置协议的签署和履行。当然，选择货币补偿的，可就析产分割的结果直接分配补偿款。因此，原告以户内约定为由否定被告与第三人签署的补偿安置协议，法院不予采纳。由于原告不是拆迁补偿安置协议的相对人，故不具有行政法律关系意义上的利害关系，从而不具有就行政协议提起行政诉讼的原告资格。故裁定驳回原告邵某平的起诉。[①]

---

① 浙江省淳安县人民法院（2015）杭淳行初字第 49 号行政裁定书。

不过，行政协议相对性比民事合同更容易被突破。在法国，只要能够证明其与行政合同具有利害关系，竞争权及参加招投标的人可以对之后签订的行政合同提出质疑。我们认为，行政协议作为行政活动的一种方式，涉及国家利益和社会公共利益，以及行政管理目标的实现。因此，在行政协议订立过程中，需要遵循“公开、公平、公正”的行政法原则。行政协议的签订和履行不仅涉及协议当事人的权利义务，也极有可能涉及行政协议当事人之外的利害关系人，且《行政诉讼法》第 25 条第 1 款规定，行政行为的相对人以及其他与行政行为有利害关系的公民、法人或者其他组织，有权提起诉讼。故基于合同的相对性本应严格把握原告主体资格也应予适当放宽，以利于保护行政相对人权利。比如，政府采购合同中，招投标的未中标方也具有原告主体资格，可以起诉。据此，行政协议司法解释突破了合同的相对性原则，明确了竞争权人，以及被征收征用土地、房屋等不动产的用益物权人、公房承租人的原告资格（下文有详细论述）。

六、非行政协议当事人的原告主体资格

行政诉讼中的原告资格指的是在行政诉讼中，公民、法人或者其他组织必须具备什么条件才可以以自己的名义提起诉讼。原告资格是对起诉人可以成为原告的限制。如果行政诉讼对原告没有限制，也就没有所谓原告资格问题。1989 年《行政诉讼法》第 24 条规定：“依照本法提起诉讼的公民、法人或者其他组织是原告。有权提起诉讼的公民死亡，其近亲属可以提起诉讼。有权提起诉讼的法人或者其他组织终止，承受其权利的法人或者其他组织可以提起诉讼。”这里的“本法”关于原告作出了哪些规定？ 1989 年《行政诉讼法》第 2 条规定：“公民、法人或者其他组织认为行政机关和行政机关工作人员的具体行政行为侵犯其合法权益，有权依照本法向人民法院提起诉讼。”第 41 条第 1 项规定，“原告是认为具体行政行为侵犯其合法权益的公民、法人或者其他组织”。据此当时一般认为，原告是指认为行政主体的具体行政行为侵犯其合法权益，向法院提起行政诉讼的公民、法人或者其他组织。

但是，如何理解《行政诉讼法》规定的“认为行政机关的具体行政行为

侵犯其合法权益”这一标准，在实践中存在不同意见。在司法实践中，有些地方错误地认为只有具体行政行为直接针对的相对人即具体行政行为法定文书中载明的人才具有原告资格。其实，行政相对人在理论上可以分为直接相对人和间接相对人。前者是具体行政行为法定文书中载明的人，后者则是具体行政行为法定文书中虽未载明，但其合法权益受到具体行政行为影响的人。这两者都符合 1989 年《行政诉讼法》规定的“认为行政主体的具体行政行为侵犯其合法权益”这一标准。为此，2000 年《执行解释》第 12 条规定：“与具体行政行为有法律上利害关系的公民、法人或者其他组织对该行为不服的，可以依法提起行政诉讼。”这一原告资格的规定借用了 1989 年《行政诉讼法》第 27 条关于“同提起诉讼的具体行政行为有法律上利害关系”的规定[①]。由此，2000 年《执行解释》明确了“同提起诉讼的具体行政行为有法律上利害关系”的公民、法人或者其他组织具有提起行政诉讼的权利。为了明确“与具体行政行为有法律上的利害关系”的具体情形，其第 13 条规定：“有下列情形之一的，公民、法人或者其他组织可以依法提起行政诉讼：（一）被诉的具体行政行为涉及其相邻权或者公平竞争权的；（二）与被诉的行政复议决定有法律上利害关系或者在复议程序中被追加为第三人的；（三）要求主管行政机关依法追究加害人法律责任的；（四）与撤销或者变更具体行政行为有法律上利害关系的。”

之后，2014 年修正的《行政诉讼法》对此进行了进一步的完善，其第 25 条第 1 款规定：“行政行为的相对人以及其他与行政行为有利害关系的公民、法人或者其他组织，有权提起诉讼。”2018 年《适用解释》第 12 条规定：“有下列情形之一的，属于行政诉讼法第二十五条第一款规定的‘与行政行为有利害关系’：（一）被诉的行政行为涉及其相邻权或者公平竞争权的；（二）在行政复议等行政程序中被追加为第三人的；（三）要求行政机关依法追究加害人法律责任的；（四）撤销或者变更行政行为涉及其合法权益的；

① 1989 年《行政诉讼法》第 27 条规定：“同提起诉讼的具体行政行为有利害关系的其他公民、法人或者其他组织，可以作为第三人申请参加诉讼，或者由人民法院通知参加诉讼。”

（五）为维护自身合法权益向行政机关投诉，具有处理投诉职责的行政机关作出或者未作出处理的;（六）其他与行政行为有利害关系的情形。”

从修改前后的《行政诉讼法》和相关司法解释规定来看，行政诉讼的原告资格要件有两方面：一方面，起诉人必须是行政行为的相对人或者其他与行政行为有利害关系的公民、法人或者其他组织。由于2000年《执行解释》和2018年《适用解释》第1条将可诉的行政行为界定为对相对人权利义务产生实际影响的行为，所以，“行政行为的相对人或者其他与行政行为有利害关系的公民、法人或者其他组织”相应地应当理解为“行政机关的行政行为对公民、法人和其他组织的权利义务已经或将会产生实际影响”。要理解这一点必须注意，所谓的实际影响指的是行政主体作出的行政行为实际上处分了行政相对人的权利义务。处分行政相对人的权利义务分为直接处分和间接处分。前者是指行政行为直接处分相对人的权利义务，或者说，增加相对人的义务、剥夺相对人的权利或变更相对人的权利义务；后者则是指行政行为虽然并未直接增加相对人的义务、剥夺相对人的权利或变更相对人的权利义务，但其存在会给其他行为的作出提供具有法律意义的依据，或者将某一方当事人置于不利的地位。间接处分除包括对相对人权利义务确认外，还包括导致相对人权利义务的弱化。所谓弱化，并不在权利义务发生、变更、消灭或确认之中，它仅仅是对当事人现有的法律地位或权利义务的削弱而已。因此，处分行政相对人的权利义务，亦即引起行政相对人的权利义务发生、变更、消灭、确认以及弱化等。同时，这种实际影响的利害关系，包括不利的关系和有利的关系，但必须是一种已经或者必将形成的关系。因此，只要行政行为对公民、法人和其他组织的权利义务产生实际影响，公民、法人和其他组织便可以对其提起行政诉讼。

我国《行政诉讼法》的宗旨定位是以救济公民的权利为主，以监督和保障行政机关依法行政为辅，通过救济当事人的权利，来保障行政机关依法行政。因此，在原告资格上，还是应当以利害关系作为基点，但是又不能过分拘泥于“利害关系”。为了全面实现《行政诉讼法》的宗旨，既要坚持“利害关系”原则，又要对利害关系从宽解释。只要某个公民、组织能够证明其与被诉行政行为具有别人所不具有的利害关系，或具有某种特殊利益，那么，就应当认为其与行政行为具有利害关系。[①]

在司法实践中，有时不具有利害关系的是以不具有原告资格为由裁定驳回起诉，还是以不享有相应的权益为由判决驳回诉讼请求，并不是很清晰。黄某诉内蒙古自治区包头市东河区人民政府（以下简称东河区政府）、白某成房屋征收补偿协议一案，经审理查明，1999 年 5 月 22 日，黄某与白某成签订房屋买卖协议，黄某将涉案房屋出售给白某成。黄某将涉案房屋及《房屋所有权证》交付给白某成，白某成支付黄某房屋价款 25000 元，并对涉案房屋实际进行占有、使用。2013 年 9 月 28 日，白某成与东河区住房保障和房屋管理局签订《包头市北梁棚户区房屋征收住房保障安置协议》《包头市北梁棚户区房屋征收货币补偿协议》。另，黄某诉白某成房屋买卖合同纠纷一案，包头市东河区人民法院（2014）包东民初字第 1689 号民事判决书和包头市中级人民法院（2015）包民一终字第 69 号民事判决书认定买卖合同有效，并驳回黄某的诉讼请求。二审法院认为，黄某将涉案房屋出售给白某成，双方虽未办理房屋所有权过户手续，但黄某已将房屋及《房屋所有权证》交付给白某成，白某成已经支付全部价款并实际占有、使用涉案房屋，且人民法院生效民事判决已经认定双方签订的房屋买卖协议合法有效并驳回黄某的诉讼请求，故黄某与被诉房屋征收补偿协议已无利害关系，其起诉不符合《行政诉讼法》第 49 条第 1 项规定的起诉条件。原审裁定认定事实清楚，适用法律正确，程序合法，应予维持。故裁定驳回上诉，维持原裁定。[②]此为以无利害关系为由裁定驳回起诉，相反地，也有判决驳回诉讼请求的。

例如，《上海市国有土地上房屋征收与补偿实施细则》第 23 条规定："房屋征收补偿协议应当由房屋征收部门与被征收人、公有房屋承租人签订。被征收人、公有房屋承租人以征收决定作出之日合法有效的房地产权证、租用公房凭证、公有非居住房屋租赁合同计户，按户进行补偿。被征收人以房地

---

① 江必新著：《中国行政诉讼制度之发展——行政诉讼司法解释解读》，金城出版社 2001 年版，第 156—157 页。

② 内蒙古自治区高级人民法院（2016）内行终 46 号行政裁定书。

产权证所载明的所有人为准，公有房屋承租人以租用公房凭证、公有非居住房屋租赁合同所载明的承租人为准。”原审第三人王某俊于 2002 年 12 月 11 日办理了被征收房屋的公房租赁手续，其作为公房承租人具有签约资格，房屋征收部门杨浦房管局与其签订的被诉房屋征收补偿协议，系当事人真实意思表示，协议内容符合有关征收法律法规的规定，合法有效，且协议业已履行。上诉人郭某生与王某俊妻子徐某娟于 2002 年已签订转让被征收房屋的售房协议，徐某娟依约支付了部分购房款 62000 元，上诉人将房屋腾空后交徐某娟户使用。征收时，王某俊、徐某娟户实际居住、使用被征收房屋，上诉人户籍虽未按约迁出被征收房屋，但两人并不居住在房屋内，且对该房屋不享有相应的征收补偿权益。上诉人要求确认系争协议无效并支付其征收补偿安置款 50 万元的诉讼请求，缺乏事实证据和法律依据，二审法院不予支持。①

另一方面，原告必须是具有法律上独立人格的公民、法人或者其他组织。从法律上看，只有具有法律上独立人格的公民、法人或者其他组织才能承担最后的诉讼后果。所以，行政诉讼的当事人原则上要具有法律上的独立人格。在司法实践中，具有法律上独立人格的法人或者其他组织作为原告资格的行政诉讼大量存在，但是这些公民、法人或者其他组织由于种种原因，并不依法提起行政诉讼，从而导致行政相对人的合法权益无法保障，也达不到监督行政机关依法行政的目的，这时是否亦允许其内部的组织或个人代表法人或者其他组织提起行政诉讼一直是悬而未决的问题。为此，2000 年《执行解释》第 17 条规定，非国有企业被行政机关注销、撤销、合并、强令兼并、出售、分立或者改变企业隶属关系的，该企业或者其法定代表人可以提起诉讼。第 18 条规定，股份制企业的股东大会、股东代表大会、董事会等认为行政机关作出的具体行政行为侵犯企业经营自主权的，可以企业名义提起诉讼。上述两条是针对特定的企业法人在特殊情况下无法提起行政诉讼时，允许法定代表人或股东大会、股东代表大会、董事会等以自己或企业名义提起

① 上海市第二中级人民法院（2015）沪二中行终字第 521 号行政判决书。

行政诉讼的规定。[①] 由此。开启了行政诉讼在企业法人原告资格上除法定代表人外，企业内部的组织或个人也可以以企业名义提起行政诉讼的时代。也就是说，企业法人作为行政诉讼的原告，有权向人民法院提起行政诉讼，但由于特殊原因，法定代表人没有提起行政诉讼，而股东大会、股东代表大会、董事会等作为起诉人依法可以以企业名义提起行政诉讼。比如，上诉人胡某柱因诉泰顺县罗阳镇人民政府土地行政合同一案，温州市中级人民院二审认为：上诉人确认其既不属于《征地协议书》所涉被征土地的使用权人，也不是实际使用人，根据《最高人民法院关于审理涉及农村集体土地行政案件若干问题的规定》第4条的规定，其不具备以自己名义提起本案诉讼的主体资格。即使上诉人所称的村规民约属实，其可以据此取得相关权益，但该权益的实质在于上诉人所享有的集体组织成员分配权。根据《最高人民法院关于审理涉及农村集体土地行政案件若干问题的规定》第3条第1款的规定，村委会或农村集体经济组织对涉及农村集体土地的行政行为不起诉的，过半数的村民可以以集体经济组织名义提起诉讼。上诉人虽属于川山洋集体组织成员，但其提起本案诉讼并不符合上述规定。综上，上诉人认为其与被诉征地协议具有利害关系，于法无据，原审裁定驳回起诉正确，该院予以维持。故裁定驳回上诉，维持原裁定。[②]

行政协议案件是一种完全新型的行政案件。一般而言，作为行政协议签订一方的非行政主体，应与该协议争议具有“利害关系”从而具有适格原告资格的争议不大，问题在于，非合同当事人提起的协议之诉。如村集体经济组织（村民委员会）与有关行政主体签订的土地征收补偿协议，其他村民或者土地使用权人，能否起诉；集体土地房屋拆迁补偿中以户主名义签订的房屋拆迁补偿安置协议，户内其他成员或者该房屋的所有权（使用权等）主张人，能否起诉；国有土地上房屋征收补偿协议，房屋承租人能否起诉；行政协议确定当事人将协议权利转让的，该债权受让人能否起诉。同时，《行政

① 2018年《适用解释》有关规定也基本保留上述规定。

② 浙江省温州市中级人民院（2015）浙温行终字第433号行政裁定书。

诉讼法》的规定中，“行政行为”“合法权益”“直接利害关系”等概念的理解有了诸多变化和发展。在这种情况下，各地法院的法官做法不一，从而导致法制的严重不统一。因此，制定发布相应的司法解释，为各级法院提供统一的依据和准则显然是非常必要的。这次行政协议司法解释对原告资格规定的指导思想是，结合行政协议的特性，在原告资格上不附加任何法律规定之外的条件，以保障诉权的正当行使。

行政协议的原告主体资格问题，经常会遇到非行政合同当事人提起诉讼的情形，这就产生了一个疑问，非合同当事人是否具有起诉资格？一种观点认为，与行政合同有利害关系的公民、法人或者其他组织应具有原告资格，否则与行政合同有利害关系的公民、法人或者其他组织的合法权益受到侵害将无法救济；另一种观点认为，基于合同的相对性，与行政合同有法律上利害关系的公民、法人或者其他组织不是行政合同的一方当事人，不具有行政合同上的请求权，既然其无实体权利，当然也就不享有程序上的权利。

行政协议司法解释第5条规定：“下列与行政协议有利害关系的公民、法人或者其他组织提起行政诉讼的，人民法院应当依法受理：（一）参与招标、拍卖、挂牌等竞争性活动，认为行政机关应当依法与其订立行政协议但行政机关拒绝订立，或者认为行政机关与他人订立行政协议损害其合法权益的公民、法人或者其他组织；（二）认为征收征用补偿协议损害其合法权益的被征收征用土地、房屋等不动产的用益物权人、公房承租人；（三）其他认为行政协议的订立、履行、变更、终止等行为损害其合法权益的公民、法人或者其他组织。”该条是关于协议外第三人的原告资格的规定。行政协议司法解释实际上采用了上述第一种意见，理由如下。

1.《行政诉讼法》第25条规定，“行政行为的相对人以及其他与行政行为有利害关系的公民、法人或者其他组织，有权提起诉讼”。行政协议虽不同于一般的行政行为，但该条的立法精神是完全适用于行政协议的。因为在实践中，很多与行政协议有利害关系的当事人，其并非协议一方主体，如果不赋予其原告资格，其合法权益很难得到保障，这在民事诉讼和行政诉讼中基本都能得到共识。例如，在行政协议履行过程中，相邻权人的合法权益受到侵害，如果仅以其不是协议当事人就否认其原告资格，而协议双方又不提起诉讼，则第三人的权益无法通过诉讼获得救济，还有行政协议双方恶意串通损害第三人利益的情形更是如此。所以，不论是行政协议一方当事人，还是相邻权人、竞争权人等其他利害关系人，只要主张自己受法律保护的权益与该行政协议有内在联系，均可作为行政协议诉讼的原告。但这个联系是有条件的，即必须有《行政诉讼法》上规定的利害关系才可以提起诉讼，否则人民法院不予受理或驳回起诉。例如，某采矿权出让合同纠纷案中，原告李某早在 1999 年已将争议的采矿权经审批转让给案外人张某，后张某再行转让，几易其手，最后转到谭某手中，现谭某与国土资源部门签订了采矿权出让合同，李某后悔，以其转让给张某的采矿权价款一直没有到位为由，要求撤销该出让合同，法院经审查后认为，原告李某已经自愿将采矿权转让，与该行政合同已没有法律上的利害关系，故依法驳回原告的起诉，并告知其与张某的转让纠纷可另案起诉解决。

2. 行政协议涉及国家利益和社会公共利益，往往涉及行政管理和公共服务目标的实现。因此，在行政协议订立过程中，需要遵循“公开、公平、公正”的行政法原则，行政协议的签订和履行不仅涉及协议当事人的权利义务，也涉及协议当事人之外的利害关系人的权利义务。

3. 行政协议可分离行为之诉不能形成有效的救济。目前，对如何解决行政协议引发的争议，有两个思路可供选择。一是将行政协议作为整体来处理，二是将行政合同一分为二，涉及行政权的，如变更、废止或者解除合同行为，交由行政诉讼途径解决，[①]除此之外，由民事途径解决。目前实践中基

---

① 《最高人民法院关于土地管理部门出让国有土地使用权之前的拍卖行为以及与之相关的拍卖公告等行为性质的答复》(〔2009〕行他字第 55 号）指出，土地管理部门出让国有土地使用权之前的拍卖行为以及与之相关的拍卖公告等行为属于行政行为，当事人不服提起行政诉讼的，人民法院应当依法受理。《最高人民法院行政审判庭关于拍卖出让国有建设用地使用权的土地行政主管部门与竞得人签署成交确认书行为的性质问题请示的答复》(〔2010〕行他字第 191 号）指出，土地行政主管部门通过拍卖出让国有建设用地使用权，与竞得人签署成交确认书的行为，属于具体行政行为。当事人不服提起行政诉讼的，人民法院应当依法受理。

本采用了第二种思路，如在拆迁补偿争议的案件中，民事庭只审理“纯粹”拆迁补偿争议，如果当事人对拆迁决定等行政行为也不服，该案件就由行政庭审理。分开审理的弊端是一个案件分由两个法院内部不同部门审理，徒增成本。《政府采购法》第 52 条规定，供应商认为采购文件、采购过程和中标、成交结果使自己的权益受到损害的，可以书面形式向采购人提出质疑。供应商对采购人的答复不满意的，可以向同级政府采购监督管理部门投诉，对投诉处理决定不服的，可以依法申请行政复议或者提起行政诉讼。即使按照上述规定，供应商也无法对采购合同直接进行挑战，提起行政诉讼，其救济成效大打折扣。如果将采购合同作为行政协议，作为一类行政争议处理，理论上可行，国外也有成功经验。

4. 国外逐渐放宽合同第三人提起的诉讼。为了更好地平衡行政合同的合法性和合同关系的安定性，法国行政法院逐步放开了合同第三人的原告资格限制:（1）2007 年之前，禁止合同第三人直接针对行政合同的本身效力提起诉讼，只能依据 1905 年的“马尔丹”判例所确认的“合同可分离行为之诉”去争议与行政合同可分离的高权行为的合法性，从而间接争议作为此种可分离行为之结果的合同的有效性。（2）法国最高行政法院通过 2007 年的“托皮克工程信号设备公司”判例确认参与行政合同之竞争性签订程序但落选的竞争者以及其他与涉案合同之签订存在利害关系的潜在竞争者可以针对行政合同提起效力之诉。关于第三人可否就行政合同提起确认之诉的问题，按照德国法的传统，第三人只有在其主观公权力受到侵害后才可以起诉。但是，由于欧盟法指令要求保护公共利益，现在已有特别规定，赋予公共利益保护组织或者特定机构可以就公共利益保护提起诉讼。

基于上述考虑，行政协议司法解释第 5 条规定了利害关系人的原告资格包括三种情形，除第三项是兜底条款外，有以下两种情形。

一是参与招标、拍卖、挂牌等竞争性活动，认为行政机关应当依法与其订立行政协议但行政机关拒绝订立，或者认为行政机关与他人订立行政协议损害其合法权益的公民、法人或者其他组织。

1. 竞争权人的原告资格。随着现代民主政治的发展，人们期望行政民主化、非权力化。而在传统的行政法中，行政机关与相对人的关系往往是纯粹的强制与服从的关系，并无平等可言。但在行政协议中，平等原则必须成为一个基本准则，尤其是行政协议司法救济的诉权更需要遵循平等的原则。[①]例如，在一招投标合同中，行政机关违反公平竞争的原则，故意将不符合中标条件的参与人定为中标人，其他投标人有权根据诉权平等原则提起诉讼，要求行政机关履行公平竞争的承诺，并作出答复。例如，某交通局与个体汽车运输公司就某营运线路签订了特许经营合同，约定只有该个体运输公司有权利在此线路上经营运输业务，同时约定了双方的权利义务。之后，另一家运输公司申请经营该线路的许可，没有得到审批，该公司认为，根据《行政诉讼法》和《适用解释》第 12 条第 1 项的规定："有下列情形之一的，属于行政诉讼法第二十五条第一款规定的'与行政行为有利害关系'：（一）被诉的行政行为涉及其相邻权或者公平竞争权的。"据此，公平竞争权人具有行政诉讼原告资格。竞争权人有权获得公平的签约权利。如果行政机关违反公平竞争的原则、规则，与他人签订协议、损害其合法权益，公平竞争权人有权提起行政诉讼。审理中，法院要求被告说明不予审批的理由，被告的答辩意见就是已经与个体运输公司签订了独家经营的合同，法院认为该理由不合理，遂判决交通局败诉。

2. 认为行政机关与他人订立行政协议损害其合法权益的公民、法人或者其他组织。如公共服务用户，法国最高行政法院在 1906 年通过判例肯定了公共服务之用户有权要求行政机关对于合同相对人之不当履行行为采取措施，对于拒绝采取措施的决定，用户有权对此提起行政诉讼。该种救济途径背后的关键点在于"合同中关于公共服务的条款带有抽象行政行为的性质，违反这些条款就会对公共服务造成伤害，因此所有相关人都有权要求制裁此种违反行为"。

二是用益物权人和公房承租人的原告资格。依据《民法典》第 327 条的

---

① 从 2002 年开始，平等原则已适用于法国行政合同审判。参见王明宇：《论行政合同可诉性》，载《天府新论》2008 年 12 月。

规定，因不动产或者动产被征收、征用致使用益物权消灭或者影响用益物权行使的，用益物权人有权依照该法第243条、第245条的规定获得相应补偿。可见，在征收征用补偿协议案件中，用益物权人有权依法获得行政诉讼救济。同时，该规定没有规定担保物权人的原告资格，主要考虑是担保物权人的相关权益可以获得法定途径的保障，如抵押权人等担保物权人可以依据《民法典》物权编的相关规定获得民事诉讼救济。而公房承租人作为特定历史条件的主体，具有准所有权人的地位，应该为行政诉讼原告。对于公房承租人的原告资格，是行政审判实践的共识和通常做法。例如，刘某英诉兰州市西固区房屋征收管理办公室、核工业甘肃矿冶局房屋征收补偿一案[①]，二审法院认为，《兰州市国有土地上房屋征收与补偿实施办法》第37条第1款规定:“征收租赁国有直管房屋，房屋征收部门应先行与被征收人签订征收补偿协议，再按承租人选择的补偿方式分别对被征收人和承租人进行补偿。”第4款规定:“征收租赁其他国有产权的房屋，参照上述款项规定进行补偿安置。”根据上述规定，刘某英作为公房的承租人，在其所租住的公房被征收时，可以要求获得补偿，故应当享有相应的诉权。

三是其他认为行政协议的订立、履行、变更、终止等行为损害其合法权益的公民、法人或者其他组织。

1. 权利的受让者或者继受人。比如，某银行在与土地主管行政部门签订《国有建设用地使用权出让合同》后，某公司通过土地转让从该行获得土地使用权并办理产权登记。法院生效裁判认为:关于被上诉人提起行政诉讼是否具有原告诉讼主体资格的问题，本案中交通银行股份有限公司青岛分行在与上诉人签订《国有建设用地使用权出让合同》后，被上诉人通过土地转让从交通银行股份有限公司青岛分行获得土地使用权并办理产权登记。因在开发建设过程中认为建筑容积率记载错误导致无法续建，从而向法院请求判令对《国有建设用地使用权出让合同》中的建筑容积率进行更正，人民法院经审查认为该公司与该案具有利害关系，具有原告诉讼主体资格。

---

① 兰州铁路运输中级法院（2016）甘71行终143号行政裁定书。

2. 公有住房的共同居住人。陆某等 5 人诉上海市虹口区住房保障和房屋管理局房屋征收补偿协议一案，人民法院认为，公有住房的承租人，对被征收房屋的安置补偿享有与征收部门协商并签订协议的权利，因此签约主体适格。而补偿协议所获得的安置房屋及货币由公有住房的承租人与共同居住人共有，因此共同居住人作为与涉案房屋征收补偿协议有利害关系的当事人，具备对该协议提起行政诉讼的原告资格。

对于行政协议外第三人的原告主体资格，有人提出，这一内容突破了《行政诉讼法》规定的诉讼请求范围，降低了起诉门槛，可能在实践中引发滥诉。对此我们认为，行政协议与民事合同的重大不同就体现在行政协议所具有的“公开、公平、公正”原则，且有利害关系人的限制，不会引发滥诉。但是，也要注意严格掌握利害关系标准，防止合同关系之安定性免受不必要的挑战。法国 2014 年的一判例将合同第三人的范围扩展至所有的第三人，可以直接争议行政合同的效力问题。该案虽然允许所有的合同第三人提起行政合同的效力之诉，但是为了合同关系之安定性免受不必要的挑战，又作了如下安排：一是若普通的合同第三人提起行政合同的效力之诉，必须以其合法权益受到侵害为前提。二是若具有特殊身份的合同第三人，比如地方省长、地方议员或者国家派驻的地方专员等公职人员，因为其争议合同效力是为了维护地区的公共利益，故主张的违法事由不受上述限制。从 2007 年判例允许落选竞争者直接争议公共合同有效性到 2014 年判例赋予所有合同第三人行使上述权利，以及 2010 年两个有关合同履行判例，可以发现法国行政法官运用司法权力，努力在维护合同合法性、维护合同承诺安定性、保护法律权利之间寻求平衡，实现公共利益最大化。

此问题实际上是涉及诉的利益。一般认为，诉的利益是指当事人起诉应当具有的人民法院对其诉讼请求进行判决的必要性及实效性。它关注的重点是人民法院有无必要、是否能够通过判决解决当事人之间的纠纷。存在更为有效便捷救济方式的情况下，当事人提起的行政诉讼有舍近求远之嫌，不具有保护其权利的必要性及实效性，缺乏诉的利益，且当事人的起诉也不利于纠纷的及时解决，易于形成当事人的诉累，且造成有限司法资源的浪费。关于诉的利益问题，以前司法实践不是特别要求，但是这几年由于行政诉讼案件越来越多，滥诉的情形越来越多之后，慢慢开始强调诉讼利益是否值得保护。这一定程度上是对原告主体资格进行限制。也就是行政诉讼原告主体资格出现了一种趋势，案件越来越多之后，就会对原告主体资格作出限制。在世界范围内，这也是一个趋势或者规律：民事和行政案件越来越多之后，就会越来越强调在原告主体资格上进行限制，案子越来越少之后会有所放宽，尤其是在一些行政案件受理后完全只是程序空转的情况下。我们认为，协议第三人提起行政协议之诉，必须以其合法权益受到侵害为前提，判断是否具有诉的利益，有以下两个方面需要重点考虑，一方面看是否浪费司法资源，另一方面看当事人权利是否另有保护。在判断当事人权利另有保护上要注意以下方面：第一，如果行政诉讼裁定驳回起诉，当事人是否可以根据其他途径寻求救济，当然实践中很多所谓的救济途径实际上是不可行的，这点尤为值得留意。第二，也有可能法律规定了行政诉讼等多种救济途径，但需要考虑法律这样规定的原因是不是让当事人可以选择所有的救济途径，而不是排斥行政诉讼这一救济途径。

第十一章

行政协议案件的审理

行政协议既有行政性又有协议性，决定了人民法院对行政协议案件的审理，既要全面管辖又要区分处理；既有客观诉讼又有主观诉讼；既有传统的行为之诉又有新型的关系之诉。那么，行政协议诉讼在举证责任、审查规则、法律适用方面具有双举证、双审查及双适法等特征，这与一般行政诉讼案件形成鲜明对比。

第一节　行政协议案件的举证责任

行政协议既有行政性又有协议性，决定了行政协议案件的举证责任，既要求行政诉讼的被告对行政协议行政性内容的合法性问题负举证责任，又要求当事人对协议性问题遵守民事诉讼的“谁主张，谁举证”原则，由此构成了独特的行政协议案件的双举证制度，大大拓宽了行政诉讼的举证责任制度。

一、行政协议案件的双举证规则

举证责任是诉讼当事人对自己提出的诉讼主张有提交证据加以证实的一种法定责任，当事人如不履行，就有可能承担不利的法律后果。在行政协议案件的审理中举证责任如何分配，也就是谁来承担举证责任？是由被告负举证责任，还是由原告方承担，一直有不同意见。一种意见认为，对行政机关职权行为的合法性，包括合同签订、履行及解除的合法性问题和行政机关实施强制措施及行政处罚的合法性问题，由行政机关承担举证责任；在确定行政合同违约责任及其赔偿或补偿方面，或行政主体与合同相对人平等行使处分权利的合同行为，实行“谁主张，谁举证”的原则。[①]另一种意见认为，以“谁主张，谁举证”为原则，以行政机关行使契约主导性权利时负主要举证责任为例外。[②]上述两种观点均认为原、被告都要承担一定的举证责任，不同的是举证事项和范围的大小。

我们认为，行政协议是行政性和协议性相结合的一种新型行政管理和公共服务手段，其双重性在行政协议的不同阶段或者不同事项的表现是不同的。一方面，从阶段上看，虽然总体上看行政协议的行政性和契约性应同等对待，不过在行政诉讼的不同阶段中各有侧重。在行政协议案件受理阶段，主要看协议是否具有行政性，具有行政性的属于行政诉讼受案范围，没有行政性的属于民事诉讼受案范围；在审理阶段，行政协议进入实体审查后要注意行政协议的协议性，采用与传统单方行政行为行政诉讼不同的诉讼制度，包括特殊的举证责任规则。既要坚持被告对相关职权行为合法性负举证责任，又要考虑行政协议的协议性，在一定程度上适用“谁主张，谁举证”，如《最高人民法院关于适用〈中华人民共和国民事诉讼法〉的解释》第90条规定，当事人对自己提出的诉讼请求所依据的事实或者反驳对方诉讼请求所依据的事实，应当提供证据加以证明，但法律另有规定的除外。在作出判决前，当事人未能提供证据或者证据不足以证明其事实主张的，由负有举证证明责任的当事人承担不利的后果。

另一方面，从不同事项看，行政协议的审查原则是合法性、有效性及合约性审查。原则上合法性事项由行政机关负主要举证责任，如行政主体缔约权的合法性、优益权的合法性、程序的合法性；合约性事项实行“谁主张，谁举证”的原则，如各方当事人就对方是否适当、如实、如期地履行了

① 涂师铭、郭海龙：《行政合同争议的司法救济途径》，载《法制与经济》2007年第10期。

② 余凌云著：《行政契约论》，中国人民大学出版社2006年版，第128页。

合同义务各自负有举证责任；有效性事项主要是是否存在无效情形，而无效本身是严重明显违法问题，属于合法性问题，包括合同是否违反法律强制性规定，是否损害国家、集体或个人利益，合同的形式要件是否完备，合同的主要条款是否齐全，是否显失公平，是否存在霸王条款等，但由于涉及行政机关和行政相对人达成合意的合法性问题，应由行政机关和行政相对人共同负举证责任。因此，行政协议司法解释对此予以了明确。行政协议司法解释第 10 条规定，被告对于自己具有法定职权、履行法定程序、履行相应法定职责以及订立、履行、变更、解除行政协议等行为的合法性承担举证责任。原告主张撤销、解除行政协议的，对撤销、解除行政协议的事由承担举证责任。对行政协议是否履行发生争议的，由负有履行义务的当事人承担举证责任。由此构建了行政协议诉讼双举证责任制度，开启了行政诉讼举证责任新篇章。

二、合法性问题的举证责任

《最高人民法院关于适用〈中华人民共和国民事诉讼法〉的解释》第 91 条规定，主张法律关系存在的当事人，应当对产生该法律关系的基本事实承担举证证明责任。但是，鉴于行政协议的行政性，签订与履行等属于行政机关行使职权的范畴，关于行使职权等内容，仍然应该遵循《行政诉讼法》的规定，由行政机关承担举证责任，包括签订行政协议的职权、履行相关法定程序、履行相关法定职责、作出缔结、履行、变更或者解除行政协议的行政决定等，应当由行政机关对这些行政行为的合法性承担举证责任。故此，行政协议司法解释规定，被告对于自己具有法定职权、履行法定程序、履行相应法定职责以及订立、履行、变更、解除行政协议等行为的合法性承担举证责任。行政机关应就如下问题承担举证责任。

第一，行政机关需要对缔约权的合法性负举证责任。包括自身是否具备相应的缔约资格；是否有签订行政合同的法律依据；不违反禁止性规定的依据；是否超越法定职权范围。例如，在一土地出让合同案件中，某乡土地所与某开发公司签订土地出让合同，约定将本乡辖区的部分土地出让给开发公司，并收取相应的土地出让金。当地村民认为土地所签约出让土地的行为违法，并诉至法院。法院经审理后查明，乡土地所不能提供其签订此项合同的权限依据和证据，也没有经过上级部门的委托，因此法院认定其签订土地出让合同的行为超越职权。

第二，行政机关需要就选择相对人的合法性提供证明。如选择合同相对人的考虑因素，包括被选择人是否具备履行合同的资质和能力；与其他竞争者的比较优势；完成同等业务的业绩或可能性。例如，在一公益设施建筑承包合同案件中，有多家公司参与竞争，但最终只有一家被选中获得该工程项目，而实际上该公司属挂靠的公司，自身并不具备相应的施工资质。对此，其他公司产生合理怀疑，向法院提起诉讼，要求确认行政机关与该公司签订的合同无效。在诉讼中，法院应当要求被告就选择该公司说明理由，并就其合理性提供证明。

第三，行政机关对行使行政优益权的合法性负举证责任。行政机关在行政协议的履行过程中享有优益权，在必要时可以行使。但这种优益权行使的合法性要受到司法监督。如此情形下，行政协议要对其合法性承担举证责任，这也是传统的行政诉讼举证规则。如对其单方面行使变更、撤销、终止、解除等优益权的行为是否合法承担举证责任，包括解除或变更合同的理由是否合法、制裁处罚是否有法律依据，事实是否清楚，证据是否确凿承担举证责任等。例如，某区政府与某建筑公司签订土地出让合同，将距离城区 5 公里 70 亩土地出让给某公司进行商业开发，公司正要进行动工建设时被叫停，并通知撤销该出让合同，因为区政府应省里的要求，要在这宗土地上建一家公立性传染病医院。公司对此不服，提起行政诉讼，行政机关在诉讼中就要承担撤销上述合同的合法性的举证责任，如筹建传染病医院的有关文件证据。又如，唐某国诉贵州省关岭布依族苗族自治县人民政府《关于对被征收人唐仕国房屋征收补偿协议变更的行政决定书》一案，最高人民法院（2018）最高法行申 8980 号行政裁定书认为，《国有土地上房屋征收与补偿条例》第 34 条规定："房地产价格评估机构或者房地产估价师出具虚假或者有重大差错的评估报告……造成损失的，依法承担赔偿责任……" 本案关岭县政府提交的黔峰源公司出具的《情况说明》载明，系因该公司提交的调查附表存在工作失误，导致经营面积确认错误，此《情况说明》如属实，也应当在案涉协议双方协商变更不成的情况下，依据上述规定由黔峰源公司承担责任，而不存在损害国家利益和社会公共利益的情形。进一步说，关岭县政府主张“经营性用房”面积认定错误，尚需提供更加充分的证据予以证明。本案关岭县政府仅在案涉协议履行完毕后提交与本案有一定利害关系的黔峰源公司出具的《房屋面积测绘报告》与《情况说明》及其他分户报告等，并不足以证明本案“经营性用房”面积认定错误，更不能以此径行作出单方变更协议决定。故关岭县政府关于二审法院对本案涉诉经营性用房的认定错误的申请再审理由不能成立，法院不予支持。故关岭县政府作出的《行政决定书》对经营性用房的认定，事实不清，主要证据不足，缺乏法律依据，应予撤销。

第四，行政机关对协议程序的合法性负举证责任。一是行政机关要对自身是否遵守缔约程序承担举证责任，如是否尽到了必要的告知义务、公开义务、是否保证所有竞争者的公平竞争权、是否保证参与者都获得了平等的对待；二是行政机关要对优益权运作程序是否合法承担举证责任；三是在行政机关行使解除权时，要证明是否尽到了必要的通知义务、是否给予必要的准备期限、解除的程序是否合法；四是制裁过程中，行政机关要对是否先行调取了相关证据、是否给予被处罚人申诉或听证的机会、处罚后是否送达法律文书、是否告知诉权等承担举证责任。[①]

在实践中，需要特别注意的是，行政协议合法性事项和有效性事项举证责任的关系问题。行政协议司法解释第 10 条规定，被告对于自己具有法定职权、履行法定程序、履行相应法定职责以及订立、履行、变更、解除行政协议等行为的合法性承担举证责任。但是，对于行政协议有效性事项未进行规定（下文将进行论述，一般还是奉行“谁主张，谁举证”原则）。正如第六章“行政协议有效与无效”中指出的，行政协议有效性事项包括行政协议

① 此归纳可以参见王旭军：《行政合同司法审查》，法律出版社 2013 年版，第 19—26 页。各种书籍和论文多数内容大同小异。本文按照行政协议司法解释的规定及精神增加了一些情形。凡是与订立、履行、变更、解除行政协议等行为的合法性有关事项，被告均依法承担举证责任。

的有效和无效，而行政协议是否有效的要件很多是法定要件（如有权机关的批准和第三人的同意等），行政协议的无效更是属于重大且明显违法或者违反法律强制性规定，上述事项涉及行政机关职权行为违法，原则上由行政机关负举证责任（其中行政相对人也有举证义务），其他事项（如附条件和附期限生效的行政协议）也要适用“谁主张，谁举证”原则。也就是，行政协议合法性事项和有效性事项在举证责任上有些是重叠的，鉴于行政协议行政性优先性原则，重叠部分必须遵循由被告负举证责任的行政诉讼合法性举证原则。

三、契约性问题的举证责任

（一）主张撤销、解除行政协议事由的举证责任

《最高人民法院关于适用〈中华人民共和国民事诉讼法〉的解释》第 91 条规定，主张法律关系变更、消灭或者权利受到妨害的当事人，应当对该法律关系变更、消灭或者权利受到妨害的基本事实承担举证证明责任。行政相对人作为原告，对自己的主张负有举证责任，如果行政相对人主张撤销、解除行政协议，应当对其主张承担举证责任。故行政协议司法解释第 10 条规定，原告主张撤销、解除行政协议的，对撤销、解除行政协议的事由承担举证责任。从行政协议的基本要求来说，行政协议必须是自愿真实且意思表示一致，不论从协议的签订还是合同内容本身，包括是否存在重大误解、是否存在欺诈或胁迫，否则都会影响到合同的效力，而主张该事由的一方应当承担举证责任。例如，某区政府与某开发商签订公益性工程合同，约定由开发商投资，政府出让土地，并给予其一定的优惠政策。在合同的履行过程中，政府发现该公司只是一家皮包公司，根本没有能力完成这一项目，其与政府签订该合同的目的只是想将该工程再行转包而渔利，故政府在调取了充足的证据后，以开发公司签订合同存在欺诈且根本没有履约能力为由撤销了该合同。开发公司提起违约之诉，人民法院要求政府对撤销该合同的事由进行举证，政府依法举证后才可以获得法院的支持。当然，主张撤销、解除事由的

一方应当承担举证责任，并不意味着另一方就没有举证的权利义务。从合同的意思表示和胜诉的角度讲，各方都应举证加以说明，力争有利的诉讼地位和结果。

（二）合约性问题的举证责任

《最高人民法院关于适用〈中华人民共和国民事诉讼法〉的解释》第91条规定，主张法律关系变更、消灭或者权利受到妨害的当事人，应当对该法律关系变更、消灭或者权利受到妨害的基本事实承担举证证明责任。在民事诉讼中对协议是否履行，应由负有协议履行义务的一方承担举证责任。行政协议司法解释鉴于行政协议的合意性借鉴上述规定作出了同样的规定：对行政协议是否履行发生争议的，由负有履行义务的当事人承担举证责任。行政协议是否履行发生的争议，是指一方当事人主张协议尚未履行，要求对方当事人履行协议上的义务，对方则抗辩说协议义务已经履行，或者认为协议已不具有履行效力。如果用法律要件分类说来分析的话，这个问题的实质是债权人的请求履行权是否消灭。依法律要件分类说，就他人所主张的合同权利，认为有消灭权利的事实的，由主张消灭事实的人负责证明。因此，主张他人的合同履行请求权已归于消灭的一方应就消灭他人权利的事实负举证责任。

根据《民法典》第557条的规定，合同权利的消灭有绝对消灭和合同履行效力的消灭两种。其中，绝对消灭的法律事实一般有清偿、抵销、提存、免除和混同，合同履行效力的消灭的法律事实则有解除合同、履行期届至等。（1）债务已经按照约定履行，即清偿。合同当事人按照合同的约定的时间、地点和方式完全履行了自己的义务，权利人实现了自己的全部合同权利，合同的债权债务才能整体地归于消灭。（2）债务相互抵销。二人互负债务时，各以其债权充当债务之清偿，而使其债务与对方的债务在对等额内相互消灭。抵销既消灭了当事人互负的合同债务，也消灭了当事人互享的合同债权，所以抵销是合同权利义务终止的原因。（3）债务人依法将标的物提存。在某些不可归责于债务人的情形下，会出现债务履行受阻的现象。如债权人无正当理由而拒绝受领，债权人受领不能，债务人不能确知何人为债权人，或者债权人去向不明等。在上述情况下，债务人将该标的物交给提存部门保存，即可消灭合同权利义务。（4）债权人免除债务。债权人抛弃债权，从而消灭合同关系，债务人得以免除其清偿义务，所以免除是使合同的权利义务绝对终止的一种方法。（5）债权债务同归于一人，即混同。债的关系须有债权人和债务人同时存在时方能成立，当债权人和债务人合为一人时，债权债务就当然消灭。所以混同也是合同的权利义务绝对终止的原因之一。

一般说来，在行政协议的履行过程中，不论是行政机关还是相对人，都必须本着诚信原则履行好各项协议义务。任何一方，尤其是行政机关不得以任何不正当的理由拒绝或回避行政协议规定的义务，否则就构成违约。各方当事人是否尽到协议义务，其履约行为是否符合协议约定是审理该类协议案件的重点。因此，在诉讼中，主张对方违约的，要提供相应的证据加以证明；而对方认为自己没有违约的，也可以提供证据予以反驳。举证责任应随着双方当事人主张的不同而在双方之间转换。例如，黔西县绿化乡追梦养殖场诉贵州省黔西县人民政府、贵州省黔西县绿化白族彝族乡人民政府不履行行政协议一案，最高人民法院（2018）最高法行申9005号行政裁定书认为，涉案协议并不违反国家法律、法规和政策的规定，事前经双方当事人协商达成一致，是双方真实意思表示，合法有效，当事人应当按照约定全面履行。双方共同委托评估不能够视为就补偿金额约定进行了变更而可以不按照已签订的涉案协议履行，黔西县政府在诉讼中一直未能举出证据证明其曾就协议变更与追梦养殖场之间达成过新的约定，案涉协议约定的补偿金额虽然高于评估金额，但并非畸高，黔西县政府在本案诉讼中亦未能提供履行本案协议将对国家利益或者公共利益造成重大损失的证据，二审法院据此判决不按照案涉《拆迁协议书》约定的金额支付，缺乏事实根据和法律依据。故本案中原合法有效的涉案行政协议仍然应当继续全面履行。

（三）其他事项的举证责任

行政协议司法解释对被告对于自己具有法定职权、履行法定程序、履行相应法定职责以及订立、履行、变更、解除行政协议等行为的合法性问题、主张撤销、解除行政协议以及履约性争议的举证责任进行了规定，但对于其他事项没有规定，对此我们认为原则上适用“谁主张，谁举证”。

1. 各方当事人对对方是否存在缔约行为或缔约过失行为负有举证责任。如某县政府就一公路修建项目与某公司作出会议纪要，约定该公司可以考虑做一些准备工作，待市政府审批后，就与其签订该项目的合同。于是该公司投入重金做了前期的方案设计，并购置了相关设备，结果该项目报到市里后因种种原因未得到审批，县政府告知公司无法与其签订合同。该公司认为县政府存在缔约过失，并向法院提供了当时的会议纪要，以及一些证人证言和自己为准备该项目投入的资金和设备等证据以证明自己的主张。法院经审查后认为，未能签约的原因是市政府未予审批，县政府并无过错，但考虑到该公司的确做了投入，也存在一定的损失，故判令县政府予以适当的补偿。

2. 各方当事人对行政协议有效性事项负有一定的举证责任。行政协议是否有效的问题是审理行政协议案件的前提和关键，对于法院而言，对行政协议效力的认定更主要是法院的判断，但这并不代表各方当事人就不负有举证责任。《最高人民法院关于适用〈中华人民共和国民事诉讼法〉的解释》第91条规定，主张法律关系存在的当事人，应当对产生该法律关系的基本事实承担举证证明责任。依据上述规定，行政协议是否有效先由主张有效者承担举证责任。首先，从缔约的角度讲，任何一方主张合同的有效或无效都有义务举证。行政机关和合同相对人认为合同无效，可以从当事人无签约权（包括行为能力等）、缔约程序违法等角度进行举证。其次，从行政协议的内容讲，各方有义务对协议的有效或无效进行举证。包括合同是否违反法律强制性规定；是否损害国家、集体或个人利益；合同的法定形式要件是否完备；合同的主要条款是否齐全；是否行政行为有实施主体不具有行政主体资格或者没有依据等重大且明显违法情形；是否按照事项性质或者法律、法规、规章的规定不得订立行政协议等。如《最高人民法院关于审理涉及国有土地使用权合同纠纷案件适用法律问题的解释》第2条规定，开发区管理委员会作为出让方与受让方订立的土地使用权出让合同，应当认定无效。本解释实施前，开发区管理委员会作为出让方与受让方订立的土地使用权出让合同，起诉前经市、县人民政府土地管理部门追认的，可以认定合同有效。第3条规定，经市、县人民政府批准同意以协议方式出让的土地使用权，土地使用权出让金低于订立合同时当地政府按照国家规定确定的最低价的，应当认定土地使用权出让合同约定的价格条款无效。是否构成上述无效情形，主张无效方应首先负举证责任。

总之，行政协议司法解释从行政协议的行政性和协议性出发，构建了行政协议诉讼的双举证制度。一方面，坚持了被告对于自己具有法定职权、履行法定程序、履行相应法定职责以及订立、履行、变更、解除行政协议等行为的合法性承担举证责任。另一方面，一定程度地引进了民事诉讼的“谁主张，谁举证”原则，即原告主张撤销、解除行政协议的，对撤销、解除行政协议的事由承担举证责任；对行政协议是否履行发生争议的，由负有履行义务的当事人承担举证责任。

第二节　行政协议案件的审查规则

行政协议既有行政性又有协议性，加之行政协议诉讼的双举证制度，为行政协议纠纷的合法性审查和协议性审查“双审查”提供了制度基础和事实根据，但如何处理好“双审查”是目前必须认真对待的问题，否则所谓的行政协议双审查制度就成为行政法官无所适从的制度。

一、构建行政协议的双审查制度

《行政诉讼法》第6条规定，人民法院审理行政案件，对行政行为是否合法进行审查。合法性审查原则是人民法院处理行政案件，对行政行为是否合法进行审查的原则，是行政诉讼的一项基本原则。主要内容是：（1）人民法院审理行政案件，审查的对象是作为被告的行政机关所作的行政行为，不包括行政机关所作的抽象行政行为。如果对行政机关制定的行政法规、规章或者行政机关制定、发布的具有普遍约束力的决定和命令不服而向人民法院提起诉讼，则不属于人民法院的受案范围，人民法院不予受理，除非是依法属于可以请求附带性审查的情形。（2）人民法院审查行政行为的合法性，主要是审查行政机关的行政行为是否超出了其法定的权限，是否符合法律、法规的规定、是否遵守法定的程序、是否滥用职权、是否明显不当，依法应当作为而不作为。只要认定作出行政行为有主要证据不足、适用法律法规错误、违反法定程序、超越职权、滥用职权、明显不当情形之一的，该行政行为即为违法。（3）人民法院审查行政行为是否合法的依据是法律、行政法规、地方性法规，参照行政规章。

由于行政协议是一种特殊的公共行政和公共服务活动，在法律性质上具有鲜明的行政性和协议性这两个双重性特点，行政协议虽然仍属于一种行政活动方式，但它借用了传统上属于民事的契约方式。结合行政协议的行政性和协议性，行政协议案件的审查原则是合法性审查、有效性审查以及合约性审查。行政协议的行政性决定了合法性审查，行政协议的协议性决定了合约性审查，而有效性等事项的审查则是由行政协议的行政性和协议性共同决定。此决定了行政协议行为既有双方性，又有单方性，行政协议之诉既有关系之诉的新特点，又有行为之诉的旧传统；此也决定了在行政协议诉讼的审查规则中，既要坚持合法性审查，又要进行契约性审查，由此形成了行政协议案件的审理与一般行政行为审理不同之处，亦即双审查原则。

根据《行政诉讼法》第 12 条第 1 款第 11 项的规定，行政协议具有实现行政机关行政管理和公共服务的“单方性”的一面，也有尊重双方当事人协商一致的“合意性”的一面，对于这两类纠纷，考虑到审理规则的不同，2015 年《若干解释》第 12 条、第 16 条采取了“两分法”，在起诉期限、诉讼费用等方面作了区别规定，司法实践中运行状况良好。行政协议司法解释继续采用了这种规定模式，并进一步从两个方面进行了规定和完善。行政协议司法解释第 11 条规定，人民法院审理行政协议案件，应当对被告订立、履行、变更、解除行政协议的行为是否具有法定职权、是否滥用职权、适用法律法规是否正确、是否遵守法定程序、是否明显不当、是否履行相应法定职责进行合法性审查。原告认为被告未依法或者未按照约定履行行政协议的，人民法院应当针对其诉讼请求，对被告是否具有相应义务或者履行相应义务等进行审查。该条是关于行政协议案件双审理原则的规定。由此，构建了行政协议案件的双审查规则，开启了行政诉讼基本原则的新领域。

二、对行政协议的合法性审查

《行政诉讼法》第6条明确规定，人民法院审理行政案件，对行政行为是否合法进行审查。行政诉讼法规定了“违法变更、解除行政协议”纠纷，这类纠纷属于单方行政行为纠纷。对于这类纠纷，按照一般行政行为进行全面审查。这类纠纷总体上属于侵权纠纷，2014年修正的《行政诉讼法》也作了不同于履约纠纷处理的单独规定。例如，《行政诉讼法》第78条第2款规定，被告变更、解除本法第12条第1款第11项规定的协议合法，但未依法给予补偿的，人民法院判决给予补偿。行政协议司法解释将行政协议纠纷从《行政诉讼法》第12条第1款第11项规定的四种情形扩展到所有的行政协议争议，包括行政机关订立、履行、变更、解除行政协议各个阶段。人民法院在审理行政协议案件时，应该坚持合法性审查的原则。不同于民事合同案件，人民法院在审查行政行为合法性时，不受原告诉讼请求的限制。《行政诉讼法》第70条规定：“行政行为有下列情形之一的，人民法院判决撤销或者部分撤销，并可以判决被告重新作出行政行为：（一）主要证据不足的；（二）适用法律、法规错误的；（三）违反法定程序的；（四）超越职权的；（五）滥用职权的；（六）明显不当的。”第72条规定，人民法院经过审理，查明被告不履行法定职责的，判决被告在一定期限内履行。第73条规定，人民法院经过审理，查明被告依法负有给付义务的，判决被告履行给付义务。依据上述规定，人民法院对行政协议案件审查侧重于对行政机关订立、履行、变更、解除行政协议的行为是否具有法定职权、是否滥用职权、适用法律法规是否正确、是否遵守法定程序、是否明显不当、是否履行相应法定职责进行合法性审查，其意在保障监督行政机关依法行使行政职权，保证行政机关行使职权不因协议方式而遁入私法，酿成肆意行政的恶果。这种审查可以根据原告诉讼请求但是不受原告诉讼请求的限制，对行政机关订立、履行、变更、解除行政协议的行为进行全程监督，有利于促进依法行政，防止行政机关利用民事诉讼遵循的法无明文禁止即可为的规则，通过订立合同来规避法律规定。如在一起建设工程招投标案件中，建设部规章明文规定只能收取不超过 80 万元招投标保证金，某地政府在合同中约定一项 500 万元的诚信保证金，以此来排除外地建筑企业参与竞争，民庭的观点是诚信保证金的约定没有违反法律明文规定，属合法有效，而行政庭的观点则认为该约定与依法行政原则相悖，是以合同形式规避法律规定，约定违反法律规定部分无效。这是行政协议诉讼不同于民事诉讼而更具优势之处。基于此，行政协议诉讼保护原则上不应低于民事诉讼保护，其在起诉期限、原告资格、诉讼类型、审查范围、赔偿标准等方面，对行政相对人及利害关系人给予同等甚至更优之保护。

在行政协议案件中，对于行政机关协议行为的审查主要是对订立、履行、变更、解除行政协议是否合法进行审查，并应围绕上述行为是否符合法律的规定所作出的评价。因此从以下几个方面进行审查。

一是审查行政协议的订立是否合法。在我国台湾地区，行政机关对合同事项应当具有行政管辖权。行政合同应当以书面形式订立，但是法律另有规定的除外（我国台湾地区“行政程序法”第 139 条）。对于何谓书面形式，司法实务采较为宽松的态度，只要双方往来的文件载明合意的，就可认为具备了书面要件，如保证书、自愿书等。另外，订立还要遵循两条规则。其一，公告、听取意见程序。行政合同当事人需依法以甄选或者其他竞争方式决定的，行政机关应当事先公告资格条件和决定程序。在决定前，应当给予参与竞争者表示意见的机会（我国台湾地区“行政程序法”第 138 条）。其二，相关方同意。行政合同约定内容的履行将侵害第三方权利的，应当得到第三方书面同意后，合同才生效。行政行为有前置许可或者会同办理程序的，代替该行政行为而订立行政合同的，也应经该前置程序或者会同办理程序才生效（我国台湾地区“行政程序法”第 140 条）。

目前，综合我国现有法律及实践做法，主要审查如下内容；（1）订立协定的行政机关是否合法、是否超越行政权限与相对人订立了契约；（2）行政机关是否有权对有关法定职责和义务作出事先的处分或者承诺；（3）行政机关的订立程序、方式和形式是否符合法律的规定、行政合同是否违反形式要件之规定；（4）协议订立是否有欺诈或其他不正当行为、是否有徇私舞弊的行为（如是否采用公开的招标、邀请发价、直接磋商等签订合同的方式，尤其对采用直接磋商订立合同的，审查有无监督部门和有关机关参加）；（5）是否为相对人提供了足够的信息，以保障其知情权和参与权；（6）是否符合第三人保护之规定（如相关方同意）；（7）法定职能部门审批的各种手续和程序是否完备与合法；（8）行政机关有没有违反法律有关授权的其他强制性规定。

二是审查行政主体单方变更或解除协议是否合法。在行政协议履行的过程中发生了一些特定情形，行政机关基于公共利益的需要可以单方变更或解除合同。但这种变更或解除必须具备以下条件：（1）必须是为了公共利益的需要；（2）行政优益权的行使须符合比例原则；（3）应当对相对人造成的损失依法或者依约给予相应补偿（详见第七章“行政协议的调适与履行”有关部分）。在司法实践中，对行政优益权行使的审查一般除行使条件外，还需考虑其他的因素。比如，济南瀚洋固废处置有限公司诉济南市人民政府、济南市环境保护局终止政府特许经营协议一案，人民法院审理行政机关单方解除政府经营协议是否合法、正当，其裁判规则主要从四个方面考量：首先，行政机关要具备收回特许经营权的职权。其次，收回特许经营权的法定条件要成立。通常情况下，相对人一旦存在迟延履行或者其他违约行为致使协议目的不能实现，行政机关可以单方解除协议。再次，收回特许经营权的程序要正当。行政机关在收回特许经营权过程中，要依法保护相对人陈述、申辩、听证的权利。最后，收回特许经营权的后续措施要完善。因协议解除给相对人造成损失的，行政机关要给予合理补偿。不过，在选择裁判方式时相对会灵活一点，如果行政机关收回特许经营权的行为在实体或程序上存在违法，从保护社会公共利益角度出发，可以选择确认违法判决但不撤销该行为，并要求行政机关采取补救措施。此种灵活的裁判规则在一定程度上体现了人民法院在审理过程中既要优先保护社会公共利益，又要兼顾相对人的合法权益。[①] 再如，青岛九方集团有限公司诉海阳市人民政府国有土地使用权收回案，法院经审理认为，九方公司以出让方式合法取得了涉案土地的使用权，市政府为九方公司颁发海国用（2006）第 075 号及海国用（2006）第 076 号《国有土地使用证》，双方之间形成了行政上管理与被管理的关系。市政府作为具有土地管理职能的行政机关，其对九方公司作出收回土地使用权通知行为，属单方履行行政职权的行为。被诉行政行为涉及九方公司重大财产权利，根据程序正当原则，行政机关在对当事人作出不利决定前，应当将不利决定所依据的事实、理由和根据告知当事人，并给予当事人陈述、申辩的机会。但是，市政府未履行告知义务，未举行听证，也未给予九方公司陈述、申辩的权利，故该行为构成程序违法，应予撤销。

三是审查是否存在行政主体不依法履行行政协议。在行政协议履行过程中，行政主体应当履行的主导性权力（职责），行政主体出于自身的原因而没有履行或全面履行的，则属违约行为，而“不依法履行”包括不履行行政法律规范规定的实体和程序义务（协议履行过程中是否有违反法律禁止性规定的行为、行政协议的执行方式是否和授权法赋予行政机关履行的法律义务性质相吻合）。它与“不依约履行”是相对应的，是行政协议的一个特色。这种情形是指有些行政法律规范对行政机关的义务作了规定，这些义务没有在行政协议中约定但属于行政协议的附属义务，行政机关违反这些义务的，属于“不依法履行”的范畴。这些法定义务有的是作为义务，有的是不作为义务，有的是实体义务，有的是程序义务。有的行政法律规范规定了行政机关必须履行的行政程序义务。

四是审查行政机关行使监督和指挥权是否合法。行政协议的目标是实现行政管理和公共服务目标，其履行也必须符合上述目标的要求。为此，行政机关有权对行政协议相对人履行合同的状况进行必要的监督和指挥。但这种监督和指挥必须在法律允许的范围内，不能利用这种权力随意干涉对方当事

---

① 山东省济南市中级人民法院（2016）鲁 01 行初 237 号行政判决书、山东省高级人民法院（2017）鲁行终 1170 号行政判决书。

人的协议行为或违法要求相对人履行义务，甚至损害相对人的合法权益。例如，行政主体在行政协议履行中利用该权力干涉对方当事人的合法经营自主权，损害相对人的合法权益，就超出了保障协议如约履行的范围，属于违法行为。

五是审查行政机关制裁权的行使是否合法。在行政协议履行过程中，相对人如果严重违反协议约定或法律规定，行政机关有权对其进行制裁。但这种制裁也必须在法律允许的限度内进行，不得以制裁为名侵害相对人的合法权益。因此在审查时应注意以下几点：第一，行政主体行使制裁权是否符合程序的要求。制裁行为本身也是一个行政行为，既然是行政行为，就必须符合行政程序的要求。任何违反法定程序的制裁本身就是不合法的，主要包括是否尽到了监督和管理责任，是否履行了必要的催告义务。比如，矿业权出让规则一般规定，当竞得人不履行出让合同义务时，出让机关有权“没收”竞购保证金。例如，某竞得人没有按照出让合同的要求办理相关的手续，国土局遂取消了其竞得人资格，并没收了其竞购保证金，竞得人不服，认为国土局没有及时告知，并给予必要的申辩权利，其没收程序违法。法院经审理后支持了原告的诉讼请求。第二，行政主体行使制裁权是否符合制裁的条件（如相对人是否有过错）或者是否按照有关政策制度规定实施制裁行为。第三，行政主体行使制裁权是否明显不当。主要包括是否遵循过罚相当原则。

三、对行政协议合法性审查的其他问题

（一）不同行政协议领域的合法性审查

从学理上看，行政协议一般分为从属性的行政协议和合作性的行政协议。从法律规定上看，行政协议包括政府特许经营协议、矿产权等国有自然资源使用权出让协议、PPP 协议等。从境外立法例看，主要分为和解合同和双务合同两类。目的和手段永远是分析行政协议的最重要方法。行政协议介于公行政和协议之间的关系远近是不同的，有些是基于紧密的直接的本质上的关系签订的协议（如从属性的行政协议），有些是基于松散关系的协议（如

合作性的行政协议)。故此，对于从属性的行政协议和合作性的行政协议，合法性审查原则的内容是不同的，前者原则上按照传统行政诉讼进行合法性审查，奉行“法无授权不可为”原则或者法律保留原则，后者奉行“法无禁止也可为”原则或者法律优位原则。

(二)一并对行政规范性文件进行审查

根据《行政诉讼法》第53条的规定，公民、法人或者其他组织认为行政行为所依据的规范性文件不合法，在对行政行为提起行政诉讼时，可以一并请求对作出该行政行为所依据的规章以下规范性文件进行审查?在司法实践中，原告针对协议合法性或履行协议等事项提出诉讼，同时针对签订协议的规范性文件一并提出审查请求的，可否一并受理并审查?如原告针对房屋征收协议违法提出请求，一并对补偿安置方案合法性提出请求，能否一并审查，还是告知当事人可以对补偿安置方案直接起诉。我们认为，行政协议作为双方行政行为也同样适用该规定。按照《行政诉讼法》的规定，原告针对行政协议合法性或履行协议提出诉请，并同时对签订协议所依据的规范性文件提出审查请求的，可以一并审查。例如，王某军诉青州市住房和城乡建设局确认房屋征收补偿行政协议无效，请求一并审查规范性文件案是行政协议案件中相对人要求确认行政协议无效，同时请求一并审查规范性文件合法性的典型案例。2012年10月29日，青州市人民政府作出对包括原告王某军房屋在内的《关于玉竹片区房屋征收的决定》。2014年5月13日，被告青州住建局作为征收部门与被征收人王某军签订《房屋征收补偿协议》。协议签订后，王某军选取安置房两套并领取了补偿款与安置房价款差额36万余元。其间，第三人对原告房屋实施拆迁。2015年7月，王某军以涉案《房屋征收补偿协议》系受胁迫所签为由提起行政诉讼，请求确认该补偿协议无效，一并审查涉案补偿协议所依据的青州市人民政府青政发〔2013〕45号、青政发〔2011〕13号、青政发〔2011〕14号规范性文件的合法性。本案中，青州住建局与原告就房屋征收事宜经协商订立征收补偿协议，系双方的真实意思表示，不违反法律、行政法规的强制性规定，应认定为有效协议。涉案补偿协议所依据的规范性文件，均系青州市人民政府结合本地实际情况就房屋征收补偿安置工作制定的指导性意见，与上位法的规定并不冲突，法院据此判决驳回原告确认补偿协议无效及一并审查规范性文件的诉讼请求。

（三）合理性审查的可能性问题

《行政诉讼法》第 6 条规定了合法性审查原则，同时《行政诉讼法》第 77 条第 1 款也规定，行政处罚明显不当，或者其他行政行为涉及对款额的确定、认定确有错误的，人民法院可以判决变更。可见，行政诉讼是以合法性审查为原则，以合理性审查为例外的。从《行政诉讼法》的规定来看，人民法院对行政行为的合理性审查有严格限制：必须是属于行政处罚明显不当，或者其他行政行为涉及对款额的确定、认定确有错误。其理由在于，法院的司法权只能监督，而不能纠正，更不得代行行政机关的行政权，除非法律另有规定。

合理性审查原则是指人民法院监督行政主体的行为是否客观、适度，符合公平正义的法律理性。合理性原则是与合法性原则相并列的一项基本原则，而且属于合法性原则的重要补充。长期以来，合理性审查原则是否构成司法审查的基本原则一直存有较大争议，人民法院往往只审查行政行为的合法性及其依据，而不审查行政行为的合理性。这主要源于《行政诉讼法》关于“人民法院审理行政案件，对行政行为是否合法进行审查”的规定。学界和实务界以此为据确立了我国行政诉讼的核心原则。但是，合法性审查作为司法审查的核心原则，这并不代表行政诉讼就排除了合理性审查原则。由于行政活动的复杂性和立法的局限性，不可能把社会生活中可能发生的任何情况都毫无遗漏地详尽地规定下来，由此行政自由裁量行为大量存在。但是，行政自由裁量行为并不是不受任何限制，由行政机关及其工作人员任意作出，它仍应遵循一定的规则，主要是合理性原则。合理性原则要求行政自由裁量行为要公平、客观、公正、适当、符合公理。如果将行政自由裁量行为排除在司法审查之外，就等于默许了主观随意产生的那些不公平、不公正、不适当的行政行为合法，其结果与我国行政诉讼制度的根本宗旨相悖。尤其是行政协议，一般来说只有存在行政自由裁量才可以采用，如果不进行一定的合理性审查似乎于理不通，也导致对行政协议的审查流于形式。故行政协议司法解释第11条规定，人民法院审理行政协议案件，应当对被告订立、履行、变更、解除行政协议的行为是否明显不当进行审查。

实践中，在行政协议的签订和履行过程中，处处都伴随着行政主体自由裁量权的存在。如行政协议的缔约中，行政机关有权选择相对人；在合同履行过程中，有权根据相对人履行合同义务的状况作出必要的指挥，这种指挥权的行使也多以自由裁量权为前提；在出现了特定情形时，行政机关有权根据自己的判断决定是否变更或解除合同，而对特定情形的判断过程也是自由裁量的过程；在相对人严重违反合同约定或法律规定的情况下，有权对相对人作出制裁，对违约或违法情形的认定也存在自由裁量的空间。由此可见，在行政协议的签订和履行过程中，自由裁量权时刻都存在，行政机关的很多行政活动是基于自由裁量权而作出的，而这些自由裁量权行使的合理与否，需要对其有一个公正的评价，而这个公正的评价离不开合理性审查原则，尤其是对是否明显不当进行审查。例如，《德国行政程序法》关于缔结双务合同的条件明文规定了“对待给付按整体情况判断适当，并与行政机关履行契约给付有实质联系”。这个实质联系的判断本身就是一个合理性的判断。[①]

一般来说，在行政协议的合理性审查中应着重从以下几个方面进行审查：一要审查行政协议的签订是否符合常理；行政主体对相对人的选择是否适当；行政协议的订立是否出于正当的考虑（特别是是否基于公共利益的需要）；所为意思是否符合一般性常理；是否考虑了应当考虑的因素。二要审查对行政协议履行的监督指挥是否适当合理，是否基于正当考虑。三要审查行政协议的变更、解除是否基于公共利益的考量；是否到了非变更或解除不可的程度（当相对人有一般违约行为而不会导致行政协议无法最终履行时，行政主体可责令其继续履行协议，并要求支付违约金和赔偿金，而当因相对

---

① 参见1997年《德国行政程序法》第56条第1款。

人严重违约致使合同确实不可能履行时，行政主体才可以单方变更或解除协议）；审查变更的方式和内容是否有利于公共利益的实现，效果是否要好于变更前的情形。四要审查制裁行为是否适当合理。在行政协议履行过程中，如果行政机关发现相对人严重违反约定或法律规定，可能会殃及公共利益、集体或个人利益，或者是严重破坏了行政管理秩序的，行政机关有权依照相关的法律对其作出处罚，以示制裁。但这种制裁也要有一个合理的度，不能明显罚当其过，法院通过合理性审查可以对行政机关的制裁行为进行客观的评价。五要审查行政机关在行使行政优益权时给相对人造成的损失赔偿或补偿是否适当、合理。在行政协议履行过程中，由于行政主体行使优益权给协议相对人的人身权或财产权造成损害或损失的，行政主体负有赔偿或补偿的责任。但这个赔偿或补偿的额度是否合理必须要严格审查，这个合理性可参照有关法律法规或相关标准，尤其是要处理好实际损失和可预期收入之间的关系等。①

四、对行政协议的契约性审查

行政协议是受公法与私法双重调整的特殊行政行为，其内容既有行政性，也具有协议性，这就必然要围绕原告的诉讼请求对其双方行为进行审查，此不仅要求审查协议的有效性，也要审查行为的合约性。人民法院在审理行政协议案件中，对行政协议纠纷实行全面管辖，保障监督行政机关依法行使行政职权的同时，也要对行政协议进行契约性审查。契约性审查包括合约性审查，但不限于此，主要包括以下内容。

一是对意思表示是否一致、真实及无瑕疵的审查。如行政相对人认为行政协议存在胁迫、欺诈、重大误解、显失公平等情形而请求撤销，人民法院经审理认为符合法律规定可撤销情形的，可以依法判决撤销该协议。

二是对效力性的审查。行政协议的订立有诸多限制，比如订立权能、法定权限、缔约内容等，这些限制既包括实体上的，也包括程序上的。一旦违

① 详见王旭军：《行政合同司法审查》，法律出版社2013年版，第172—178页。

背这些限制，就有可能导致双方建立起来的法律关系归于无效。自然，双方主体也就不能基于行政协议而主张任何权利。所以，审理行政协议案件，必须首先审查行政协议的有效性，审查其是否合法成立，以行政协议效力为中心，从该协议是否有效出发来确定各方的法律责任。因此，行政协议的有效与否构成该类案件审查的最基本前提，而确定是否有效的问题主要看行政协议是否符合各种不同性质的合法性要件。只有确定了行政协议的有效性，才有可能对各方是否违约进行审查。（1）无效性审查。行政协议存在《行政诉讼法》第 75 条规定的重大且明显违法情形的，人民法院应当确认行政协议无效。人民法院可以适用民事法律规范确认行政协议无效。行政协议无效的原因在一审法庭辩论终结前消除的，人民法院可以确认行政协议有效。（2）未生效审查。法律、行政法规规定应当经过其他机关批准等程序后生效的行政协议，在一审法庭辩论终结前未获得批准的，人民法院应当确认该协议未生效。

三是对合约性的审查。行政协议司法解释除了针对“行政机关不依法履行”，还对“未按照约定履行”纠纷作出规定，此类纠纷属于履约纠纷。对于这类纠纷，《行政诉讼法》第 78 条第 1 款规定，被告不依法履行、未按照约定履行或者违法变更、解除本法第 12 条第 1 款第 11 项规定的协议的，人民法院判决被告承担继续履行、采取补救措施或者赔偿损失等责任。行政机关不履行法定义务或者约定义务的，应当承担违约责任。立法机关按照合同法律规范关于违约责任的内容，对行政机关违约责任作了明确规定。对于这类纠纷，法院应当针对原告诉讼请求进行审查。据此，行政协议司法解释第 11 条规定，原告认为被告未依法或者未按照约定履行行政协议的，人民法院应当针对其诉讼请求，对被告是否具有或者履行相应义务等进行审查。经审查认为，行政机关未依法履行、未按照约定履行行政协议的，人民法院可以依据《行政诉讼法》第 78 条的规定，结合行政相对人诉讼请求，判决行政机关继续履行，并明确继续履行的具体内容；行政机关无法履行或者继续履行无实际意义的，人民法院可以判决行政机关采取相应的补救措施；给行政相对人造成损失的，判决行政机关予以赔偿。行政相对人要求按照约定的违约金条款或者定金条款予以赔偿的，人民法院应予支持。

对政府是否诚实履行行政协议进行合约性审查，目的是推动行政机关按照协议约定诚实守信履行协议。这就是合约性审查原则，它是审理行政协议案件的重要原则，也是多数行政协议案件司法判决的前提（这部分内容也可以参阅第八章“行政协议的法律责任”之违约责任部分）。主要包括四个方面的要件：（1）主体要件即只限于签订行政协议的各方当事人；（2）主观要件即违约方必须具有主观过错；①（3）客体要件即行政协议法律关系的存在；（4）客观要件是必须有违约行为存在。西方法谚说，契约是当事人之间的法律。行政协议中通过协商一致形成的权利义务关系，以及合同双方对约定的履行问题，如类似于私法的内容，应当在一定程度上运用私法的规则进行合约性审查。行政协议的违约和民事合同一样情形很多，如全部违约、先期违约、各有责任的违约等，人民法院审查过程中与行政不相冲突的民事规则都可以适用。据此，对行政协议的合约性审查应从以下几个方面入手：一是在行政协议的签订过程中，各方是否依承诺与对方缔结协议。此为预约情形。二是审查在行政协议履行过程中，各方是否严格履约。三是审查任何一方变更或解除协议是否具备正当的理由。在行政协议履行过程中，如果发生了情势变更、不可抗力，或其他法定情形，导致协议无法正常履行，或者继续履行会带来更大损失的情况下，协议的任何一方都有权变更或解除协议。当然，行政机关与相对人二者变更和解除的程序有所不同，行政机关可以单方变更或解除，而相对人必须经过行政机关的同意，或通过诉讼程序。但不论是哪一种情形，还是哪一方变更或解除合同都必须有正当理由，如果没有免责事由，则构成违约，行为人必须承担违约责任。

此外，需要特别注意的是，特殊行政协议违约形态的处理。《行政诉讼

---

① 对此，学界有不同的争论，有人认为在行政协议中采用过错原则，使违约人承担因自己主观上过错的责任，有利于体现违约责任的惩罚功能，体现法律责任制度的公平原则。但也有人认为，行政协议违约责任的归责原则应采用严格责任，即无论行为人实施行为的心理状态为故意还是过失，只要有违约行为，且没有免责事由的情况，就应承担违约责任。参见谭宗泽、王学辉著：《新编行政法学》，重庆出版社 2001 年版，第 281 页。

法》在受案范围里明确了四个类型是可诉的，它们分别是：不依法履约、不依约履约、单方变更行政协议、单方解除行政协议。但是，正如上所说，不依法履约、不依约履约、单方变更行政协议、单方解除行政协议的关系，在实践中是非常复杂的。不依法履约、不依约履约、单方变更行政协议、单方解除行政协议在不同的语境下进行运用，比如，行政机关本来应该履约的不履约，动用单方变更、解除协议权，这是在履约意义上的变更和解除。违法变更、解除行政协议行为实质上就是违约行为，依约行政就是依法行政，变更、解除行政协议行为被确认违法后，若按照《国家赔偿法》规定的标准进行行政赔偿，民众无法获得预期利益，结果只能是由民众承担不利后果。因此，此处的赔偿标准应当尽可能接近违约责任的标准，否则等于鼓励行政机关通过违法变更、解除行政协议行为替代一般的违约行为。

五、合法性审查与契约性审查的关系

行政协议案件的合法性审查与契约性审查，又可以进一步分解为合法性审查、有效性审查（行政协议未生效审查、无效性审查及可撤销性审查）以及合约性审查。我们认为，结合行政协议的行政性和协议性，行政协议的行政性决定了合法性审查，行政协议的协议性决定了合约性审查，而有效性审查则是由行政协议的行政性和协议性共同决定的。行政协议是受公法与私法双重调整的特殊行为，这就必然要围绕原告的请求对行政协议相关行为进行审查，不仅要审查行政协议的合法性和有效性，也要审查相关行为的合约性。但是，它们之间的关系究竟如何？

一是合法性审查与有效性审查关系。有效性事项主要是是否存在无效情形，而无效本身是严重明显违法问题，亦属于合法性问题。也就是说，合法性审查是一般合法性审查，而有效性审查是严重明显违法审查，是合法性审查的升级版。在此，要区分行政协议的合法性和有效性问题，违法但不一定行政协议无效（第六章“行政协议的有效与无效”有专门论述），这一点与传统行政审判并无太大差别。由于行政协议的协议性，当事人通过协商一致达成的行政协议相当于是在当事人之间就有关事项在法律的范围形成类似法律的东西，只要其不违反国家法律的禁止性规定，原则上不得认定其没有法律效力。

例如，李某仁与淮南市潘集区城乡建设委员会不履行房屋征收补偿协议一案，2013 年 1 月 31 日，因淮南市潘集区粮食局周边地块改造项目建设需要，淮南市潘集区人民政府作出了《潘集区人民政府房屋征收决定》（潘房征〔2013〕1 号），确定了房屋征收部门为潘集区住房和城乡建设委员会（以下简称潘集区建委）。为原告合法所有的位于该区域袁庄路西村南苑小区 3-1-1 室 103.4 平方米的房屋及 50 平方米自建房被征收。2014 年 11 月 20 日，原、被告双方签订了《房屋征收安置补偿协议》，其中第 5 条第 6 项约定：被告给予原告“临时安置费、搬迁补助费、自建房补偿合计叁拾叁万元整”，第 14 条约定：被告“同意在原告签约后，先期支付总补偿款中拾万元整给原告，余款贰拾叁万元被告同意在 2015 年 1 月 30 日前支付。逾期视为违约，同意每月支付给原告贰拾叁万元的 20% 违约金。”协议签订后，被告支付补偿款 10 万元，剩余 23 万元补偿款未按预定支付，原告遂向法院提起诉讼，要求判令被告给付补偿款 23 万元及违约金 18.4 万元。安徽省淮南市田家庵区人民法院于 2015 年 11 月 5 日作出（2015）田行初字第 00060 号行政判决：判令潘集区建委向李某仁支付临时安置费、搬迁补助费、自建房补偿款合计 23 万元、违约金 2 万元。一审判决后，被告潘集区建委提出上诉，认为《房屋征收安置补偿协议》的相关条款与淮南市人民政府的淮府办〔2011〕99 号文以及《潘集区老城改造原粮食局周边地块（金玉国际城）项目征收补偿方案》规定的补偿标准不符，损害国家利益及社会公共利益，应确认为无效。安徽省淮南市中级人民法院未采信该上诉意见，于 2016 年 2 月 1 日作出（2016）皖 04 行终 4 号行政判决，驳回上诉，维持原判。二审判决理由是潘集区建委是政府征收决定确定的征收部门，具有签订涉诉的征收补偿协议的主体资格。该《房屋征收安置补偿协议》系潘集区建委为实现其行政管理目标，在法定职责范围内与李某仁协商订立的具有行政法上权利义务内容的协议。该协议约定系公平协商达成的合意，是双方的真实意思表示，对双方均具有约束力。潘集区建委认为《房屋征收安置补偿协议》的相关条款与淮南市人民政府的淮府办［2011］99号文以及《潘集区老城改造原粮食局周边地块（金玉国际城）项目征收补偿方案》规定的补偿标准不符，损害国家利益及社会公共利益，应确认为无效，但其未提供证据加以证明，且上述政府文件、征收补偿方案，不属于法律或行政法规，不能作为评价房屋征收补偿协议效力的依据。因此，原告依约履行义务后，被告潘集区建委即应支付约定款项，否则应承担违约责任。对于原告要求被告承担每个月4.6万元的违约金的诉请，明显高于损失，应适用《合同法》及其司法解释的规定，兼顾合同的履行状况和当事人的过错程度，予以酌减为2万元。

本案争议最大的是政府规范性文件、征收补偿方案不是法律、行政法规，可否作为评价房屋征收补偿协议合法性和效力性的依据。《合同法》第52条规定，违反法律、行政法规的强制性规定的合同无效；司法解释进一步把“强制性规定”明确为“效力性强制规定”。本案中，市政府规范性文件、征收补偿方案并不是法律、行政法规，房屋征收补偿协议与其规定的补偿标准不一致，不能就此认定无效。另外，从现有的法律和行政法规看，房屋征收部门与被征收人签订的房屋征收补偿协议的效力可以高于房屋征收补偿方案。《国有土地上房屋征收与补偿条例》第19条规定，对被征收房屋价值的补偿，不得低于房屋征收决定公告之日被征收房屋类似房地产的市场价格；第25条规定，房屋征收部门与被征收人依照本条例的规定，就补偿方式、补偿金额和支付期限……订立补偿协议；第26条规定，房屋征收部门与被征收人在征收补偿方案确定的签约期限内达不成补偿协议的，由房屋征收部门报请作出房屋征收决定的市、县级人民政府依照本条例的规定，按照征收补偿方案作出补偿决定。可以看出，征收补偿协议优先于征收补偿决定的适用，是第一选择，只有在无法达成征收补偿协议时，才由作出征收决定的行政机关根据征收补偿方案作出征收补偿决定；那么在此之前，房屋征收部门与被征收人平等协商达成的征收补偿协议当然可以超过征收补偿方案的补偿标准（只要不属于价格畸高或者存在行政相对人串通或者欺诈情形的），协商过程就是讨价还价的过程。因此，房屋征收部门与被征收人依法达成的房屋征收补偿协议，各方均应履行，违反协议约定的应当承担违约责任。房屋征收部门以补偿协议违反地方政府规范性文件、补偿协议与征收补偿方案不一致作为抗辩理由不履行补偿协议的，不予支持。本案的判决结果具有良好的社会效果，至于其中补偿协议超出补偿方案部分的费用承担及责任追究，应由行政机关在系统内部依法予以处理。

二是有效性审查与合约性审查的关系。审查审理行政协议案件，必须首先审查行政协议的有效性，审查协议是否合法成立，以行政协议效力为中心，从合同是否有效出发来确定各方的法律责任。“人民法院审查被告的行为是否属于违约行为，其前提条件在于行政协议是否有效。只有在协议有效的前提下，才能对行政协议的履行情况进行审查。也就是说，人民法院审理行政协议案件时，都隐含着一个对行政协议效力的判断，不对行政协议的效力作出判断，也就无法继续对是否履行协议作出判断”。[①] 行政协议的有效与否是构成该类案件审查的最基本前提，而确定是否有效的问题主要看行政协议是否合法，特别是是否存在严重违法的无效情形。只有确定了行政协议的有效性，才有可能对各方是否违约进行审查。

三是合法性、有效性及合约性审理的举证责任分配。行政协议是行政性和协议性相结合的一种新型行政管理和公共服务手段，在行政协议不同阶段、不同方面其属性的表现是不同的。如上所说，行政协议的审查规则是合法性、有效性及合约性审查。一般来说，合法性事项由被告行政机关负主要举证责任，如行政主体缔约权的合法性，优益权的合法性、程序的合法性；合约性事项实行“谁主张，谁举证”的原则，如各方当事人就对方是否适当、如实、如期地履行了合同义务各自负有举证责任；有效性事项主要是是否存在无效情形，而无效本身是严重明显违法问题，亦属于合法性问题，应由行政机关和行政相对人共同负举证责任。

---

① 江必新、梁凤云著：《最高人民法院新行政诉讼法司法解释理解与适用》，中国法制出版社2016年版，第154页。

第三节　行政协议案件的法律适用

行政协议既有行政性又有协议性，加之双举证、双审查，因此决定了行政协议诉讼既要适用行政法律规范，也要适用民事法律规范，由此构建出行政协议诉讼特有的“双适法”制度。

一、受公私法拘束的行政协议

以“以私法方式来实现公共行政”而著称的行政协议，在法律上最大的特点是一个法律事实可能同时含有公行政目的和私法手段要素而接受公私法的共同拘束，构成复合的法律关系，由此造成了行政协议法律适用的困惑。

1. 行政协议的公法拘束。行政协议的最大特征是利用私法方式完成公共任务。行政协议在采用私法方式的同时，是否因为其实现公共任务这一特征也受到公法的拘束呢？答案是肯定的。首先，行政协议受到基本人权之拘束。罗尔夫·斯特博在其所著的《德国经济行政法》中指出，国家以私法形式执行公共的和国家的任务，它不可能摆脱基本权利的约束。否则，通过使用私法机构就会把宪法关于基本人权的规定绕过（即所谓的逃入私法）。[①] 可见，行政协议不可能避开基本权利的约束。但是，基本权利如何对行政协议进行拘束呢？德国通说认为，行政协议原则上应与公权力行政一样受基本权利的直接拘束。其中拘束行政协议的基本权利包括平等原则、财产权保障、禁止过度原则等。其次，行政协议受到管辖权之拘束。行政机关利用私法方式完成公共任务须在该机关组织法规定的管辖权范围内，同时还受内部作业相关法规的拘束。如果行政机关可以通过私法方式而获得其他行政机关的职权，那组织法对管辖权的规定就变得没有意义了。最后，行政协议受到公法原理

① ［德］罗尔夫·斯特博著：《德国经济行政法》，苏颖霞、陈少康译，中国政法大学出版社1999 年版，第 252 页。

的拘束。一方面，行政协议要受到依法行政原理拘束。依法行政的核心是法律优先和法律保留。法律优先原则要求行政机关的任何活动（包括私法活动）都不能和法律相违背，这一点不会产生异议。但是，是不是行政机关任何活动都必须要遵守法律保留原则即需要有法律依据，则是不无争议的。德国通说认为，侵害相对人权益的行政活动必须要有法律依据，而给予人民利益之行为，无需严格的法律依据，仅需在法定管辖权内有预算法上的根据或经过国会之同意或承认即可。从行政协议的特征而言，应赋予行政机关较大的灵活性，德国通说比较符合现实。另外，行政协议活动如果涉及第三人，并对第三人的权益有所侵害则需有法律依据。另一方面，行政协议还要遵守其他公法原理的拘束。其他行政法之一般原理原则包括信赖保护原则、比例原则、禁止不当联结等原则。之所以要遵守这些原则，是因为行政协议虽然以私法形式达成公共行政，但不会改变其实现公行政之特性。

2. 行政协议的私法拘束。行政协议毕竟以私法方式完成公共任务，在受公法拘束之时，也受私法的约束。其一，私法自由原则。私法自由主要是指契约自由。一个人是否缔结契约、同谁缔结契约关系以及契约关系的内容，完全取决于当事人的自由意志。契约自由原则来源于亚当·斯密的自由主义经济学说，是自由主义思想在契约法上的反映。契约自由原则也是18世纪强调人类自由的政治哲学的反映。该哲学认为，每个人都应有完全的自由，以自己的方式去追求自己的利益。契约自由恰恰是个人意志自由的最高体现。行政协议选择私法方式尤其是以契约达成公共任务，适用私法自治实属当然。但如前所述，行政私法不享有完全的法律行为自治，而是受大量公法规范的拘束。其二，诚信原则。其源自罗马法上所述及的"一般恶意之抗辩"，其含义是指一切民事主体从事民事活动，应遵守诺言，诚实不欺。诚信原则，究其本质，是将道德规则与法律规定合为一体，兼有法律调节和道德调节的双重功能，使法律条文具有极大的弹性，法官因而享有较大的公平裁量权，能够排除当事人意思自治而直接调整合同当事人的权利义务。公行政一旦采用私法方式，私法上的诚信原则就有适用的许可性。况且，诚信原则已经从最早的私法原则上升为整个法域包括公法领域的原则，故诚信原则同时也是适用于行政协议的公法原则。此外，行政协议也受物权法、合同法、侵权法等具体私法规范的约束。

行政协议同时受公私法拘束，在企业经营的公共化过程中表现得最为明显，如水电事业、交通运输事业、邮政事业、教育事业等。水电企业和水电用户在水电利用关系受到私法拘束的同时，相关法律规定，水电用户不交纳水电费的，水电企业可以在履行通知义务后，单方面停水电。这一规定是法律对水电企业的行政授权和行使该项授权的程序要求，明显属于公法规定。交通运输企业、教育事业也不例外，在提供运输和教育服务过程中，依据私法规定，向接受服务者收取费用的同时，必须受平等原则的拘束，不得以种族、性别、地域、年龄等加以歧视而不提供相关服务。

二、构建行政协议案件的双适法规则

《行政诉讼法》第63条规定："人民法院审理行政案件，以法律和行政法规、地方性法规为依据。地方性法规适用于本行政区域内发生的行政案件。人民法院审理民族自治地方的行政案件，并以该民族自治地方的自治条例和单行条例为依据。人民法院审理行政案件，参照规章。"这是人民法院审理行政案件法律适用的依据，一般简称为"以法律法规为依据，参照规章"。这些适用的规范主要是指行政法律规范。法律包括《行政处罚法》《行政强制法》《行政许可法》以及其他法律性文件；法规包括行政法规和地方性法规，如《政府信息公开条例》《国有土地上房屋征收与补偿条例》等；自治条例和单行条例可以依照当地民族的特点，在不违背法律和行政法规基本原则的前提下，对法律和行政法规的规定作出变通规定；规章包括部门规章和地方政府规章。"人民法院审理行政案件，参照规章"，意味着规章的地位与作为"依据"的法律、法规不同。人民法院在参照规章时，可以对规章的规定是否合法有效进行判断，但对于合法有效的规章应当适用。[①] 过去一段时

① 袁杰主编，全国人大常委会法制工作委员会行政法室编著：《中华人民共和国行政诉讼法解读》，中国法制出版社2014年版，第177页。

间以来，人民法院审理行政案件，主要针对的是行政行为，特别是单方行政行为的合法性进行审查，因此适用的规范性文件主要是行政法律规范。

《行政诉讼法》没有对行政协议的法律适用问题单独作出规定。而法律适用是人民法院审理行政协议案件的最重要、最容易引起争议的问题之一。即人民法院在受理行政协议案件后审理纠纷的依据，在什么情形下可以援用民法规则，在什么情形下必须排除适用普通合同法规则而适用行政法规则，这些都是行政审判实践必须面对的问题。目前，有的法院按照民事合同规则处理，有的法院按照行政法律规范来审理，各地做法不一，理论界更是莫衷一是。[①] 一般认为，依据《行政诉讼法》的规定，法院审查行政协议争议，不仅要审查其合约性，更要审查其合法性。合法性要看有没有相关行政法律法规规章的依据，以及是否符合《民法典》规定的法定变更、撤销情形。需要指出的是，较低层级的规范性文件能否授权行政机关单方解除、变更协议，涉及合法与合约的关系，需要在相关实体法中予以研究和规定，由于涉及当事人合法权益，原则上规章以外的规范性文件不应作出限制当事人合法权益的规定。[②] 司法实践中，鉴于行政协议案件中既有单方变更、解除等行政行为，也有不依法履行、未按照约定履行等违约行为，对于审理行政协议案件除了适用行政法律规范之外，是否适用民事法律规范，特别是是否适用合同法律规范的问题存在不同认识。解决行政合同纠纷究竟应该适用什么样的规则和方式，是民事规则，还是公法规则？[③] 这实际上是行政契约概念是否成立之争的继续，延续到司法审查阶段的法律适用问题上，这种适用依据的混乱也直接导致了行政协议司法救济的混乱。[④]

在司法实践中，全国第四次行政审判工作会议（2003 年）的主题报告中指出，国有土地出让、国有资产租赁等行政合同，不同于平等主体之间订立

① 徐东：《我国行政合同救济制度之检讨与修正》，载《东吴法学》2001 年第 2 期。

② 袁杰主编，全国人大常委会法制工作委员会行政法室编著：《中华人民共和国行政诉讼法解读》，中国法制出版社 2014 年版，第 214 页。

③ 余凌云：《论对行政契约的司法审查》，载《浙江学刊》2006 年第 1 期。

④ 余凌云：《论对行政契约的司法审查》，载《浙江学刊》2006 年第 1 期。

的民事合同。行政合同纠纷已经成为日益增多的新类型行政案件。今后需要对行政合同的类型、行政合同与民事合同的区别和联系、法律适用及判决方式进行研究。目前，审理行政合同案件，法律法规有特别规定的，应当优先适用特别规定，没有特别规定的，可以根据案件的具体情况，参照合同法律规范的相应规定。[①] 在一些法律规范中，也有行政法律规范优先的规定，这些行政法律规范一般表述为“国家规定”“法律、法规另有规定”等。例如，《基础设施和公用事业特许经营管理办法》第26条规定：“特许经营协议各方当事人应当遵循诚实信用原则，按照约定全面履行义务。除法律、行政法规另有规定外，实施机构和特许经营者任何一方不履行特许经营协议约定义务或者履行义务不符合约定要求的，应当根据协议继续履行、采取补救措施或者赔偿损失。”

境外也有类似制度，在没有行政法律规范规定的情况下，准用民事法律规范。从现有国家的立法例考察，行政协议的法律适用大致作出两种不同的规定：其一为适用专章的有关行政协议的规定，如果专章未作规定，适用《行政程序法》的相关规定，如果《行政程序法》也未作出规定，那么补充适用《民法典》的有关规定，对《民法典》的适用，并没有对具体范围作出限制。这种规定有严格的适用顺序，后位适用或准用之规定，自不得与前顺位者相抵触。例如，《德国行政程序法》第62条规定“只要第54条至第61条未另有规定的，适用本法其余的规定。令补充适用民法典的有关规定”。其中之所以会“适用本法其余的规定”，原因在于根据其《德国行政程序法》第9条之规定，其行政程序包括公法合同的订立。我国台湾地区“行政程序法”第149条也有类似规定：“行政契约，本法未规定者，准用民法相关之规定。”虽然没有像德国那样将“专章”和“本法”分别列明，但是根据法理及逻辑可推断出：如果第三章（行政契约）未有规定，应先寻求程序法之规定，而后准用民法。其二为适用程序法典的规定，如果程序法典没

① 李国光：《深入贯彻党的十六大精神　努力开创行政审判工作新局面　为全面建设小康社会提供司法保障——在全国法院行政审判工作会议上的讲话》，载《行政执法与行政审判》2003年第1辑。

有作出规定，适用其他有关特别规定，同时比较严格地限制了适用民法的范围。例如，《葡萄牙行政程序法》第189条补充法例："凡本法典未明确规定时，对行政合同适用行政法一般原则，经调整后的规范公共开支的法规及规范公共合同的特别方式的规定"，《葡萄牙行政程序法》没有明确规定适用或准用民法，大概原因在于限制民法的适用范围，强调二者的不同，防止民法规范在行政合同的使用中的扩大化倾向。该法第185条严格限制了民法的适用范围，仅有三种情况：（1）《葡萄牙民法典》有关意思欠缺及瑕疵的规定，适用所有行政合同；（2）如果行政合同标的同样适用私法合同，则适用《葡萄牙民法典》中规范法律行为非有效性的规定；（3）对于"表示意见的行为"可以适用民法中有关双务合同的一般规定，但是订立合同双方已明确表示不适用该等规定者，不适用民法。

因此，2015年《若干解释》第14条规定，人民法院审查行政机关是否依法履行、按照约定履行协议或者单方变更、解除协议是否合法，在适用行政法律规范的同时，可以适用不违反行政法和行政诉讼法强制性规定的民事法律规范。依据这一规定，人民法院在审理行政协议案件中，在实体法方面，应当优先适用有关法律、法规或者规章的特别规定，没有特别规定的，适用合同法。[①] 这就是行政协议案件中，行政法律规范优先适用规则。这也是行政协议作为行政性和协议性共存且以行政性为第一性的必然结果。不过，行政协议的单方变更、解除具有明显的公权力性，不适宜适用民事法律规范。

我们认为，行政协议既有行政性又有协议性。行政机关也应当遵守职权法定、程序合法正当等行政法律原则、行政实体法和行政程序法的同时，也应当遵循自愿、公平、诚信等民事法律原则以及《民事诉讼法》和《民法典》等民事法律规范。因此，在坚持"民告官"恒定原则、行政协议原则不允许仲裁以及行政机关作为被告不允许提起反诉等这些行政诉讼特有规则的基础

① 袁杰主编，全国人大常委会法制工作委员会行政法室编著：《中华人民共和国行政诉讼法解读》，中国法制出版社2014年版，第45页。

上，行政协议司法解释第27条明确了人民法院审理行政协议案件，可以参照适用民事法律规范关于民事合同的相关规定，在《行政诉讼法》没有规定的，也可以参照适用《民事诉讼法》的规定，由此，建构了行政协议诉讼的双法律适用制度。其是对2015年《若干解释》第14条上述规定的修改。《若干解释》第14条规定，更多地从行政协议的行政实体和程序角度对适用民事法律规范进行了规定，而没有对民事诉讼规范进行明确。鉴于《行政诉讼法》第101条规定，人民法院审理行政案件，关于期间、送达、财产保全、开庭审理、调解、中止诉讼、终结诉讼、简易程序、执行等，以及人民检察院对行政案件受理、审理、裁判、执行的监督，本法没有规定的，适用《民事诉讼法》的相关规定，行政协议司法解释对行政协议法律适用进行了全面的规定。既可以适用行政法律规范，也可以适用民事法律规范；既可以适用民事实体规范，也可以适用民事诉讼规范。因此，法院审理行政协议争议，在实体法方面，应当优先适用有关法律、法规或者规章的特别规定，没有特别规定的，适用《民法典》等民事实体规范；在诉讼程序法方面，《行政诉讼法》没有规定的，也可以参照适用《民事诉讼法》的规定。综上，行政协议案件的法律渊源有两个：一是行政法律规范，既包括行政实体和程序法相关规定，也包括《行政诉讼法》的规定；二是民事法律规范，既包括民事实体法律规定（特别是涉及民事合同的法律规范），也包括《民事诉讼法》的规定。

三、对行政法律规范的优先适用

行政协议的法律适用不仅是双适法，而且这种双适法还有一个顺序问题，一般来说，对行政协议有特殊规定的从其规定，没有特殊规定的首先适用行政法律规范，没有行政法律规范规定的可以补充适用与公法不相抵触的民事法律规范。

行政协议司法解释第27条明确了人民法院审理行政协议案件，可以参照适用民事法律规范关于民事合同和民事诉讼的相关规定，但该规定并没有明确行政法律规范的适用及其适用顺序问题。行政协议司法解释第12条规定，行政协议存在《行政诉讼法》第75条规定的重大且明显违法情形的，人民法院应当确认行政协议无效。人民法院可以适用民事法律规范确认行政协议无效。行政协议无效的原因在一审法庭辩论终结前消除的，人民法院可以确认行政协议有效。从该条规定看，在人民法院认定行政协议无效时首先适用《行政诉讼法》第75条规定的重大且明显违法情形，之后才可以适用民事法律规范确认行政协议无效，其优先适用行政法律规范的意图非常明显。

其他国家及地区在法律适用顺序上原则上也是优先适用行政法律规范。《德国行政程序法》第62条第1句规定，只要第54条至第61条未另有规定的，适用本法其他的规定。该条第2句规定，另外补充适用《德国民法典》的有关规定。据此可知，调整行政合同的法律规范包括：(1)《德国行政程序法》第四章"公法合同"，第54条至第62条。(2)在第四章未予规定的情况下，适用《德国行政程序法》的其他规定。(3)此外，再补充适用《德国民法典》的有关规定，比如《德国行政程序法》第59条有关行政合同无效条款，就规定了因准用《德国民法典》规定而出现合同无效情形的，公法合同亦无效。需强调的是，上述第三点《德国民法典》的"补充适用"，要求在每次适用之前进行审查：一是对是否能够适用进行审查，确定民事规范与公法规范是否冲突；二是对其是否可以变通（类推）适用进行审查。

不仅在行政协议无效判定中，在行政协议时效等其他方面也是如此。如我国台湾地区台北高等行政法院2011年简字第174号判决："军官学校免费提供军事教育之资源予学生，惟学生如经辅导转学、退学或开除，应赔偿在校期间费用；核此行政契约，形式上虽有契约之名，但实际上，学生除可选择是否缔约外，对契约内容并无置喙之余地，是就此行政契约之主给付内容而言，应认为系军官学校为达到培育国军人才之行政目的，基于'高权地位'对人民提供服务，故与两造地位平等为原则之私法契约之基本性质不同，为限缩高权地位者得行使请求权之年限，军官学校对学生返还公费请求权之时效，应类推'行政程序法'第131条第1项之规定，适用五年短期时效。"

行政协议案件坚持优先适用行政法律规范的同时，也应充分尊重行政协议双方对于协议内容的约定，以充分保障行政相对人的合法权益。实践中，行政机关进行行政管理的手段具有多样化，法律法规不可能对行政机关实施行政管理活动的方式和方法作出具体穷尽的规定。行政机关与行政相对人签订的协议并不违反法律、法规的强制性规定时，如果行政机关违反的“约定”为其法定的义务，那么其当然优先适用行政法律规范；但是若其违反的“约定”为双方协议确定的内容，几乎找不到适用的行政法律规范，这时就可以将不违反行政法律强制性规定的民事法律规范应用于审理行政协议案件，这与行政诉讼法立法目的并不相悖。

四、对民事法律规范的适用

（一）适用民事合同等民事实体规范

行政协议除具有行政性外，与一般行政行为最不同的是其协议性，即使行政协议不同于一般的民事合同，但毕竟是一种协议，符合协议的一般特征，具有协议的一般属性，在行政法律规范未作特别规定，且与行政性相容的同时，处理行政协议关系所依据的原理与民法原理有着共同性的情况下，处理行政协议问题可以援用民法规范，包括遵循自愿、公平、诚信等民事法律原则和《民法典》等民事实体法律规范，如要约与承诺、合同自由、行为能力、代理、若干合同无效的原因等规范。[①] 比如，王某全诉北京市顺义区人民政府行政协议一案，北京市第四中级人民法院于 2015 年 12 月 22 日作出（2015）四中行初字第 779 号行政判决认为，根据当事人的诉辩意见，本案的争议焦点是被告顺义区政府是否已经全部履行《移民协议书》所约定的义务。根据《若干解释》第 14 条规定，人民法院审查行政机关是否依法履行、按照约定履行协议或者单方变更、解除协议是否合法，在适用行政法律规范的同时，可以适用不违反行政法和行政诉讼法强制性规定的民事法律规范。行政协议具有行政管理与民事协商的双重属性，基于依法行政基本原则的要求，行政协议除必须有行政管理方面的法律、法规、规章等规范性文件作为依据外，对于行政法律规范没有明确的与行政协议有关的问题，在不与行政法律规范相冲突的情况下，人民法院应当根据被诉行政协议的具体内

① 余凌云著:《行政契约论》，中国人民大学出版社 2000 年版，第 224—228 页。

容，适用民事合同的基本原理和法律规范，审查行政协议案件中行政行为的合法性。因此，在行政协议类案件的审理中，需要考虑到《合同法》《行政诉讼法》的法律适用，确认行政机关订立行政协议的职权，行政协议的效力和适当履行等问题。《合同法》第 60 条第 1 款规定，当事人应当按照约定全面履行自己的义务。第 62 条规定："当事人就有关合同内容约定不明确，依照本法第六十一条的规定仍不能确定的，适用下列规定：……（五）履行方式不明确的，按照有利于实现合同目的的方式履行……"经审查，案涉《移民协议书》内容符合国家相关政策的要求，系三方真实意思表示，不违反法律及行政法规的禁止性规定，应为有效的行政协议。《移民协议书》虽约定了被告方的补偿安置义务，但对于如何具体安置，即履行该合同的细节问题未作明确约定。因此，需要结合《合同法》的规定，应当结合移民安置工作的特点及过程整体分析，确定各方当事人适当履行的情况。经审查后，该院认为被告方顺义区政府按照《移民协议书》的约定履行了对原告的安置，原告也与同村村民享有同等权利义务，并不存在差别待遇的情形。故该院最终判决驳回原告王某全的诉讼请求。本案为典型的运用民事合同履行规定解决行政协议履行法律问题的案件。

故在行政协议司法解释中有大量关于行政协议适用民事合同法律规范的规定。一是人民法院可以适用民事法律规范确认行政协议无效；二是被告明确表示或者以自己的行为表明不履行行政协议，原告在履行期限届满之前向人民法院起诉请求其承担违约责任的，人民法院应予支持；三是原告要求按照约定的违约金条款或者定金条款予以赔偿的，人民法院应予支持；四是撤销和解除行政协议的法定情形，如行政协议无效、被撤销或者确定不发生效力后的法律后果等；五是承认行使履行抗辩权。行政协议司法解释第 18 条规定，当事人依据民事法律规范的规定行使履行抗辩权的，人民法院应予支持。《民法典》第 525 条至第 528 条分别规定了合同当事人的同时履行抗辩权、先履行抗辩权、不安抗辩权。《民法典》第 525 条规定，当事人互负债务，没有先后履行顺序的，应当同时履行。一方在对方履行之前有权拒绝其履行请求。一方在对方履行债务不符合约定时，有权拒绝其相应的履行请求。第 526 条规定，当事人互负债务，有先后履行顺序，应当先履行债务一方未履行的，后履行一方有权拒绝其履行请求。先履行一方履行债务不符合约定的，后履行一方有权拒绝其相应的履行请求。第 527 条规定，应当先履行债务的当事人，有确切证据证明对方有下列情形之一的，可以中止履行：（1）经营状况严重恶化；（2）转移财产、抽逃资金，以逃避债务；（3）丧失商业信誉；（4）有丧失或者可能丧失履行债务能力的其他情形。当事人没有确切证据中止履行的，应当承担违约责任。如在行政协议的审查中，协议当事人就协议的履行主张履行抗辩权的，人民法院可以参照上述条款进行审查。六是行政协议司法解释第 14 条参照民事法律规范的规定，原告认为行政协议存在胁迫、欺诈、重大误解、显失公平等情形而请求撤销，人民法院经审理认为符合法律规定的可撤销情形的，可以依法判决撤销该协议。同时，鉴于协议订立过程中体现了较多的当事人合意，因此对合同订立行为的起诉，也应当参照适用民事诉讼时效的规定。与民事合同法律规范的规定不同，行政协议只有行政相对人才享有撤销权，而行政机关可以通过行使行政优益权的方式维护相关权益。

除了适用上述合同法等民事合同规范之外，以下其他民事实体法律规范也在其他国家及地区的行政合同诉讼中准予适用，可以供我们参考。以我国台湾地区为例。

一是准用民法消灭时效。我国台湾地区“最高行政法院”2012 年判字第 310 号判决：1993 年“本于行政契约约定成立之请求权，就‘行政程序法’第 131 条关于公法上请求权 5 年之时效期间规定，应无适用余地，又因当时相关法律并无时效之规定，故依其性质系应类推适用‘民法’第 125 条关于一般请求权 15 年之时效期间规定。惟关于时效完成之法律效果，基于国家享有公权力，对人民居于优越地位之公法特性，为求公法法律关系之安定，及臻于明确起见，‘民法’第 144 条关于时效完成后，债务人仅得拒绝给付之规定，于公法上请求权应不得予以类推适用，而应采权利消灭主义，即公法上请求权因时效完成即当然归于消灭，是法院无待当事人主张，即应依职权调查有无消灭时效完成之事实”。

二是准用与有过失。我国台湾地区高雄高等行政法院2010年简字第139号简易判决："'行政程序法'第149条规定，行政契约，本法未规定者，准用民法相关之规定。本件参酌民法'与有过失'之法理，原告对于被告退学之原因，既应负与有过失之责任，则原告以被告未履行公法上行政契约之义务所造成之损害，自有过失相抵之适用。基此，准用'民法'第217条第1项规定，则法院对于原告请求赔偿之金额应具有裁量权。斟酌双方过失之轻重，认原告与被告之一对于退学后赔偿在校期间之各项费用计176705元，应各担负二分之一过失之责。依此计算，则被告应赔偿原告88353元。原告逾此范围之请求，即属无理由。另原告请求另二位被告赔偿122326元部分，为有理由，应予准许。"

三是准用无因管理。我国台湾地区台北高等行政法院2011年简字第766号判决："按契约约定，举凡安全检查费用、维修费用、水电费及房屋税均应由厂商负担。机关为之代垫，乃无法律上原因，为机关管理行政契约应履行之义务，属公法上无因管理，机关自得请求厂商返还其所代为给付之款项。"

四是缔约过失损害赔偿准用民法规定。我国台湾地区"最高行政法院"2016年度判字第284号判决："另行政行为应以诚实信用之方法为之，并应保护人民正当合理之信赖，为'行政程序法'第8条所明定。在订立行政契约之准备或商议程序中，双方当事人建立特殊之信赖关系之情形，与订立私法契约之情形无异，亦有本于诚实信用原则，要求准备或商议订立行政契约之当事人遵守一定先契约义务之必要。'民法'第245条之一规定与行政契约之性质不相抵触，应依'行政程序法'第149条规定，准用于行政契约。又'民法'第245条之一之缔约过失责任，属于法定债之关系，从事缔约准备或商议之代理人或使用人，为此法定债之关系下债务人即准备或商议订立契约当事人从事缔约准备或商议行为，性质上为关于此法定债之关系中债务之履行，依'民法'第224条规定，其故意或过失，准备或商议订立契约当事人应与自己之故意或过失负同一责任。换言之，'民法'第224条亦适用于同法第245条之一之情形。而准备或商议订立行政契约之当事人使用代理人或使用人，扩大其活动领域，享受使用代理人或使用人之利益，亦应负担代理人或使用人在为其行为过程所致之不利益，此与进行订立私法契约之准备或商议当事人使用代理人或使用人之情形相同，准备或商议订立行政契约之当事人是否应就其代理人或使用人之故意或过失负同一责任，自应作相同处理。”

五是契约终止后之损害赔偿。我国台湾地区台北高等行政法院 2011 年诉字第 1797 号判决：“按行政程序法施行前成立之公法上契约，倘已跨越至行政程序法施行后始生违约、解约乃至损害赔偿等情事，仍有行政程序法之适用；否则，反使新法自公布生效日起向公布生效后限制其效力。是以，常备军官、常备士官因年度考绩丙上以下或因个人因素一次受记大过二次以上，经人事评审会考核不适服现役，致其所属机关依法令终止两造间之公法契约，且行政契约固系于行政程序法施行前所成立，惟该行政契约仍持续至‘行政程序法’施行后，且在‘行政程序法’施行后始生终止契约，又其于就读军事学校期间受领之公费待遇及津贴，且约定必须服役十年，具有对价关系，却服役未满十年，其所属机关自得依‘行政程序法’第 149 条准用‘民法’第 263 条及第 260 条规定，得于终止契约后请求因此所受之损害赔偿。”

不过，也要注意行政协议“适用”民事法律规范的条件。人民法院审理行政协议案件，适用民事合同等民事实体法规定的前提：（1）有关问题在行政法没有规定，而民事合同等民事实体法对该问题作出了相关规定；（2）不违反行政法强制性规定的民事法律规范；（3）与行政协议性质不相冲突（或者不相抵触）。也就是适用民事合同等民事实体法的相关规定审理行政案件的过程和结果不违反行政法的基本理念、原则精神。

（二）适用民事诉讼规范

在我国，行政诉讼法学有一个众所周知的观点是“行政诉讼脱胎于民事诉讼”，这反映了行政诉讼制度初创时期的状况。这意味着，《行政诉讼法》条文为《民事诉讼法》所无，可为《行政诉讼法》为特别法之佐证，例如合法性审查原则、受案范围等，而有的条文与《民事诉讼法》的规定完全相同，可为借鉴《民事诉讼法》之例证，例如一审、二审、再审程序等。《民事诉讼法》相当数量的条文在《行政诉讼法》中没有规定。如没有规定期间制度、送达制度等，所以在行政诉讼程序中，涉及期间的规定及对送达的要求等问题，处于没有法律依据的境地。由于《行政诉讼法》没有规定对《民事诉讼法》的准用问题，为解决办案所适用的具体程序问题，2000 年 3 月最高人民法院发布的《执行解释》第 97 条规定："人民法院审理行政案件，除依照行政诉讼法和本解释外，可以参照民事诉讼法的有关规定。"也就是说，《行政诉讼法》没有明确规定的，参照《民事诉讼法》规定。以上司法解释的规定，可以说部分弥补了《行政诉讼法》的不足。

从境外来看，行政诉讼参照适用民事诉讼法主要有三种模式：(1) 概括式规定模式。这种模式以日本为代表。《日本行政案件诉讼法》在第一章总则最后一条，即该法第 7 条规定，涉及行政案件诉讼，在本法无规定时，遵循民事诉讼之例。该法赋予法院在行政诉讼法没有规定的情况下，可以参照适用民事诉讼法规定的权力。(2) 节后逐条列举模式。这种模式以我国台湾地区为代表。我国台湾地区"行政诉讼法"在每一章的每一节的最后一条，明确列举"准用""民事诉讼法"规定的具体条文。该法力求"行政诉讼法典"的完整性，不嫌繁复，几乎在每节之后均列有准用条文。例如，在"管辖"一节最后一条规定："'民事诉讼法'第三条、第六条、第十五条、第十七条、第二十条至第二十二条、第二十八条第一项、第三项、第二十九条至第三十一条之规定，于本节准用之。"(3) 概括规定与具体列举相结合模式。这种模式以德国为代表。《德国行政法院法》既规定了准用民事诉讼法的原则，同时也在一些具体条文中予以强调。《德国行政法院法》第 173 条规定，本法就诉讼程序未作规定的，法院组织法和民事诉讼法相应适用，但原则区别过大不能相应适用时除外。该条明确了两点：一是该法对诉讼程序没有规定的，原则上可以参照民事诉讼法的规定；二是例外情况如果区别过大不能相应适用的除外。除了概括式规定之外，《德国行政法院法》还有一些强调式的规定。这些强调式规定，有的是肯定式的。例如，该法第 98 条规定，本法如无特别规定的，《德国民事诉讼法》第 358 至第 444 条以及第 450 至第 494 条相应适用。还有一些是否定式的。例如，该法第 102 条第 4 款规定，《德国民事诉讼法》第227条第3款第1句不予适用。这种模式还包括我国澳门地区。《澳门行政诉讼法典》第1条规定了行政诉讼可以参照民事诉讼法的规定，即行政上之司法争讼程序受本法典之规定及关于司法体系组织之法律之规定所规范，且补充适用经作出必要配合之民事诉讼法之规定。在具体条文中，也有关于参照民事诉讼法的规定。①

由于需要参照的条文太多，在2014年《行政诉讼法》修法过程中，又有人提出了行政诉讼参照《民事诉讼法》是否过多以及是否有必要进行逐项列举的问题，且兼顾此次修改为修正案方式的实际情况，最终采用了列举适用的方式。故修改后的《行政诉讼法》第101条规定："人民法院审理行政案件，关于期间、送达、财产保全、开庭审理、调解、中止诉讼、终结诉讼、简易程序、执行等，以及人民检察院对行政案件受理、审理、裁判、执行的监督，本法没有规定的，适用《中华人民共和国民事诉讼法》的相关规定。"

行政协议作为行政行为的一种，行政协议诉讼作为行政诉讼的一种新形态和新领域，依据2014年修正后的《行政诉讼法》第101条规定，法院审理行政协议争议，行政诉讼法没有规定的，参照适用民事诉讼法的规定。加之行政协议与一般行政行为不同，其因协议性与民事合同非常接近，更没有理由排除民事诉讼法的适用。行政协议诉讼适用《民事诉讼法》的相关规定，主要包括如下：公民、法人或者其他组织对行政机关不依法履行、未按照约定履行行政协议提起诉讼的，诉讼时效参照民事法律规范确定；为了保障协议当事人特别是相对人一方的协议利益，同时考虑到行政协议是基于平等自愿原则签订的，行政协议司法解释参考民事合同案件的管辖，确定行政协议的当事人可以约定管辖的法院，当事人书面协议约定选择被告所在地、原告所在地、协议履行地、协议订立地、标的物所在地等与争议有实际联系地点的人民法院管辖的，人民法院从其约定；人民法院审理行政协议案件，可以依法进行调解。人民法院进行调解时，应当遵循自愿、合法原则，不得损害

① 江必新、梁凤云著：《最高人民法院新行政诉讼法司法解释理解与适用》，中国法制出版社2015年版，第127—128页。

国家利益、社会公共利益和他人合法权益等。

《行政诉讼法》虽然脱胎于《民事诉讼法》,《行政诉讼法》有不少条文与《民事诉讼法》的内容基本相同。但是，由于需要处理争议的性质不同，两部法律在一些制度、程序上也有差别。一是《行政诉讼法》有规定的，必须适用该规定；二是即使《行政诉讼法》没有规定的，也必须适用与行政诉讼性质不相抵触（不相冲突）的规定，如不能突破“民告官”恒定原则、行政协议原则不允许仲裁以及行政机关作为被告不允许提起反诉等。这与我国台湾地区“行政诉讼法”的规定方式大体一致。例如，我国台湾地区“行政诉讼法”第307–1条规定，“民事诉讼法”之规定，除本法已规定准用者外，与行政诉讼性质不相抵触者，亦准用之。此外，由于我国大陆地区对于“抵触”一词主要用于法律规范之间，将其改为“不相冲突”，似乎更为合适。

总之，人民法院在审理行政协议案件中，其法律适用都应兼顾行政协议公行政目的与私法手段、公法与私法的双重性质，注意行政实体法律规范与民事实体法律规范、行政诉讼法律规范与民事诉讼法律规范，尤其是行政协议特别法规适用的协调和补充，采取更为灵活的态度，最大限度地发挥公私法的功能和作用。

第十二章

行政协议案件的裁判

行政协议既有行政性又有协议性，决定了人民法院对行政协议案件的审理既要全面管辖又要区分处理，既有客观诉讼又有主观诉讼；既有传统的行为之诉又有新型的关系之诉。加之双举证、双审查及双适法，与此相对应，人民法院对行政协议案件的处理也体现了双重裁判。此要求既可以援引民事诉讼法的有关规定和方法进行裁判，又可以运用《行政诉讼法》判决方式进行裁判；既要全面裁判行政协议关系，又要分阶段地解决行政争议；增加行政协议诉讼中的法官权力及多元的处理方式，既要处理好私益与私益之间的关系，又要处理好私益与公益之间的关系。

第一节　统一于客观判决和主观判决的裁判方法

如上所述，客观之诉和主观之诉，是行政诉讼目的的阐述。不同的诉讼类型，其中包括客观判决和主观判决，其很多制度的要求是不同的。根据判决主要是针对客观法律秩序还是主观权利，判决可以分为客观判决和主观判决。行政判决是行政诉讼中最重要最根本的问题之一。在我国，由于没有关于行政诉讼类型（不管是主观诉讼和客观诉讼之分，还是更为具体的形成诉讼、给付诉讼和确认诉讼之分）的规定，行政诉讼判决规定本身在一定程度上还承载规定行政诉讼类型的功能。[①] 可见，《行政诉讼法》关于行政判决的

① 这种以行政诉讼判决类型化承载行政诉讼类型化的做法，如《行政诉讼法》不进行真正意义的“大修”恐怕难以改变。

规定是判断行政诉讼类型的最重要的风向标之一。《行政诉讼法》规定的基本上属于客观判决（当然，不排除其中含有主观判决的因素）。[①] 依据《行政诉讼法》，我国行政诉讼的判决种类包括驳回原告诉讼请求判决、撤销判决、履行判决、变更判决、确认判决等。这些行政诉讼判决规定无一不是针对“行政行为”并根据“行政行为”不同具体情形，选择不同的行政判决，极少考虑当事人的诉讼请求。客观诉讼判决适用如下原则：（1）行政诉讼判决的选择要遵循客观判决优先原则。这一条原则是指在能够采用否定性客观判决时不能适用主观判决。因此，能够适用撤销判决、给付判决、课以义务判决的，就不应当适用主观判决形式——驳回原告诉讼请求判决。[②]（2）即使同为客观判决，原则上绝对的否定性判决应当优先适用相对的否定性判决。这个问题主要集中在撤销判决与情况判决的选择上。虽然情况判决在现今社会和当今的法制进程中，仍发挥着自己不可磨灭的贡献，但是情况判决只是政府和国家推行某种政策和达到某种目的的工具，其对法治主义的伤害，对司法权威的损害也是不容忽视的。为了避免这种伤害，一方面要让情况判决适用的前提条件不要产生，允许将一些重要的阶段行政行为纳入受案范围，另一方面要确定绝对的否定性判决和相对的否定性判决的适用规则，原则上应当优先适用前者，只有在法院有充分证据和重大理由时才可以存在例外，防止情况判决的滥用。

在普通行政诉讼中，人民法院对行政行为的合法性审查进行全面审查，在作出认定后更多系依法作出相应的判决，原告请求撤销但人民法院确认违法等“所请非所判”情形并不鲜见。在行政诉讼中人民法院对行政协议如仍坚持全面审查的原则，同样会出现上述情形，如在行政协议案件中，原告请求被告继续履行合同，但法院经审查认为协议无效，是确认合同无效，还是

---

① 2000年《执行解释》增加了驳回原告诉讼请求判决，并非2014年修正后的《行政诉讼法》规定的代替维持判决的驳回原告诉讼请求判决，是典型的主观判决，背离了《行政诉讼法》关于“审查具体行政行为合法性”的规定，直接针对原告的诉讼请求进行审查并作出否定性的判决，造成了司法实践中滥用驳回原告诉讼请求判决现象的出现。

② 梁凤云：《行政诉讼法修改的若干理论前提——从客观诉讼和主观诉讼的角度》，载《法律适用》2006年第5期。

判决驳回原告的诉讼请求；对显失公正的行政协议，可否不待原告请求而判决直接变更；认定为可撤销或无效的行政协议，能否基于公共利益等原因仅确认其违法但保留其效力。鉴于行政协议具有行政性和协议性，导致其诉讼性质也兼具客观诉讼和主观诉讼的特点，其裁判方式在坚持客观判决的同时，尽可能关注和尊重当事人的诉讼请求，大范围地适用给付判决等主观判决，僵化地适用行政诉讼的合法性审查和裁判是不适宜的。因此，行政协议诉讼中必须要综合运用民事诉讼与行政诉讼的裁判方法，以达到最佳之法律效果。

一、行政裁判方法的运用

虽然可以运用民事裁判方法处理行政协议争议，但有些场合下也会出现难以解决的问题，如一些行政协议纠纷与行政优益权因素有关，在裁判时往往涉及需要对行政优益权本身的合法性进行评价，针对这些行政性较强的事项，民事判决方式就显得无能为力了。我国现行《行政诉讼法》中多数判决方式主要是针对行政行为合法性问题而设计的，目的是监督行政机关依法行使职权。为更全面地保护相对人权益，可以用现行《行政诉讼法》规定的判决加以解决，扩充协议争议种类，并增设行政协议诉讼的“确认判决”“撤销判决”“变更判决”等判决类型。

与此同时，人民法院在行政协议案件的裁判主文中也体现了双重裁判。行政协议司法解释起草之时曾经效仿《行政诉讼法》规定了确认行政协议违法但保留效力的情况判决：对行政协议的合法性和效力性进行双重裁判，但是考虑到《行政诉讼法》已有规定且作此规定条件尚不成熟而删去此内容。不过，司法实践中可以继续尝试。如发现协议合法且有效，则人民法院可判决驳回诉讼请求，如发现协议重大且明显违法而无效，人民法院在裁判主文中无须作出两个判项，用一个判项即可实现对合法性和效力性的双重裁判。但是，如果经双重审查发现协议存在违法但有效等情形，此时用一个判项无法同时解决合法性和效力性问题，则人民法院在作出裁判时需对行政协议的合法性和效力性分别作出回应。如行政协议确认无效或者撤销可能给国家利益、社会公共利益造成重大损害的，人民法院可以判决确认违法，但不宣告协议无效或者撤销行政协议。此外，2015 年《若干解释》第 15 条规定，原告主张被告不依法履行、未按照约定履行协议或者单方变更、解除协议违法，理由成立的，人民法院可以根据原告的诉讼请求判决确认协议有效、判决被告继续履行协议，并明确继续履行的具体内容；被告无法继续履行或者继续履行已无实际意义的，判决被告采取相应的补救措施；给原告造成损失的，判决被告予以赔偿。参照此规定，对于合约性审查和效力性审查的关系，人民法院在裁判时必须先对行政协议是否有效作出评判，才有可能对合约性问题进行判断和裁决。此也是另一种双重裁判。

二、民事裁判方法的运用

在实践中，通过民事诉讼方式审理的行政协议案件在判决方式上，大都援引《民事诉讼法》的有关规定进行裁判，如承担缔约过失责任；承担违约损失；继续履行合同或解除合同；撤销合同或确认合同无效，补偿损失等。一般来说，由于法院对民事案件解决方式相对成熟，且契合了行政协议的协议性，所以判决方式上争议并不大。

1. 要利用好民事技巧。司法实践中一些行政协议诉讼案件适用了民事的合同裁判规则。例如，当地政府与当事人签订了一个征收房屋的预约，但并未具体写明补偿标准，只是明确在该次征收过程中，政府按照其他人的最高标准对其进行补偿。当事人在向当地政府申请补偿时，当地政府以该协议为预约为由拒绝。当事人起诉要求参照最高标准判决政府履行协议。一、二审法院判决双方重新协商补偿标准，协商不成的重新作出行政行为。本案中，该行政机关拒绝与当事人协商，也未重新作出行政行为。法院要求行政机关按照最高标准进行补偿且要求明确房屋面积和违约金。本案的司法理念在于本案行政协议争议，按照民事合同的裁判规则，裁判应当尽最大的能力给当事人明确合同的权利义务，不要“程序空转”，从实质上化解行政协议纠纷。

2. 要注重当事人的诉讼请求。当事人的诉讼请求原则上涉及行政行为合法性审查，有时也不涉及行政行为合法性审查。法院在审查履约相应争议的过程中，需要充分考虑当事人的诉讼请求。因为当事人在合同履行过程中发生争议时，其诉讼请求是不同的，有的可能是要求变更、解除合同，也有的可能是要求履行合同。在这种情况下，应该尊重当事人的诉讼请求，这也体现了行政协议的主观性和主观诉讼特征。《行政诉讼法》在修法过程中有一个争议，即所谓的行政诉讼的审查对象是行政行为合法性还是当事人的诉讼请求。到目前为止，行政诉讼审查标的还是行政行为的合法性，当事人的诉讼请求（如在行政协议案件中）是有的，但是个例外。而且，现在行政诉讼越来越主观化，在审查行政行为合法性的同时更要注重当事人的诉讼请求。

首先，当事人的诉讼请求原则上在协议的涵摄范围才可以依法支持。比如，原告的诉讼请求是要求履行土地征用协议书，但从其起诉的事实理由来看，被告已经按协议要求支付了相应的价款，也即原告所诉协议已经履行完毕。原告起诉是认为被告实际征用土地面积超出土地征用协议书上确定的面积，超出部分面积被告尚未支付，故本案原告诉请并非要求履行合同内容，其诉的目的是要求被告履行支付超出面积部分的被征用土地价款的职责。所以，原告的诉求与事实理由不符。其次，权利义务尽可能明确。最高人民法院第五巡回法庭 2017 年审理的左某明案和独山县案件，这两个案件就是典型的运用主观诉讼对行政协议争议进行判决的，要求权利义务关系必须明确。但是，这些纯粹主观性或纯粹运用民事诉讼有关规定也会出问题，这也是为什么行政协议永远在主观和客观、公法和私法之间摆动。比如，让政府作出安置补偿决定，政府可以具体安排安置的房子在哪个区域，多少钱一平米，而法院不行，法院只能计算房屋面积和违约金的标准等，但无法确定房子在哪里和如何折算，导致有时无法执行。所以，从某种角度来讲，准用民事诉讼这种主观化的方式是有一定缺陷的，不能完全主观化，比如说协议事项的诉讼费和起诉期限的问题，一般都按照民事规定，但是政府单方解除和变更的这种和传统行政行为一样的情形，还是要按照《行政诉讼法》规定办理。从某种角度上说，这实际上是用了民事和行政两套程序和方式进行审查。这也是行政协议诉讼游离于公法和私法的重要体现。再次，即使在诉讼转换过程中也要注重当事人的诉讼请求。行政协议司法解释第 22 条是关于诉讼类型转换的规定，原告以被告违约为由请求人民法院判令其承担违约责任，人民法院经审理认为行政协议无效的，应当向原告释明，并根据原告变更后的诉讼请求判决确认行政协议无效；因被告的行为造成行政协议无效的，人民法院可以依法判决被告承担赔偿责任。原告经释明后拒绝变更诉讼请求的，人民法院可以判决驳回其诉讼请求。对于行政相对人提出要求行政机关应当承担违约责任，人民法院经审理，发现行政协议无效，可能损害国家利益或者社会公共利益，则人民法院应当向行政相对人释明，行政相对人要求确认协议无效的，人民法院可以判决确认无效。对于这一问题，《适用解释》也作了关于撤销诉讼和无效诉讼转化的类似规定。该解释第 94 条第 1 款规定，公民、法人或者其他组织起诉请求撤销行政行为，人民法院经审查认为行政行为无效的，应当作出确认无效的判决。根据《行政诉讼法》第 76 条关于行政行为无效，给原告造成损失的，人民法院可以判决被告承担赔偿责任的规定，该解释第 94 条第 2 款规定，原告拒绝变更诉讼请求的，判决驳回其诉讼请求。行政协议司法解释据此明确，原告经释明后拒绝变更诉讼请求的，人民法院可以判决驳回其诉讼请求。有观点认为，应当修改相关内容为"原告经释明后拒绝变更诉讼请求的，人民法院应当作出确认无效的判决"。但是，考虑到对于人民法院经审理认为行政协议无效的，应当尊重原告的选择，在向原告释明后，对其诉讼请求进行审理，并作出相应判决。

3. 要注重诉讼调解。行政诉讼调解是当事人在人民法院的主持下，自愿达成协议，解决纠纷的行为。《行政诉讼法》第 60 条明确规定："人民法院审理行政案件，不适用调解。但是，行政赔偿、补偿以及行政机关行使法律、法规规定的自由裁量权的案件可以调解。调解应当遵循自愿、合法原则，不得损害国家利益、社会公共利益和他人合法权益。"行政调解制度的引入，进一步丰富了解决行政争议的方式，促使行政诉讼当事人通过平等协商达成合意，有助于实质性解决纠纷，化解矛盾，维护社会稳定。行政协议是行政机关基于法律、法规规定的自由裁量权与行政相对人缔结的协议，有天然的调解基础。行政协议司法解释第 23 条规定，人民法院审理行政协议案件，可以依法进行调解。人民法院进行调解时，应当遵循自愿、合法原则，不得损害国家利益、社会公共利益和他人合法权益。在审理行政协议案件中，人民法院依据《行政诉讼法》第 60 条的规定可以进行调解，并根据《行政诉讼法》的规定调解结案。

第二节　不同阶段的行政协议案件裁判方法

行政协议争议从不同阶段看，大致包括协议订立时的缔约过失，协议成立与否，生效与否，有效无效，变更、解除、撤销及终止行政协议，履约、后合同义务等，行政协议诉讼应当针对当事人的诉讼请求，按照不同阶段的特点进行审查，因为每个阶段其构成要件均不同。主要有以下几种。

1. 缔约过失判决。除行政协议无效外，因行政机关的原因导致行政协议不成立，或者违法订立或者应当订立行政协议而拒绝订立，人民法院均可以判决认定行政机关存在缔约过失应当承担法律责任。行政协议司法解释依照民事合同法律的规定明确了被告的缔约过失责任，即协议约定被告负责履行批准等程序而被告未履行，原告要求被告承担赔偿责任的，人民法院应予支持；因被告的原因导致协议被确认无效或者被撤销，可以同时判决责令被告采取补救措施，给原告造成损失的，人民法院应当判决被告予以赔偿。

2. 是否成立判决。行政协议的当事人双方意思表示必须真实且一致，这是行政协议成立的基本要求，同时行政协议的此要求在形式上也要求以书面的形式体现出来。关于行政协议合意的确立形式，德国法上明确了应当以一种确定载体的形式记录下来，即书面的文本，这是行政协议区别于民事合同的不同之处。行政协议应当以书面形式订立，但是法律另有规定的除外。因为口头协议常常被认为没有事实依据而被裁定驳回起诉。对于何谓书面形式，司法实务应当采较为宽松的态度，只要双方往来的文件载明合意，就可认为具备了书面要件，如保证书、自愿书等。没有书面形式的行政协议，法院原则上判决行政协议不成立，有相反证据推翻的除外。

3. 是否生效判决。行政协议特殊的生效要件主要有两种：一是相关方同意。行政协议约定内容的履行将侵害第三方权利的，应当得到第三方书面同意后，协议才生效。二是行政行为有前置许可或者会同办理程序，代替该行政行为而订立行政协议的，也应经该前置程序或者会同办理程序才生效。法律、行政法规规定行政协议应当经批准或者经第三人同意等程序后生效，在一审法庭辩论终结前，未获得批准的，人民法院应当判决认定行政协议未生效。协议约定一方负责履行批准或者经第三人同意等程序而未履行，一方可以要求另一方承担人民法院判决赔偿责任。行政协议司法解释第 13 条有相关规定，不过仅针对第二种情况进行了规定，第一种情况也可以参考适用。

4. 是否无效判决。行政协议的缔结有诸多限制，比如缔约权能、法定权限、缔约程序、缔约内容等，这些限制既包括实体上的，也包括程序上的。一旦违背这些限制，就有可能导致双方建立起来的法律关系归于无效。自然，双方主体也就不能基于协议而主张任何权利。在理论和实践中，有效和无效的关系比较复杂。一般来说，行政协议有效为其已成立且生效，同时不具有无效情形的一种状态。审查行政协议是否有效应主要从以下三个方面去考证：一是是否成立。二是是否已生效。此两者的要件如上所述。三是是否具有无效情形。行政协议司法解释第 12 条规定，行政协议存在《行政诉讼法》第 75 条规定的重大且明显违法情形的，人民法院应当确认行政协议无效。人民法院可以适用民事法律规范确认行政协议无效。行政协议无效的原因在一审法庭辩论终结前消除的，人民法院可以确认行政协议有效。当然，行政协议部分无效的，不影响其他部分的效力（详见本书第六章第二节）。

5. 驳回原告诉讼请求判决。《行政诉讼法》第 69 条规定，行政行为证据确凿，适用法律、法规正确，符合法定程序的，人民法院判决驳回原告的诉讼请求。《行政诉讼法》第 78 条第 2 款规定，被告变更、解除本法第 12 条第 1 款第 11 项规定的协议合法，但未依法给予补偿的，人民法院判决给予补偿。据此，行政协议司法解释第 16 条第 1 款规定，行政协议在履行过程中，可能出现严重损害国家利益、社会公共利益的情形，被告作出变更、解除协议的行政行为后，原告请求撤销该行为，人民法院经审理认为行政行为合法的，判决驳回原告诉讼请求；给原告造成损失的，可以判决被告予以补偿。此条是关于对于变更、解除协议的行政行为合法，人民法院判决驳回诉讼请求的规定。

此外，行政机关不构成未依法履约或者依约履约的，人民法院也可以判决驳回原告的诉讼请求。比如，黄某诉江苏省教育厅不履行教育行政协议一案，2011 年 9 月，黄某与江苏省教育厅、华东师范大学签订了《师范生免费教育协议书》，该协议约定：黄某毕业时，江苏省教育厅将其安排到中小学任教，做好各项相关工作，确保黄某有编有岗。2013 年 12 月，经省教育厅统筹安排，无锡市南长区教育局多次要求黄某抽时间到教育局面谈就业问题，但黄某始终未到。2014 年 4 月，黄某亦未按教育局的要求到指定地点参加体检。5 月 5 日，省教育厅高校招生就业指导中心告知黄某：如果没有按照规定的时间到南长区教育局参加体检，就可能失去就业的机会。其后，南长区教育局再次要求黄某于 2014 年 5 月 9 日之前到教育局面谈，否则将视同放弃就业机会。但黄某始终未按照要求到教育局面谈及参加体检，其毕业后未能在无锡市南长区学校任教。2014 年 11 月 6 日，黄某提起行政诉讼，认为省教育厅没有按照协议约定给其分配工作，请求法院依法判决确认省教育厅违约。本案中，人民法院综合运用行政法律规范和民事法律规范，对行政协议争议作出裁判。行政协议与民事合同一样，要求合同各方当事人适当履行义务，并为对方相对人履行义务提供必要的协助。本案中，省教育厅已依约为黄某安排岗位，但黄某多次拒绝与南长区教育局面谈并参加体检，自动放弃合同权利。故法院根据《合同法》的相关规定，认定省教育厅不存在违约行为，依法驳回黄某的诉讼请求。

6. 意思表示瑕疵的行政协议撤销判决。德国和一些国家不承认可撤销的行政协议，认为即使行政协议存在瑕疵，除非符合无效的规定，否则仍属有效；而法国的司法实践和葡萄牙以及我国澳门特区《行政程序法典》承认行政协议可以适用可撤销的情形。例如，在法国，“行政法院的法官可以基于竞争法的事由而撤销某项行政契约，尤其是行政机关和企业之间签订的契约。如果行政机关明知该企业与另一企业有串通仍然与其缔约，或者与行政机关签约的企业滥用其统治地位，行政法院可以撤销该项行政契约”。[①]《澳

① 杨解君著：《法国行政合同》，复旦大学出版社 2009 年版，第 32 页。

门行政程序法典》第164条规定："一、行政合同中意思之欠缺与瑕疵，以及行政合同之无效与可撤销，适用《民法典》对法律行为之规定，但下款之规定除外。二、如一行政行为为无效或可撤销，则标的与该行为之标的相同，以及对同一具体情况所作之规范与该行为所作者相同之行政合同，亦为无效或可撤销"。行政协议司法解释第14条规定，原告认为行政协议存在胁迫、欺诈、重大误解、显失公平等情形而请求撤销，人民法院经审理认为符合法律规定的可撤销情形的，可以依法判决撤销该协议。本条是关于行政协议可撤销情形的规定。该司法解释参照《合同法》第54条和《民法总则》第147条至第151条的规定，对可撤销协议的具体情形作了细化。行政协议属于可撤销的情形包括：胁迫、欺诈、重大误解、显失公平等情形，但不包括行政协议的违法情形，似乎也没有明确排除违法情形。与民事合同的规定不同，行政协议只有行政相对人才享有撤销权，而行政机关可以通过行使行政优益权的方式维护相关权益。撤销权的消灭可以参照《民法典》第152条处理。

例如，王某明诉枣林湾旅游度假区办公室要求撤销搬迁协议案属于典型的意思表示瑕疵的行政协议撤销案件。为了加快铜山小镇项目建设步伐，改善农民居住环境，推进城乡一体化建设和枣林湾及仪征市旅游产业的发展，2017年，原铜山办事处决定对包括铜山村在内的部分民居实施协议搬迁，为王某明所有的位于铜山村王营组12号的房屋在本次搬迁范围内。2017年8月4日早晨，仪征市真诚房屋拆迁服务有限公司工作人员到王某明家中商谈搬迁补偿安置事宜。2017年8月5日凌晨约一点三十分，王某明在本案被诉的《铜山体育建设特色镇项目房屋搬迁协议》上签字，同时在《房屋拆除通知单》上签字。2017年8月5日凌晨五点二十分，王某明被送至南京鼓楼医院集团仪征医院直至8月21日出院，入院诊断为"1.多处软组织挫伤；2.牙缺如？"。因认为签订协议时遭到了胁迫，王某明于2017年9月19日向法院提起诉讼。扬州市中级人民法院2018年12月21日作出（2017）苏10行初57号行政判决，以王某明签订协议受到胁迫为由撤销原仪征市铜山办事处与原告王某明签订的《铜山体育建设特色镇项目房屋搬迁协议》。该案的典型意义在于，农村集体土地征收往往涉及国家、省、市政府的重大工程、重点项目，行政机关往往由于工期紧、任务重等因素寻求与当事人尽快签订拆迁补偿协议，推动征地工作的进展。在一时不能通过友好协商签订补偿安置协议的情况下，有的行政机关会采用跟踪被征收人、长时间商谈等方式给被征收人压力，强迫被征收人签订补偿协议。就签订的补偿安置协议，原告往往主张是被胁迫、欺诈所签订的。行政协议的签订应当遵循自愿合法原则。人民法院在考量当事人是否系被胁迫签订行政协议时，可综合考虑签订协议的场所、签订时长、当事人个人身体状况及当事人是否提供受伤就医资料等因素予以综合认定。必要时人民法院也应当依职权主动调查相关事实，保障当事人征收补偿合法权益，促进政府依法行政。

与原告认为行政协议存在胁迫、欺诈、重大误解、显失公平等情形而请求撤销，易于获得人民法院支持相反的是，行政机关相同或者类似主张往往难以得到法院支持。此也算是行政协议当事人地位悬殊的特殊性使然。比如，原告南京金林江水产有限公司（以下简称金林江水产公司）诉被告南京市江宁区人民政府禄口街道办（以下简称禄口街道办）事处房屋拆迁管理行政协议一案，2017 年 4 月 9 日，金林江水产公司与被告达成协议，签订拆迁补偿协议，约定甲方（禄口街道办）拟采取整体拆迁的方式对乙方（金林江水产公司）进行拆迁，被告以整体拆迁的方式支付给金林江水产公司拆迁补偿款共计 45281934.4 元，原告自签订拆迁协议之日起 15 日内将整个拆迁评估范围和内容交付被告或者被告的指定单位。待协议签订后，被告向原告支付拆迁资金总额的 60%，双方就拆迁范围和内容交付无异议后 30 日内被告支付剩余拆迁款项。协议签订时，金林江水产公司即履行了合同约定的全部的交付义务。此后原告向被告主张剩余款项，被告以内部审计未通过为由，拒绝支付。故原告于 2017 年 8 月 30 日诉至法院。被告主张自己在缔约过程中存在重大误解，以致协议生效后审计不通过，故不应继续履行协议。一审法院南京铁路运输法院和二审法院南京中级人民法院对此均未予以支持。行政协议案件的审理可以参照相关民事法律规范，法院应当审查缔约过程中是否存在胁迫、欺诈、重大误解、显失公平等情形，决定是否支持当事人提出的撤销行政协议的请求。本案中，审计是对行政机关经济行为的内部监督手段，而非行政机关对外不履行行政协议的正当抗辩理由，而且在本案缔约过程中江宁区交通、建设及审计等部门均参与其中，故禄口街道办以己方存在重大误解为由拒不履行协议明显缺乏事实和法律依据。依法签订的行政协议具有拘束力，行政主体不得以审计、行政程序、公共利益等借口随意单方变更、撤销或不履行行政协议，破坏政府公信力，侵害企业产权。法院对行政机关单方撤销、变更或者不履行行政协议的行为应当予以严格审查，督促行政机关信守承诺，履行协议义务，保障行政相对人的正当信赖利益，优化营商环境。

7. 违约判决。《行政诉讼法》第 78 条规定:“被告不依法履行、未按照约定履行或者违法变更、解除本法第十二条第一款第十一项规定的协议的，人民法院判决被告承担继续履行、采取补救措施或者赔偿损失等责任。”“被告变更、解除本法第十二条第一款第十一项规定的协议合法，但未依法给予补偿的，人民法院判决给予补偿。”即法院经审查查明被告不依法履行、未按照约定履行或者违法变更、解除协议的，可以要求被告承担违约责任，根据原告请求和实际情况，作出要求被告继续履行行政协议，采取补救措施或者赔偿损失的判决。根据这一规定，行政协议的违约判决内容包括继续履行、采取补救措施、赔偿损失、补偿等，但是没有明确具体适用条件，也没有明确四种违约责任之间的关系。2015 年《若干解释》第 15 条第 1 款、第 3 款规定，原告主张被告不依法履行、未按照约定履行协议或者单方变更、解除协议违法，理由成立的，人民法院可以根据原告的诉讼请求判决确认协议有效、判决被告继续履行协议，并明确继续履行的具体内容；被告无法继续履行或者继续履行已无实际意义的，判决被告采取相应的补救措施；给原告造成损失的，判决被告予以赔偿。被告因公共利益需要或者其他法定理由单方变更、解除协议，给原告造成损失的，判决被告予以补偿。

行政协议司法解释对此继续进行规定，规定了两种违约判决。一是一般意义上的违约判决。行政协议司法解释第 19 条规定，被告未依法履行、未按照约定履行行政协议，人民法院可以依据《行政诉讼法》第 78 条的规定，结合原告诉讼请求，判决被告继续履行，并明确继续履行的具体内容；被告无法履行或者继续履行无实际意义的，人民法院可以判决被告采取相应的补救措施；给原告造成损失的，判决被告予以赔偿。原告要求按照约定的违约金条款或者定金条款予以赔偿的，人民法院应予支持。同时，第 20 条也规定，被告明确表示或者以自己的行为表明不履行协议义务，原告在履行期限届满之前向人民法院起诉请求其承担违约责任的，人民法院应予支持。该条是关于行政协议预期违约的规定。《民法典》第 578 条规定，当事人一方明确表示或者以自己的行为表明不履行合同义务的，对方可以在履行期限届满前要求其承担违约责任。例如，《城市房地产管理法》第 11 条、第 17 条规定，作为土地出让方的行政机关必须先将出让土地使用权总面积方案报经有批准权的人民政府批准后才能出让。如果作为出让方的行政机关未办理批准手续即签订土地出让合同，导致其不能履行交付土地义务的，行政相对人有权解除合同。《最高人民法院关于审理涉及国有土地使用权合同纠纷案件适用法律问题的解释》第 4 条作了类似规定："土地使用权出让合同的出让方因未办理土地使用权出让批准手续而不能交付土地，受让方请求解除合同的，应予支持。"根据前述规定，行政机关在行政协议履行期届满前，明确表示不履行该协议的，行政相对人有权以其预期违约为由，要求行政机关承担违约责任，以维护其合法权益。

二是以行使行政优益权为名的违约判决。对于变更、解除协议行政行为违法的处理。《行政诉讼法》第 70 条规定："行政行为有下列情形之一的，人民法院判决撤销或者部分撤销，并可以判决被告重新作出行政行为：（一）主要证据不足的；（二）适用法律、法规错误的；（三）违反法定程序的；（四）超越职权的；（五）滥用职权的；（六）明显不当的。"《行政诉讼法》第 78 条第 1 款规定："被告不依法履行、未按照约定履行或者违法变更、解除本法第十二条第一款第十一项规定的协议的，人民法院判决被告承担继续履行、采取补救措施或者赔偿损失等责任。"行政机关变更、解除的行为属于《行政诉讼法》规定的行政行为，可以适用撤销判决。据此，行政协议司法解释第 16 条第 2 款、第 3 款规定，被告变更、解除行政协议的行政行为存在《行政诉讼法》第 70 条情形的，人民法院判决撤销或者部分撤销，并可以责令被告重新作出行政行为。被告变更、解除行政协议的行政行为违法，人民法院可以依据《行政诉讼法》第 78 条的规定判决继续履行协议、采取补救措施；给原告造成损失的，判决被告予以赔偿。

8. 解除判决。根据私法合同理论，私法合同当事人平等享有合同的解除权。我国《民法典》第 563 条也明确规定了五种解除合同的情形。但由于行政合同理论，特别是法国的行政合同理论不承认作为行政合同一方当事人的私人享有单方解除合同权。如果私人欲解除合同，即应向行政主体提出请求，由行政主体决定。如果行政主体不同意解除，私人可以向法院提起诉讼。此类案件中，满足原告意愿的判决应是合同解除判决。另外，考虑到如果行政协议当事人在协议中就协议的解除有约定，在协议合法有效的情况下，应当尊重当事人的约定。因此，行政协议司法解释第 17 条规定，原告请求解除行政协议，人民法院认为符合法律规定或者约定的解除协议情形，且不损害国家利益、社会公共利益和他人合法权益的，可以判决解除该协议。该条是关于原告请求解除行政协议法院如何判决的规定。《民法典》规定了约定解除和法定解除情形。《民法典》第 562 条规定，当事人协商一致，可以解除合同。当事人可以约定一方解除合同的事由。解除合同的事由发生时，解除权人可以解除合同。《民法典》第 563 条规定，"有下列情形之一的，当事人可以解除合同:(一)因不可抗力致使不能实现合同目的;(二)在履行期限届满之前，当事人一方明确表示或者以自己的行为表明不履行主要债务;(三)当事人一方迟延履行主要债务，经催告后在合理期限内仍未履行;(四)当事人一方迟延履行债务或者有其他违约行为致使不能实现合同目的;(五)法律规定的其他情形"。行政相对人如果认为相关行政协议符合法定或者约定的解除协议的情形，可以请求人民法院解除该协议。如果人民法院认为协议符合法定或者约定解除协议的情形，可以解除该协议。但是，与民事合同不同的是，为了保障国家利益和社会公共利益，解除行政协议除满足《民法典》第 562 条、第 563 条规定的相关条件外，还需要满足不损害国家利益、社会公共利益和他人合法权益的条件。

第三节　行政协议诉讼中的法官权力及多元的处理方式

完全管辖权之诉是指行政法官可以行使全部审判权力的诉讼，可以撤销、变更行政机关的决定，也可以判决行政主体负赔偿责任，可以审判行政机关的单方面行为、双方面行为、法律行为和事实行为。在这种诉讼中，行政法官的权力近似普通法院法官的权力，诉讼程序也和普通法院的程序相似。完全管辖权之诉包括的范围很广，在诉讼标的和程序上不完全相同，其共同点是当事人在诉讼中主张某种权利，以及法官有全部审判权力。最典型的完全管辖权之诉是关于行政合同和行政主体赔偿责任的诉讼，这两项诉讼称为严格意义上的完全管辖权之诉。[①]所谓"当事人在诉讼中主张某种权利"，就是上述讨论的主观诉讼中的原告诉讼请求。此处讨论的是法官在行政协议诉讼的权力。两者构成了行政协议完全管辖之诉独具特色的内容。

在法国，经典行政合同救济制度主要以维护公共服务之利益为首要目标，然而法律环境发生变化，要求行政法官综合考虑合同相对人的效益、合同外第三人的权益，以及环境保护、全球化等因素，尽量在满足公共服务之需要和维护合同承诺之安定之间实现平衡。在这种背景下，有关行政法官在行政合同之诉中享有哪些权力的问题，正逐步成为讨论焦点。[②]行政法官权力的平衡实践根据不同的原告主体，行政法官灵活运用司法权力在各种利益诉求中寻求最佳平衡。从2007年判例允许落选竞争者直接争议公共合同有效性到2014年判例赋予所有合同第三人行使上述权利，以及2010年两个有关合同履行判例，可以发现行政法官运用司法权力，努力在维护合同合法性、维护合同承诺安定性、保护法律权利之间寻求平衡，实现公共利益最大

① 王名扬著:《法国行政法》，中国政法大学出版社1988年版，第677页。

② 2016年9月8日，由中国政法大学法治政府研究院主办的"中法行政合同国际研讨会"在北京京仪大酒店召开。波尔多上诉行政法院法官大卫·卡茨先生就"法官在行政合同之诉中的权力"作主题报告。

化。在合同当事人提起的诉讼中，在过去的“合同无效之诉”中，行政法官只能在宣布合同无效和判决维持合同关系这两种处理方式之间进行“非黑即白”的选择。现今需要法官综合权衡，给出更为丰富的解决方案。

首先，考虑违法行为的严重程度。为了强化行政合同承诺之安定性，对于不严重违法的瑕疵问题，合同关系可以不予撤销或者不确认违法。其次，考虑合同关系忠诚原则（诚信原则）。该原则要求合同当事人对合同关系保持善意的尊重。据此，法国最高行政法院认为，有必要对当事人主张的争议合同有效性的事由进行筛选，以保护合同承诺之安定性免于那些对合同关系缺乏善意尊重的当事人的扰乱。以 2016 年的一起跨国行政合同案件为例，法国行政法原则上不允许行政合同中约定仲裁条款，但是该案法官认为，行政机关在签订合同时已经知道并且同意加入国际仲裁条款，视为愿意未来诉诸国际仲裁解决争议，故行政机关为了规避仲裁向法院提出仲裁条款无效的这个事由，法院不予支持。最后，考虑合同关系的安定性。行政法官在作出裁判之前考虑涉案合同关系的安定性，其实根源于下述判断，即一个稳定的合同关系可以保障公共服务提供的可持续性。例如，供电成本尽管仅占社会生产总成本的很小比例，但是一旦停电，所造成的损失相对于服务供给的基础成本而言却是巨大的，故需要尽可能地维护服务的持续提供。

基于上述几点因素之综合考量，行政法官可以更好地根据个案情况，采取多样化的手段处理合同的效力问题：（1）在合同之有效性存在微小瑕疵时，可以在要求采取治愈措施的同时判决维持合同关系，以便持续提供公共服务；（2）当存在更为严重的瑕疵，但不宣布合同无效“并不会对公共利益造成过度的伤害”时，可以判决解除合同，即让合同关系从判决生效之日起不再发生效力；（3）只有当合同存在严重违法性时，包括合同之内容的严重违法或者双方当事人达成合意之条件本身严重违法，行政法官才可以判决撤销合同，合同即溯及既往地失去效力；（4）行政法官可以对解除合同之判决设置生效期限，比如判令该判决待 1—2 年后生效，确保在解除合同关系之前，行政机关有足够时间重新寻找供应商，形成新的合同关系，保障公共服务的可持续性提供。法国这方面的有益探索对我国非常有借鉴价值，充分授予行政法官面对不同情况灵活处理的权力。为增加行政法官在处理行政协议案件的灵活性，目前最重要的是在原有判决的基础之上，增加一些必要的行政协议判决种类。

一是增加变更判决。从实质化解争议的角度来看变更判决存在适用的余地，这也是2014年《行政诉讼法》修改的指导思想之一。如上所说，行政协议相对人或其他利害关系人起诉要求变更协议部分内容的，属于行政诉讼受案范围。行政协议具有双重性，部分内容是协商一致的，体现了协议性；部分内容并不具有可协商性，而是法定的，体现了行政性。对协商一致的部分，判断是否可变更应重点适用合同法相关规则；而对法定的部分，判断是否可变更应重点适用行政法合法性审查原则。王某明、陈某前诉杭州市余杭区良渚街道办事处征迁行政协议一案属于典型的行政协议变更判决，2015年5月25日，浙江省人民政府作出浙土字A〔2015〕-0080号《浙江省建设用地审批意见书》，随后，当地政府发布补偿安置方案公告。2015年6月25日，杭州市余杭区人民政府良渚街道办事处（以下简称良渚街道）杜甫村16组王某明户（乙方）与良渚街道（甲方）签订了《集体所有土地、房屋征迁补偿安置协议书》，该协议第6条约定：经初步审核乙方安置人口6人（王某明、妻子费某娥、独生女儿王某芳、孙女陈某、孙子陈某烁、母亲徐某小），该户可享受安置建筑面积480平方米。协议签订后，王某明户已领取该协议项下的拆迁补偿款并腾房。陈某前系现役军人，现户籍在部队驻地（杭州市拱墅区），原户籍在河南南阳。陈某前与王某芳于2006年11月7日登记结婚，陈某、陈某烁系二人子女。涉案房屋补偿安置协商过程中，王某明户多次要求将陈某前纳入安置人口，均遭良渚街道拒绝。2015年10月26日，陈某前、王某明诉至法院，认为陈向前符合安置条件未享受安置，请求增加陈某前为安置补偿协议的安置人口，即将协议中确定的安置人口6人变更为7人，同时增加安置面积80平方米。杭州市余杭区人民法院一审判决驳回陈某前、王某明的诉讼请求后，杭州市中级人民法院二审认为，陈某前与王某芳于2006年登记结婚，陈某前系现役军人，其在杭州市余杭区无常住户口，但涉案房屋因征地需要补偿安置时，其属于王某明户内王某芳结婚三年以上的配偶，依据《杭州市征收集体所有土地房屋补偿条例》第20条第2款第1

项规定可以计入安置人口。良渚街道与王某明户签订协议时，拒绝将陈某前列入安置人口，不符合上述规定，也造成显失公平的后果，依法应予纠正。协议中未确定陈某前为安置人口并不是王某明户真实意思表示，不能据此认为其已选择放弃了陈某前的补偿安置权利。陈某前作为此次征收补偿安置人口，应享有与其他安置人员同等的每人 80 平方米安置面积的权利。故依照《行政诉讼法》第 89 条第 1 款第 2 项、第 77 条第 1 款，《合同法》第 54 条的规定，判决撤销一审判决，将良渚街道与王某明户签订协议第 6 条第 1 项中确定的安置人口 6 人变更为 7 人，安置面积 480 平方米相应变更为 560 平方米。此二审判决认为，征迁补偿安置协议确定的安置人口和面积，应根据相关法律的明确规定和补偿安置方案来确定，而不能由协议双方任意协商，故对该部分内容的审查应重点适用行政合法性原则。涉案协议确定的安置人口和面积明显违反法律规定，又不符合王某明户的真实意思表示，实际上是行政机关在协议签订过程中处于强势地位的体现。王某明户起诉要求变更的，人民法院可以直接判决变更。此类协议若以民事诉讼程序救济，因囿于《合同法》诚实信用原则的限制，无法给予被征迁人充分的救济。

又如，原告任某伊诉被告杭州余杭经济技术开发区管理委员会（杭州钱江经济开发区管理委员会）（以下简称开发区管委会）、第三人任某根行政协议纠纷一案，法院认为，房屋拆迁安置补偿协议书系拆迁当事人就房屋拆迁安置补偿事宜协商一致达成的协议。被告开发区管委会作为拆迁人，第三人任某根作为被拆迁房屋的户主，双方签订了征用集体所有土地房屋拆迁补偿安置协议书，该协议对安置人口、增加人口、安置面积、安置价格等内容作了约定，双方应按协议的约定履行义务。本案中，第三人任某根户已根据《征用集体所有土地房屋拆迁补偿安置协议书》的约定实际取得拆迁安置房屋并已支付相应的购房款，该部分的权利和义务双方均已履行完毕。至于原告主张其系第三人任某根户内的增加人口，且系该社区集体经济组织成员，应进行安置。经审理查明，原告任某伊系第三人任某根户内在册的家庭人口，原告任某伊的母亲任某霞是临平街道禾丰社区集体经济组织成员。同时，原告任某伊于 2011 年 9 月 13 日出生，发生在选房前，符合安置政策及双方在协议中的约定。因此，原告任某伊属第三人任某根户内拆迁安置的增加人员，符合新增人员安置政策，可按拆迁补偿安置协议的约定，作为该户内新增人员予以安置，被告开发区管委会未按照新增人员予以拆迁安置，显然使原告任某伊的利益受到损失，该情形显失公平，原告任某伊主张的请求符合《合同法》第54条规定的可变更或者撤销之情形。原告任某伊可按第三人任某根户所签订《征用集体所有土地房屋拆迁补偿安置协议书》的约定，增购建筑面积80平方米并按协议约定的每平方米1000元的价格支付对价。第三人任某根户已按协议履行的权利和义务不属于应变更的内容，但对原告任某伊属新增人员应得的安置建筑面积80平方米，属于协议中应变更的范围。综上，原告主张的变更协议中相关的权利和义务，理由成立，该院予以支持。据此，判决被告杭州余杭经济技术开发区管理委员会（杭州钱江经济开发区管理委员会）与第三人任某根于2010年8月21日签订的《征用集体所有土地房屋拆迁补偿安置协议书》第5条第2项“经初步审核乙方安置人口7+1人，应安置建筑面积640平方米”的内容变更为“乙方安置人口8+1人，应安置建筑面积720平方米，乙方需支付甲方购房款人民币720000元”（应扣除双方已履行的义务）。[①]

此外，变更判决和撤销、解除判决的适用也有一个合乎比例的问题。如征地决定作出后，签订《征收补偿协议》但还未及时履行，征地决定被撤销或变更，使得部分或全部的协议失去了基础，法院可以判决协议解除或者撤销，但是法院除了解除、撤销协议之外，能不能根据当事人的请求或者法院直接变更行政协议？行政协议符合解除、撤销条件的，原告请求变更的，人民法院应当变更，不得撤销。这主要考虑到参照我国《民法典》的规定，且考虑到即使在行政协议领域，在不违法的前提下尽可能尊重原告主张的必要性，从而最大限度地实现合同当事人自治。也就是说，即使合同订立时存在可解除、撤销的情形之一，但原告仍然愿意接受合同，只主张适当变更的，在不违法和不损害公益和第三人权益的前提下，人民法院应当尊重原告的选

① 详见浙江省杭州市余杭区人民法院（2015）杭余行初字第134号行政判决书。

择，只判决变更，而不应撤销合同，但为维护公共利益和第三人利益而必须撤销的除外。当然，行政协议的撤销与变更应尽可能尊重原告的选择，这一点与行政协议的无效确认不同。对于具备法定的无效情形的行政协议，即使当事人对协议效力没有异议，即均承认协议有效，人民法院仍应判决无效。因为协议是否无效主要依据法律的强制性规定而判断。关于法院未经当事人申请变更可否直接变更行政协议的问题，我们认为，变更的范围主要集中于法定的部分，体现了行政性的部分，对其判断应重点适用行政法合法性审查原则，符合《行政诉讼法》变更判决规定的，可以判决直接变更，而对协商一致的部分则应当经当事人申请才能变更，否则只能撤销或者解除。

二是增加行政协议内容违法的撤销判决。行政协议司法解释第 14 条规定的撤销判决适用于意思表示有瑕疵的情形，原则上不包括违法情形。在德国，撤销之诉只可针对行政行为，不可对行政合同提出。也就是有效但违法合同是不可以诉请撤销的。但当诉请法院要求撤销基于行政合同作出的行政行为时，法院会对行政合同的效力进行审查，如合同无效将导致被诉行政行为失去授权依据，此时原告就有可能实现其最终目的。如当行政合同即使不属于《德国行政程序法》第 59 条规定的无效情形，但违法后果已然超过了可接受范围的，就可以视为违反法律禁止性规定，据此提起确认无效之诉。当然，是否违反禁止性规定应由司法机关进行判断。司法实践中，可以考虑在必要时适用《行政诉讼法》有关撤销判决的规定对行政协议进行撤销，因为行政协议作为行政行为的一种，也是实现行政管理和公共服务目标的方式和手段，适用《行政诉讼法》有关撤销判决的规定对行政协议进行撤销，并不存在法理和制度的障碍。

三是适当运用情况判决。如上所述，行政协议意思表示有瑕疵或者违法（主要包括一般违法和严重违法，不宜包括轻微违法），考虑到行政协议不同于私法合同的特殊性，在兼顾公共利益与私人利益的原则指导下对行政协议的处理应作出特殊安排。行政协议确认未生效或者撤销可能给国家利益、社会公共利益造成重大损害的，人民法院可以不予撤销，但判决确认违法并保留其法律效力的同时，责令有关机关或组织采取补救措施（包括予以追认等）及补偿继续履行合同而给原告造成的损失。

附　录

最高人民法院关于审理行政协议案件若干问题的规定

法释〔2019〕17号

（2019年11月12日最高人民法院审判委员会第1781次会议通过，自2020年1月1日起施行）

为依法公正、及时审理行政协议案件，根据《中华人民共和国行政诉讼法》等法律的规定，结合行政审判工作实际，制定本规定。

第一条　行政机关为了实现行政管理或者公共服务目标，与公民、法人或者其他组织协商订立的具有行政法上权利义务内容的协议，属于行政诉讼法第十二条第一款第十一项规定的行政协议。

第二条　公民、法人或者其他组织就下列行政协议提起行政诉讼的，人民法院应当依法受理：

（一）政府特许经营协议；

（二）土地、房屋等征收征用补偿协议；

（三）矿业权等国有自然资源使用权出让协议；

（四）政府投资的保障性住房的租赁、买卖等协议；

（五）符合本规定第一条规定的政府与社会资本合作协议；

（六）其他行政协议。

第三条　因行政机关订立的下列协议提起诉讼的，不属于人民法院行政诉讼的受案范围：

（一）行政机关之间因公务协助等事由而订立的协议；

（二）行政机关与其工作人员订立的劳动人事协议。

第四条 因行政协议的订立、履行、变更、终止等发生纠纷，公民、法人或者其他组织作为原告，以行政机关为被告提起行政诉讼的，人民法院应当依法受理。

因行政机关委托的组织订立的行政协议发生纠纷的，委托的行政机关是被告。

第五条 下列与行政协议有利害关系的公民、法人或者其他组织提起行政诉讼的，人民法院应当依法受理：

（一）参与招标、拍卖、挂牌等竞争性活动，认为行政机关应当依法与其订立行政协议但行政机关拒绝订立，或者认为行政机关与他人订立行政协议损害其合法权益的公民、法人或者其他组织；

（二）认为征收征用补偿协议损害其合法权益的被征收征用土地、房屋等不动产的用益物权人、公房承租人；

（三）其他认为行政协议的订立、履行、变更、终止等行为损害其合法权益的公民、法人或者其他组织。

第六条 人民法院受理行政协议案件后，被告就该协议的订立、履行、变更、终止等提起反诉的，人民法院不予准许。

第七条 当事人书面协议约定选择被告所在地、原告所在地、协议履行地、协议订立地、标的物所在地等与争议有实际联系地点的人民法院管辖的，人民法院从其约定，但违反级别管辖和专属管辖的除外。

第八条 公民、法人或者其他组织向人民法院提起民事诉讼，生效法律文书以涉案协议属于行政协议为由裁定不予立案或者驳回起诉，当事人又提起行政诉讼的，人民法院应当依法受理。

第九条 在行政协议案件中，行政诉讼法第四十九条第三项规定的“有具体的诉讼请求”是指：

（一）请求判决撤销行政机关变更、解除行政协议的行政行为，或者确认该行政行为违法；

（二）请求判决行政机关依法履行或者按照行政协议约定履行义务；

（三）请求判决确认行政协议的效力；

（四）请求判决行政机关依法或者按照约定订立行政协议；

（五）请求判决撤销、解除行政协议；

（六）请求判决行政机关赔偿或者补偿；

（七）其他有关行政协议的订立、履行、变更、终止等诉讼请求。

第十条 被告对于自己具有法定职权、履行法定程序、履行相应法定职责以及订立、履行、变更、解除行政协议等行为的合法性承担举证责任。

原告主张撤销、解除行政协议的，对撤销、解除行政协议的事由承担举证责任。

对行政协议是否履行发生争议的，由负有履行义务的当事人承担举证责任。

第十一条 人民法院审理行政协议案件，应当对被告订立、履行、变更、解除行政协议的行为是否具有法定职权、是否滥用职权、适用法律法规是否正确、是否遵守法定程序、是否明显不当、是否履行相应法定职责进行合法性审查。

原告认为被告未依法或者未按照约定履行行政协议的，人民法院应当针对其诉讼请求，对被告是否具有相应义务或者履行相应义务等进行审查。

第十二条 行政协议存在行政诉讼法第七十五条规定的重大且明显违法情形的，人民法院应当确认行政协议无效。

人民法院可以适用民事法律规范确认行政协议无效。

行政协议无效的原因在一审法庭辩论终结前消除的，人民法院可以确认行政协议有效。

第十三条 法律、行政法规规定应当经过其他机关批准等程序后生效的行政协议，在一审法庭辩论终结前未获得批准的，人民法院应当确认该协议未生效。

行政协议约定被告负有履行批准程序等义务而被告未履行，原告要求被告承担赔偿责任的，人民法院应予支持。

第十四条 原告认为行政协议存在胁迫、欺诈、重大误解、显失公平等情形而请求撤销，人民法院经审理认为符合法律规定可撤销情形的，可以依法判决撤销该协议。

第十五条 行政协议无效、被撤销或者确定不发生效力后，当事人因行政协议取得的财产，人民法院应当判决予以返还；不能返还的，判决折价补偿。

因被告的原因导致行政协议被确认无效或者被撤销，可以同时判决责令被告采取补救措施；给原告造成损失的，人民法院应当判决被告予以赔偿。

第十六条 在履行行政协议过程中，可能出现严重损害国家利益、社会公共利益的情形，被告作出变更、解除协议的行政行为后，原告请求撤销该行为，人民法院经审理认为该行为合法的，判决驳回原告诉讼请求；给原告造成损失的，判决被告予以补偿。

被告变更、解除行政协议的行政行为存在行政诉讼法第七十条规定情形的，人民法院判决撤销或者部分撤销，并可以责令被告重新作出行政行为。

被告变更、解除行政协议的行政行为违法，人民法院可以依据行政诉讼法第七十八条的规定判决被告继续履行协议、采取补救措施；给原告造成损失的，判决被告予以赔偿。

第十七条 原告请求解除行政协议，人民法院认为符合约定或者法定解除情形且不损害国家利益、社会公共利益和他人合法权益的，可以判决解除该协议。

第十八条 当事人依据民事法律规范的规定行使履行抗辩权的，人民法院应予支持。

第十九条 被告未依法履行、未按照约定履行行政协议，人民法院可以依据行政诉讼法第七十八条的规定，结合原告诉讼请求，判决被告继续履行，并明确继续履行的具体内容；被告无法履行或者继续履行无实际意义的，人民法院可以判决被告采取相应的补救措施；给原告造成损失的，判决被告予以赔偿。

原告要求按照约定的违约金条款或者定金条款予以赔偿的，人民法院应予支持。

第二十条 被告明确表示或者以自己的行为表明不履行行政协议，原告在履行期限届满之前向人民法院起诉请求其承担违约责任的，人民法院应予支持。

第二十一条 被告或者其他行政机关因国家利益、社会公共利益的需要依法行使行政职权，导致原告履行不能、履行费用明显增加或者遭受损失，原告请求判令被告给予补偿的，人民法院应予支持。

第二十二条 原告以被告违约为由请求人民法院判令其承担违约责任，人民法院经审理认为行政协议无效的，应当向原告释明，并根据原告变更后的诉讼请求判决确认行政协议无效；因被告的行为造成行政协议无效的，人民法院可以依法判决被告承担赔偿责任。原告经释明后拒绝变更诉讼请求的，人民法院可以判决驳回其诉讼请求。

第二十三条 人民法院审理行政协议案件，可以依法进行调解。

人民法院进行调解时，应当遵循自愿、合法原则，不得损害国家利益、社会公共利益和他人合法权益。

第二十四条 公民、法人或者其他组织未按照行政协议约定履行义务，经催告后不履行，行政机关可以作出要求其履行协议的书面决定。公民、法人或者其他组织收到书面决定后在法定期限内未申请行政复议或者提起行政诉讼，且仍不履行，协议内容具有可执行性的，行政机关可以向人民法院申请强制执行。

法律、行政法规规定行政机关对行政协议享有监督协议履行的职权，公民、法人或者其他组织未按照约定履行义务，经催告后不履行，行政机关可以依法作出处理决定。公民、法人或者其他组织在收到该处理决定后在法定期限内未申请行政复议或者提起行政诉讼，且仍不履行，协议内容具有可执行性的，行政机关可以向人民法院申请强制执行。

第二十五条 公民、法人或者其他组织对行政机关不依法履行、未按照约定履行行政协议提起诉讼的，诉讼时效参照民事法律规范确定；对行政机关变更、解除行政协议等行政行为提起诉讼的，起诉期限依照行政诉讼法及其司法解释确定。

第二十六条 行政协议约定仲裁条款的，人民法院应当确认该条款无效，但法律、行政法规或者我国缔结、参加的国际条约另有规定的除外。

第二十七条 人民法院审理行政协议案件，应当适用行政诉讼法的规定；行政诉讼法没有规定的，参照适用民事诉讼法的规定。

人民法院审理行政协议案件，可以参照适用民事法律规范关于民事合同的相关规定。

第二十八条 2015 年 5 月 1 日后订立的行政协议发生纠纷的，适用行政诉讼法及本规定。

2015 年 5 月 1 日前订立的行政协议发生纠纷的，适用当时的法律、行政法规及司法解释。

第二十九条 本规定自 2020 年 1 月 1 日起施行。最高人民法院以前发布的司法解释与本规定不一致的，适用本规定。

最高人民法院 2019 年 12 月 10 日新闻发布会材料（一）

《最高人民法院关于审理行政协议案件若干问题的规定》新闻发布稿

最高人民法院行政审判庭庭长　黄永维

各位记者朋友：

《最高人民法院关于审理行政协议案件若干问题的规定》（以下简称行政协议司法解释）已于 2019 年 11 月 12 日经最高人民法院审判委员会第 1781 次会议讨论通过，并于今天正式发布。这部司法解释是在全国上下认真学习贯彻党的十九届四中全会精神之际，最高人民法院通过的一部重要的司法解释。这部司法解释的发布，将对切实保障人民群众在行政协议中的合法权益、推进法治政府诚信政府建设、优化法治化营商环境、提高政府行政治理能力、推进人民法院行政审判工作产生积极的、深远的影响。下面，我就这部司法解释的起草情况、主要内容和贯彻执行作一简要的介绍和说明。

一、行政协议解释的起草过程

行政协议是新时代中国特色社会主义市场经济的不断发展的必然产物，是现代行政管理活动发生重大变革的重要体现，是公众社会治理参与权和公共资源分享权的必然结果，是现代社会服务行政、给付行政等发展理念的具体体现。行政机关通过与公民、法人或者其他组织协商签订的协议，一方面充分发挥了市场在资源配置中的决定性作用，让一切生产要素在公开、公平、公正的程序中竞争，另一方面能够更好发挥政府的职能作用，让社会资本潜力充分释放，更好地实现行政管理和公共服务目标。对于行政协议，《中共中央、国务院关于完善产权保护制度依法保护产权的意见》突出强调了要“完善政府守信践诺机制”“大力推进法治政府和政务诚信建设，地方各级政府及有关部门要严格兑现向社会及行政相对人作出的政策承诺，认真履行在招商引资、政府与社会资本合作等活动中与投资主体依法签订的各类合同，不得以政府换届、领导人员更替等理由违约毁约，因违约毁约侵犯合法权益的，要承担法律和经济责任”。人民法院通过对行政协议案件的审理，有助于推动政府“放管服”改革，有助于加快政府职能转变，有助于创新行政管理方式，有助于改善营商环境，有助于推动社会主义市场经济更有效率、更加公平、更可持续发展，有助于推进法治政府和服务型政府，有助于国家治理体系现代化和国家治理能力现代化。

2014 年 11 月 1 日，第十二届全国人大常委会第十一次会议通过了《关于修改〈中华人民共和国行政诉讼法〉的决定》，并自 2015 年 5 月 1 日起施行。修改后的《行政诉讼法》将行政协议纳入行政诉讼的受案范围，并明确规定了行政协议案件的裁判方式。2015 年 4 月 20 日，最高人民法院审判委员会第 1648 次会议通过了《最高人民法院关于适用〈中华人民共和国行政诉讼法〉若干问题的解释》，该司法解释中用 6 个条文，就行政协议案件审理的相关内容作了进一步明确。这一司法解释对于正确理解和适用新修改的《行政诉讼法》，特别是正确审理行政协议案件起到了积极的推动作用。

但是，上述司法解释是为了配合修改后的《行政诉讼法》的实施制定的，就涉及行政协议案件的主要问题作了规定，还远远不能满足司法实践的需要。由于行政协议是一种特殊的行政管理活动，既具有行政管理活动“行政性”的一般属性，同时也具有“协议性”的特别属性。考虑到行政协议案件的审理与一般行政行为案件的审理规则不同，需要通过司法解释作出比较详细和科学的规定。从 2016 年开始，最高人民法院正式启动行政协议司法解释的起草工作。在起草过程中，我们根据《行政诉讼法》的规定，以 2015 年《最高人民法院关于适用〈中华人民共和国行政诉讼法〉若干问题的解释》规定的行政协议内容为基础，开展了多形式、多层次的调研。在起草过程中，为了确保司法解释的质量，我们广泛征求和听取了全国人大法工委、司法部、最高人民检察院、中华全国律师协会和中国法学会行政法学研究会的意见建议；为了确保司法解释切合行政管理实际，征求了国家发改委、财政部、原国土资源部、住建部、国家卫计委、教育部等30余个部委的意见建议；为了确保司法解释满足司法实践需要，我们先后在浙江、陕西、北京、南京、上海、沈阳等地开展了十余次调研活动，听取了各高级法院的意见，特别是深入部分中、基层人民法院一线法官的意见建议；为了确保司法解释稿符合行政协议基本理论，我们多次听取民法学界和行政法学专家教授的意见建议。从征求意见的范围来看，本次司法解释征求意见是行政审判领域范围最广的一次。

在充分沟通和讨论的基础上，经过近三年的广泛深入调研，实务界和法学界有关行政协议的共识越来越多，在归纳、总结和研究分析各种意见的基础上，前后形成了司法解释稿共计24稿。经过多次修改，最终形成行政协议司法解释送审稿，并由最高人民法院审判委员会讨论通过。

二、起草行政协议司法解释的基本原则

在起草司法解释的过程中，我们始终坚持了以下基本原则：

一是，始终坚持以习近平新时代中国特色社会主义思想为指导思想。在起草过程中，我们始终坚持以习近平新时代中国特色社会主义思想为指导，始终把贯彻落实党的十八大、十九大精神摆在突出位置。特别是，认真落实人民主体地位，践行全心全意为人民服务的根本宗旨，切实保障人民群众在土地房屋征收征用补偿等行政协议案件的合法权益，为人民群众提供更便捷、更高效、更优质的司法救济，不断满足人民群众日益增长的多元司法需求。同时，始终把贯彻落实《行政诉讼法》的最新规定放在重要位置，监督促进行政机关在订立、履行、变更、终止行政协议中行使行政优益权的行为，扎紧行政权力规范运行的“制度笼子”，大力推进社会主义法治政府建设。

二是，始终坚持以推动建立完善政府践信守诺机制为重要目标。党中央多次提出要完善政府守信践诺机制。政府守信践诺机制是社会诚信建设的重要基石。司法解释着眼于加强政府诚信建设，确保行政机关按照行政协议约定，严格兑现向社会及行政相对人依法作出的政策承诺，确保行政机关认真

履行在招商引资、政府与社会资本合作等活动中与投资主体依法签订的各类合同；确保因以政府换届、领导人员更替等理由违约毁约侵犯合法权益的，要承担法律和经济责任；确保因国家利益、公共利益或者其他法定事由需要改变政府承诺和合同约定的，对企业和投资人因此而受到的财产损失依法予以补偿，推动责任政府、诚信政府建设落到实处。

三是，始终坚持以强化产权保护为根本目标。完善产权保护制度是坚持和完善社会主义基本经济制度、完善社会主义市场经济的内在要求。中央明确提出要“完善产权保护制度”。司法解释根据《行政诉讼法》的规定，切实保护各种所有制经济产权和合法利益，保证各种所有制经济依法平等使用生产要素、公开公平公正参与市场竞争、同等受到法律保护；严格把握政府解除行政协议的条件，确保政府依法依约履行协议义务；明确因行政机关违约的充分赔偿和因国家利益需要的充分补偿原则，确保行政协议案件中当事人产权利益得到有力保护。

四是，始终坚持以保障民营经济和社会资本合作方的合法权益为重要职责。民营经济是推动社会主义市场经济发展的重要力量，是推进供给侧结构性改革、推动高质量发展、建设现代化经济体系的重要主体。司法解释明确了矿业权出让协议等国有自然资源使用权出让协议、符合本解释规定的政府与社会资本合作协议属于行政协议，将这类协议纳入公法规制的范畴；明确了参与招标、拍卖、挂牌等竞争性活动的市场主体的行政诉讼原告资格；等等。通过这些规定，推动实现平等保护产权，努力营造公平的竞争环境，切实保障民营企业和社会资本合作方的合法权益。

五是，始终坚持以优化营商环境为重要使命。优化营商环境是不断解放和发展社会生产力，加快建设现代化经济体系、推动高质量发展的重要机制条件。中央高度重视优化营商环境工作。司法解释坚持依照《行政诉讼法》的规定，结合国务院《优化营商环境条例》等规定，对被诉行政行为进行合法性审查，对政府违约行为进行合约性审查，监督政府诚实守信，确保“放管服”改革的顺利推进，营造鼓励民营经济和社会资本创业、创新的土壤，为经济发展培育稳健持久的内生增长动力。

三、行政协议司法解释的主要内容

行政协议司法解释全文共29条。主要规定了以下几个方面的内容：

（一）明确行政协议的定义和范围，切实保障行政协议当事人的合法权益

——明确了行政协议的内涵。行政协议司法解释第1条规定，行政机关为了实现行政管理或者公共服务目标，与公民、法人或者其他组织协商订立的具有行政法上权利义务内容的协议，属于《行政诉讼法》第12条第1款第11项规定的行政协议。根据这一规定，行政协议包括四个要素：一是主体要素，即必须一方当事人为行政机关；二是目的要素，即必须是为了实现行政管理或者公共服务目标；三是内容要素，协议内容必须具有行政法上的权利义务内容；四是意思要素，即协议双方当事人必须协商一致。通过对行政协议内涵的规定，明确行政协议与民事合同之间的区别。

——明确规定了行政协议的范围。《行政诉讼法》规定，政府特许经营协议、土地房屋征收补偿协议等协议属于行政协议范围。司法解释对除了上述两类协议之外的类型进行了列举。主要包括：矿业权出让协议等国有自然资源使用权出让协议；政府投资的保障性住房的租赁、买卖等协议；符合司法解释规定的政府与社会资本合作协议；等等。通过对国有自然资源使用权出让协议的审理，将有效解决过去一段时间，国有自然资源领域政府不履约、不监管、权力寻租等乱象，确保国有资产等国家利益得到有力保护；通过对政府投资的保障性住房的租赁、买卖等协议，将有力保障城市低收入群体的“房子是用来住的”合法权益；通过对政府与社会资本合作协议的审理，将有利于保障社会资本方参与公私合作的积极性和安全感，有利于营造公平竞争环境，有利于非公有制经济健康发展。

——明确排除了行政机关的内部协议、人事协议。为了准确把握行政协议的范围，行政协议司法解释进一步规定，对于行政机关之间因公务协助等事由而订立的协议、行政机关与其工作人员订立的劳动人事协议，不符合行

政协议的基本要素，不属于人民法院行政诉讼受案范围。

（二）明确行政协议诉讼主体资格，保障当事人诉讼权利

——明确了行政协议诉讼原告资格。行政协议往往涉及国家利益和社会公共利益，往往涉及行政管理目标的实现。因此，在行政协议订立过程中，需要遵循“公开、公平、公正”的行政法原则。行政协议案件中，行政协议的订立和履行不仅涉及协议当事人的权利义务，也涉及行政协议当事人之外的利害关系人的权利义务。行政协议司法解释根据《行政诉讼法》的规定，规定了行政协议中的利害关系人的原告资格，不局限于民事合同的相对性原则。为了保证公平竞争权人在行政协议订立中的权益，规定了公平竞争权人的原告资格；为了保障被征收、征用人、公房承租人等弱势群体的实体权益，规定了用益物权人和公房承租人的原告资格。

——明确了行政机关的被告资格。基于行政协议诉讼“民告官”的定位，司法解释规定，因行政协议的订立、履行、变更、终止等产生纠纷，公民、法人或者其他组织作为原告，以行政机关为被告提起行政诉讼的，人民法院应当依法受理。人民法院受理行政协议案件后，被告就该协议的订立、履行、变更、终止等提起反诉的，人民法院不予准许。

（三）坚持行政协议诉讼的全面管辖原则，确保案件公正审理

行政协议诉讼既包括行政机关行使行政优益权的行政行为诉讼，也包括行政机关不依法履行、未按照约定履行协议义务的违约诉讼。司法解释针对不同的诉讼请求，确立了不同的审理规则。

——明确了行政协议诉讼种类。为了便于当事人提起行政协议诉讼，行政协议司法解释根据《行政诉讼法》的规定，明确了行政协议诉讼的具体种类，主要包括：请求判决撤销行政机关行使优益权的行政行为或者确认该行政行为违法；请求判决行政机关依法履行或者按照行政协议约定履行义务；请求判决确认行政协议的效力；请求判决行政机关依法或者按照约定订立行政协议；请求判决撤销、解除行政协议；请求判决行政机关赔偿或者补

偿；等等，基本上包括了所有的行政协议类型，确保当事人的合法诉求在行政诉讼中得到全面实现。

——明确了不同诉讼类型的举证责任。行政协议司法解释根据当事人的不同诉求，结合行政机关在行政协议中的地位，区别情况规定了举证责任。被告对于具有法定职权、履行法定程序、履行相应法定职责以及订立、履行、变更、解除行政协议等行为的合法性承担举证责任；原告主张撤销、解除行政协议的，对撤销、解除行政协议的事由承担举证责任；对行政协议是否履行发生争议的，由负有履行义务的当事人承担举证责任。

（四）坚持对行政机关行使优益权行为的合法性审查，确保行政机关“法无授权不可为”原则落实

——明确了对行政优益权行为的合法性审查。行政协议司法解释坚持对被诉行政行为合法性进行审查，明确规定，人民法院审理行政协议案件，应当根据《行政诉讼法》第 70 条的规定对被告订立、履行、变更、解除行政协议的行为是否具有法定职权、是否滥用职权、适用法律法规是否正确、是否遵守法定程序、是否明显不当、是否履行相应法定职责进行全面的合法性审查，不受原告诉讼请求的限制。

——明确了对行政优益权行为的裁判方式。针对行政机关作出的单方变更、解除行政协议等行使优益权的行为，行政协议司法解释规定了不同的裁判方式：在履行行政协议过程中，可能出现严重损害国家利益、社会公共利益的情形，被告作出变更、解除协议的行政行为后，原告请求撤销该行为，人民法院经审理认为该行为合法的，判决驳回原告诉讼请求；给原告造成损失的，判决被告予以补偿；被告行使行政优益权的行为违法的，人民法院判决撤销或者部分撤销，并可以责令被告重新作出行政行为；被告行使行政优益权的行政行为违法，人民法院可以判决继续履行协议、采取补救措施；给原告造成损失的，判决被告予以赔偿。

——明确了行政机关依法行使行政职权造成损害的补偿。对于合法的行政行为造成损害的，行政机关应当依法补偿。行政协议司法解释规定，被告

或者其他行政机关因国家利益、社会公共利益的需要依法行使行政职权，导致原告履行不能、履行费用明显增加或者遭受损失，原告请求判令被告给予补偿的，人民法院应予支持。

（五）依法确认行政协议的效力，确保国家利益、社会公共利益和私人合法权益的平衡

——明确了行政协议无效情形。行政协议司法解释结合行政协议的特点，结合行政诉讼法关于无效行政行为的规定，对行政协议无效作了明确。行政协议存在重大且明显违法情形的，人民法院应当确认行政协议无效；人民法院可以适用民事法律规范确认行政协议无效；行政协议无效的原因在一审法庭辩论终结前消除的，人民法院可以确认行政协议有效。

——明确了行政协议效力待定情形。行政协议司法解释规定，法律、行政法规规定应当经过其他机关批准等程序后生效的行政协议，在一审法庭辩论终结前未获得批准的，人民法院应当确定该协议不发生效力；行政协议约定被告负有履行批准程序等义务而被告未履行，原告要求被告承担赔偿责任的，人民法院应予支持。

——明确了行政协议可撤销情形。行政协议司法解释参照《合同法》等民事法律规范的规定，规定了行政协议可撤销的情形。行政协议司法解释规定，原告认为行政协议存在胁迫、欺诈、重大误解、显失公平等情形而请求撤销，人民法院经审理认为符合法律规定的可撤销情形的，可以依法判决撤销该协议。

——明确了行政协议解除情形。行政协议司法解释规定，原告请求解除行政协议，人民法院认为符合约定或者法定解除情形且不损害国家利益、社会公共利益和他人合法权益的，可以判决解除该协议。

（六）坚持行政协议充分赔偿原则，确保行政协议当事人实体权益实现

——明确了行政协议的给付判决。为了确保行政协议当事人实际权益，

回应当事人实质诉求，行政协议司法解释规定了具体给付判决。行政协议司法解释规定，被告未依法履行、未按照约定履行行政协议，人民法院可以依法判决被告继续履行，并明确继续履行的具体内容；被告无法履行或者继续履行无实际意义的，人民法院可以判决被告采取相应的补救措施；给原告造成损失的，判决被告予以赔偿。

——明确了行政协议违约责任。行政机关违约的，应当充分赔偿当事人的实际损失。行政协议司法解释规定，原告要求按照约定的违约金条款或者定金条款予以赔偿的，人民法院应予支持。被告明确表示或者以自己的行为表明不履行行政协议义务，原告在履行期限届满之前向人民法院起诉请求其承担违约责任的，人民法院应予支持。

——明确了行政协议案件中的诉讼类型转换。行政协议诉讼是公法诉讼，具有维护国家利益和社会公共利益的客观诉讼性质。行政协议司法解释规定，原告以被告违约为由请求人民法院判令其承担违约责任，人民法院经审理认为行政协议无效的，应当向原告释明，并根据原告变更后的诉讼请求判决确认行政协议无效；因被告的行为造成行政协议无效的，人民法院可以依法判决被告承担赔偿责任。原告经释明拒绝变更诉讼请求的，人民法院可以判决驳回其诉讼请求。

（七）规范行政协议案件的强制执行，确保国家利益、社会公共利益及时实现

基于行政协议诉讼“民告官”的定位，行政机关认为行政相对人不依法、不依约履行行政协议的，可以根据《行政诉讼法》和《行政强制法》的规定，向人民法院申请强制执行。主要包括两种情形：

——以行政机关作出的履行协议决定作为执行名义，向人民法院申请强制执行。如果行政协议未规定行政机关享有强制执行权，行政相对人未按照协议履行，行政机关有权依据协议内容作出相应的履行协议行政决定。如果相对人既不履行又不提起复议或者诉讼的，且仍不履行，协议内容具有可执行性的，行政机关可以将该行政决定作为执行名义向人民法院申请

强制执行。

——以行政机关作出的处理决定作为执行名义，向人民法院申请强制执行。如果法律、行政法规规定行政机关对行政协议享有监督协议履行的职权，行政机关有权对不履行协议义务的相对人作出处理决定。根据《行政强制法》和《行政诉讼法》的规定，行政相对人未按照协议履行，行政机关依法作出行政决定后，可以向人民法院申请执行该行政决定，对于协议内容具有可执行性的，人民法院可以参照《行政强制法》的规定进行审查并决定是否执行。

需要明确的是，人民法院审理行政协议案件，一般遵循实体从旧、程序从新原则，对于 2015 年 5 月 1 日之前订立的行政协议发生纠纷的，适用当时的法律、行政法规及司法解释；当时的法律、行政法规及司法解释没有规定的，可以适用《行政诉讼法》和本司法解释。

以上是我对行政协议司法解释主要内容的介绍。下一步，人民法院将进一步贯彻党中央的各项部署和要求，严格按照《行政诉讼法》的规定，公正审理好行政协议案件这一新类型案件，进一步推进诚信政府法治政府建设，进一步推进政府治理能力现代化，进一步强化产权保护力度，让人民群众在每一起行政案件中都感受到公平正义！

谢谢大家！

最高人民法院2019年12月10日新闻发布会材料（二）

参考案例

目 录

1. 大英县永佳纸业有限公司诉四川省大英县人民政府、回马镇人民政府不履行行政协议案

——行政协议的定义及相对人不履行行政协议约定义务时行政机关的救济途径

【基本案情】

2013年7月，中共四川省遂宁市大英县委为落实上级党委、政府要求，

实现节能减排目标，出台中共大英县委第23期《关于研究永佳纸业处置方案会议纪要》（以下简称《会议纪要》），决定对大英县永佳纸业有限公司（以下简称永佳公司）进行关停征收。根据《会议纪要》，四川省大英县人民政府（以下简称大英县政府）安排大英县回马镇政府（以下简称回马镇政府）于2013年9月6日与永佳公司签订了《大英县永佳纸业有限公司资产转让协议书》（以下简称《资产转让协议书》），永佳公司关停退出造纸行业，回马镇政府受让永佳公司资产并支付对价。协议签订后，永佳公司依约定履行了大部分义务，回马镇政府接受了永佳公司的厂房等资产后，于2014年4月4日前由大英县政府、回马镇政府共计支付了永佳公司补偿金322.4万元，之后经多次催收未再履行后续付款义务。永佳公司认为其与回马镇政府签订的《资产转让协议书》系合法有效的行政合同，大英县政府、回马镇政府应当按约定履行付款义务。故诉至法院，请求判令大英县政府、回马镇政府支付永佳公司转让费人民币894.6万元及相应利息。

【裁判结果】

经四川省遂宁市中级人民法院一审，四川省高级人民法院二审判决《资产转让协议书》合法有效，大英县政府应当给付尚欠永佳公司的征收补偿费用人民币794.6万元及资金利息。大英县政府、回马镇政府不服，向最高人民法院申请再审称，《资产转让协议书》系民事合同，若属行政协议，永佳公司不履行约定义务将导致其无法救济，故本案不属于行政诉讼受案范围。

最高人民法院驳回再审申请裁定认为，界定行政协议有以下四个方面要素：一是主体要素，即必须一方当事人为行政机关，另一方为行政相对人；二是目的要素，即必须是为了实现行政管理或者公共服务目标；三是内容要素，协议内容必须具有行政法上的权利义务内容；四是意思要素，即协议双方当事人必须协商一致。在此基础上，行政协议的识别可以从以下两方面标准进行：一是形式标准，即是否发生于履职的行政机关与行政相对人之间的协商一致；二是实质标准，即协议的标的及内容有行政法上的权利义务，该权利义务取决于是否行使行政职权、履行行政职责；是否为实现行政管理目标和公共服务；行政机关是否具有优益权。本案案涉《资产转让协议书》系大英县政府为履行环境保护治理法定职责，由大英县政府通过回马镇政府与永佳公司订立协议替代行政决定，其意在通过受让涉污企业永佳公司资产，让永佳公司退出造纸行业，以实现节能减排和环境保护的行政管理目标，维护公共利益，符合上述行政协议的四个要素和两个标准，系行政协议，相应违约责任应由大英县政府承担。同时，我国行政诉讼虽是奉行被告恒定原则，但并不影响作为行政协议一方当事人的行政机关的相关权利救济。在相对人不履行行政协议约定义务，行政机关又不能起诉行政相对人的情况下，行政机关可以通过申请非诉执行或者自己强制执行实现协议救济。行政机关可以作出要求相对人履行义务的决定，相对人拒不履行的，行政机关可以该决定为执行依据向人民法院申请强制执行或者自己强制执行。故不存在案涉《资产转让协议书》若属行政协议，永佳公司不履行约定义务将导致行政机关无法救济的问题。据此，最高人民法院裁定驳回大英县政府的再审申请。

2. 蒋某某诉重庆高新技术产业开发区管理委员会、重庆高新技术产业开发区征地服务中心行政协议纠纷案

——因行政协议的订立、履行、变更、终止等产生的各类行政协议纠纷均属于人民法院行政诉讼受案范围

【基本案情】

2016年7月12日，蒋某某不服其与重庆高新技术产业开发区征地服务中心签订的《征地拆迁补偿安置协议》，以重庆高新区管委会为被告向重庆市第五中级人民法院提起诉讼，请求撤销征地服务中心于2015年12月25日与其签订的《征地拆迁补偿安置协议》。

【裁判结果】

经重庆市第五中级人民法院一审，重庆市高级人民法院二审认为，《行

政诉讼法》第12条第1款第11项规定，人民法院受理公民、法人或者其他组织认为行政机关不依法履行、未按照约定履行或者违法变更、解除政府特许经营协议、土地房屋征收补偿协议等协议提起的行政诉讼。蒋某某起诉请求撤销《征地拆迁补偿安置协议》，其起诉状中所诉理由均系对签订协议时主体、程序以及协议约定和适用法律所提出的异议，不属于行政机关不依法履行、未按照约定履行或者违法变更、解除协议内容的范畴，以蒋某某的起诉不属于人民法院行政诉讼受案范围为由裁定驳回蒋某某的起诉。

蒋某某不服，向最高人民法院申请再审。最高人民法院经审理后认为，通过对《行政诉讼法》《合同法》及相关司法解释有关规定的梳理，行政协议争议类型，除《行政诉讼法》第12条第1款第11项列举的四种情形外，还包括协议订立时的缔约过失，协议成立与否，协议有效无效，撤销、终止行政协议，请求继续履行行政协议，采取相应的补救措施，请求行政赔偿和行政补偿责任，以及行政机关监督、指挥、解释等行为产生的行政争议。将行政协议案件的行政诉讼受案范围仅理解为《行政诉讼法》第12条第1款第11项规定的四种情形，既不符合现行法律及司法解释的规定，亦在理论上难于自圆其说且在实践中容易造成不必要的混乱。故裁定撤销一、二审裁定，指令一审法院继续审理本案。

3. 成都亿嘉利科技有限公司、乐山沙湾亿嘉利科技有限公司诉四川省乐山市沙湾区人民政府解除投资协议并赔偿经济损失案

——2015年5月1日之前订立的行政协议纳入行政诉讼受案范围的条件及行政机关不依法履行、未按照约定履行协议之诉讼时效的适用

【基本案情】

成都亿嘉利科技有限公司（以下简称成都亿嘉利公司）、乐山沙湾亿嘉利科技有限公司（以下简称乐山亿嘉利公司）向四川省乐山市中级人民法院诉称，2011年4月1日，成都亿嘉利公司与四川省乐山市沙湾区人民政府（以

下简称沙湾区政府）签署《投资协议》，约定成都亿嘉利公司租赁约800亩土地，投资5000万元建设以鳗鱼养殖为主并与新农村建设相结合的现代观光农业项目，沙湾区政府负责提供“一站式服务”、为加快项目建设进度和协调相关部门的手续尽快落实。2011年9月13日，设立乐山亿嘉利公司为项目公司。成都亿嘉利公司、乐山亿嘉利公司认为沙湾区政府一直怠于协调其项目行政手续办理事宜，隐瞒土地性质真相，无法办理相关手续，未按照约定履行《投资协议》，直接造成二公司重大损失。为此，诉请解除成都亿嘉利公司与沙湾区政府于2011年4月1日签署的《投资协议》，判令沙湾区政府赔偿二公司经济损失400万元。

【裁判结果】

经四川省乐山市中级人民法院一审，四川省高级人民法院二审认为，对于2014年修改后的《行政诉讼法》施行之前形成的行政协议，根据当时的法律规定和人民法院处理此类纠纷的通常做法，一般不纳入行政诉讼受案范围，主要通过当事人提起民事诉讼方式寻求司法救济，故依法裁定不予立案。成都亿嘉利公司、乐山亿嘉利公司不服，向最高人民法院申请再审。

最高人民法院经审查认为，案涉《投资协议》符合行政协议本质特征，对形成于2015年5月1日之前的案涉《投资协议》产生的纠纷，当时的法律、行政法规、司法解释或者我国缔结或参加的国际条约没有规定其他争议解决途径的，作为协议一方的公民、法人或者其他组织提起行政诉讼，人民法院可以依法受理。行政协议作为一种行政手段，既有行政性又有协议性，应具体根据争议及诉讼的性质来确定相关的规则适用，在与行政法律规范不相冲突的情况下可以参照适用民事法律规范，故诉讼时效制度可以适用于公民、法人或者其他组织对行政机关不依法履行、未按照约定履行协议提起的行政诉讼案件。本案系因成都亿嘉利公司、乐山亿嘉利公司对沙湾区政府未履行案涉《投资协议》而提起的请求解除协议的行政诉讼，应当参照适用民事法律规范关于诉讼时效的规定，不再适用起诉期限的规定。结合本案案情，成都亿嘉利公司、乐山亿嘉利公司于2016年8月31

日提起本案诉讼，并未超过诉讼时效。故撤销一、二审裁定，指令一审法院受理本案。

4. 英德中油燃气有限公司诉英德市人民政府、英德市英红工业园管理委员会、英德华润燃气有限公司特许经营协议纠纷案

——在能源和公共基础设施建设等领域，行政机关将同一区域内独家特许经营权通过行政协议先后授予给不同的经营者，人民法院应当认定该行为属于违约行为，并判决其承担相应法律责任

【基本案情】

2008 年 8 月 20 日，英德市建设局与中油中泰燃气有限责任公司（以下简称中油中泰公司）签订《英德市管道燃气特许经营协议》。同年 8 月 22 日，英德市人民政府向英德市建设局作出批复，同意将该市管道天然气特许经营权独家授予中油中泰公司，期限为 30 年，至 2038 年 8 月 20 日止。中油中泰公司组建英德中油燃气有限公司（以下简称中油公司）负责经营涉案业务。2010 年至 2011 年，英德市英红工业园管理委员会（以下简称英红园管委会）先后与中油公司签订投资天然气站项目合同、补充协议等协议，就该公司在英红工业园内的管道燃气特许经营权具体实施，包括许可范围、开发建设及经营期限、建设用地等进行约定。

2012 年 9 月 4 日，英德市政府发布管道燃气特许经营权招投标公告。华润燃气投资（中国）有限公司参与招标并中标，并于 2013 年 2 月 20 日与英德市规划和城市综合管理局签订《英德市管道燃气特许经营协议》，取得包括英红工业园在内的英德管道燃气业务独家特许经营权，有效期限为 30 年，至 2043 年 2 月 20 日止。该公司随后成立了英德华润燃气有限公司（以下简称华润公司）负责项目经营管理。

中油公司因与华润公司对英红工业园管道燃气特许经营权范围发生争议，向法院起诉，请求：判令英德市政府、英红园管委会继续履行涉案行政协议，授予其在英红工业园内管道燃气的独家特许经营权；判令该政府立即

终止华润公司在涉案地域内的管道燃气建设及经营活动。

【裁判结果】

经清远市中级人民法院一审，广东省高级人民法院二审认为，涉案合法有效，中油公司享有的特许经营合同权利受法律保护，协议各方应当按照约定履行相关的合同义务。英德市政府作为该管委会这一事业单位的设立机关以及特许经营许可一方，应承担相应合同义务，保障合同履行，但英德市政府又将英红工业园的管道燃气特许经营权授予华润公司，存在对同一区域将具有排他性的独家特许经营权先后重复许可给不同的主体的行为，应当认定为违法。法院同时认为，该重复许可系行政机关的行政行为所致，并不必然导致在后的华润公司所获得的独家特许经营权无效，华润公司基于其所签订的特许经营权协议的相关合同利益、信赖利益亦应当予以保护。且中油公司、华润公司均已进行了管道建设并对园区企业供气，若撤销任何一家的特许经营权均将影响到所在地域的公共利益。对于重复许可的相关法律后果，应当由行政机关承担，不应由华润公司承担。英德市政府应当采取补救措施，依法作出行政处理，对双方相应经营地域范围予以界定，妥善解决本案经营权争议。故判决：一、确认涉案协议有效，确认中油公司在英红工业园内有管道燃气特许经营权，且不得授予第三方；二、确认英德市政府、英红园管委会将英红工业园内特许经营权授予华润公司的行为违法；三、责令英德市人民政府采取补救措施；四、驳回中油公司其他诉讼请求。

5. 王某某诉江苏省仪征枣林湾旅游度假区管理办公室房屋搬迁协议案

——行政协议的订立应遵循自愿、合法原则，被诉行政协议在受胁迫等违背相对方真实意思表示的情形下所签订的，人民法院可依法判决撤销该行政协议

【基本案情】

为加快铜山小镇项目建设，改善农民居住环境，推进城乡一体化建设和

枣林湾旅游产业的发展，2017 年，原仪征市铜山办事处（现隶属于省政府批准成立的江苏省仪征枣林湾旅游度假区管理办公室）决定对包括铜山村在内的部分民居实施协议搬迁，为王某某所有的位于铜山村王营组 12 号的房屋在本次搬迁范围内。2017 年 8 月 4 日早晨，仪征市真诚房屋拆迁服务有限公司工作人员到王某某家中商谈搬迁补偿安置事宜。2017 年 8 月 5 日凌晨约一点三十分，王某某在本案被诉的《铜山体育建设特色镇项目房屋搬迁协议》上签字，同时在《房屋拆除通知单》上签字。2017 年 8 月 5 日凌晨五点二十分，王某某被送至南京鼓楼医院集团仪征医院直至 8 月 21 日出院，入院诊断为“1. 多处软组织挫伤……”因认为签订协议时遭到了胁迫，王某某于 2017 年 9 月 19 日向扬州市中级人民法院提起诉讼。

【裁判结果】

扬州市中级人民法院一审认为，行政协议兼具单方意思与协商一致的双重属性，对行政协议的效力审查自然应当包含合法性和合约性两个方面。根据《合同法》第 54 条第 2 款规定，一方以欺诈、胁迫的手段或者乘人之危，使对方在违背真实意思的情况下订立的合同，受损害方有权请求人民法院或者仲裁机构予以变更或撤销。在签订本案被诉的搬迁协议过程中，虽无直接证据证明相关拆迁人员对王某某采用了暴力、胁迫等手段，但考虑到协商的时间正处于盛夏的 8 月 4 日，王某某的年龄已近 70 岁，协商的时间跨度从早晨一直延续至第二日凌晨一点三十分左右，综合以上因素，难以确定王某某在签订搬迁协议时系其真实意思表示，亦有违行政程序正当原则。据此，判决撤销本案被诉的房屋搬迁协议。双方当事人均未上诉。

6. 崔某某诉徐州市丰县人民政府招商引资案

——行政机关违反招商引资承诺义务，滥用行政优益权的，人民法院不予支持

【基本案情】

2001 年 6 月 28 日，中共丰县县委和丰县人民政府（以下简称丰县政府）

印发丰委发〔2001〕23号《关于印发丰县招商引资优惠政策的通知》(以下简称《23号通知》),就丰县当地的招商引资奖励政策和具体实施作出相应规定。2003年,在崔某某及其妻子李某某的推介运作下,徐州康达环保水务有限公司建成并投产。后崔某某一直向丰县政府主张支付招商引资奖励未果。2015年5月,崔某某向一审法院提起本案之诉,请求判令丰县政府依照《23号通知》第25条和附则的规定兑现奖励义务。丰县政府在收到一审法院送达的起诉状副本后,其下属部门丰县发展改革与经济委员会(以下简称丰县发改委)于2015年6月作出《关于对〈关于印发丰县招商引资优惠政策的通知〉部分条款的解释》(以下简称《解释》),对《23号通知》第25条和附则作如下说明:"……3.本县新增固定资产投入300万元人民币以上者,可参照此政策执行。本条款是为了鼓励本县原有企业,增加固定资产投入,扩大产能,为我县税收作出新的贡献,可参照本优惠政策执行。"

【裁判结果】

经江苏省徐州市中级人民法院一审,江苏省高级人民法院二审认为,丰县政府作出的上述招商引资奖励承诺,以及崔某某因此开展的介绍行为,符合居间人向委托人报告订立合同的机会或者提供订立合同的媒介服务,委托人支付报酬的特征,具备诺成性、双务性和不要式性的特点。崔某某多次主张丰县政府应当按照《23号通知》的规定向其支付招商引资奖励未果,由此发生的纠纷属于行政合同争议,依法属于人民法院行政诉讼受理范围。对于本案中丰县政府是否应当支付招商引资奖励费用的问题,要审查其行为有无违反准用的民事法律规范的基本原则。诚信原则不仅是合同法中的帝王条款,也是行政协议各方当事人应当遵守的基本行为准则。基于保护公共利益的考虑,可以赋予行政主体在解除和变更行政协议中具有一定的优益权,但这种优益权的行使不能与诚信原则相抵触,不能够被滥用,尤其是在行政协议案件中,对于关键条文的解释,应当限制行政主体在无其他证据佐证的情形下任意行使所谓的优益权。本案一审中丰县发改委将《23号通知》附则所规定的"本县新增固定资产投入"仅指丰县原有企业,追加投入,扩大产能,属于限缩性的解释。该解释与社会公众通常的理解不符。丰县政府通过对当时承诺重新界定的方式，推卸自身应负义务，是对优益权的滥用，显然有悖于诚实信用原则。故应当认为丰县发改委《解释》中的该相关内容无效，判令丰县政府继续依照《23号通知》的承诺履行义务。

7. 金华市光跃商贸有限公司诉金华市金东区人民政府拆迁行政合同案

——行政机关采用签订空白房地产收购补偿协议方式拆除房屋后，双方未能就补偿内容协商一致，行政机关又不作出补偿决定的，人民法院应当判决行政机关限期采取补救措施

【基本案情】

2017年3月4日，原告金华市光跃商贸有限公司法定代表人严某某与被告金华市金东区人民政府设立的多湖中央商务区征迁指挥部签订《多湖中央商务区金华市光跃商贸有限公司房屋及土地收购货币补偿协议》一份，原告同意多湖中央商务区征迁指挥部收购其所有的座落于金华市金东区浮桥东路88号华丰市场综合楼的房屋。但双方未就房屋的性质、面积及收购的补偿金额等内容进行约定。同日，原告法定代表人严某某作出书面承诺，承诺其本人会积极响应多湖中央商务区开发建设，同意先行拆除华丰市场所有建筑物，自愿承担先行拆除的所有法律效果。次日，多湖中央商务区征迁指挥部对原告所有的华丰市场综合楼实施了拆除。之后，因被收购房屋性质为商业用地、土地性质为工业用地，双方对适用何种补偿标准有争议，一直未就补偿金额协商一致。故原告起诉请求：确认《多湖中央商务区金华市光跃商贸有限公司房屋与土地收购货币补偿协议》无效；请求被告恢复原状并赔偿损失或按现行同类附近房地产价格赔偿原告损失。

【裁判结果】

经浙江省金华市中级人民法院一审，浙江省高级人民法院二审认为，建立在平等、自愿、等价、有偿基础上的收购协议，在一定层面上有利于提

高旧城改造的效率，并有助于通过合理的价格来对房屋所有权人给予更加充分更加及时的补偿安置，具有现实合理性和可行性。对于原告同意收购、承诺可以先行拆除再行协商补偿款项并已实际预支部分补偿款、行政机关愿意对房屋所有权人进行公平合理的并不低于当时当地同区位同类房屋市场评估价格的补偿安置，且不存在《合同法》第52条等规定的以欺诈、胁迫等手段签订收购协议情形的，不宜完全否定此种收购协议的合法性。故对原告事后要求确认该协议无效的请求，不予支持。同时鉴于协议约定的房屋已被拆除，对原告要求恢复房屋原状的请求，亦不予支持。对于涉案房屋的损失补偿问题，被告应采取补救措施，协商不成的，被告应及时作出补偿的处理意见。遂判决责令被告于本判决生效之日起三个月内对原告所有的案涉房屋的损失采取补救措施；驳回其他诉讼请求。

8. 安吉展鹏金属精密铸造厂诉安吉县人民政府搬迁行政协议案

——人民法院审理行政协议案件，在对行政协议进行效力性审查的同时，亦应当对行政机关订立行政协议的行为进行合法性审查，并作出相应裁判

【基本案情】

2012年5月18日，中共安吉县委办公室、安吉县人民政府办公室印发安委办〔2012〕61号文件设立安吉临港经济区管理委员会（以下简称临港管委会）。2013年12月30日，安吉县编制委员会发文撤销临港管委会。2015年11月18日，湖州振新资产评估有限公司接受安吉临港经济区管理委员会（以下简称临港管委会）的委托对安吉展鹏金属精密铸造厂（以下简称展鹏铸造厂）进行资产评估，并出具《资产评估报告书》，评估目的是拆迁补偿。2016年1月22日，临港管委会与展鹏铸造厂就企业搬迁安置达成《企业搬迁补偿协议书》，约定临港管委会按货币形式安置，搬迁补偿总额合计1131650元。协议签订后，合同双方均依约履行各自义务。2017年7月12日，展鹏铸造厂以安吉县人民政府为被告提起诉讼，请求判令被告作出的《企业

搬迁补偿协议书》的具体行政行为违法应予以撤销，并责令依法与其重新签订拆迁补偿协议。

【裁判结果】

经湖州市中级人民法院一审，浙江省高级人民法院二审认为，行政协议既有行政性又有契约性。基于行政协议的双重性特点，在行政协议案件司法审查中应坚持对行政机关行政协议行为采用全程监督原则、双重审查双重裁判原则。在具体的审查过程中，既要审查行政协议的契约效力性，又要审查行政协议行为特别是订立、履行、变更、解除行政协议等行为的合法性。本案中，临港管委会系由安吉县人民政府等以规范性文件设立并赋予相应职能的机构，其不具有独立承担法律责任的能力，无权以自己的名义对外实施行政行为，该管委会被撤销后，更无权实施签约行为。虽然安吉县人民政府追认该协议的效力，但并不能改变临港管委会签订涉案补偿协议行为违法的事实。但是，涉案补偿协议系双方基于真实意思表示自愿达成，且已经实际履行完毕，补偿协议的内容并未损害展鹏铸造厂的合法补偿权益，在安吉县人民政府对涉案补偿协议予以追认的情况下，协议效力应予保留。故判决确认安吉县人民政府等设立的临港管委会与展鹏铸造厂签订案涉协议的行为违法；驳回展鹏铸造厂要求撤销案涉协议并依法与其重新签订拆迁补偿协议的诉讼请求。

9. 寿光中石油昆仑燃气有限公司诉寿光市人民政府解除特许经营协议案

——特许经营协议在履行过程中，出现损害社会公共利益的情形，符合协议解除的法定条件，行政机关可以单方解除特许经营协议并收回特许经营权，但该行为亦应遵循法定程序，给相对方造成损失的，应当依法补偿

【基本案情】

2011年7月15日，寿光市人民政府授权寿光市住房和城乡建设局与

寿光中石油昆仑燃气有限公司（以下简称昆仑燃气公司）签订《天然气综合利用项目合作协议》，约定由昆仑燃气公司在寿光市从事城市天然气特许经营，特许经营期限为30年。协议签订后，昆仑燃气公司办理了一部分开工手续，并对项目进行了开工建设，但一直未能完工。2014年7月10日，寿光市住房和城乡建设局发出催告通知，告知昆仑燃气公司在收到通知后两个月内抓紧办理天然气经营许可手续，否则将收回燃气授权经营区域。2015年6月29日，昆仑燃气公司向寿光市人民政府出具项目建设保证书，承诺在办理完相关手续后三个月内完成项目建设，否则自动退出授权经营区域。2016年4月6日，寿光市人民政府决定按违约责任解除特许经营协议并收回昆仑燃气公司的特许经营权。昆仑燃气公司不服，经复议未果，遂起诉请求确认寿光市人民政府收回其天然气特许经营权的行为违法并撤销该行政行为。

【裁判结果】

经潍坊市中级人民法院一审，山东省高级人民法院二审认为，特许经营协议在履行过程中，出现了损害社会公共利益的情形，符合协议解除的法定条件，行政机关可以单方解除特许经营协议并收回特许经营权，但该行为亦应遵循法定程序，给相对方造成损失的还应当予以补偿。本案中，寿光市人民政府多次催促昆仑燃气公司完成天然气项目建设，但昆仑燃气公司长期无法完工，致使授权经营区域内居民供气目的无法实现，损害了社会公共利益，解除特许经营协议的法定条件成立。寿光市人民政府解除特许经营协议并收回昆仑燃气公司已获得的特许经营权，应依据《市政公用事业特许经营管理办法》第25条之规定告知昆仑燃气公司享有听证的权利，但其未能履行相应的告知义务，违反法定程序。因此，被诉行政行为虽然内容合法，但程序违法。鉴于被诉行政行为涉及社会公共利益，该行为一旦撤销会影响城市发展需要和居民供气需求，故对该行为应判决确认程序违法但不予撤销。寿光市人民政府对此应采取相应的补救措施，对昆仑燃气公司的合理投入予以弥补。

10. 徐某某诉安丘市人民政府房屋补偿安置协议案

——行政协议存在重大且明显违法情形或者适用民事法律规范亦属无效的，人民法院应当确认该协议无效

【基本案情】

1993年12月，徐某某以非本村集体经济组织成员身份在王五里村购得一处宅基地，并盖有占地2间房屋的二层楼房。2013年，安丘市人民政府设立指挥部，对包括徐某某房屋所在的王五里村实施旧村改造，并公布安置补偿政策为“……房屋产权调换：每处3间以上的合法宅基地房屋在小区内安置调换200平方米楼房，分别选择一套80平方米、一套120平方米的十二层以下小高层楼房；2间以下的安置一套100平方米的小高层楼房。实际面积超出或不足部分，按安置价找差……”同年8月5日，指挥部与徐某某签订《产权调换补偿协议书》，该协议第2条约定的补偿方式为“徐某某选择住宅楼回迁，选择住宅楼两套均为十二层以下小高层，户型以120平方米和80平方米户型设计……”协议签订后，徐某某领取房屋及地上附着物补偿款、临时安置费、搬迁费等共计152984元。2017年7月，指挥部交付给徐某某一套100平方米楼房安置。对此，相关部门答复称“根据当时的拆迁政策，徐某某只能享受100平方米安置房一套”。徐某某不服，遂起诉请求判令安丘市人民政府继续履行《产权调换补偿协议书》，交付剩余的100平方米楼房。

【裁判结果】

潍坊市中级人民法院一审认为，根据《行政诉讼法》第75条的规定，行政行为有实施主体不具有行政主体资格或者没有依据等重大且明显违法情形，原告申请确认行政行为无效的，人民法院判决确认无效。本案中，安丘市人民政府作为旧城改造项目的法定实施主体，制定了安置补偿政策的具体标准，该标准构成签订安置补偿协议的依据，而涉案《产权调换补偿协议书》关于给徐某某两套回迁安置房的约定条款严重突破了安置补偿政策，应

当视为该约定内容没有依据，属于无效情形。同时考虑到签订涉案协议的目的是改善居民生活条件、实现社会公共利益，如果徐某某依据违反拆迁政策的协议条款再获得 100 平方米的安置房，势必增加政府在旧村改造项目中的公共支出，侵犯整个片区的补偿安置秩序，损害社会公共利益。因此，根据《合同法》第 52 条之规定，涉案争议条款关于给徐某某两套回迁安置房的约定不符合协议目的，损害社会公共利益，亦应无效。故徐某某在按照安置补偿政策已获得相应补偿的情况下，其再要求安丘市人民者政府交付剩余 100 平方米的安置楼房，缺乏事实和法律依据，人民法院遂判决驳回徐某某的诉讼请求。双方当事人均未上诉。

后 记

本书的作者早在20世纪90年代中期就一直持续关注行政合同的理论与实践问题，并在2000年写过一篇《行政合同及其程序的几个问题研究》的小文章。更为有幸的是从2016年开始我们参与最高人民法院行政协议司法解释的起草工作，其中，查阅了相关的国内外材料，接触了国内外行政合同和行政协议方面的顶级专家和实务人士，对行政协议的理论和实务有了进一步了解和思考，此促使我们下定决心要对相关问题进行梳理归纳，集结成册。此次我们形成了分别侧重于理论和实务但自成系列的《行政协议法律制度的理论与实践》和《行政协议判例精解与实务指引》两本小册子呈现给大家。

对于这两本小册子，我们不想自我评价，而更期待得到读者的评价。在此我们感谢各级人民法院尤其是最高人民法院及行政庭领导和同事们，他们在不同场合对行政协议的讨论让我们受益良多，也要感谢中国法制出版社周琼妮编辑的辛勤工作，谢谢她和出版社提供的出版机会。

杨科雄　郭雪

2021年春